Vicki Robin | Joe Dominguez

Mehr Geld für mehr Leben

Wie Sie in neun Schritten Ihre Beziehung zum Finanziellen ändern und früher in Rente gehen können

Übersetzung aus dem Englischen von Silvia Kinkel

Mit einem Vorwort von Mr. Money Mustache

REDLINE | VERLAG

Bibliografische Information der Deutschen Nationalbibliothek:
Die Deutsche Nationalbibliothek verzeichnet diese Publikation in der Deutschen Nationalbibliografie; detaillierte bibliografische Daten sind im Internet über http://d-nb.de abrufbar.

Für Fragen und Anregungen:
info@m-vg.de

5. Auflage 2025

Übersetzung: Silvia Kinkel, Königstein
Redaktion: Christiane Otto, München
Umschlaggestaltung: Laura Osswald, München
Satz: Daniel Förster, Belgern
Druck: GGP Media GmbH, Pößneck
Printed in Germany

ISBN Print 978-3-86881-728-7
ISBN E-Book (EPUB, Mobi) 978-3-96267-067-2

Natürlich für Joe Dominguez (1938–1997)!
Hochgeschätzter Mentor und Wegbegleiter bei dem großen Abenteuer.
Und für alle, die er geliebt hat.

Inhalt

Warum Sie dieses Buch lesen sollten?

Stellen Sie sich folgende Fragen:

- Haben Sie genug Geld?
- Verbringen Sie genug Zeit mit Ihrer Familie und Freunden?
- Kommen Sie voller Elan von der Arbeit nach Hause?
- Haben Sie Zeit, sich Dingen zu widmen, die es Ihrer Meinung nach wert sind?
- Wenn Sie Ihren Job verlieren würden, würden Sie das als Chance ansehen?
- Sind Sie mit Ihrem Beitrag zu dieser Welt zufrieden?
- Sind Sie im Reinen mit Ihrem Geld?
- Spiegelt Ihr Job Ihre Werte wider?
- Haben Sie genügend Ersparnisse, um sechs Monate mit normalen Lebenshaltungskosten zu überstehen?
- Ist Ihr Leben rund? Passen alle Bestandteile – Ihr Job, Ihre Ausgaben, Ihre Beziehungen, Ihre Werte – zusammen?

Wenn Sie nur eine dieser Fragen mit Nein beantwortet haben, ist dieses Buch für Sie.

Vorwort

Es gibt wirklich nur einen Grund, ein Buch über Geld zu lesen: sich ein besseres Leben zu schenken. Geld ist nicht das, wohinter Sie wirklich her sind – oder würden Sie sich etwa, nur um Millionär zu werden, für immer in eine dunkle, schalldichte Kiste sperren lassen?

Wenn man es so krass ausdrückt, scheint die Antwort auf der Hand zu liegen. Aber es ist nun einmal die Wahrheit, dass Geld allein die meisten Ihrer Probleme nicht lösen wird. Tatsächlich ist eine gesunde Einstellung zum Geld meistens nur eine Begleiterscheinung eines glücklichen, gesunden Lebens.

Statt als Milliardär in einer dunklen Kiste zu enden, hoffen Sie wahrscheinlich, ein fröhlicher, produktiver, freier Mensch zu werden, der sich nie wieder Sorgen wegen des Geldes machen muss.

Und genau an dieser Unterscheidung scheinen die meisten Bücher, Zeitschriften, Websites, Fernsehshows und Podcasts, die jemals zum Thema Geld erstellt wurden, zu scheitern. Es ist auch der Grund, warum die meisten Menschen in den Vereinigten Staaten und anderen wohlhabenden Ländern, obwohl unser Einkommen Rekordniveau erreicht, gerade so zurechtkommen, und viele sogar hoch verschuldet sind. Wir jagen dem Geld und den Dingen, die man damit kaufen kann, hinterher, verlieren den Gesamtzusammenhang aus den Augen und hinterfragen nicht, was wir kaufen und warum.

Deshalb ist dieses Buch, *Mehr Geld für mehr Leben,* nach mehr als 25 Jahren auf dem Markt nach wie vor ein Spitzenklassiker, dessen Botschaft laut genug durch unsere Gesellschaft hallt, um neue Generationen zum Nachdenken anzuhalten und Vicki Robin aus ihrem friedvollen Ruhestand auf einer Insel zu holen, damit sie diese überarbeitete Fassung schreibt. Robins einzigartiger Ansatz verhilft diesem Buch zu seinem beispiellosen Durchhaltevermögen. Die überarbeitete Fassung wendet denselben Ansatz auf die stark veränderte Welt an, in der wir heute leben.

Der typische Rat zum Thema Geld ist viel zu unverbindlich, wenn es denn heißt: Wir alle haben unterschiedliche Werte und sollten unserem Herzen folgen. Wenn ich kostspielige Mittagessen im Restaurant liebe und Sie teure Autos, ist das fein! Sie können Ihr Geld für Dinge ausgeben, die Sie lieben, solange Sie entsprechend haushalten, um es sich leisten zu können, und hart arbeiten, um genug zu verdienen.

In Wahrheit ist das jedoch Quatsch: Wir sind alle Menschen und haben mehr Gemeinsamkeiten als Unterschiede. Die Philosophie vieler Jahrhunderte und die zunehmende wissenschaftliche Forschung der vergangenen Jahrzehnte haben uns gezeigt, dass der Mensch über ein paar wahrhaftige, generelle Glücksknöpfe verfügt, die gedrückt werden können – grundlegende Faktoren wie Freundschaft, Gesundheit, Gemeinschaft, Herausforderungen, die Sie mit Ihrem eigenen Einfallsreichtum überwinden, sowie das Gefühl, die Kontrolle über Ihr Leben zu haben. Diese Knöpfe funktionieren bei jedem.

Gleichzeitig lassen sich die meisten von uns durch die Vorstellungen von Komfort, Status und Luxus locken und befriedigen das Verlangen durch den Kauf entsprechender Produkte. Und wir sind sehr gut darin, einiges von diesem Plunder als unsere wahren Leidenschaften auszugeben. Der einzige Unterschied ist, für welche Dinge – und wie viele – wir uns entsprechend rechtfertigen. Mit schon ein paar der kostspieligen »wahren Leidenschaften« können Sie nahezu jedes Einkommen aufbrauchen und damit möglicherweise Ihre Chance auf jene größeren und wahrhaftigeren Glücksgewinne vertun.

Selbst die bekanntesten Finanz- und Geschäftsgurus wiederholen ihre Version des Mythos vom »Geld ausgeben macht glücklich«. Folgen Sie deren Rat und Sie enden möglicherweise an einem gut geölten Fließband Ihrer persönlichen Wünsche. Ihre geschickten Hände werden Ziele auf das eine Ende werfen und zufrieden vom anderen Ende Dinge Ihrer Wunschliste ziehen, trotzdem stehen Sie vielleicht immer noch auf demselben Fleck, auf dem Sie angefangen haben. Grenzenloses Verlangen ist eine der Fallgruben menschlicher Natur und eines der ersten Dinge, die Sie abstellen müssen, wenn Sie schneller vorankommen wollen.

Aus diesem Grund handelt *Mehr Geld für mehr Leben* von so viel mehr als nur Geld. Dieses Buch ist ein persönliches Entwicklungshandbuch, das Ihnen hilft, herauszufinden, was Sie wirklich aus Ihrem Leben machen wollen. Gleichzeitig trainiert dieses Buch Sie, von geldverschwendenden Gewohnheiten wegzukommen, die Sie wahrscheinlich entwickelt haben, und die Ihnen dabei im Weg stehen. Und »Training« ist wirklich eine gute Vorgehensweise: Sie werden langsam immer besser werden, indem Sie jeden Tag kleine Schritte wiederholen, die sich wie von selbst zu größeren Erfolgen summieren. Das mag Ihnen so vorkommen, als ginge es nur sehr langsam voran, bis Sie zurückblicken und Ihr altes Ich kaum wiedererkennen: »Wie konnte ich so viel von meiner Zeit und Energie jeden Tag vergeuden, ohne es überhaupt mitzubekommen?« Das Ergebnis dieses Trainings ist nicht nur ein verbessertes Finanzbild – sondern ein verbessertes Ich. Aus diesem Grund bleibt dieses Buch so populär.

Natürlich gibt es auch hier einen Gesamtzusammenhang: die ganze Welt mit allen Menschen und Lebewesen, die sich diesen Planeten teilen. Zu häufig wird uns beigebracht, dass unsere Kaufentscheidungen lediglich eine Frage persönlicher Präferenzen seien. So lange es genug Geld in unseren Brieftaschen und Platz für den entstehenden Müll in unseren Müll- oder Recyclingtonnen gibt, sind wir zum Kaufen bereit.

Aber fast alles, was wir kaufen, geht unbemerkt mit Zerstörung an anderer Stelle einher und diese Schäden haben sich in den letzten Jahrzehnten aufsummiert. Sich mit dem Konflikt zwischen unserem Lebensstil und den mittlerweile regelmäßigen Schlagzeilen über dessen Folgen zu beschäftigen, verursacht Stress. Die gute Nachricht ist, dass Sie in diesem Buch erfahren werden, inwiefern das Optimieren Ihres Lebensstils in Bezug auf Glück auch das Ausmaß der Zerstörung drastisch reduzieren wird, die in Ihrem Namen stattfindet.

Täuschen Sie sich nicht – es ist praktisch unmöglich, dieses Buch sorgfältig zu lesen, ohne Ihre finanzielle Situation für den Rest Ihres Lebens drastisch zu verbessern. Das Geld gehört definitiv dazu. Die einzigartige Macht dieser Methode beruht jedoch darauf, dass an der Wurzel des Problems – Ihren persönlichen Überzeugungen und Gewohnheiten – gearbeitet wird, statt nur an dem Symptom Ihrer monatlichen Konto- und Kreditkartenauszüge.

Falls Sie dieses Buch noch nie gelesen und diese Reise vorher nie unternommen haben, wappnen Sie sich, nehmen Sie sich Zeit, und nehmen Sie es ernst. Ihr komplettes Leben ist im Begriff, umgestaltet zu werden.

Mr. Money Mustache

Einleitung zur Neuausgabe

Willkommen! Von den Millennials über die Generation X bis zu den Baby-Boomern – diese gründliche Überarbeitung von *Mehr Geld für mehr Leben* ist für Sie. Seit der Erstveröffentlichung ist dieses Buch zu einem zeitlosen Klassiker geworden, der Hunderttausenden von Menschen geholfen hat, ihre Einstellung zum Geld zu verändern. Die Werkzeuge sind gleich geblieben, aber die Welt hat sich geändert, und ich habe das bestmögliche Team zusammengebracht, damit es für die Welt von heute und viele kommende Jahre maßgeblich ist. Und für Sie.

Natürlich fragen Sie sich, ob es Ihnen helfen kann. Momentan? In Ihrer aktuellen Situation?

Kann es Ihnen helfen, aus den Konsumschulden herauszukommen, aufgeschobene Träume wiederzubeleben, Ihren Platz zu finden, einen Job aufzugeben, der nicht mehr zu Ihnen passt, genügend Geld zu haben, um sich einige Extras zu gönnen, Ihr Einkommen zu steigern, dafür zu sorgen, dass Ihre Ersparnisse länger reichen, und Sie sogar ganz davon zu befreien, nur des Geldes wegen zu arbeiten?

Es kann. Oder besser gesagt, Sie können – wenn Sie diese Werkzeuge nutzen.

Da Hunderttausende Menschen diese Werkzeuge bereits eingesetzt haben, kann ich Folgendes versprechen:

- Sie werden weniger Geld ausgeben und das Leben mehr genießen.
- Sie werden mehr Geld sparen, als Sie jemals für möglich gehalten haben.
- Sie werden Ihre Schulden abbauen und eine natürliche Abneigung entwickeln, mehr Geld auszugeben, als Sie haben, für Dinge, die Sie nicht wollen, um Menschen zu beeindrucken, die Sie nicht mögen (um es mit Robert Quillens Worten auszudrücken).
- Sie werden mehr Zeit für das haben, was wirklich zählt.
- Sie werden eine Menge über sich selbst lernen – relativ schmerzlos.

- Sie werden offen und ehrlich über Finanzen reden können, ohne sich dabei unwohl zu fühlen.
- Sie werden sich Ihre früheren Finanzfehler verzeihen und nach vorne schauen.
- Sie werden für den Ruhestand sparen und vielleicht viel früher dort hinkommen, als Sie sich jetzt vorstellen können.
- Sie werden Ihr Leben Ihren Werten widmen, anstatt Ihre Zeit dem Geld unterzuordnen.

Finanzielle Unabhängigkeit

Das Neun-Schritte-Programm dieses Buches soll Ihre Einstellung zu Geld neu gestalten und Ihnen helfen, finanziell unabhängig zu werden. Dadurch wird Ihre wertvollste Ressource – Ihre Zeit – befreit sowie Raum für mehr Glück, mehr Freiheit und mehr Sinn geschaffen.

Was bedeutet es, Ihre Einstellung zu Geld »neu zu gestalten«? Damit ist nicht gemeint, mehr oder weniger Geld zu bekommen; sondern zu wissen, wie viel Geld für Sie *ausreichend* ist, um jetzt und in Zukunft ein Leben zu führen, das Sie lieben. Es bedeutet, nicht länger ein Sklave des Geldes und der Wirtschaft zu sein, sondern bewusst Entscheidungen zu treffen. Jeder schafft das.

Was verstehen wir unter »finanziell unabhängig«? Grundsätzlich bedeutet Finanzielle Unabhängigkeit, nicht mehr wegen des Geldes arbeiten zu müssen. Darüber hinaus führt *Mehr Geld für mehr Leben* Sie durch einen Prozess der Befreiung, der Sie als Erstes von der Illusion befreit, dass der Kauf von Dingen Sie glücklich machen wird, oder dass »mehr« gleichzusetzen ist mit »besser«. Sie werden so klar erkennen, wodurch Ihr Finanzverhalten gesteuert wird, dass dieses Verhalten sich von selbst auflöst. Wenn Sie die Schritte des Programms durchlaufen, werden Ihre Schulden dahinschwinden. Mit dem Rückgang der Schulden werden Sie wie von selbst Ersparnisse aufbauen. Unerwartete Ausgaben lösen nicht länger den Panikknopf aus. Das Sparen wird zur Gewohnheit. Sie sparen mehr. Und mehr. Schließlich können Sie wählen, ob Sie zum Spaß oder für Geld arbeiten. So ist es vielen Menschen ergangen – und so kann es auch für Sie laufen.

Wenn Sie dieses Buch lesen und die Schritte durcharbeiten, werden Sie erkennen, dass Sie nicht schicksalergeben den Großteil Ihrer wachen Stunden dem Geldverdienen widmen müssen. Acht Stunden am Tag zu schuften mag in unserer Gesellschaft üblich sein, aber Sie können Ihr Leben über andere Schnellstraßen steuern – mit Ausfahrten zu Ihrer wahren Bestimmung und einer angenehmeren Zukunft. Was werden Sie tun, wenn Sie nicht wegen des Geldes arbeiten müssen? Sie wissen das in diesem Augenblick vielleicht nicht, aber durch das Umsetzen der vorgeschlagenen Schritte wird sich so viel Klarheit, Fokus und Selbstvertrauen aufbauen, dass sich die Träume zeigen, die nur darauf warten, von Ihnen entdeckt zu werden.

Wie es ein *FI-ler* (unser Begriff für eine Person, die durch Umsetzen der Schritte finanziell unabhängig wurde) formuliert: »In diesem Buch geht es im Grunde nicht um Geld. Es ist ein Buch über das Leben.«

Wie dieses Buch entstanden ist

Lernen Sie Joe Dominguez kennen, den Schöpfer des Neun-Schritte-Programms. Von seiner Abstammung her Latino, aufgezogen mit »diesem Mist von Sozialfürsorge« von einer Mutter, die nie Englisch gelernt hat, wuchs er in Spanish Harlem, New York City, auf. Er war ein kleiner Kerl und unglaublich clever. Er konnte keine Muskelkraft einsetzen, um zu überleben, also wurde er zum Gehirn seiner Bande, lernte Sprengstoff herzustellen und Blitzangriffe auf Rivalen samt erfolgreicher Flucht zu planen. Sein Überlebensinstinkt wurde notwendigerweise geschärft, und teilweise stammt *Mehr Geld für mehr Leben* aus seiner Pfiffigkeit, Bedrohungen und Chancen einzuschätzen und aus allem lebend herauszukommen. So wie Joe es sah, war das Geldsystem dem Wohlfahrtssystem und dem Rechtssystem und dem Armutssystem ähnlich: Wie komme ich zu meinen Bedingungen damit klar, nutze es, ohne darin gefangen zu sein? Er machte nie einen Collegeabschluss, ergatterte jedoch einen Job bei einem Unternehmen an der Wall Street. Nicht zufrieden damit, nur die Grundlagen zu lernen, analysierte er das Finanzspiel und entwickelte schließlich Anfang der 1960er-Jahre einige der ersten Werkzeuge der Finanzanalyse, als Computer noch so groß waren wie Häuserblocks. Er investierte kein eigenes Geld, sondern verkaufte seine Expertise an eine der glanzvollen Investmentbanken und sparte sein Geld mit einem Ziel im Hinterkopf: sich mit 30 zur Ruhe zu setzen. Aussteigen aus dem Finanzspiel. Im Leben stehen und nicht in einem Job gefangen sein.

Joe und ich haben uns in den 1970er-Jahren privat und beruflich zusammengetan. Wir passten gut im Hinblick auf unser Lebensziel zusammen: diese Welt ein wenig besser zu hinterlassen, als wir sie vorgefunden haben. Obwohl unsere Unterschiedlichkeit manchmal nervte, hat sie in den meisten Fällen eine zündende Kreativität erzeugt, die zu fast zwei Jahrzehnten des Lehrens, Schreibens, Vorträgehaltens und – wie wir hofften – Verbesserns der Welt führte. Joe war introvertiert. Ich war extrovertiert. Er war systematisch. Ich improvisierte gern. Er sah den Gesamtzusammenhang. Ich ähnelte eher einem Rennpferd, das sich etwas schnappt und losrennt. Von daher war ich auf seine breitere Perspektive angewiesen.

Der Höhepunkt unserer Arbeit, *Mehr Geld für mehr Leben*, überraschte uns alle durch den augenblicklichen Erfolg. Als Joe in den ersten Wochen des Jahres 1997 an Krebs starb, standen wir gerade auf dem Gipfel unseres Erfolgs. *Mehr Geld für mehr Leben* war zu einem Bestseller der *New York Times* geworden sowie fünf Jahre lang auf der *Business-Week*-Bestsellerliste. Wir glaubten, dass *Mehr Geld für mehr Leben* ein »Hebel sein würde, der lang genug ist, um die Welt zu ändern«, wenn genügend Menschen die Werkzeuge nutzen würden.

Nach Joes Tod setzte ich unsere Arbeit fort, mit Fokus auf die Unterstützung von Bewegungen, die der Umwelt und der Wirtschaft zugutekommen, mit den Anführern der gedeihenden Simplicity-Bewegung das gemeinsame Anliegen voranzutreiben und unsere Botschaft in die politischen Hallen der Macht und die weltweiten Netzwerke zu bringen, die an Nachhaltigkeit arbeiten. 2004, als auch bei mir Krebs diagnostiziert wurde, war das Rennpferd erlahmt, und der hochfliegende Traum, den Joe und ich hatten, »die Art und Weise umzugestalten, wie Amerikaner denken und Geld verdienen, ausgeben und sparen«, war trotz Hunderttausender dankbarer Leser nicht wirklich in Gang gekommen. Ich zog mich zurück, zog in ein Dorf mit vielleicht eintausend Einwohnern auf einer Insel im Nordwestpazifik und konzentrierte mich darauf, auf diesem kleinen Flecken unseres Planeten einen Unterschied zu bewirken.

Zwölf Jahre später hörte ich jedoch erneut den Ruf. Es ergab sich, dass ich mich in einer großen Runde gut etablierter Menschen befand, die zusammengekommen waren, um über Geld zu reden. Der Reihe nach erzählte jeder von seiner Unsicherheit und seinen Ängsten. Es gab einen gutsituierten Achtzigjährigen, der nicht wusste, ob ihm das Geld ausgehen würde, wenn er noch lange lebte. Ein anderer hatte eine Anstellung als Führungskraft, der seinen Beruf nur noch als Trott erlebte, sich aber davor fürchtete, etwas zu ändern. Mehrere Berater gestanden ihre Unfähigkeit ein, ihren Kunden bei Finanzthemen zu helfen, weil sie selbst nicht viel Ahnung davon hatten. Zum Schluss erzählte eine junge College-Studentin im zweiten Studienjahr, dass sie bereits mit 20.000 Dollar verschuldet sei. Sie ging davon aus, dass sie, um auf ihrem Gebiet zu etwas zu kommen, noch einen Master und wahrscheinlich eine Promotion brauchen würde. Sie hatte Angst, sich auf ein unberechenbares Glücksspiel eingelassen zu haben, da sie nicht wusste, ob ihr Abschluss jemals genug wert sein würde, um ihre Darlehen zu tilgen.

Das alte Feuer in mir begann aufzuflackern. Was war das nur für eine Gesellschaft, die von allen verlangte, für ihr bloßes Überleben von etwas abhängig zu sein, das derart instabil und unzuverlässig war und sich ihrer Kontrolle entzog? Was für eine Gesellschaft machte seine jungen Menschen zu einem Profit Center für die Schuldenindustrie? Ich fragte in die Runde, ob jemand mit *Mehr Geld für mehr Leben* vertraut sei. Genickt haben vor allem die Anwesenden mit grauen Haaren, während alle unter 35 mit dem Kopf schüttelten. Da *Mehr Geld für mehr Leben* bereits eine ganze Generation befreit hatte, kam mir die Idee, dass es vielleicht einer weiteren helfen konnte, den Bann der Konsumkultur zu brechen und frei zu sein, um ihre Talente in dieser wichtigen Zeit einzusetzen. Daraufhin trat ich an Jugendliche heran, die mir helfen sollten, ihre Situation und Perspektiven zu verstehen, und stellte fest, wie verbreitet die FIRE-Vorstellungen (abgeleitet vom englischen Financial Independence, Retire Early = Finanzielle Unabhängigkeit, früher Ruhestand) waren. Ermutigt von vielen Freunden machte ich mich an die Arbeit, einen Klassiker zu aktualisieren, damit er im Einklang mit einer neuen Zeit ist.

Das war die Geburt diese Überarbeitung. Wer die ursprüngliche Version gelesen hat, sei versichert, dass sich nichts am Kern dieses Programms geändert hat, und sämtliche Ideen, die Sie lieb gewonnen haben, gelten nach wie vor.

Die Zeiten ändern sich

Niemand wird bestreiten, dass Sie in einer ganz anderen Realität leben als derjenigen, in der Joe Dominguez und ich, Vicki Robin, finanziell unabhängig geworden sind. Die Baby-Boomer trafen auf eine stabile Welt, geschaffen von Eltern, die die Weltwirtschaftskrise und den Zweiten Weltkrieg überlebt hatten. Staatliche Errungenschaften wie die progressive Einkommensteuer und die G.I. Bill of Rights (ein Programm zur Förderung von Kriegsveteranen) haben einen wachsenden Mittelstand und ein Gefühl des sozialen Zusammenhalts gefördert.

Für jene, die die Geschicke der Erwerbsbevölkerung im 21. Jahrhundert steuern, hat sich die Unternehmenslandschaft geändert. Die Renten ringen mit dem Tod und der Ruhestand mutiert für Jung und Alt gleichermaßen zum Wunschtraum. Fast ein Fünftel aller Amerikaner über 65 lebt komplett von der Sozialhilfe und mehr als 50 Prozent bezieht die Hälfte des Einkommens aus dieser Quelle.[1]

Jugendliche werden in einer Welt groß, in der ihr Hochschulabschluss keine Garantie ist, dass ihr Einkommen ausreicht, um jemals ihre Schulden zurückzuzahlen, und in der jeder – unabhängig davon, welchen Job er ausübt – der YOYO-Klasse zuzurechnen ist: Sie sind auf sich allein gestellt (YOYO von englisch You're on Your Own).

Mehr als je zuvor in der Geschichte sind die alten Regeln so durchlässig geworden, dass Sie sich völlig frei überall hin bewegen können – bezogen auf den Standort, die Karriere, in Ihrem Privatleben und bei Ihrem Lebensziel – unabhängig davon, wo Sie angefangen haben. Das ist einschüchternd und aufregend. Menschen aus allen Gesellschaftsschichten folgen diesen Stromschnellen der Veränderung, manche besser als andere.

Anpassen an eine neue Welt

Wie kommt diese neue Generation in diesen neuen Zeiten zurecht? Ich bin neugierig geworden, also unterhielt ich mich mit jedem zwischen Anfang Zwanzig und Anfang Dreißig, der mir über den Weg lief – egal wo. Ich habe eine Fokusgruppe eingeladen. Ich habe Gruppen bei Reddit und Facebook unter die Lupe genommen. Ich war überrascht – und beeindruckt. Die Menschen, auf die ich stieß, hatten bereits das gebrochene Versprechen des alten amerikanischen Traums in ihr Leben integriert und gestalteten es nicht um eine Erfolgsleiter herum, sondern um Bedeutung, Kreativität, Flexibilität und eine Art von Rapid Prototyping (schnellen Modellbau) nicht nur für Arbeitsplätze, sondern die ganze Karriere. Viele erhalten ihre Ausbildung aus einer Reihe von Quellen – Fachschulen, Skill-Workshops, öffentliche Hochschulen und namhafte Privatuniversitäten, digitale MOOCs (offene Massen-Online-Kurse), praktische Ausbildung. Sogenannte Gap-Jahre (das Jahr zwischen Schulzeit und Universität) sind üblicher geworden. Ein wachsender Prozentsatz von Menschen ohne traditionellen Arbeitsplatz arbeitet am Computer und schlägt seine Zelte in Coworking-Spaces, Makerspaces, in Cafés und ungemachten Betten auf, nie wissend, ob er »den großen Durchbruch« oder einfachen nur den nächsten interessanten Schritt ansteuert. Sie gründen Netzwerke, Teams und Start-ups und eignen sich unterdessen Kenntnisse an. Sie nehmen eine Auszeit für Reisen, Babys oder Selbstbesinnung, wenn sie einen Tornister voll Fähigkeiten haben, die ortsungebunden und gefragt sind. Nicht nur das, die Generation X und die Baby-Boomer lernen von jüngeren Menschen, wie man durch diese sich ändernde Arbeitswelt steuert. Hier sind ein paar Geschichten über diese innovativen, anpassungsfähigen Jugendlichen:

Brandon ist das jüngste von sechs Kindern. Seine Familie hatte etwas Geld, damit sein ältester Bruder aufs College gehen konnte, aber jedes Semester fehlten noch Tausende von Dollars. Um die Lücke zu schließen, arbeitete sein Bruder neben dem Studium als Verkäufer bei einer Lebensmittelkette. Als Brandon die Highschool abschloss, arbeitete sein ältester Bruder immer noch in dem Supermarkt und für die gleiche Bezahlung. Die Hochschule – das Diplom und die Schulden – schienen nichts wert zu sein, deshalb nahm Brandon erst eine Arbeit als Landarbeiter an und fuhr dann einen Abschleppwagen. Er sparte dafür, auf eine Fachschule zu gehen, um zu lernen, wie man im Zeitalter computerbasierter Systeme Autos repariert, mit dem Ziel, 40 Dollar pro Stunde zu verdienen.

Chris hat einen Abschluss als Ingenieur und konnte seine Schulden aus dem Hochschulstudium durch die Arbeit bei großen Raumfahrtunternehmen in einem Jahr abzahlen. Anschließend sparte er genug zusammen, um sich für ein Jahr eine Auszeit zu nehmen, um sich sozial zu engagieren und auf Reisen zu gehen. Am Ende des Jahres kehrte er zurück, um in einem neuen und aufregenden Job mit einem tollen Vergütungspaket zu arbeiten.

Melody arbeitet im Kundendienst an einem Mietwagenschalter und spart darauf, an einem College eine zweijährige Ausbildung im Bereich Gesundheits- und Krankenpflege zu machen. Danach will sie schauen, welche Qualifikationen sie sich zusätzlich aneignet, um im Pflegebereich Karriere zu machen oder umzuschwenken in den medizinischen Bereich – und wie lange sie in der jeweiligen Gehaltsstufe brauchen würde, damit sich die Kosten des Zertifikats auszahlen.

Naomi hat in der Highschool an dem Programm Running Start teilgenommen, wodurch ihr ein Jahr ihres Hochschulstudiums erlassen wurde. Ihr zweites Studienjahr absolvierte sie an einem Gemeindecollege, um danach zu einer Universität zu wechseln, an der sie ihren Abschluss in Sozialarbeit machte – alles ohne erdrückende Schulden anzusammeln. Manche Schüler schöpfen ihr Potenzial wirklich maximal aus, indem sie mithilfe des Running Start-Programms bereits an der Highschool zwei Collegejahre einsparen.

Auch Menschen, die sich bereits im Arbeitsleben befinden, zeigen diese Art Beweglichkeit und Kreativität. Ärzte werden Schreiner. Schreiner werden Architekten. Sozialarbeiter werden Bauern. Kunstliebhaber geben Bürojobs auf und bieten Führungen in Museen an. Biologen verlassen die Labore und führen Menschen auf Entdeckungsreisen durch die verbliebenen Dschungel der Welt. Lehrer werden Massagetherapeuten. Soldaten wenden nach Ende ihrer Dienstzeit ihre Militärausbildung in einer Reihe von Berufen an – manche davon hoch technologisch und hoch bezahlt.

Manche finden ihre Leidenschaft und ihren Weg früh im Leben und werden für den Rest ihres Lebens Finanzplaner oder Grundstücksmakler oder Ärzte oder Professoren. Aber dem Bureau of Labor Statistics zufolge führt der Weg von immer mehr Menschen im Zickzack durch ein Dutzend Jobs, mal nach oben, mal seitwärts, mal nach unten … aber immer in Bewegung.[2]

Wie steht es mit den mehr als 50 Prozent, die die Hälfte ihres Einkommens aus der Sozialhilfe beziehen, und die dachten, die guten Zeiten würden für immer anhalten und es versäumten, zu sparen und zu planen? Sie passen sich durch eine Verlängerung ihrer Arbeitsjahre an, vielleicht bis zu ihrem Tod.

Andere schränken sich ein oder ziehen näher zu ihren Kindern, um die Kosten für Hilfe und Versorgung im eigenen Haushalt zu reduzieren. Viele nutzen Sozialeinrichtungen, preisgünstigere Nachmittagsveranstaltungen und kostenlose Aktivitäten. Sie engagieren sich in ihren Gemeinden und haben Spaß bei ehrenamtlichen Tätigkeiten. Und sie schneiden sich eine Scheibe von den Millennials ab, indem sie sich der Gig-Ökonomie als Allrounder, Blogger oder Gastgeber über Airbnb anschließen und ihren einzigen Vermögenswert – das Haus – in eine Einkommensquelle umwandeln.

Ob Sie kurz vor dem Hochschulabschluss stehen, sich mitten im Berufsleben befinden oder demnächst in den Ruhestand gehen, die Werkzeuge in diesem Buch können Sie unterstützen, wo auch immer Sie sich auf der Lebens- und Erfahrungsskala gerade befinden.

Für wen ist dieses Buch gedacht?

Dieses Programm funktioniert bei allen, die Geld verdienen oder ausgeben – nicht, weil jedermann reich sein kann, sondern weil jeder für sich herausfinden kann, wie viel genug ist … und das auch bekommt. Es hilft Ihnen, Ihre *Einstellung* zum Geld zu verändern – und wir alle haben eine.

Tatsächlich ist »genug« das grundlegende Versprechen von *Mehr Geld für mehr Leben*. Mehr zu haben, ist quasi unendlich. Egal wie viel Sie haben, diese Stimme mit »mehr ist besser« treibt Sie an, den Gelderwerb zu Ihrer Maxime zu machen. Gier ist eine der vielen Saiten im menschlichen Herzen und kann überlebenswichtig sein, aber ohne Korrektiv durch ein Gespür für Fairness, Balance und Liebe kann es unsere Fähigkeit der Freude ruinieren. Um »genug« zu definieren, müssen Sie sich einige entscheidende und relevante Fragen stellen:

- Was macht Sie glücklich?
- Was ist Ihnen am wichtigsten?
- Bei welchen Werten werden Sie nie Kompromisse eingehen?
- Wenn Sie in diesem Augenblick eine Million Dollar hätten, was würden Sie mit Ihrer Zeit anfangen?

- Was könnten Sie aufgeben, um glücklicher zu sein? (Eine Person zählt nicht.)
- Werden Sie jemals genug Geld haben, um sich zur Ruhe zu setzen?
- Wenn jemand heute alle Ihre Schulden bezahlen würde, würden Sie sich diese Grube erneut graben? Wie oder wie nicht?

Der Nobelpreisträger und Bestsellerautor Daniel Kahneman hat bei seinen Forschungen zu Geld und Glück herausgefunden, dass oberhalb eines bestimmten Levels an Angemessenheit (derzeit etwa 75.000 Dollar pro Jahr in den Vereinigten Staaten) noch mehr Geld nicht zu noch mehr Glück führt. In unseren anfänglichen Seminaren in den 1980er-Jahren haben wir Daten von Teilnehmern erhoben und an Ort und Stelle analysiert, um den Teilnehmern Selbstreflexion zu ermöglichen (unter Verwendung von Papier und Bleistift, weil es lange vor der PC-Zeit war). Wenn das Einkommen der Teilnehmer in Relation gesetzt wurde zu »Wie viel wäre nötig, um Sie glücklich zu machen?«, sagte fast jeder (in jeder Einkommensgruppe): 50 Prozent mehr als ich heute habe. Als die Teilnehmer gebeten wurden, ihre Zufriedenheit auf einer Skala von 1 bis 5 einzuschätzen, gab es keinen bedeutenden Unterschied zwischen Spitzen- und Geringstverdienern. Man hätte eine Nadel fallen hören können, als die Menschen begriffen, dass die Person in der Rangfolge vor ihnen wahrscheinlich so viel »mehr« hatte, wie sie zum vermeintlichen Glück gern hätten – und dass es keinen Unterschied machte.

Die Daten legen nahe, dass eine bewusste, klare und entscheidungsbefugte Einstellung zum Geld der wahre Schlüssel für den Erfolg ist, und nicht Ihre »Größenordnung« (der aus der Luft gegriffene Geldbetrag, den Sie als Ziel anstreben).

Als *Mehr Geld für mehr Leben* 1992 erschien, gab es wenige Bücher, die das Thema Finanzen und Glück auf praxisnahe Weise abdeckten. Jetzt gibt es Hunderttausende von FIRE-Anhängern, die, wie die FI-ler, die ich kannte, zwei starke Eigenschaften zu teilen scheinen:

1. Ein Lebensziel, das größer ist als die gegenwärtig eingeschränkten Lebensumstände – einschließlich des Jobs.
2. Die Bereitschaft, die Veränderungsarbeit auf sich zu nehmen, die Wahrheit zu sagen, Verantwortung zu übernehmen und beharrlich zu sein.

Diese Eigenschaften sind mit einem Zündholz vergleichbar, das den FIRE-Wunsch in Menschen entzündet.

Als ich diese FIRE-Bewegung untersuchte, fand ich im Wesentlichen drei Stränge – Genügsamkeit, Einfachheit und wirtschaftliche Unabhängigkeit – die sich seit Jahrtausenden bei Menschen, Gesellschaften und Religionen zeigten. Diese Werte finden Anklang bei Menschen der unterschiedlichsten Einkommensschichten und quer über das gesamte politische, kulturelle und geografische Spektrum. Christen entdecken die Lehre von Jesus in diesem Buch. Buddhisten sehen den Buddhismus darin. Atheisten empfinden die Vernunftaspekte des Programms als vertrauenswürdig.

Obwohl kein bewusster Finanzexperte dem anderen völlig gleicht, scheinen sie tatsächlich bestimmten Tendenzen zu folgen. Das sind natürlich nicht die einzigen Vorgehensweisen, aber es ist nützlich, zu wissen, was andere da draußen so tun. Ich bezeichne die aktuellen Richtungen als Ninjas, Minimalisten und DIYlers.

Ninjas: Privatfinanzen-Ninjas lieben es, Zahlen durchzugehen, Systeme zu optimieren, Nischen zu erkunden, Blogs zu Privatfinanzen zu studieren, sich in Investitionen einzumischen, das System zu übertrumpfen, um Freiflüge und kostenlose Hotelaufenthalte zu bekommen. Unterkategorien sind Frugalistas, die Schnäppchen lieben, Coupons ausschneiden, Freecyceln und auf gute Geschäfte aus sind; und die Supersparer, die es lieben, den Prozentsatz des im letzten Monats gesparten Gehalts zu steigern. Geld sparen ist ein typisch amerikanischer Sport.

Minimalisten: Es geht nicht um das Geld; es geht um die Bedeutung, darum, Gerümpel zu beseitigen, um zum Kern des Lebens zu kommen. Sie sind Anhänger des einfachen Lebens (Thoreauvians im Englischen), und ziehen sehr wahrscheinlich Erfahrungen gegenüber Dingen vor. Sie minimieren materielle Güter, um etwas Nichtmaterielles, aber Wertvolleres zu maximieren: das geistige Leben, die Seele und Ähnliches. Man könnte sie auch als Soul-isten bezeichnen. Einfachheit war von jeher ein Wert dieses Landes noch aus der Zeit vor der Kolonialisierung – und ist es noch.

DIYler (Do-it-Yourself): Es geht nicht um das Geld. Der Spaß liegt darin, die materielle Welt ringsum zu nutzen. Bauen, Landwirtschaft, Basteln, Herstellen, Kochen, Gärtnern, Entwerfen, Kreieren, Malen oder Erfinden. Im Gegensatz zu den Minimalisten gehört es für DIYler zum kreativen Prozess, Trödel um sich zu haben. Sie sind bewusste Materialisten – die aus jedem Fetzen Leben das Beste machen. Diese Macher-Mentalität ist so amerikanisch wie Apfelkuchen.

Sie müssen sich nicht mit einer der drei Richtungen identifizieren, um Ihre Einstellung gegenüber Finanzen genügend *verändern zu wollen*, um Ihre Trägheit zu überwinden und permanent vorwärts gezogen zu werden – aber Sie müssen mehr als den gegenwärtigen Zustand wollen. Die Menschen, denen das gelingt, zeigen alle Verantwortungsbereitschaft, Selbstbewusstsein und Selbstwertsteigerung. Sie durchlaufen wirklich die Schritte.

Schildkröten und Hasen

Wie schnell sich Menschen auf ihre Finanzielle Unabhängigkeit zubewegen, variiert. Ich bezeichne es als ein Spektrum von Schildkröten bis Hasen.

Die Schildkröten nutzen das Programm, um sich langsam, stetig und methodisch von Schulden zu befreien. Sie schränken ihre Ausgaben ein und bauen Ersparnisse auf, sind zuversichtlich, sich in einem gereiften mittleren Alter zur Ruhe setzen zu können. Sie interessieren sich nicht dafür, wie bald das sein wird, aber sie achten darauf, dass sie auf dem Weg dorthin eine Familie gegründet und ihrer Gemeinschaft sowie ihrem Chef mit Integrität gedient haben.

Die Hasen lieben Geschwindigkeit und setzen sich häufig, wie Joe, ein FI-Ziel für ihren 30. Geburtstag. Einen Termin zu haben, motiviert sie wie ein Sprint kurz vor der Ziellinie. Sie sehen, dass sie umso eher frei sind, je mehr sie sparen, und fixieren sich häufig auf die Steigerung des Prozentsatzes, der von jedem Gehalt abgezwackt wird. Sie bitten um Nachsicht bei Freunden und Ehepartnern und versprechen denen dafür massenhaft Aufmerksamkeit.

Welcher Typ Sie nun sind oder auch nicht, der Schlüssel besteht darin, anzufangen – und weiterzumachen. Es stimmt schon, dass die Startlinie nicht für jeden identisch ist: Manche genießen mehr Privilegien als andere und Faktoren wie Erziehung, Rasse und Geschlecht können diesen Weg für manche sehr viel schwieriger gestalten als für andere. Und dennoch, ob es Träume von Abenteuern und Reisen sind, davon, etwas bewirken zu wollen, von Liebesbeziehungen und Familie, von Selbsterkenntnis und Erhabenheit … die Kraft Ihrer Träume und der Mut Ihrer Hingabe werden Sie antreiben.

Durch Tausende von Nachrichten, die wir von Fans erhalten haben, kennen wir einige Arten, auf die das Leben von Menschen bereichert wurde, die das Programm befolgten:

- Sie haben endlich die Grundlagen von Finanzen verstanden.
- Sie haben auf einem spürbaren Niveau ihre Schulden ausgeglichen, ihre Ersparnisse erhöht und sind in der Lage, zufrieden mit ihren Mitteln auszukommen.
- Sie haben alte Träume wiederbelebt und finden Wege, sie zu realisieren. Mit einem starken Gefühl der Freiheit und Erleichterung lernen sie, zwischen dem Lebensnotwendigen und dem Überfluss in allen Bereichen ihrer Leben zu unterscheiden, und wie sie sich entlasten können.
- Im Durchschnitt reduzieren Menschen aus allen Einkommensschichten ihre Ausgaben um 25 Prozent – und der größte Teil fühlt sich glücklicher, selbst wenn sie zugunsten ihres Seelenfriedens verdienstmäßig zurückschrauben. Sie finden, dass sich ihre Beziehungen zu ihren Partnern und Kindern verbessern.
- Ihre neue Finanzintegrität löst viele innere Konflikte zwischen ihren Werten und ihren Lebensstilen.
- Geld ist nicht länger ein Problem in ihrem Leben und sie haben endlich den intellektuellen und emotionalen Raum, um Themen mit größerer Bedeutung anzugehen.
- Sie erhöhen ihre Freizeit, indem sie Ausgaben und Arbeitszeit reduzieren.
- Sie hören auf, sich Auswege aus Problemen zu erkaufen, und sehen Herausforderungen stattdessen als Chancen, neue Fähigkeiten zu lernen.
- Alles in allem schließen sie die Kluft zwischen ihrem Geld und ihrem Leben und das Leben wird zu einem integrierten Ganzen.

Die vier FIs

Dieses Programm ist dafür konzipiert, Ihren Geist und Ihr Leben von der Versklavung durch die Konsumkultur zu befreien. Sie wenden nicht einfach nur eine andere Strategie an. Sie denken anders. Wir nennen es das FI-Denken, was bedeutet, sich über den Geldfluss in Ihrem Leben bewusst zu sein und sich dafür zu interessieren. Dieses Buch zu lesen, wird das FI-Denken in Ihrem Leben in Gang setzen, aber es gibt noch mehr. Tatsächlich wird das Umsetzen der hier skizzierten einfachen Schritte Ihre Einstellung zum Geld verändern. Sie werden vier FIs beherrschen: Finanzielle Intelligenz (FI1), Finanzielle Integrität (FI2), Finanzielle Unabhängigkeit (FI3) und Finanzielle Interdependenzen (FI4). All diese werden durch den Gebrauch der Werkzeuge wie von selbst zusammenfließen zu dem Strom von Geld und Dingen in Ihrem Leben.

Finanzielle Intelligenz

Finanzielle Intelligenz ist die Fähigkeit, von Ihren Annahmen und Ihren Gefühlen bezüglich Geld zurückzutreten und sie objektiv zu beurteilen. Kauft Geld wirklich Glück? Muss wirklich jeder »seinen Lebensunterhalt verdienen«? Ist Geld wirklich etwas, was man fürchten oder begehren, lieben oder hassen muss? Wenn ich den Großteil meiner Zeit für Geld verkaufe, bin ich dann wirklich auf der sicheren Seite?

Das Erlangen von Finanzieller Intelligenz beginnt mit dem Erkennen, wie viel Geld Sie bereits verdient haben, was Sie dafür vorweisen können, wie viel in Ihr Leben gelangt und wie viel herausgeht.

Aber das ist nicht genug. Sie müssen auch wissen, was Geld wirklich ist und was Sie gegen das Geld in Ihrem Leben tauschen.

Ein greifbares Ergebnis der Finanziellen Intelligenz ist, Schulden loszuwerden und genug Geld auf der Bank zu haben, um mindestens sechs Monate die grundlegenden Lebenshaltungskosten abdecken zu können. Wenn Sie das in diesem Buch vorgestellte Programm umsetzen, wird es Sie unaufhaltsam zu Finanzieller Intelligenz führen.

Finanzielle Integrität

Das Wörterbuch definiert *Integrität* als »1: festes Befolgen eines Codes vor allem moralischer oder künstlerischer Werte; Unbestechlichkeit; 2: ein intakter Zustand: Zuverlässigkeit; 3: die Eigenschaft oder der Zustand, vollständig oder ungeteilt zu sein: Vollständigkeit.«[3]

Finanzielle Integrität erlangen Sie durch das Herausfinden der wahren Auswirkungen Ihres Einkommens und Ihrer Ausgaben sowohl auf Ihre engsten Familienangehörigen als auch auf den Planeten. Es geht um das Erkennen, wie viel Geld und materielle Güter ausreichen, um Sie auf dem Höhepunkt der Lebenserfüllung zu halten – und was schlichtweg überflüssig und Plunder ist. Es bedeutet, alle Aspekte Ihres Finanzlebens im Einklang mit Ihren Werten zu haben. Wenn Sie dem in diesem Buch vorgestellten Programm folgen, wird es unausweichlich zur Finanziellen Integrität führen.

Finanzielle Unabhängigkeit

Finanzielle Unabhängigkeit umfasst wesentlich mehr als nur ein sicheres Einkommen. Es ist auch die Unabhängigkeit von lähmenden finanziellen Überzeugungen, drückenden Schulden und der lähmenden Unfähigkeit, moderne »Annehmlichkeiten« zu handhaben. Finanzielle Unabhängigkeit ist alles, was Sie beim Bewältigen Ihres Lebens von finanziellen Zwängen befreit.

Finanzielle Interdependenz

Während des Umsetzens werden Sie begreifen, dass die Unabhängigkeit, die wir herbeisehnen, bedeutet, ausweglose Routinen, Arbeitsplätze, Beziehungen und Denkweisen voneinander zu trennen – und nicht von uns. Unsere glücklichsten Momente entstehen aus der Liebe und der Zuwendung und wir wollen mehr Zeit für das, was dem Leben eine wirkliche Bedeutung verleiht. Unsere Interdependenz – etwas für einander tun, etwas voneinander erhalten, etwas miteinander gestalten – ist Teil dessen, was unser Leben reich macht. Unsere Interdependenz ist auch eine Tatsache im Leben. Wir sind alle von den Leistungen der Natur abhängig. Zum Überleben sind wir alle auf gemeinsame

Institutionen angewiesen – von Straßen über Flughäfen und Bibliotheken sowie unzähligen Absicherungsnetzen bis zum Geld selbst. Wir bewegen uns in einem Meer der Vernetzung. Tatsächlich wollen die meisten Menschen, nachdem sie Finanzielle Unabhängigkeit erreicht haben (sobald sie sich lange genug ausgeruht und einigen lang gehegten Träume hingegeben haben), tatsächlich ihre Zeit damit verbringen, die Welt zu einem besseren Ort zu machen.

Was ist neu in dieser Ausgabe

Ich habe buchstäblich Tausende Anpassungen an die vorherige Ausgabe dieses Buches vorgenommen, um die heutige Realität widerzuspiegeln – insbesondere zwei Kapitel sind umfassend überarbeitet worden.

Das Aufkommen von Smartphones und der Blogwelt sowie der Myriade von Internetwerkzeugen zum Einkaufen und Investieren hat eine intensive Aktualisierung des Kapitels 6 (»Der amerikanische Traum – mit wenig Geld«) erfordert. Am aufwendigsten war jedoch die Überarbeitung von Kapitel 9 (»Wie man Bargeld für die langfristige Finanzielle Freiheit bunkert«). Die Investitionsstrategie, die Joe und anderen 25 Jahre gute Dienste erwiesen hat, ist nicht länger der einzige oder beste Weg, einen beständigen passiven Einkommensstrom zu schaffen. Durch Beiträge von wunderbaren Kollegen zu mehreren Investmentphilosophien bietet Kapitel 9 jetzt eine Reihe von Strategien, die Menschen der FIRE-Bewegung nutzen und die ebenfalls auf der Grundlage des »für sich selber denken« beruhen.

Leser früheren Versionen werden auch ein brandneues Werkzeug entdecken: **Geldgespräche**. Das Neun-Schritte-Programm konzentriert sich notwendigerweise darauf, was Menschen tun können, um sich aus dem Arbeit-und-Ausgaben-Hamsterrad zu befreien. Niemand außer Ihnen kann die Verantwortung dafür übernehmen, Ihre Einstellung zum Geld zu verändern. Für Joe und mich und viele von Ihnen ist soziale Unterstützung jedoch ein wichtiger Punkt gewesen, um aufzuwachen und Änderungen vorzunehmen. Im neuen Schlusswort stelle ich die einfache Geldgespräch-Methode vor, ein bewährter Weg, mit Freunden und Fremden über wichtige Themen zu sprechen – und Geld ist eines der wichtigsten. In jedem Kapitel stelle ich ein paar wirkungsvolle Fragen vor, die Sie in solchen Gesprächen stellen können, ob in der Ungestörtheit des Zeitungslesens, mit jemand Nahestehenden oder in Gruppen. Während wir mit anderen über unsere Träume, Verwirrung, Ängste und bohrende Fragen sprechen, vollzieht sich die Veränderung.

Lassen Sie die Transformation beginnen!

Ich hoffe, dass diese Einführung Ihren Appetit angeregt hat, mehr über das Neun-Schritte-Programm zu erfahren; solch ein Appetit auf Veränderung wird Sie dazu bringen, den ersten Schritt zu machen. Ich hoffe, dass Ihre Neugier geweckt wurde; Neugier wird dafür sorgen, dass Sie weitermachen. Ich hoffe, dass Ihre Überzeugung, Ihre Zukunft verändern zu können, einen Schub bekommen hat. Lesen Sie das ganze Buch von Anfang bis Ende. Kommen Sie danach zu Kapitel 1 zurück und beginnen Sie Ihre schrittweise Reise zur Transformation Ihrer Einstellung zum Geld und dem Erzielen der Finanziellen Unabhängigkeit.

Erneute Leser, willkommen zurück, willkommen zu Hause. Und neue Leser, willkommen bei einer Reihe von Werkzeugen, die Hunderttausende von Menschen befreit haben. Ich hoffe aufrichtig, dass Sie einer davon sein werden. Die Welt braucht Sie, damit Sie sich erheben und Ihren Träumen folgen.

1

Die Geldfalle: Der ewige Fahrplan zum Geld

Geld: Die süße Falle?

»Geld oder Leben.«

Was würden Sie tun, wenn Ihnen jemand die Pistole in die Rippen drückt und diesen Satz ausspricht? Die meisten von uns würden ihr Portemonnaie hergeben. Die Drohung wirkt, weil wir unser Leben mehr schätzen als unser Geld. Tun wir das?

Rachel Z. arbeitete 70 Stunden pro Woche erfolgreich im Vertrieb, aber irgendwie war es das nicht. Sie berichtet: »Nachdem ich Bücher wie *The Poverty of Affluence* [von Paul Wachtel] gelesen hatte, begriff ich, dass nicht nur ich unter diesem Gefühl litt, es würde ›etwas fehlen‹. Ich sprach mit anderen und fand heraus, dass sie sich häufig ähnlich enttäuscht fühlten. Ich hatte ein gemütliches Zuhause mit allem Schnickschnack, wieso fragte ich mich also, ob ›das alles‹ sei. Würde ich immerzu arbeiten müssen, bis ich dann – völlig verschlissen – in den Ruhestand geschickt werde? Wo ich dann nichts anderes tue, als mein angespartes Geld auszugeben und meine Zeit irgendwie herumzukriegen, bis mein Leben zu Ende ist?«

Don M.s große Liebe war die Musik, aber sein Leben spielte sich in der Datenverarbeitung ab, und er hatte die Hoffnung aufgegeben, dass Liebe und Leben zusammengehen können. Unsicher, was es bedeutete, ein Mann zu sein, hatte er sich sämtliche Insignien des Erwachsenseins angeeignet und wartete auf den Tag, an dem sie ihn in die Männlichkeit katapultieren würden. Er hatte das College absolviert und geheiratet, er verfügte über eine Qualifikation, einen Job, ein Auto, ein Haus, eine Hypothek und einen Rasen, den er mähte. Aber statt sich wie ein Mann zu fühlen, kam er sich zunehmend vor wie ein Gefangener.

Elaine H. hasste schlicht und einfach ihren Job als Computerprogrammiererin. Sie tat nur so viel wie gerade nötig, um ihren Job zu behalten, das jedoch so gut, dass sie nicht entlassen werden konnte. Sie hatte sich sämtliche Statussymbole als Zeichen ihres Erfolgs zugelegt – einen Sportwagen, ein Haus auf dem Land –, aber all das konnte die Langeweile im Job nicht wirklich aufwiegen. Sie begann viel zu reisen und nahm an unzähligen Workshops teil, aber nichts davon wirkte dem Trübsinn der Arbeitswoche entgegen. Schließlich gelangte sie zu der Überzeugung, dass wohl der Rest ihres Lebens so ablaufen würde – mit einem Job, der sie auffraß.

Kristy und ihr Mann waren klassische DINKs – doppeltes Einkommen, keine Kinder – mit hoch bezahlten Hightech-Jobs. Sie waren jung, reich und gut aussehend – war das etwa nicht perfekt? Aber dann erlebte Kristy, dass ihr Kollege vor lauter Stress einen Kollaps erlitt und beinahe am Schreibtisch gestorben wäre. In Japan haben sie einen Namen dafür: karoshi (Tod durch Arbeitsüberlastung). Als Kristy sah, dass derselbe Mann eine Woche später wieder zur Arbeit kam und so tat, als sei nichts gewesen, wusste sie, dass etwas grundsätzlich falsch lief. Dann wurde ihr Chef mit einem Blutgerinnsel ins Krankenhaus eingeliefert und ihr bester Freund wurde entlassen. Kristy begann Psychopharmaka gegen ihre Ängste einzuwerfen und schreckte vor lauter Anspannung nachts um drei aus dem Schlaf hoch. Schließlich sagte sie sich: »Ich kann das nicht länger tun. Das ist es nicht wert.«

Nicole folgte dem Drehbuch ihres Vaters. Er war Rechtsanwalt und hatte sie dazu ermuntert, eine Berufsausbildung zu machen und die Kosten zu ignorieren, weil sie diese im Laufe ihrer Karriere problemlos zurückzahlen könnte. Nicole entschied sich für eine hoch qualifizierte Ausbildung im medizinischen Bereich, die über acht Jahre dauerte und ihr mehr als 100.000 Dollar Schulden bescherte. Und es war nicht 1969, das Jahr, in dem ihr Vater sein Abschluss in Jura gemacht hatte. Es war 2011 und ihr Nettoverdienst nach der Bezahlung ihrer Mitarbeiter, Büromiete, Verwaltungskosten, Versicherung und Weiterbildung reichte nicht, um ihre Schulden schneller zu bezahlen, als die Zinslast anstieg. Trotz ihres Abschlusses in einem der nachgefragtesten Berufe rutschte sie immer weiter ab. Einem Freund gegenüber gestand sie: »Ich glaube nicht, dass ich meine Schule jemals zurückzahlen kann.«

Brians alter Freund Kevin schaute auf seinem Weg durch die Stadt kurz vorbei. In der Highschool war Kevin der Durchschnittstyp gewesen, den niemand beachtet. Jetzt scheffelte er jährlich ein sechsstelliges Einkommen mit einer Onlinefirma für Unterrichtsmaterialien. Brian fragte Kevin über jedes Detail aus, weil er seine Familie unterstützen, aber auch als Vater viel zu Hause sein wollte, den Menschen beibringen wollte, wie sie erfolgreich sein können, und, um der Wahrheit gerecht zu werden, all das möglichst ohne großen Aufwand, aber schnell und lukrativ. Er wollte das, was Kevin zu haben schien. Nun ist zwar das Gründen einer Onlinefirma wie der von Kevin nicht sonderlich aufwendig – jeder kann ein paar Webdienstleistungen zusammenstückeln und ratzfatz hat man zahlende Kunden –, der Erfolg ist jedoch nicht garantiert. So gab Brian Geld aus, um von den Besten zu lernen und noch mehr Geld, um die besten Tools zu kaufen. Das Einrichten und Starten des Geschäfts bedurfte sehr viel mehr an zeitlicher Investition, als er angenommen hatte. Und die teure Gans weigert sich bis heute, goldene Eier zu legen.

Obschon einige Menschen ihre Jobs wirklich lieben, können nur sehr wenige von uns ehrlich sagen, dass unser Arbeitsleben perfekt ist. Das perfekte Arbeitsleben müsste genügend Herausforderungen bieten, um interessant zu sein. Es müsste locker genug sein, damit wir Spaß haben. Es müsste eine kollegiale Atmosphäre herrschen, die der Arbeit förderlich ist. Man müsste ausreichend in Ruhe arbeiten können, um produktiv zu sein. Die Arbeitsstunden müssten den Aufgaben angemessen sein. Und wir bräuchten genügend Freizeit, um uns erholen zu können. Außerdem müssten wir mitbestimmen können, um uns gebraucht zu fühlen. Man müsste auch herumalbern können, damit es Spaß macht. Und natürlich müsste die Bezahlung stimmen, damit wir unsere Rechnungen bezahlen können … und so weiter. Aber selbst die besten Jobs haben Nachteile. Irgendwann kommen wir in der Mitte unseres Lebens an und stellen fest, dass wir den Plan unserer Eltern gelebt haben. Oder noch schlimmer, wir füllen seit 20 Jahren Zähne, weil ein 17-Jähriger (war das wirklich ich?) entschieden hat, dass Zahnarzt zu sein die beste aller möglichen Welten sein würde. Wir sind in die »echte Welt«, die Welt der Kompromisse eingetreten. Trotz dieses ganzen Getues um das »Streben nach Reichtum« sind wir am Ende des Tages so erschöpft, dass Abhängen auf dem Sofa das höchste der Gefühle ist.

Die meisten von uns klammern sich so lange wie möglich an die Vorstellung, dass es einen Weg zu leben gibt, der mehr Sinn hat, mehr Erfüllung bringt und mehr Bedeutung hat, aber mit der Zeit, wenn unsere Jobs Rillen in unser Leben schleifen und unsere Tage sich mit To-dos füllen, scheint die Idee, dass wir eine lohnenswertere Existenz haben könnten, dahinzuschwinden. Die Menschen, über die Sie in diesem Buch lesen werden, haben entdeckt, dass es einen anderen Weg gibt. Es gibt eine Möglichkeit, ein authentisches, produktives, bedeutungsvolles Leben zu führen – und die materiellen Annehmlichkeiten, die Sie wollen oder brauchen, zu haben. Es gibt eine Möglichkeit, Ihr inneres und äußeres Leben in Einklang zu bringen, sodass Ihr Arbeits-Ich mit Ihrem Familien-Ich und Ihrem inneren Ich harmoniert. Es gibt eine Möglichkeit, über das reine Verdienen des Lebensunterhalts hinaus zu gehen, sodass mehr Leben bleibt. Es gibt einen Lebensansatz, mit dem Sie auf die Frage »Geld oder Leben?« antworten: »Vielen Dank, ich nehme beides.«

Wir verdienen nicht unseren Lebensunterhalt, wir verdienen unser Sterben

Für viele Arbeitende scheint es jedoch keine echte Wahl zwischen Geld und Leben zu geben, ob sie ihre Arbeit nun lieben oder nur erdulden. Was sie für das Geld tun, dominiert ihre wachen Stunden, und Leben ist, was in der knappen verbleibenden Zeit untergebracht werden kann. Betrachten Sie den Durchschnittsarbeiter in fast jeder Industriestadt. Der Wecker klingelt um Viertel vor sieben und unser Arbeitsmann oder unsere Arbeitsfrau sind wach und bereit. Telefon überprüfen. Duschen. Die Berufskleidung überwerfen – Anzüge für die einen, Overalls für andere, OP-Kittel für die medizinischen Fachkräfte, Jeans und T-Shirts für Bauarbeiter. Frühstück, wenn Zeit dafür ist. Pendlerbecher und Aktentasche (oder Lunchbox) schnappen. Ins Auto springen für die tägliche Strafe namens Berufsverkehr oder in einen Bus oder Zug einsteigen, die schrecklich überfüllt sind. Von neun bis fünf (oder länger) am Arbeitsplatz. Sich mit dem Chef auseinandersetzen. Mit dem vom Teufel entsandten Kollegen umgehen, der ständig bei Ihnen aneckt. Lieferantenkontakte pflegen. Klienten/Kunden/Patienten behandeln. E-Mails häufen sich an. Geschäftiges Agieren. Durch Feeds in Sozialen Medien scrollen. Fehler vertuschen. Lächeln, wenn Sie unmögliche Fertigstellungstermine erhalten. Einen Seufzer der Erleichterung ausstoßen, wenn die Axt, bekannt als »Umstrukturierung« oder »Schrumpfen« – oder einfach nur Entlassung – andere Köpfe trifft. Das zusätzliche Arbeitspensum schultern. Die Uhr im Auge behalten. Mit Ihrem Gewissen hadern, dem Chef jedoch zustimmen. Und wieder lächeln. Fünf Uhr. Zurück zum Auto oder Bus oder Zug für das abendliche Pendeln. Zuhause. Sich menschlich gegenüber Ihrem Partner, Kindern oder Zimmergenossen verhalten. Kochen. Ein Foto Ihres Essens online posten. Essen. Eine Episode Ihrer Lieblingsshow ansehen. Auf eine letzte E-Mail antworten. Ins Bett. Acht Stunden seligen Schlummerns – wenn wir Glück haben.

Und das nennt sich Lebensunterhalt verdienen? Denken Sie darüber nach. Wie viele Menschen haben Sie gesehen, die am Ende des Werktages lebendiger sind als am Anfang? Kommen wir vitaler von unserem »Verdienen des Lebensunterhalts« nach Hause? Tanzen wir durch die Tür, erfrischt und gestärkt, bereit für einen tollen Abend mit der Familie und den Freunden? Wo ist das ganze Leben, das wir uns bei der Arbeit vorgenommen haben? Entspricht nicht die Wahrheit bei vielen von uns mehr dem »Verdienen des Sterbens«? Vernichten wir uns nicht selbst – unsere Gesundheit, unsere Beziehungen, unser Gespür für Heiterkeit und Wunder – für unsere Jobs? Wir opfern unser Leben für das Geld, aber es geschieht so langsam, dass wir es kaum wahrnehmen. Ergrauende Schläfen und breiter werdende Taillen, vermischt mit zweifelhaften Zeichen des Fortschritts wie einem Eckbüro, einem Firmenwagen oder Firmenjubiläen, sind die einzigen Orientierungspunkte dafür, dass die Zeit verstreicht. Irgendwann haben wir vielleicht alle Notwendigkeiten, Annehmlichkeiten und sogar den Luxus, den wir immer wollten, aber Trägheit hält uns gefangen in dem neun-bis-siebzehn-Uhr-Muster. Was würden wir schließlich mit unserer Zeit tun, wenn wir nicht arbeiteten? Die Träume, die wir hatten, Bedeutung und Erfüllung durch unsere Arbeitsplätze zu finden, sind verblasst in der Realität von Firmenpolitik, Burn-out, Langeweile und hartem Wettkampf. Dieses Staunen, das wir als Kinder hatten, dieses Sendungsbewusstsein, das wir im Studium verspürten, jene Zeiten, als wir unsere Herzen in Liebe an alle großen und kleinen Lebewesen hängten, sind vergessen – alle abgelegt unter »wir waren noch so jung«.

Sogar diejenigen von uns, die ihren Job mögen und finden, dass wir einen Beitrag leisten, haben das Gefühl, dass es eine größere Arena gibt, die wir genießen könnten, die außerhalb der Arbeitszeit liegt: die Erfüllung, die einer Arbeit entspringen würde, die wir ohne Einschränkungen oder Selbstbeschränkung lieben – und ohne die Angst davor, entlassen zu werden und uns in die Reihen der Arbeitslosen einzufügen. Wie oft denken oder sagen wir: »Wenn ich könnte, würde ich es auf diese Weise tun, aber der Vorstand der Zilch Foundation will es anders«? Wie oft mussten wir unsere Träume hintanstellen, um unsere finanziellen Mittel oder unsere Arbeitsplätze zu behalten?

Wir denken, dass wir unsere Jobs sind

Selbst wenn wir finanziell im Stande wären, unseren Jobs, die uns die Freude nehmen und unsere Werte verletzen, den Rücken zuzukehren, sind wir allzu häufig psychologisch unfähig, uns zu befreien. Wir ziehen unsere Identität und unseren Selbstwert aus unserer Arbeit.

Unsere Jobs haben Familie, Nachbarschaft, Bürgerpflichten, Kirche und selbst Partner als unser primäres Zugehörigkeitsgefühl, unsere Hauptquelle der Liebe und Stätte der Selbstentfaltung ersetzt. Denken Sie einmal über Ihre Situation nach. Überlegen Sie, wie Sie sich fühlen, wenn Sie auf die typische Kennenlernfrage »Und was machen Sie beruflich?» mit »Ich bin ________« antworten. Fühlen Sie Stolz? Fühlen Sie Scham? Sind Sie versucht, zu sagen,

»Ich bin nur ein _________«, wenn Sie Ihren eigenen Erwartungen nicht entsprechen? Fühlen Sie sich überlegen? Untergeordnet? Abwehrend? Sagen Sie die Wahrheit? Geben Sie einem alltäglichen Beruf einen exotischen Titel, um Ihren Status zu erhöhen?

Messen wir unseren Wert als Mensch etwa anhand der Höhe unserer Gehälter? Wenn wir bei Ehemaligentreffen der Schule Geschichten austauschen, wie bewerten wir insgeheim den Erfolg unserer Klassenkameraden? Fragen wir, ob unsere Klassenkameraden ein erfülltes Leben führen, ihren Werten entsprechend lebend, oder fragen wir sie, wo sie arbeiten, welche Positionen sie haben, wie sie leben, was für ein Auto sie fahren und auf welche Schulen sie ihre Kinder schicken? Das sind die anerkannten Symbole des Erfolgs.

Neben Rassismus und Sexismus hat unsere Gesellschaft eine versteckte Hierarchie, die sich darauf stützt, womit Sie Ihr Geld verdienen. Sie wird Jobismus genannt und durchdringt unsere Interaktionen am Arbeitsplatz, im sozialen Umfeld und sogar zu Hause. Warum sonst würden wir nicht berufstätige Mütter als Bürger zweiter Klasse ansehen? Oder den Status von Lehrern geringer als den von Ärzten erachten, obwohl deren Umgang mit sich abmühenden Schülern im Klassenzimmer genauso verdienstvoll ist wie der vieler Ärzte am Bett von Kranken und Sterbenden? Ob wir es erkennen oder nicht, unsere täglichen Interaktionen schließen das unbewusste Abschätzen dessen ein, wie jeder von uns »seinen Lebensunterhalt verdient.«

Das Sterben zu verdienen ist teuer

Der Psychotherapeut Douglas LaBier hat diese »soziale Krankheit« in seinem Buch *Modern Madness* dokumentiert. Der stete Strom von »erfolgreichen« Berufstätigen, die in seiner Praxis mit ausgelaugten Körpern und leeren Seelen auftauchten, riefen ihn auf den Plan, wie sehr wir aus materialistischen Gründen unsere geistige und körperliche Gesundheit gefährden. LaBier fand heraus, dass die Konzentration auf Geld/Position/Erfolg auf Kosten der persönlichen Erfüllung und Bedeutung bei 60 Prozent seiner Stichprobe (die mehrere Hundert Personen umfasste) zu Depressionen, Angst und anderen Arbeitsplatz-bedingten Erkrankungen einschließlich des allgegenwärtigen »Stresses« führte.[4]

Obwohl die Standardarbeitswoche seit fast einem halben Jahrhundert 40 Stunden beträgt, glauben viele Berufstätige, dass sie Überstunden und Wochenendarbeit leisten müssen, um mitzuhalten. Eine Studie der Organisation for Economic Co-Operation and Development (OECD) im Jahr 2015 hat festgestellt, dass fast 12 Prozent der Amerikaner 50 oder mehr Stunden pro Woche arbeiten.[5] Außerdem hat eine Studie des Conference Board im selben Jahr herausgefunden, dass weniger als die Hälfte der Amerikaner mit ihrem Job »zufrieden« ist.[6] Wir arbeiten mehr, genießen das Leben jedoch weniger. Das Ergebnis? Wir haben eine Volkskrankheit entwickelt, die darauf basiert, wie wir Geld verdienen.

Was müssen wir dafür vorweisen?

Wenn wir schon nicht glücklicher sind, dann sollte man doch meinen, dass wir zumindest über das traditionelle Symbol des Erfolgs verfügen: Geld auf der Bank. Dem ist nicht so. Unsere Sparquote sinkt sogar.

Gemäß dem US Bureau of Economic Analysis lag die persönliche Sparquote in den USA im Laufe der letzten vier Jahre bei rund 5 Prozent, gestiegen von einem Tiefstand von weniger als 2 Prozent im Jahr 2007, aber niedriger als in den Jahren vor 1980, als Amerikaner deutlich über 10 Prozent gespart haben.[7]

Um die Sache noch schlimmer zu machen, stagnieren die Löhne für die große Mehrheit der Amerikaner. Während die an der Spitze (und die Aktiengesellschaften, für die sie arbeiten) weiterhin ihre Taschen füllen, wird der Wohlstand für Personen am unteren Ende dezimiert. 2016 klärte das Economic Policy Institut in einem Bericht darüber auf, dass die Löhne für die unteren 70 Prozent der Arbeiter seit 2000 um geringfügige 5,3 Prozent gestiegen waren, während die ärmsten 10 Prozent der Amerikaner nur eine 2,2-Prozent-Verbesserung der Entlohnung erlebt haben. Wie schnitten die höchsten Lohnempfänger im Laufe dieses Zeitabschnitts ab? Seit der Jahrtausendwende hat das 90. und 95. Perzentil der Lohnempfänger ein Wachstum von 15,7 beziehungsweise 19,8 Prozent erfahren.

Bei relativ niedrigen Löhnen und geringeren Ersparnissen ist unser Niveau der Verschuldung gestiegen – deutlich. Vor Ende 2017 betrug die Verschuldung der Verbraucher 3,7 Billionen Dollar, mehr als doppelt so viel wie Ende 2000. Das sind mehr als 11.000 Dollar pro Mann, Frau und Kind in den USA.[8] Schulden sind eine unserer Hauptfesseln. Unser Verschuldungsniveau und unsere fehlenden Ersparnisse machen die Neun-bis-siebzehn-Uhr-Routine obligatorisch. Zwischen unseren Hypotheken, der Autofinanzierung, den Studiendarlehen und Kreditkartenschulden können wir es uns gar nicht leisten, aufzuhören. Immer mehr Amerikaner enden damit, in ihren Autos oder auf der Straße zu leben.

In Zeiten zunehmender Globalisierung und Unternehmensfusionen sind Entlassungen in jedem Sektor von der produzierenden Industrie bis zur Hightech-Branche die neue Realität.

Wir verdienen unser Sterben bei der Arbeit, damit wir am Wochenende leben können

Betrachten wir nun den durchschnittlichen Verbraucher beim Ausgeben seines oder ihres hartverdienten Geldes. Es ist Samstag. Sie bringen Ihre Kleidung in die Reinigung und Ihr Auto zur Werkstatt, um die Reifen wechseln und das komische Geräusch überprüfen zu lassen. Sie gehen zum Lebensmittelgeschäft, um für eine Woche Essen für die Familie zu kaufen und murren an der Kasse, wenn Sie an die Zeiten zurückdenken, als vier Tüten Lebensmittel 75 Dollar statt jetzt 125 Dollar gekostet haben. (Sicher, Sie könnten Kosten sparen, indem Sie Coupons ausschneiden und Angebote kaufen, aber wer hat dafür schon Zeit?) Sie gehen zum Einkaufszentrum, um das Buch zu kaufen, das jeder liest. Sie kommen wieder heraus mit zwei Büchern, einem Anzug (zum halben Preis im Schlussverkauf) mit dazu passenden Schuhen und neuer Kleidung für die Kinder – alles bezahlt mit der Kreditkarte. Zuhause. Gartenarbeit. Ups … ein Abstecher zur Gärtnerei für eine Gartenschere. Nach Hause gekommen mit zwei Körbchen Primeln, einigen neuen Töpfen … und, oh tatsächlich, der Gartenschere. Am Toaster herumfummeln, der jede Scheibe sogar bei der niedrigsten Einstellung verbrennt. Die Garantie ist nicht mehr auffindbar. Sie gehen in den Baumarkt, um einen neuen zu kaufen. Heraus kommen Sie mit Regalbrettern und Winkelträgern für den Hobbyraum, Farbproben für den Neuanstrich der Küche

… und, nicht zu vergessen, dem Toaster. Abendessen im Restaurant mit Ihrem Partner, während die Kinder beim Babysitter bleiben. Sonntagmorgen. Pfannkuchen für die ganze Familie. Ups … kein Mehl. Schnell zur Tankstelle, um Mehl zu kaufen. Nach Hause gekommen mit eingefrorenen Erdbeeren und Heidelbeeren für die Pfannkuchen, Zeitschriften, einem Spiel für die Kinder … und, oh natürlich, dem Mehl. Sie fahren mit der Familie an den See zum Schwimmen. Tanken unterwegs, zucken zusammen, als Sie sehen, was Benzin gerade kostet. Im Anschluss Fahrt zu einem netten Restaurant auf dem Land, das Abendessen wird mit der Kreditkarte bezahlt. Zuhause. Den Abend mit Fernsehen verbringen, den Anzeigen gestatten, Ihre Fantasie mit Bildern eines wirklich guten Lebens zu füllen, das Sie haben könnten, wenn Sie nur einen Porsche oder neuen Computer kaufen oder einen exotischen Urlaub verbringen oder …

Das Endergebnis ist, dass wir denken, dass wir arbeiten, um die Rechnungen zu bezahlen – aber wir geben mehr aus, als wir verdienen, für mehr, als wir brauchen, was uns zwingt, wieder zu arbeiten, um das Geld zu verdienen, das wir ausgeben, um noch mehr Zeug zu bekommen –, was uns zurück zur Arbeit zwingt!

Wie steht's mit dem Glück?

Wenn uns die tagtägliche Plackerei glücklich machen würde, wären Ärger und Unannehmlichkeiten ein geringer Preis, den wir dafür zahlen. Wenn wir glauben könnten, dass unsere Jobs wirklich die Welt zu einem besseren Platz machen, würden wir Schlaf und unser Sozialleben opfern, ohne uns beraubt zu fühlen. Wenn die Extraspielsachen, die wir mit unserer mühevollen Arbeit kaufen, mehr als ein kurzes Vergnügen und die Chance, andere zu übertrumpfen, darstellen würden, wären wir gern bereit, diese Stunden für den Job einsetzen. Aber es wird immer deutlicher, dass uns Geld, über ein Minimum an Komfort hinaus, nicht das Glück kauft, das wir suchen.

Die Teilnehmer in unseren frühen Seminaren haben unabhängig von der Höhe ihres Einkommens immer gesagt, dass sie »mehr« brauchen, um glücklich zu sein. Wir haben folgende Übung in unsere Seminare integriert: Wir baten die Menschen, sich auf einer Glücksskala von 1 (jämmerlich) bis

5 (fröhlich) selber einzuschätzen, wobei 3 bedeutete, sich »nicht beklagen zu können«, und setzten ihre Bewertung in Bezug zu ihrem Einkommen. In einer Stichprobe mit mehr als 1.000 Menschen, sowohl aus den Vereinigten Staaten als auch aus Kanada, lag der durchschnittliche Glückswert durchweg zwischen 2,6 und 2,8 (noch nicht einmal 3!), egal ob das Einkommen der Person unter 1.500 Dollar pro Monat oder über 6.000 Dollar pro Monat lag. (Siehe Tabelle 1-1.)

Tabelle 1-1
Lebenszufriedenheitsskala

Wählen Sie die Liste aus, die Ihrem Leben am ehesten entspricht				
1	2	3	4	5
• Unbehaglich • Erschöpft • Unvollkommen • Frustriert • Ängstlich • Häufig allein • Wütend • Liebebedürftig • Unsicher	• Unzufrieden • Bemühend • Unzulänglich • Beziehungen könnten besser sein • Wetteifernd • Besser werdend • Nicht sehr produktiv • Brauche Bestätigung	• Zufrieden • Es geht einigermaßen • Durchschnitt • Annehmbar • Manchmal glücklich, manchmal melancholisch • Stabil • Normal • Wenige Risiken eingehend • Anpassend	• Glücklich • Wachsend • Zufrieden • Produktiv • Entspannt • Frei von Anspannung • Effizient • Zeit habend • Spaß • Sicher	• Fröhlich • Enthusiastisch • Erfüllt • Überströmend • Ekstatisch • Kraftvoll • Etwas bewirkend

Wählen Sie die Liste aus, die Ihrem Leben am ehesten entspricht					
Monatliches Einkommen	0–1.500 Euro	1.501–3.000 Euro	3.001–4.500 Euro	4.501–6.000 Euro	Über 6.000 Euro
Durchschnitt der Lebensqualitätsbewertung aller Teilnehmer in dieser Einkommensgruppe	2,81	2,77	2,84	2,86	2,63

Die Ergebnisse überraschen. Sie verrieten uns nicht nur, dass die meisten Menschen ständig unglücklich sind, sondern auch, dass es unabhängig von der Höhe ihres Einkommens ist. Sogar Menschen, denen es finanziell gut geht, sind nicht notwendigerweise zufrieden. Auf denselben Arbeitsblättern fragten wir unsere Seminarteilnehmer: »Wie viel Geld wäre nötig, um Sie glücklich zu machen?« Können Sie die Ergebnisse erraten? Es war immer »mehr, als ich jetzt habe« (um 50 bis 100 Prozent).

Da stehen wir nun, die größte Wohlstandsgesellschaft, die die Erde bisher erlebt hat, und sind schwer bei der Arbeit. Unser Leben steckt in einer immerwährenden Schleife zwischen Zuhause und Arbeitsplatz und unser Herz sehnt sich nach etwas, das direkt hinter dem Horizont liegt oder vielleicht unerreichbar ist.

Wohlstand und der Planet

Handelte es sich nur um eine persönliche Hölle, so wäre das schon Tragödie genug. Aber das ist es nicht. Unser Wohlstandslebensstil hat eine immer verheerendere Wirkung auf unseren Planeten.

1987 hat die United Nations World Commission on Environment and Development gewarnt, dass das Konsumverhalten in der entwickelten Welt einer der primären Treiber für die globalen Umweltschäden ist. Seit dieser Zeit hat sich jedoch an unseren Lebensstilen wenig geändert – außer einer verbesserten Technologie für Spontankäufe.

Dass wir es nicht schaffen, uns zu ändern, liegt nicht an einem Mangel an Warnungen. Manche blenden die Fakten einfach aus, aber selbst wenn wir Nachrichten sehen, wissen wir nicht, was wir noch glauben können – oder warum wir uns sorgen sollten.

Umweltschützer haben versucht, die Daten lebendig und persönlich spürbar werden zu lassen, sodass wir die Erhitzung des Planeten genauso fühlen können, wie wir frieren, wenn die Temperatur fällt.

Der Ökologische Fußabdruck, eine Kenngröße, die durch das Global Footprint Network verbreitet wird, misst alles, was wir kaufen – von Autos bis zu Sofas – im Hinblick darauf, wie viele Ressourcen der Erde in diesem Kauf enthalten sind. Sie können auch bei einem Quiz über Ihren Verbrauch mitmachen, um Ihren Fußabdruck zu sehen. Sogar umsichtige, bewusst lebende Nordamerikaner würden dann erfahren, dass wir vier Erden brauchen, wenn wir weiter so konsumieren wie bisher. Ups, wir haben aber nur eine.

Zusammen mit dem World Wildlife Fund gibt das Global Footprint Network jedes Jahr den Welterschöpfungstag bekannt, den Tag eines jeden Jahres, an dem wir gemeinsam die Ressourcen verbraucht haben werden, die unser Planet in einem einzelnen Jahr erneuern kann. Ab dann bauen wir ökologische Schulden auf. 1971 fiel der Welterschöpfungstag auf den 21 Dezember. Zehn Jahre später war es der 12. November. Dann der 11. Oktober im Jahr 1991. 2001 war es schon am 23. September soweit. Und jedes Jahr kam er früher. 2016 war es der 3. August. Seien Sie wachsam. Wo stehen wir jetzt? Die Vorräte der Erde sind der Küchenschrank von Mutter Natur. Wie lange wird es dauern, bis eine wesentliche Zutat im Rezept für das Leben, wie wir es kennen, nicht mehr verfügbar ist?

Wenn wir persönliche Schulden machen, könnten wir unser Auto, unser Haus oder unsere Fähigkeit verlieren, überhaupt etwas zu borgen, aber so lange wir lebendig sind, können wir anfangen, die Schatzkammer wieder zu füllen. Bei den ökologischen Schulden wird das nicht funktionieren. Wir haben nur einen Planeten.

Der größte Verlierer im Geldspiel

Leider sind sich viele von uns dieser ökologischen Schulden nicht einmal bewusst, weil unsere wichtigsten Wohltäter keine Stimme haben und wir gar nicht wissen, dass wir etwas von ihnen borgen. Wir haben nicht einfach nur etwas bei »der Bank« geliehen. Wir haben von zukünftigen Generationen und von unserem sehr großzügigen Planeten geborgt.

Alles, was wir essen, tragen, fahren, kaufen und wegwerfen, stammt von der Erde. Annie Leonard zeigt in ihrem Kurzfilm *The Story of Stuff* sehr anschaulich, wie unser Appetit auf Dinge bei den Ressourcen eine Einbahnstraße von der Erde zur Fabrik, zu unserem Haus und bis zur Müllkippe einschlägt. Wir ignorieren die Tatsache, dass wir unser gegenwärtiges Wohlstandsniveau den guten (und freien) Gaben der Natur verdanken – Erdreich, Wasser und Luft, die nichts kosten, jedoch bis zur Grenze strapaziert werden. So zivilisiert und entwickelt wir möglicherweise geworden sind, so hängt unsere tägliche Existenz dennoch von atembarer Luft, trinkbarem Wasser und fruchtbarem Boden ab.

Aber wie oft diese Tatsachen auch wiederholt werden, wir scheinen nicht in der Lage zu sein, bei unserem Konsum die Bremse zu ziehen. Unternehmen haben wenig Anreize, uns dazu zu ermuntern. Politisch ist es immer noch Selbstmord, konsumeinschränkende Gesetze vorzuschlagen. Und solange sich nicht alle ändern, ist der Einzelne wenig bereit, Opfer zu bringen.

Damit grüne Unternehmen, Kommunalverwaltungen und gemeinnützige Organisationen uns überhaupt dazu bringen können, unser Verhalten zu ändern, müssen sie uns überzeugen, dass die drei Sirenen des Materialismus – Bequemlichkeit, Kontrolle und Nutzen – besser gestillt werden durch Produkte, die der Erde weniger abverlangen. Sobald die Kosten der Sonnenenergie konkurrenzfähig wurden, beschleunigte sich die Akzeptanz. Sobald Ladestationen für Elektroautos so benutzerfreundlich sind wie Tankstellen, werden Verbraucher diesen klimafreundlicheren Weg des persönlichen Transports annehmen. Wir ändern nicht unsere Meinung; wir ändern nur unsere Technologien. Genügt das? Nicht Robert Ornstein und Paul Ehrlich zufolge. In ihrem Buch *New World New Mind* weisen sie darauf hin, dass unser Verstand so konzipiert wurde, auf unmittelbare Bedrohungen zu reagieren – Tiger und Feuer und das Weiße im Auge unserer Feinde. In der heutigen Welt entwickeln sich die Schuldenberge (persönlich und national) und Umweltbedrohungen wie Klimawandel jedoch so langsam, dass der Teil unseres Verstands, der für die Reaktion auf Unheil zuständig ist, die Gefahr nicht bemerkt. Ornstein und Ehrlich verfechten die These, dass wir lernen müssen, auf die Frühwarnungen komplexer Umweltbewertungen mit derselben Tatkraft zu reagieren, mit der wir vor Urzeiten auf Bäume kletterten, um den Reißzähnen eines Tigers zu entkommen.[9]

Manche Verbraucher *sind* motiviert, sich zu ändern – sie schauen auf die ökologischen Tendenzen und werden zu Early Adoptern (frühzeitige Anwender) von Innovationen im Bereich Neuer Energien. Sie könnten einer davon sein. Aber mit Tugend allein beschleunigen wir die Veränderung nicht. Sie müssen den Mythos des »Mehr ist besser« in Ihrem Verstand durchbrechen, damit Sie sich ändern, weil Sie das wollen, und nicht, weil Sie es müssen. Sie werden auch dadurch Pluspunkte sammeln, dass Sie als einer der Ersten das umsetzen, was jeder als die beste und klügste Option erkennen wird. Und Sie werden eindeutig feststellen: Sich das Sterben zu verdienen und alles zu haben, sind nicht die einzigen oder besten Wege, ein Leben zu führen – und Sie werden sich befreien.

Ist mehr besser?

Viele von uns verdienen sich das Sterben, weil wir den allgegenwärtigen Verbrauchermythos glauben, dass mehr besser ist. Wir gründen unser Arbeitsleben auf diesem Mythos des Mehr. Unsere Erwartung ist, mit den Jahren mehr Geld zu verdienen. Wir werden größere Verantwortung und mehr Zulagen bekommen, wenn wir uns auf unserem Gebiet entwickeln. Schließlich, so hoffen wir, werden sich unsere Besitztümer, unser Prestige und der uns von der Gemeinschaft entgegengebrachte Respekt vermehren. Wir gewöhnen uns daran, immer mehr von uns und der Welt zu erwarten, aber statt Befriedigung spüren wir nur, dass wir umso mehr wollen, je mehr wir haben – und desto unzufriedener sind wir mit dem Status quo.

Teilweise erklärt die materiell expandierende Grenzermentalität im Kern der nordamerikanischen Seele unsere Obsession für Mehr; selbst im Film *Star Trek V* wurde das mit dem »Rand des Universums« aufgegriffen. Der Westen wurde »gewonnen« (oder verloren, je nach Standpunkt) durch die politischen Verkaufstechniken des »Manifest Destiny« [»offensichtliche Bestimmung«. Dieses Schlagwort bezieht sich auf die Expansion der USA im 19. Jhdt., Anm. d. Übers.].

Für Amerikaner (und zunehmend für Verbraucher in anderen Nationen) bringt uns diese »mehr ist besser«-Devise dazu, unser Auto alle drei Jahre auszutauschen, neue Kleidung für jedes Ereignis und jede Jahreszeit zu kaufen, jedes Mal in ein größeres und besseres Haus zu ziehen, sobald wir es uns leisten können, und alle Geräte von unserem Fernseher bis zu unserem Smartphone aufzurüsten, einfach nur, weil eine neue Version herausgekommen ist. Dieses ganze Zeug fordert nicht nur seinen Tribut von der Erde: Studien des National Opinion Research Center zeigen, dass sich der Anteil an Amerikanern, die sich als »sehr glücklich« beschreiben, seit dem Ende der 1950er-Jahre konstant verringert hat.

»Mehr ist besser« erweist sich als eine Formel für Unzufriedenheit. Wenn Sie dafür leben, sich alles leisten zu können, werden Sie nie genug haben. In einer Umgebung des mehr ist besser, ist »genug« wie der Horizont – immer zurückweichend. Sie verlieren die Fähigkeit, den Punkt des »Genug« zu identifizieren, an dem Sie noch haltmachen können. Es ist eine psychologische Sackgasse, ein unsichtbares Dilemma des Konsummythos »Mehr«. Wenn mehr besser ist, dann ist das, was ich habe, nicht genug. Selbst wenn ich wirklich das an Mehr bekomme, von dem ich überzeugt bin, dass es mein Leben verbessert, agiere ich immer noch in der Überzeugung, dass mehr besser ist – also genügt der neue Status quo immer noch nicht. Aber die Hoffnung währet ewiglich. Wenn ich nur mehr bekommen könnte, dann … und so geht es immer weiter. Wir verschulden uns immer höher und geraten tiefer in die Verzweiflung. Das Mehr, was das Leben besser machen sollte, wird nie genug sein.

Die Grenzen des Wachstums

Unsere ökonomische Version von »mehr ist besser« lautet »Wachstum ist gut«. Moderne Volkswirtschaften beten Wachstum an. Wachstum wird Armut beseitigen, so die Theorie. Wachstum wird unseren Lebensstandard steigern. Wachstum wird Arbeitslosigkeit reduzieren. Wachstum wird die Inflation egalisieren. Wachstum wird die Reichen von der Langeweile und die Armen vom Elend erlösen. Wachstum wird das BIP stärken, den Dow-Jones hochtreiben und unsere globalen Mitbewerber schlagen. Die steigende Flut hebt alle Boote an, nicht wahr?

Dabei übersehen wir jedoch, dass sämtliche Rohstoffe für das Wirtschaftswachstum aus der Natur stammen, und selbst unter idealen Bedingungen ist die Natur nicht unbegrenzt ergiebig. Ressourcen können und werden ausgehen.

Es gibt Grenzen in der Natur. In physischer Hinsicht wächst nichts für immer. Jede Pflanze und jedes Tier hat einen Lebenszyklus. Wird eine optimale Größe erreicht, stoppt das Wachstum, und die Lebensenergie wird stattdessen in das Überleben und die Fortpflanzung gelenkt. Wir wissen auch, dass jede Pflanzen- oder Tierpopulation eine maximale Größe erreicht, die auf den begrenzten Ressourcen von Energie, Nahrung, Wasser, Boden und Luft beruht, sich dann stabilisiert oder zahlenmäßig abnimmt. Es wird immer ein Punkt erreicht, an dem das Individuum oder die jeweilige Population entweder zusammenbricht oder wegen des Mangels an Ressourcen stirbt, oder sich auf einem Niveau stabilisiert, das die Umwelt verkraften kann.

Indem wir diese grundsätzliche Realität der Natur ignorieren, überschreiten wir als Personen – und unsere Wirtschaft – die Kapazität der Erde, um unsere Wünsche zu befriedigen, wie der Welterschöpfungstag anschaulich demonstriert.

Die Cleopatra-Erklärung

Pam Tillis bringt es in ihrem Lied von 1993 mit dem Refrain »Nennt mich nur Cleopatra, alle, weil ich die Königin der Verleugnung bin« auf den Punkt. So viele Menschen klammern sich umso *fester* an ihr Verhalten, je stärker die Beweise für erfolglose Strategien sind.

Wir müssen uns nicht verändern, sagen wir, weil wir sicher sind, dass die Technologie uns retten wird. Schauen Sie doch auf die Vergangenheit. Wissenschaft und Technologie haben tödliche Krankheiten von Pocken bis Diphtherie beseitigt. Sicher werden wir die Technologie entwickeln, um unser Wasser zu reinigen, gentechnisch veränderte Samen zu erzeugen, die in extremsten Umgebungen wachsen, die Verschmutzung zu beseitigen, und den Schlüssel zu unbegrenzter preiswerter Energie finden. Und wenn die Technologie uns nicht rettet, wird es sicher die Regierung tun. Betrachten Sie unseren sozialen Fortschritt als Spezies. Wenn wir uns für Mittelzuweisungen einsetzen, wird die Regierung ein Programm entwickeln. Es gibt Experten, die wissen, was vor sich geht, und die Probleme für uns lösen werden. Letztendlich schlussfolgern wir, dass es nicht unser Problem ist. Es ist ein Problem der Dritten Welt. Wenn »sie« nur aufhören würden, so viele Babys zu haben und ihre Wälder zu verbrennen, würden wir überleben. Die sind es, die sich ändern müssen. Auf jeden Fall wäre es töricht, wenn wir uns ändern, weil die Berichte wahrscheinlich falsch sind. Wissenschaftler, Politiker und Medien haben uns vorher schon belogen. Dieses Umweltproblem ist eine Erfindung von einigen klugen Rechtsanwälten und nervösen Panikmachern. Und überhaupt, was kann *ich* schon tun? Schließlich bin ich verschuldet, also kann ich nicht aufhören, 40 Meilen pro Tag zur Dingsbums-Fabrik zu pendeln, selbst wenn der Erhalt des Lebens auf der Erde davon abhängen würde, was es nicht tut … oder?

Als Menschen und als Planet leiden wir unter »sozialem Aufstieg« und unter »sozialem Abstieg«. Wir müssen innehalten und uns fragen, ob die Erfüllung, die wir suchen, das alles wert ist. Und wenn nicht, warum halten wir dann wie Süchtige an Gewohnheiten fest, die uns umbringen?

Die Erschaffung von Verbrauchern

Vielleicht klammern wir uns an unseren Wohlstand – obwohl das weder für uns noch für den Planeten funktioniert – wegen der Natur unserer Einstellung zum Geld. Wie wir sehen werden, ist Geld zu der Leinwand geworden, auf der sich unser Leben abspielt. Wir projizieren auf das Geld die Fähigkeit, unsere Fantasien zu erfüllen, unsere Ängste zu besänftigen, unseren Schmerz zu stillen und uns zu neuen Höhen aufzuschwingen. Tatsächlich erfüllen wir den Großteil unserer Bedürfnisse, Wünsche und Sehnsüchte mit Geld. Wir kaufen alles – von Hoffnung bis Glück. Wir führen nicht länger ein Leben. Wir konsumieren es.

Menschen in industrialisierten Nationen waren es gewohnt, »Bürger« genannt zu werden. Jetzt sind wir »Verbraucher« – was bedeutet (gemäß der Wörterbuchdefinition von »verbrauchen«) Menschen, die etwas »verbrauchen«, »vergeuden«, »zerstören« und »verschwenden«. Konsumismus ist allerdings eine Erfindung des 20. Jahrhunderts unserer Industriegesellschaft, geschaffen zu einer Zeit, in der Menschen dazu ermuntert werden, mehr Waren zu kaufen, als für kontinuierliches Wirtschaftswachstum notwendig wäre.

Um die frühen 1920er-Jahre, mit Beginn der zweiten Industriellen Revolution, tauchte ein seltsames Problem auf. Die Kapazität der Maschinen zur Erfüllung menschlicher Bedürfnisse war so immens, dass die Konjunktur zurückging. Instinktiv wissend, dass sie genug hatten, fragten die amerikanischen Arbeiter nach einer kürzeren Arbeitswoche und mehr Freizeit, um die Früchte ihrer Arbeit zu genießen. Zwei Gruppen der amerikanischen Gesellschaft reagierten alarmiert auf diesen Trend. Die Moralisten, die den protestantischen Arbeitsethos verinnerlicht hatten, glaubten, dass »müßige Hände die Arbeit des Teufels tun.« Freizeit verdirbt, dachten sie, und führt mindestens zu Faulheit, wenn nicht zu den anderen der sieben Todsünden. Auch die Fabrikanten schlugen Alarm. Die gesunkene Nachfrage nach industriell hergestellten Produkten drohte das Wirtschaftswachstum zu stoppen. Die Arbeiter schienen nicht auf die gleiche Weise instinktiv bereit zu sein, neue Waren und Dienstleistungen zu kaufen (wie Autos, Geräte und Unterhaltung) wie bei den alten (wie Essen, Kleidung und Unterkunft).

Die Alternative zum Wachstum wurde jedoch nicht als Reife, sondern als der Vorbote zur Stagnation der Zivilisation und des Todes der Produktivität gesehen. Neue Märkte wurden für das expandierende Füllhorn an Waren erforderlich, die die Maschinen mit solcher Geschwindigkeit und Präzision und für den anhaltenden Gewinn der Industriellen ausstoßen konnten. Und hier kam der Geniestreich: Diese neuen Märkte würden aus derselben Bevölkerung bestehen, aber die Menschen würden dazu erzogen, nicht nur zu wollen, was sie brauchten, sondern auch neue Dinge, die sie nicht brauchten. Willkommen beim Konzept des »Lebensstandards«. Eine neue Kunst, die Wissenschaft und Branche namens »Marketing« wurde geboren, um die Amerikaner zu überzeugen, dass sie arbeiteten, um ihren Lebensstandard zu steigern, statt nur grundlegende wirtschaftliche Bedürfnisse zu befriedigen. 1929 veröffentlichte das Herbert Hoovers Committee on Recent Economic Changes einen Zwischenbericht über diese (wie er glaubte, sehr erwünschte) Strategie:

> Die Studie hat eindeutig bewiesen, was schon lange in der Theorie für zutreffend gehalten wurde: dass Bedürfnisse fast unersättlich sind; dass ein gestilltes Bedürfnis den Weg frei macht für andere. Die Schlussfolgerung ist, dass wir ökonomisch ein grenzenloses Feld vor uns haben; dass dort neue Bedürfnisse bestehen, die den Weg endlos für wieder neue Bedürfnisse bereiten werden, sobald sie befriedigt sind … Unsere Situation ist günstig, unser Schwung ist bemerkenswert.[10]

Freizeit wurde nicht einfach als »Entspannungsphase« betrachtet, sondern umgewandelt in eine Möglichkeit zur Konsumsteigerung – sogar als Konsum der Freizeit selbst (wie bei Reisen und Urlauben). Henry Ford fasste zusammen:

> Wenn Menschen weniger arbeiten, kaufen sie mehr … Geschäftsleben bedeutet Austausch von Waren. Waren werden nur gekauft, wenn sie einen Bedarf decken. Bedürfnisse werden nur gestillt, wenn sie empfunden werden. Sie machen sich am stärksten in der Freizeit bemerkbar.[11]

Die Hoover-Kommission stimmte zu. Freizeit war keine Ausrede, um sich zu entspannen. Es war ein Loch, das mit mehr Wünschen zu füllen war (die im Gegenzug verlangten, dass mehr Arbeit nötig war, um für sie zu zahlen). Irgendwie stellte die Konsumentenlösung sowohl die industriellen Hedonisten zufrieden, die wild entschlossen waren, ein materielles Paradies zu erreichen, als auch die Puritaner, die fürchteten, dass ungenutzte Freizeit zu Sünden führen würde. Tatsächlich förderte der neue Konsumismus alle Todsünden (Wollust, Habsucht, Maßlosigkeit, Stolz, Neid) außer vielleicht Zorn und Faulheit.

Nur vorübergehend gebremst durch die Depression kehrte der Konsumismus mit zusätzlichem Elan in der Zeit nach dem Zweiten Weltkrieg zurück. 1955 beobachtete der amerikanische Einzelhandelsanalyst Victor Lebow:

> Unsere enorm produktive Wirtschaft … verlangt, dass wir den Konsum zu unserer Lebensweise machen, dass wir den Kauf und den Gebrauch von Waren in Rituale verwandeln, dass wir unsere geistige Befriedigung, unsere Egobefriedigung im Verbrauch suchen … Wir brauchen es, dass immer mehr Dinge verbraucht, verbrannt, abgenutzt, ersetzt und weggeworfen werden.[12]

Und so wurde das Hamsterrad geboren, was zu unserem qualvollen Balanceakt führte: mehr zu arbeiten, um Luxus zu kaufen, und genug Freizeit zu haben, um diesen zu genießen. Heute hat das eine zusätzliche Dimension angenommen: Mit dem Vordringen des Internets und der Smartphones in jeden wachen Moment unseres Lebens können wir immer und überall Konsumenten sein. Vom Wunsch bis zur Lieferung ist fast alles, was wir wollen, nur ein Wischen, Tippen oder Klicken entfernt. Was einst ein Privileg für wenige war, scheint jetzt zu einem Recht der Masse zu werden. In unserer anfänglichen Begeisterung für unseren neuen Status als Konsumenten haben wir gelernt, unsere Rechte durchzusetzen und skrupellosen Geschäften Paroli zu bieten. »Rechte« haben allerdings eine völlig andere Tönung angenommen.

Das Recht zu kaufen

Amerikaner sind zu der tiefen Überzeugung gelangt, dass es unser Recht ist, zu konsumieren. Wenn wir das Geld haben, können wir kaufen, was immer wir wollen, ob wir es brauchen oder nicht, verwenden oder überhaupt Spaß daran haben. Schließlich ist das ein freies Land. Und wenn wir das Geld nicht haben … wozu sind denn Kreditkarten da? Geschaffen, um einzukaufen. Wer am Ende das meiste Spielzeug besitzt, hat gewonnen. Leben, Freiheit und das Streben nach materiellem Besitz.

Nicht nur wir haben die Vorstellung verinnerlicht, dass es ein Recht darauf gibt, zu kaufen – aber wir glauben, dass der Konsum Amerika stark hält. Wenn wir nicht konsumieren, so wird uns erzählt, werden Massen von Menschen entlassen werden. Familien werden ihre Häuser verlieren. Die Arbeitslosigkeit wird steigen. Fabriken werden dichtmachen. Ganze Städte werden ihre wirtschaftliche Grundlage verlieren. Wir müssen Dinge kaufen, um Amerika stark zu halten. Warum sonst würde der Konsumklimaindex (Consumer Confidence Index) eine Kenngröße für Amerikas andauernde Überlegenheit sein?

Mit ein Grund dafür, warum unsere Konsumenten weniger Geld haben, das sie ausgeben können, ist, dass das Sparen eindeutig unamerikanisch geworden ist. Selbst die Sprache der modernen Volkswirtschaft fördert Konsum. Was sonst sollten wir mit dem »verfügbaren« Einkommen tun, außer darüber zu verfügen? Wir wollen es ganz bestimmt nicht nur herumliegen lassen, wo es einfach verrotten würde!

Wenn also Konsum der Weg ist, die Wirtschaft stark zu halten, und Sparer Menschen sind, die bereit sind, ihre Mitbürger arbeitslos zu machen, kann eine Online-Shoppingtour als absolut patriotisch betrachtet werden. Die einzige Kehrseite ist, dass unsere steigenden Erwartungen unsere Einkommen überrundet haben, und den durchschnittlichen Verbraucher-Patrioten in eine zunehmende Verschuldung treiben. Das bringt uns in eine Klemme: Der einzige Weg für uns, unseren Wirtschaftspatriotismus auszuüben, ist uns tiefer zu verschulden. In dieser Situation können Sie gar nicht gewinnen. Sie liegen falsch, wenn Sie kaufen, und falsch, wenn Sie es nicht tun.

Das alles wird durch die Werbung verschärft. Das durchschnittliche amerikanische Kind im Alter von zwei bis elf sieht mehr als 25.000 Werbeanzeigen pro Jahr.[13] Weltweit werden für Werbung deutlich mehr als 500 Milliarden Dollar ausgegeben.[14] Diese Anzeigen, die unsere Wünsche und Sehnsüchte beeinflussen, waren auf Fernsehen, Printmedien und Werbetafeln beschränkt, aber im digitalen Zeitalter verfolgen sie uns überall. Da die Menschen mehr und mehr Zeit mit ihren Mobilgeräten verbringen, springen uns Pop-up-Fenster, animierte Banner und Werbe-Sidebars entgegen – und erinnern uns an frühere Browsersuchen und Online-Käufe.

Die Marketingtheorie besagt, dass Menschen durch Angst, das Versprechen von Exklusivität, Schuld, Habgier und den Wunsch nach Anerkennung gesteuert werden. Fortgeschrittene Werbetechnologie, bewaffnet mit Marktforschung und hoch entwickelter Psychologie, hat das Ziel, uns aus dem emotionalen Gleichgewicht zu bringen – und verspricht, unser Unwohlsein mit einem Produkt zu lösen. Gleichzeitig verbreiten Fernsehen, Anrufe, Radio, Internet und Zeitungen schlechte Nachrichten über die Umwelt. Produktverpackungen verstopfen die Deponien. Die Produktherstellung trägt zum Klimawandel bei, verschmutzt das Grundwasser, führt zum Kahlschlag im Amazonaswald, belastet die Flüsse und senkt den Grundwasserspiegel. Wenn ich aus herkömmlich angebauter Baumwolle hergestellte Kleidung trage, fördere ich den massiven Schädlingsbekämpfungsmitteleinsatz. Wenn ich synthetische Stoffe trage, verbrauche ich fossile Brennstoffe. Wenn ich nichts trage, mache ich Menschen arbeitslos. Egal, was wir machen, es kann nur falsch sein.

Anscheinend gibt es für Verbraucher keine Möglichkeit, sich richtig zu verhalten. Alles, was wir tun, fordert seinen Preis von der Umwelt. Sogar neue »umweltfreundliche« oder »nachhaltige« Produkte sind nur verhältnismäßig weniger belastend für die Erde und keinesfalls harmlos.

Sicherlich denken wir darüber nicht nach, wenn wir morgens auf dem Weg zu Arbeit sind. Wir grübeln nicht nach dem Motto, »konsumieren oder nicht konsumieren – das ist hier die Frage«. Die Vorstellung, dass es richtig ist, täglich zu konsumieren, kollidiert mit der Warnung, dass wir persönlich tief verschuldet sind und Russisches Roulette mit der Umwelt spielen.

Ein neuer Fahrplan für Geld tritt in Kraft

Was macht den Konsum so überwältigend? Die Werbebranche mag sich zwar dazu verabredet haben, uns den Materialismus zu verkaufen, Fakt ist jedoch, dass wir ihn gekauft haben. Warum?

Psychologen nennen Geld das »letzte Tabu«. Es ist leichter, unserem Therapeuten von unserem Sexualleben zu erzählen als unserem Steuerberater von unseren Finanzen. Geld – nicht zwangsläufig, wie viel wir davon haben, sondern was wir diesbezüglich empfinden – bestimmt unser Leben genauso wie oder noch stärker als jeder andere Faktor. Abgesehen von Jammern oder Tratschen stellt Geld kein legitimes und interessantes Thema unter Freunden oder nicht einmal zwischen Partnern dar. Warum nicht? Was haben wir zu verlieren, wenn wir ein ehrliches Gespräch über Geld führen?

Glaubensmuster

Um das überhaupt zu verstehen, müssen wir ein wenig über den menschlichen Verstand wissen. Zahlreiche Quellen, von modernen Hirnforschern bis zu den alten östlichen Philosophen, scheinen sich bei der grundlegenden Vorstellung einig zu sein, dass der Verstand eine musterbildende und musterwiederholende Vorrichtung ist. Anstatt eine festgelegte Verhaltensreaktion für jeden Stimulus zu haben, wie es einige Tiere tun, neigen Menschen dazu, Antwortmuster zu kreieren. Einige stammen aus persönlicher Erfahrung, in erster Linie aus den ersten fünf Lebensjahren. Andere sind genetisch bedingt. Manche sind kulturell begründet.

Wieder andere scheinen universell zu sein. Sie alle sind vermutlich dazu da, unsere Überlebenschancen zu erhöhen. Sobald ein Muster gespeichert ist, sobald es geprüft und als nützlich für das Überleben eingeordnet wurde, wird es sehr schwer, dieses zu verändern. Wir produzieren Speichel beim Geruch von karamellisierten Zwiebeln, treten auf die Bremse beim Anblick einer roten Ampel und schütten Adrenalin aus, wenn jemand »Feuer!« schreit. Sicherlich könnten wir nicht überleben, wenn wir nicht diese riesigen Bibliotheken voller Interpretationen gekoppelt mit entsprechenden Handlungsweisen hätten.

Aber hier liegt das Problem: Nicht alle Muster haben etwas mit der objektiven Realität zu tun – dennoch bestehen sie fort und steuern unser Verhalten. Sie sind tatsächlich so hartnäckig, dass wir zugunsten einer unserer Interpretationen oft die Realität ignorieren oder verleugnen. Bringt unter einer Leiter durchzugehen oder einen Spiegel zu zerbrechen wirklich Pech? Die meisten von uns sind über solch primitiven Aberglauben erhaben. Aber wie steht's mit anderen, weniger fragwürdigen Überzeugungen? Wie erkälten wir uns? Wenn wir mit nassen Haaren nach draußen gehen? Indem wir Bakterien ausgesetzt sind? Das Erste erkennen wir als Ammenmärchen, aber das Zweite? Immerhin gibt es Menschen, die sich die im Büro kursierende Erkältung nicht einfangen. Haben die Bakterien sie übersprungen? Könnte die Bazillentheorie nur ein moderner Aberglaube sein? Welche unserer Überzeugungen wird auf zukünftige Generationen bizarr wirken?

Was sagen unsere Handlungen aus?

Ist es möglich, dass manche unserer Finanzüberzeugungen nicht realitätsnäher sind als die Theorie von der Erde als Scheibe? Könnte das wahr sein? Was offenbart unser Finanzverhalten über unseren Aberglauben? Sind wir bereit, diesem auf die gleiche Weise zu entwachsen, wie wir über die Überzeugung hinausgewachsen sind, dass unter unserem Kinderbett ein Monster wohnte?

Obwohl wir energisch vorgeben, zu wissen, dass man Glück nicht kaufen kann und die besten Dinge im Leben kostenlos sind, verlangt die Ehrlichkeit, genauer hinzuschauen. Unser Verhalten erzählt nämlich eine andere Geschichte.

Was tun wir, wenn wir deprimiert sind, wenn wir einsam sind, wenn wir uns ungeliebt fühlen? Meistens kaufen wir etwas, um uns besser zu fühlen. Ein neues Outfit. Ein Getränk (oder zwei). Ein neues Auto. Ein Eis. Eine Reise nach Hawaii. Einen Goldfisch. Eine Kinokarte. Eine Packung Oreos (oder zwei).

Wenn wir etwas Besonderes feiern wollen, kaufen wir etwas. Wir spendieren eine Runde für alle. Lassen die Hochzeit komplett von einem Catering-Service abwickeln. Ein Strauß Rosen. Einen Diamantring.

Wenn wir uns langweilen, kaufen wir etwas. Eine Zeitschrift. Eine Kreuzfahrt. Eine App für das Handy. Oder wir wetten auf ein Pferd.

Wenn wir denken, dass es im Leben mehr geben muss, kaufen wir etwas. Einen Workshop. Ein Selbsthilfebuch. Ein Haus auf dem Land. Eine Eigentumswohnung in der Stadt.

Nichts davon ist falsch. Es geht um das, was wir tun. Wir haben gelernt, äußere Lösungen zu suchen, wenn Signale des Verstandes dem Herzen oder der Seele vermitteln, dass etwas aus dem Gleichgewicht geraten ist. Wir versuchen, psychische und geistige Bedürfnisse mit dem Konsum physischer Waren zu befriedigen. Wie kam es dazu?

Hier ist eine Darstellung:

Abbildung 1-2
Die Erfüllungskurve: *Genug*

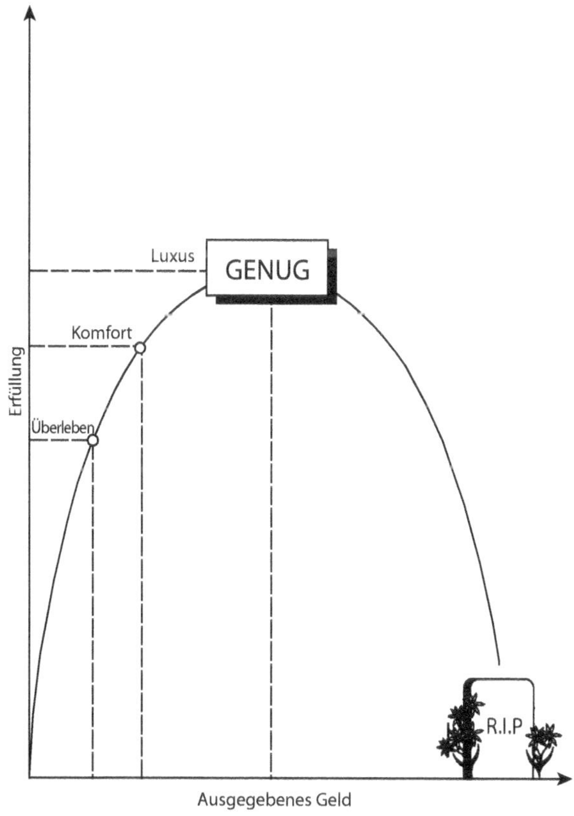

Die Erfüllungskurve

Die Erfüllungskurve (siehe Abbildung 1-2) zeigt die Beziehung zwischen dem Grad der Erfüllung und der Menge an Geld, das wir ausgeben (für gewöhnlich, um mehr Besitztümer zu erwerben). Am Anfang unseres Lebens haben mehr Besitztümer tatsächlich mehr Erfüllung bedeutet. Grundlegende Bedürfnisse wurden gedeckt. Wir wurden ernährt. Wir wurden gewärmt. Wir waren geborgen. Die meisten von uns erinnern sich nicht an die Angst vor der Kälte und dem Hunger, die einfach durch eine Decke und eine Mutterbrust abgestellt wurde – aber wir haben es alle durchlebt. Als wir uns unbehaglich fühlten, wenn wir geschrien haben, kam etwas von außen, um für uns zu sorgen. Es war wie Magie. Unsere Bedürfnisse wurden erfüllt. Wir haben überlebt. Unser Verstand hat jedes dieser Ereignisse registriert und erinnert: Haben wir ein Bedürfnis? Dann lassen wir diese mysteriöse magische bedürfnisstillende Maschine wissen, was wir brauchen (Schreien. Lauter schreien. Danach greifen. Mit den Händen wedeln. Fragen, wenn Sie reden können. Was auch immer funktioniert.). Und sie wird es liefern, und Sie werden wieder glücklich sein. *Bedürfnis. Nach außen schauen. Dinge bekommen. Erfüllung erleben.*

Wir sind dann von den reinen Notwendigkeiten (Essen, Kleidung, Schutz) zu einigen Annehmlichkeiten (Spielsachen, eine Garderobe, ein Fahrrad) übergegangen und die positive Beziehung zwischen neuen Dingen und Erfüllung ist noch tiefer eingebettet geworden. Erinnern Sie sich an Ihre Aufregung als Kind, wenn Sie ein Spielzeug bekamen, für das Sie gestorben wären? Wenn unsere Eltern verantwortungsbewusst waren, haben sie uns bald beigebracht: »Diese Dinge kosten Geld, Liebling. Geld, das wir für dich verdienen gehen – weil wir dich lieben.« Ahhh. Neue Regel. *Bedürfnis. Nach außen schauen. Geld erhalten. Dinge bekommen. Erfüllung erleben.* Wir haben die Erlaubnis bekommen, den Wert des Geldes kennenzulernen. Wir konnten selber auswählen und unser Glück kaufen! Und so ging es Jahr für Jahr weiter.

Schließlich sind wir über die Annehmlichkeiten hinaus in den puren Luxus gerutscht – und haben die Veränderung kaum bemerkt. Ein Auto ist zum Beispiel ein Luxus, in dessen Genuss die große Mehrheit der Bevölkerung auf der Welt niemals kommt. Für uns ist jedoch unser erster Wagen der Anfang einer lebenslangen Liebesbeziehung mit dem Automobil. Dann ist da noch der

Luxus unserer ersten Reise in die Ferne oder wegen des Studiums weit weg zu ziehen. Unser erstes Apartment. Achten Sie darauf, dass alles immer noch aufregend ist, aber jede Erregung teurer wird und gleichzeitig das »Hoch« schneller abnimmt.

Aber inzwischen glauben wir, dass Geld gleichzusetzen ist mit Erfüllung und merken gar nicht, dass die Kurve flacher wird. Wir gehen weiter im Leben. Haus. Job. Verantwortung für eine eigene Familie. Mehr Geld bringt mehr Sorgen, mehr Zeit- und Krafteinsatz, wenn wir die Karriereleiter im Unternehmen erklimmen. Mehr Zeit weg von der Familie. Wir haben mehr zu verlieren, falls wir ausgeraubt werden, müssen uns deshalb also größere Sorgen machen. Höhere Steuern und höhere Steuerberaterkosten. Höhere Anforderungen von Wohltätigkeitsorganisationen. Rechnungen ummodeln. Internet, Fernsehen und Telefon. Einfach-nur-Kinder-glücklich-machen-Rechnungen.

Bis wir eines Tages, unausgefüllt in unserem großen Haus mit 25.000 m^2 Parkgrundstück, drei Garagen und teurer Fitnessausrüstung im Keller sitzen, uns nach dem Leben sehnen, das wir als arme Studenten hatten und als wir noch Spaß an einem Spaziergang im Park finden konnten. Wir erreichen eine Erfüllungsobergrenze und haben nie erkannt, dass die Formel *Geld = Erfüllung* nicht nur aufgehört hat zu funktionieren, sondern angefangen hat, gegen uns zu arbeiten. Egal wie viel wir gekauft haben, die Erfüllungskurve ging immer weiter nach unten.

Genug: Der Höhepunkt der Kurve

Es gibt einen sehr interessanten Punkt auf dieser Kurve – das ist der Höhepunkt. Ein Teil des Geheimnisses des Lebens, so scheint es, stammt aus dem Identifizieren dieses Punktes der maximalen Erfüllung für einen selbst. Es gibt einen Namen für diesen Höhepunkt der Erfüllungskurve und der liefert die Grundlage, um Ihre Einstellung zum Geld zu transformieren. Es ist ein Wort, das wir jeden Tag verwenden, dennoch sind wir praktisch unfähig, es zu erkennen, selbst wenn es uns fast anspringt. Das Wort lautet *genug*. Auf dem Höhepunkt der Erfüllungskurve haben wir genug. Genug Notwendigkeiten für unser Überleben. Genug Annehmlichkeiten für unseren Komfort und Spaß. Und sogar genug kleine »Schwelgereien in Luxus«. Wir haben alles, was wir brauchen; es gibt nichts darüber hinaus, das uns belasten, ablenken oder quälen könnte, das wir auf Kredit gekauft, nie genutzt haben und wofür wir schuften müssen, um es abzuzahlen. Genug ist ein furchtloser Ort. Ein vertrauenswürdiger Ort. Ein ehrlicher und selbstkritischer Ort. Dort wird geschätzt und genossen, was Geld in Ihr Leben bringt, ohne dass je etwas gekauft wird, das nicht erforderlich und gewollt ist. Wenn Sie erst entdeckt haben, was genug für Sie ist, kann Ihre Erfüllungskurve die Richtung ändern und geradewegs ansteigen. Bleiben Sie dran.

Gerümpel: Ein Schicksal, das schlimmer ist als Mangel

Was ist dieses ganze Zeug jenseits von *genug* – jenseits des Höhepunkts, ab der die Erfüllungskurve wieder abwärts geht? Das ist Gerümpel! Gerümpel ist alles, was überflüssig ist – für Sie. Es ist alles, was Sie besitzen, das Ihnen aber nichts nützt, und dennoch Raum in Ihrer Welt einnimmt. Durch Loslassen von Gerümpel entsteht kein Mangel (Fehlen); es schafft Platz und Freiraum, damit Neues geschehen kann. So selbstverständlich, wie diese Vorstellungen sein mögen, spüren viele Menschen doch einen subtilen (oder nicht so subtilen) Widerstand, sie zuzulassen. Deshalb klingen Reduzierung, Genügsamkeit und Sparsamkeit nach Entbehrung, Mangel und Not. Das Gegenteil ist der Fall! Genug ist ein breites und stabiles Plateau. Es ist ein Ort der Aufmerksamkeit, Kreativität und Freiheit. Unter einem Berg von Gerümpel, der verstaut, gereinigt, ausgelagert, entsorgt und bezahlt werden muss, zu ersticken, ist ein schlimmeres Schicksal als Mangel.

Stationen des Haltlosen

Was führt zu Gerümpel? Die Erfüllungskurve weist klar darauf hin, dass der größte Teil an Gerümpel durch die »mehr ist besser«-Tür in unser Leben eintritt. Es entspringt der Krankheit des Materialismus, der Suche nach Erfüllung durch äußere Besitztümer. Es stammt aus der frühen Programmierung, dass Unbehagen durch etwas Externes – eine Saugflasche, eine Decke, ein Fahrrad, einen Abschluss, einen BMW oder schließlich eine andere Art von Flasche gelindert werden kann.

Es resultiert auch aus einer unbewussten Angewohnheit. Nehmen Sie Impuls- oder Spontankäufe. Ein durch einen Impulsartikel ausgelöster Kauf, weil Sie nicht vorbeigehen können, ohne diesen zu kaufen. Jeder kennt das. Sie ziehen sich über das gesamte Spektrum von Kopfhörern und winzigen Schraubenziehern bis zu Schuhen, Kugelschreibern und Schokoladensnacks. Sie sind im Einkaufszentrum oder online, ein Einkaufsroboter auf seiner wöchentlichen Tour der Stationen des Haltlosen. Sie kommen in den Bereich der Impulskäufe und Ihr Verstand produziert am laufenden Band Impulskauf-Gedanken: Oh, das gibt es auch in Rosa ... Ich habe keinen in Rosa ... Oh, dieser ist drahtlos ... das wäre praktisch ... hey, ein wasserdichter ... zur Not kann ich ihn immer noch verschenken ... lecker, da sind Haselnüsse drin ... und Kokosnuss ... und Amaretto ... die hatte ich noch nie ... Und bevor Sie es merken, hat sich ein fremder Arm (der an Ihrem Körper hängt) ausgestreckt und greift (oder klickt) nach der Ware, und Sie gehen zur Kasse, immer noch wie ein Zombie unter Strom agierend. Sie kommen mit Ihrem Kauf nach Hause (oder er liegt vor Ihrer Haustür), Sie packen ihn zu den anderen Impulskäufen (wo es bereits fünf oder zehn andere gibt), und Sie denken nicht mehr darüber nach – bis zu Ihrer nächsten Einkaufstour, wenn Sie zu den Impulsartikeln kommen und ...

Erscheinungsformen und Funktionen des Gerümpels

Nur weil etwas nicht sichtbar ist, bedeutet das nicht, dass es kein Gerümpel ist. Unsere verschiedenen Stauflächen mit Impulskäufen – einschließlich unserer Dachböden, Keller, Garagen, Wandschränke und Lagerschuppen – sind Oasen des Gerümpels, die gefüllt sind mit Projekten, die wir nie beenden werden, und Produkten, die wir vermutlich nie verwenden werden. Das ganze Zeug einfach zu ignorieren ist beschämend. Beim Durchsortieren bekommen Sie ein schlechtes Gewissen. Nur wenige Male getragene Kleidung für einen Second-Hand-Laden einzupacken hinterlässt möglicherweise ein vages Gefühl der Unzufriedenheit und Oberflächlichkeit – ganz zu schweigen von Ihrem Beitrag zur Mülldeponie.

Sobald Sie erst einmal herausgefunden haben, was Gerümpel ist, werden Sie es überall finden. Ist eine sinnlose Tätigkeit nicht auch eine Form von Gerümpel? Wie viele der Geschäftsessen, Cocktailpartys, sozialen Events und langen Abende vor dem Bildschirm waren Gerümpel – Tätigkeiten, die Ihrem Leben nichts Positives hinzufügen? Wie steht's mit desorganisierten Tagen voller Betriebsamkeit ohne Ergebnis? Was ist mit Aufgaben auf der To-do-Liste, die nie erledigt werden? Woche für Woche auf Ihrer Liste über sie zu stolpern ähnelt der Frustration, abonnierte Zeitschriften und Kinderspielsachen zu umschiffen, die in den Wohnzimmern vieler Menschen verstreut herumliegen.

Es gibt Gründe für Gerümpel, wenn wir zum Beispiel bei vielen Dingen unschlüssig sind, von der Politik bis zu persönlichen Entscheidungen. Ungeplante Erledigungen sind häufig Zeitgerümpel – zweimal an einem Tag ins Lebensmittelgeschäft eilen, weil Sie etwas vergessen haben. Hobbys fördern Gerümpel, wenn das Verhältnis dessen, was Sie haben, zu dem, was Sie davon in Gebrauch haben, ansteigt – wie die Fotofreaks mit Koffern voller Objektive und Filter, die ihre besten Aufnahmen mit einem Smartphone machen. All das ist Gerümpel – Dinge in Ihrer Umgebung, die Ihnen nichts nützen, aber Platz beanspruchen.

Sobald Ihr Bewusstsein für Gerümpel zunimmt, werden Sie begeistert Ihr ganzes Leben einem Frühjahrsputz unterziehen. Der Drang, sauber zu machen, ist tatsächlich tief in der amerikanischen Psyche verankert. Von den Puritanern bis zu Thoreau, den Quäkern und Autoren wie Duane Elgin und Cecile Andrews, ist das einfache Leben immer wieder aufgekommen, um die Exzesse unseres kapitalistischen Systems auszugleichen. Jetzt wird es Minimalismus oder »Aufräumen« genannt. Wir nennen es »genug«, weil es nicht an einer bestimmten Sache festzumachen ist, sondern in Ihrem Empfinden liegt. Es ist kein »weniger ist mehr«. Es ist nicht das perfekte Gänseblümchen in einer Vase auf einer makellosen Kommode, das durch das Fenster von der Sonne beschienen wird. Es sind nicht zerrissene Jeans oder das kleine Schwarze. Es ist nicht das perfekte Messer eines Küchenchefs, das einzeln in einer Schublade liegt. Es ist das Goldlöckchengefühl, dass sich etwas richtig anfühlt. Sie erkennen es, wenn Sie sich dem Punkt nähern, an dem Sie genug von allem haben, was Sie wollen und brauchen – und nichts darüber hinaus. Jedermann hat einen anderen Blickwinkel auf genug – der Schatz der einen Person ist der Müll einer anderen.

Wenn Sie den neun in diesem Buch dargestellten Schritten folgen, werden Sie Ihre eigene persönliche Definition von Gerümpel entwickeln und sich langsam, schmerzlos und sogar freudig davon befreien. Der erste Schritt besteht in der Frage: »Wie kam all das hierhin? Und was ist es mir heute wert? Ernsthaft?« So wie einige Studenten lernen, wie viel sie wegwerfen, wenn sie ihren Müll in einem Sack eine Woche lang mit sich herumtragen müssen, werden Sie anfangen, auf Ihre Beziehung zu Dingen zu schauen, indem Sie sich ansehen, was Sie alles angesammelt haben, was Sie alles verdient haben, wieviel Sie insgesamt ausgegeben haben und wie viel Ihrer Lebensenergie Sie vergeudet haben.

Schritt 1: Söhnen Sie sich mit der Vergangenheit aus

Sind Sie bereit, Ihre eigene Einstellung zum Geld und den Dingen, die man für Geld kaufen kann, zu überprüfen? Durch diese Übung soll Ihr Bewusstsein geschärft und nicht etwa Ihre Überheblichkeit oder Ihre Scham intensiviert werden. Es hilft Ihnen, sich selber in Zeit und Raum einzuordnen, um – vorwurfsfrei – Ihr Einnahme- und Ausgabe-Verhalten in der Vergangenheit zu überprüfen.

Eine Warnung, bevor wir weitermachen. Stopp. Lesen Sie das. Es ist wichtig. Auch wenn das der erste Schritt des FI-Programms ist, müssen Sie ihn nicht als Erstes gehen. Und Sie müssen nicht aufhören zu lesen, bis Sie ihn gemacht haben. Irgendwann müssen Sie ihn machen, aber Sie könnten mit Schritt 2 anfangen und später zu Schritt 1 zurückgehen. Wir raten Ihnen sogar, dass Sie zuerst das ganze Buch lesen, statt nach jedem Schritt fortzufahren; dann gehen Sie zurück, und beginnen am Anfang.

Dieser Schritt besteht aus zwei Teilen:

A. **Finden Sie heraus, wie viel Geld Sie bisher in Ihrem Leben verdient haben – die Gesamtsumme Ihres Bruttoeinkommens vom ersten Cent, den Sie jemals verdient haben, bis zu Ihrem letzten Gehalt.**
B. **Ermitteln Sie Ihr Vermögen, indem Sie eine Bilanz der Vermögensgegenstände und Verbindlichkeiten erstellen.**

A. Wie viel haben Sie in Ihrem Leben verdient?

Diese Aufgabe mag im ersten Moment unmöglich scheinen. »Ich habe das doch nicht festgehalten!« protestieren Sie vielleicht. Ein kleines bisschen tief »buddeln« zahlt sich jedoch aus. Graben Sie als Erstens die Kopien Ihrer alten Steuerbescheide aus. Korrigieren Sie die Zahlen, um jede Mogelei zu berücksichtigen – Trinkgelder, die Sie nicht angegeben haben, Schwarzarbeit, informelle Beratung, Spielgewinne, Geschenke von Verwandten, die Sie unter den Tisch haben fallen lassen, unrechtmäßig erhaltenes Geld, Geldgewinne, Miete für das Extrazimmer in Ihrem Haus oder das Wochenendhaus, das Sie nie nutzen, und all die anderen nicht berücksichtigten Einnahmen. Gehen Sie in Ihrer Erinnerung zurück bis zu den Ferienjobs während der Highschool und dem Studium, und alle Drehungen und Wendungen Ihres finanziellen Schlängelns bis zum heutigen Tag. Beschäftigen Sie sich ein paar Tage mit jedweden Finanzaufzeichnungen, die Sie möglicherweise behalten haben: alte Bankauszüge, Gehaltsabrechnungen und ehemalige Konten. Zu jung für dieses ganze Papier? Besorgen Sie sich Ihre Online-Auszüge von Ihrer Bank. Wenn Sie einen Lebenslauf haben, nutzen Sie ihn als Rahmen für eine chronologische Jobhistorie. Seien Sie ehrlich bei jenen drei Jahre, die Sie als »Berufsbildende Maßnahmen« beschönigt haben: Welche Gelegenheitsjobs hatten Sie und wie viel verdienten Sie mit Apfelernte, House-Sitting oder als Rettungsschwimmer?

Wenn Sie in Deutschland leben und Ihr gesamtes Arbeitsleben als Arbeitnehmer gearbeitet haben, hat die Deutsche Rentenversicherung auch eine Akte. Kontaktieren Sie Ihr lokales oder staatliches Büro oder das nationale und fragen Sie nach einer Auflistung, die Ihre lebenslangen Einkünfte detailliert aufführt. Wenn es Ihnen schwerfällt, die Details herauszufinden, schätzen Sie, so gut Sie können. Es geht darum, eine möglichst genaue und ehrliche Zahl für den Gesamtbetrag des Geldes, das in Ihrem Leben eingegangen ist, zu bekommen.

Der Nutzen von Schritt 1

Dieser Schritt ist auf mehrere Weisen nützlich:

1. Er lüftet den Nebel, der Ihre bisherige Einstellung zum Geld verschleiert. Die meisten Menschen haben keine Vorstellung, wie viel Geld sie in ihrem Leben bekommen haben, und deshalb keine Vorstellung davon, wie viel Geld sie bekommen könnten.
2. Er rottet Mythen und falsche Selbstbilder wie »Ich kann nicht viel Geld verdienen« aus und selbst solche wie »Ich muss mir keine Sorgen machen; ich kann immer viel Geld verdienen« (häufig geäußert von Personen, die von jemandem unterstützt werden). Wenn Sie einer von den vielen sind, die völlig unterschätzen, wie viel Geld Sie in Ihrem Leben eingenommen haben, kann dieser Schritt Erstaunliches bewirken. Sie sind mehr wert, als Sie dachten – in Dollar und Cent und vielleicht auch in anderer Hinsicht.
3. Er bringt Sie an den gewünschten Nullpunkt und ermöglicht Ihnen, das Finanzprogramm mit einem klaren Kopf und Vertrauen in Ihre Gelderwerbsfähigkeit zu beginnen.
4. Er ermöglicht Ihnen, Gespenster der Vergangenheit zu erkennen und loszulassen, die sich noch in Ihren Wandschränken befinden könnten – Geheimnisse oder Lügen, die vielleicht Ihre aktuelle Einstellung zum Geld verzerren.

Die Geschichte einer geschiedenen Frau Mitte 30, die an einem unserer Seminare teilgenommen hat, veranschaulicht die Macht dieses Schritts. Sie war den größten Teil ihres Erwachsenenlebens eine Vorstadthausfrau gewesen, die unter dem psychischen Phänomen litt, das häufig eine Begleiterscheinung dieser Situation darstellt: Sie sah sich selbst als abhängig, realitätsfern und (um die Wahrheit zu sagen) wertlos. Sie »wusste«, dass Schritt 1 für sie nicht galt – schließlich hatte sie in ihrer Ehe keinen finanziellen Beitrag geleistet und schämte sich dafür, seit der Scheidung die Unterhaltszahlungen zu akzeptieren – Geld, das sie ihrer Meinung nach nicht verdient hatte. Aber nach der Aufarbeitung ihrer Vergangenheit erkannte sie, dass sie während ihrer Ehe mehr als 50.000 Dollar bei verschiedenen Jobs hier und da verdient hatte, als sie ihrem Empfinden nach »nichts« beitrug. Zum ersten Mal sah sie sich als befugte Lohnempfängerin. Allein das Durchlaufen dieses Schrittes gab ihr das Vertrauen, sich zu bewerben und einen Arbeitsplatz mit einem Gehalt zu finden, das ihre Erwartungen um 100 Prozent überstieg.

Auf ähnliche Weise können Sie bei Ihrem ersten Vollzeitjob Vertrauen daraus ziehen, wie viel Sie bei verschiedenen Jobs in den frühen Lebensphasen verdient haben. Praktika, Sommerjobs und freiberufliche Arbeit summieren sich mit der Zeit.

Nützliche Einstellungen

Keine Vorwürfe, keine Schuldgefühle. Dieser Schritt kann Selbstkritik – sogar Scham – hervorbringen. Es gibt aber einen Weg, sich behutsam hindurchzuarbeiten. Dies ist eine wertvolle Übung, die Menschen hilft, ihre Einstellung völlig zu ändern und eine andere Denkweise zu lernen. Einige Menschen bezeichnen das mit dem sanskritischen Namen »Mantra«, aber es geht auch jede andere Bezeichnung, die eine besondere Einstellung verkörpert, auf die Sie sich konzentrieren wollen. Ein Mantra ist wie ein Steuerruder, das Ihnen erlaubt, Ihren Verstand weg von der Gefahr und hin zu einem klaren, weiten Horizont zu steuern. Ein nützliches Mantra für das Befolgen dieses Finanzprogramms ist »Keine Vorwürfe, keine Schuldgefühle«.

Bei der Entscheidung, unerwünschtes Verhalten zu ändern, gibt es einen Unterschied zwischen Schuldzuweisungen und Diskriminierung bzw. Unterscheidung. Schuldzuweisungen drehen sich um Scham und Schuld, Gut und Böse, während Unterscheidung das »Richtige vom Falschen« trennt. In Schuld und Scham zu versinken, hemmt Ihren Fortschritt zur finanziellen Freiheit. Schuldzuweisungen machen unbeweglich, demoralisieren und lenken Sie ab. Unterscheidung wirft jedoch ein helles Licht auf potenzielle Fallen, sodass Sie diese umschiffen können.

Basierend auf dem, was Sie durch das Befolgen dieses Programmes lernen, werden Sie möglicherweise wiederholt über den Wunsch stolpern, sich (oder andere Menschen) verantwortlich zu machen. Erinnern Sie sich in diesen Momenten an Unterscheidung und denken Sie an das Mantra: keine Vorwürfe, keine Schuld. Ihre Lebenseinkünfte stellen nur eine Zahl dar, nicht Ihren Wert. Es ist weder zu viel noch zu wenig. Es beweist nicht Ihren Wert oder Ihre Unwürdigkeit; es ist weder Rechtfertigung für Verzweiflung, weil von dem Geld nichts übrig ist, noch für Schadenfreude, weil Ihr Freund so viel weniger verdient hat. Jedwede finanziellen Fehler, die Sie begangen haben – und die Schmerzen, die diese für Sie und andere verursacht haben – schmelzen unter der Sonne von »Keine Vorwürfe, keine Schuld« dahin.

Makellosigkeit. Da Genauigkeit und Rechenschaftspflicht bei jedem Schritt des Programms unverzichtbar sind, setzt das Beginnen mit diesen beiden Eigenschaften für Sie ein gutes Beispiel, dem Sie gerecht werden können. Wenn Sie diesen Schritt (und andere in diesem Buch) tun, sollten Sie Makellosigkeit anvisieren – haben Sie wirklich Ihre Unterlagen und Ihr Gedächtnis nach Ihrem gesamten Einkommen abgesucht? Ja, Sie könnten sich mit der Antwort »ausreichend« zufriedengeben – aber wir schlagen vor, dass Sie möglichst alles offenlegen, da die Wirkung dieses Programms mit jeder Unze Ehrlichkeit und Integrität, die Sie darin investieren, zunimmt. Das Runden auf den Euro erspart eine Menge Seelenqualen und die Suche nach jedem Gehaltsabrechnungsschnipsel. Das Runden auf die nächste Hunderterstelle ist zwar nicht ganz korrekt, aber über einen Lebenszeitraum hinweg genau genug. Übertreiben Sie diesen Schritt nicht; machen Sie es so gut Sie können – er ist Ihre Zeit wert.

Checkliste

1. Statusübersichten von der Sozialversicherung
2. Einkommenssteuerrückerstattungen
3. Scheckheftaufzeichnungen
4. Alte und aktuelle Kontoauszüge
5. Geschenke
6. Gewinne
7. Darlehen
8. Kapitaleinkünfte
9. Schwarze Quellen
10. Einkünfte aus Jobs, die bei der Steuererklärung nicht angegeben wurden (Trinkgelder, Babysitten, Botengänge)

B. Was können Sie dafür vorweisen?

Für die Jahre, in denen Sie für Lohn gearbeitet haben, ist ein bestimmter Geldbetrag (den Sie gerade berechnet haben), in Ihr Leben eingegangen. Der Betrag, der in Ihrem Leben jetzt übrig ist, ist Ihr Reinvermögen.

Seien Sie vorbereitet. Sie werden Ihr Reinvermögen (Ihr Gesamtvermögen minus Ihrer Gesamtverbindlichkeiten) vielleicht zum ersten Mal in Ihrem Leben berechnen. Machen Sie sich auf etwas gefasst. Möglicherweise finden Sie heraus, dass Sie hoch verschuldet sind, und bis zu diesem Moment war Ihnen das schreckliche Ausmaß gar nicht bewusst. Jetzt ist die Zeit, dieser Wahrheit gegenüberzutreten. Andererseits könnten Sie die erfreuliche Entdeckung machen, dass Sie in der Lage sind, *jetzt* finanziell unabhängig zu sein. Viele Menschen haben diese Entdeckung gemacht, indem sie einfach nur diesen Schritt befolgten.

In der Formulierung dieses Schritts steckt eine implizite Herausforderung: »Was können Sie dafür vorweisen?« Sprechen Sie es laut aus. Betonen Sie es unterschiedlich. Für gewöhnlich klingt es ein bisschen kritisch – geradezu unverschämt. Ihre Verpflichtung zur Finanziellen Integrität ist jedoch stärker als Ihre Feigherzigkeit. Also heraus damit: Was können Sie für all die Euros vorweisen, die Sie in Ihrem Leben erhalten haben? Das wollen wir herausfinden.

Das Erstellen einer Momentaufnahme Ihres Reinvermögens bedeutet einfach, Ihr materielles Universum durchzugehen und alles aufzulisten, was Sie besitzen (Vermögen), und alles, was Sie schulden (Verbindlichkeiten).

Liquide Mittel

Bargeld, oder alles, was leicht zu Bargeld gemacht werden kann, gehört in diese Kategorie. Nehmen Sie Folgendes mit auf:

- Bargeldbestand – einschließlich Sparschwein, dem Wechselgeld auf Ihrer Kommode, dem im Handschuhfach versteckten Notfallgeld.
- Sparkonten. Suchen Sie nach alten Sparbüchern, die Sie vergessen haben könnten, und dieses Konto, das Sie mit dem Mindestbetrag von 100 Euro eröffnet haben, um dieses Gratis-Dingsbums zu bekommen.

- Stand von Girokonten
- Sparbriefe oder Verbriefte Bankeinlagen
- Aktien; zum aktuellen Marktwert aufnehmen
- Festverzinsliche Wertpapiere; zum aktuellen Marktwert aufnehmen
- Investmentfonds; zum aktuellen Marktwert aufnehmen
- Geldmarktfonds; zum aktuellen Marktwert aufnehmen
- Kontostand des Wertpapierdepots
- Rückkaufswert von Lebensversicherungen

Anlagevermögen

Fangen Sie bei dessen Auflistung mit dem offensichtlichen an: der Marktwert Ihrer größeren Besitztümer – zum Beispiel Ihr Haus oder Ihr Auto (oder Autos). Kontaktieren Sie einen Immobilienmakler, oder suchen Sie online nach dem aktuellen Marktwert Ihres Hauses. Schlagen Sie in der Schwackeliste den Marktpreis entsprechend Ausstattung, Modell und Baujahr Ihres Autos nach.

Durchkämmen Sie Dachboden, Keller, Garage und Lagerschuppen. Führen Sie alles auf, was mehr wert ist als einen Dollar, ohne subjektive Einschätzungen wie ist »Das ist wertlos«. Zeigen Sie innere Stärke. Allein dieser Vorgang entpuppte sich für eingefleischte Sammelwütige, Bastler und Sammler mit Garagen voller echter Schätze als Erlösung. Wenn Sie es jetzt nicht tun, machen Sie sich klar, dass jemand, den Sie lieben, es tun muss, wenn Sie nicht mehr da sind. Wenn Ihre »Schatzkammer« wirklich vom Boden bis zur Decke mit den gesammelten Stücken eines ganzes Lebens gefüllt ist, möchten Sie es sich vielleicht bis zum Schluss aufheben, damit Sie nicht überwältigt werden.

Gehen Sie jedes Zimmer durch und inventarisieren Sie alles. Schauen Sie an die Decke zu den dekorativen Leuchten. Schauen Sie hinunter auf den Teppich. Wie steht es mit den hübschen Walnussregalen, die Sie vor ein paar Jahren angebracht haben, und wie mit diesen indianischen Kunstgegenständen? Was ist mit diesem spezialangefertigten Computer? Sehen Sie sich Ihren Krempel offen und ehrlich an. Seien Sie gründlich, aber nicht unvernünftig – nicht jedes Messer, Löffel und Gabel muss individuell verzeichnet werden, aber führen Sie das teure palisanderverzierte Tranchierbesteck mit dem

Mahagonietui tatsächlich separat auf. Und die zwei Kaffeeservices, die nie ausgepackt wurden.

Ordnen Sie allem, was Sie besitzen, einen ungefähren Barwert zu. Das bedeutet einen aktuellen Barwert – das, was Sie für jeden Artikel bei einem Secondhandladen oder Flohmarkt oder über Online-Auktions- oder Kleinanzeigenseiten erzielen könnten. Zur Unterstützung bei der Preiskalkulation Ihrer Besitztümer können Sie bei Online-Auktionen, Kleinanzeigen oder in die Rubrik »Zu Verkaufen« Ihrer Lokalzeitung nachschauen. Lassen Sie Ihre wertvolleren persönlichen Gegenstände oder Haushaltssachen schätzen.

Lassen Sie nichts aus. Der nutzlose Trödel der einen Person ist für einen anderen die wertvolle Antiquität. Nur weil Sie einen Artikel nicht wertschätzen, bedeutet das nicht, dass er wertlos ist.

Übersehen Sie nicht Ihnen geschuldete Darlehen, zumindest diejenigen, die Sie tatsächlich zurückbekommen werden. Berücksichtigen Sie Kautionen bei Versorgungsunternehmen oder Haus- beziehungsweise Wohnungsmieten.

Jeder Gegenstand, der zu Geld gemacht werden kann, sollte verzeichnet werden. Sie spielen die Rolle des Schätzers für Ihren eigenen Besitz. Machen Sie es zu einer angenehmen Übung. Sie brauchen nichts davon zu verkaufen, wenn Sie es nicht wollen, also lassen Sie sich nicht durch Rührseligkeit von Ihrer Inventur abschrecken. Erlauben Sie nicht irgendwelchen Gefühlen, Ihnen aufzulauern. Lassen Sie sich nicht aus Sentimentalität davon abhalten, den Werkzeugen einen Barwert zuzuteilen, die Ihr Mann hinterlassen hat. Oder den Fernseher, den Ihr Mitbewohner dagelassen hat, als er oder sie ausgezogen ist. Lassen Sie sich nicht aus Scham über Ihre Impulsivkäufe davon abhalten, die zwanzig Paare ungetragene Schuhe in Ihrem Wandschrank zu bewerten. Lassen Sie sich nicht von Schuldgefühlen dabei bremsen, alle Sportgeräte zu katalogisieren, die Sie gekauft und nie benutzt haben. Freuen Sie sich stattdessen! Sie entdecken schließlich den wirklichen Wert dieses Standrades und der Gewichte: nicht die Pfunde, die Sie verlieren wollten, sondern den Preis, den sie bei einem Verkauf gebrauchter Gegenstände erzielen werden.

Während einige Menschen diese Übung in ein oder zwei Tagen erledigen, hat eine Frau drei Monate für ihre Bestandsaufnahme gebraucht. Sie ist jede Kiste durchgegangen, hat jedes Foto angesehen, jede Schublade und Schranktür geöffnet, und dabei nicht nur die Liste erstellt, sondern sich auch daran erinnert, wie und warum jedes Teil in ihr Leben gekommen war. Der Prozess hat bei ihr zu einem tiefen Erlebnis der Dankbarkeit dafür geführt, was sie bereits hatte. Durch die Konzentration auf das, was wir nicht haben, entsteht so viel Unzufriedenheit, dass die einfache Übung des Bestätigens und Schätzens, was wir wirklich haben, unsere Sichtweise verändern kann. Tatsächlich würden manche Menschen sagen, dass der Unterschied zwischen Wohlstand und Armut, sobald wir das Überlebensniveau überschritten haben, schlichtweg im Ausmaß unserer Dankbarkeit liegt.

Verbindlichkeiten

Diese Kategorie schließt alle Ihre Schulden ein, ob rückzahlbar in Geld, Waren oder Dienstleistungen – alles was Sie schulden, von Darlehen bis offenen Rechnungen.

Wenn Sie als Vermögenswert den aktuellen Marktwert Ihres Hauses aufführen, berücksichtigen Sie als eine Verbindlichkeit auch, was noch an Restdarlehen besteht. Machen Sie mit der Restschuld bei Ihren Autoraten dasselbe.

Vergessen Sie nicht, Bankdarlehen oder Darlehen von Freunden, Kreditkartenschulden, Studentendarlehen und unbezahlte Arztrechnungen aufzunehmen.

Reinvermögen

Addieren Sie die Zahlen für liquide Mittel und feste Anlagen und ziehen Sie davon die Höhe der Verbindlichkeiten ab. Vereinfacht ausgedrückt ist das Ihr aktuelles Reinvermögen. Das ist das, was Sie derzeit für Ihr Gesamtlebenseinkommen vorzeigen können; der Rest sind Erinnerungen und Trugbilder, soweit es die Realität von Bilanzen betrifft.

Wir lassen Ihr nichtmaterielles Vermögen unberücksichtigt: Ihre Bildung, die Fähigkeiten, die Sie erworben haben, die Gefälligkeiten, die Sie erkauft haben, indem Sie für alle eine Runde spendiert haben, die Spendenquittung, die Sie vielleicht bei der Steuer geltend machen können, der tolle Geschäftsabschluss, der sich ergeben hat, weil Sie dem »richtigen« Club angehören. So wertvoll diese sein mögen, es sind keine greifbaren Werte, weil sie unmöglich auf die präzise, zahlenmäßige und objektive Weise zu bewerten sind, wie wir sie gerade auf unsere Finanzen anzuwenden lernen.

Die Reinvermögenermittlung kann eine demütigende oder heroische Erfahrung sein. Sie werden mit vielen harten Wahrheiten konfrontiert, die schmerzhaft oder befreiend sein können. Was auch immer Sie herausfinden, es ist wichtig, daran zu denken, dass Reinvermögen nicht gleich Selbstwert ist.

Warum eine Bilanz erstellen?

Auch wenn es am Anfang nicht so wirken mag, so erweist sich dieser Programmpunkt als großer Ansporn. Bis jetzt verlief Ihr Finanzleben weder zielgerichtet noch bewusst. Finanziell gesehen waren Sie wie jemand, der ziellos herumfährt – Benzin verbraucht, Strecken zurücklegt und nirgendwo ankommt. Möglicherweise haben Sie viele glückliche Erinnerungen und andere immaterielle Werte, aber nur wenige echte Andenken, die zu Geld gemacht werden könnten. Mit der Macht und klaren Ausrichtung, indem Sie die Zügel für Ihre Finanzangelegenheiten in die Hand nehmen, werden Sie in der Welt viel mehr bewirken können.

Sie haben jetzt eine Übersicht Ihrer finanziellen Lage und können objektiv entscheiden, ob Sie einige Ihrer festen Anlagen zu Geld machen und dadurch Ihre Ersparnisse vergrößern – oder ein bisschen schuldenfreier werden.

Eine Frau erkannte nach der Umsetzung dieses Schritts, dass sie ihre überflüssigen Besitztümer zu Geld machen, den Erlös investieren, und genügend Zinserträge haben konnte, um sofort komfortabel und stilvoll finanziell unabhängig zu sein. Sie entschied sich zwar, das nicht sofort zu tun, aber allein dieses Bewusstsein zu haben, gestattete ihr, mehr Risiken zugunsten ihrer wahren Liebe, der Kunst, einzugehen.

Ein Mann erkannte, dass er viele Gegenstände hatte, die er nicht nutzte und nicht mehr wollte, an denen er aber hing, weil er sie »bestimmt eines Tages brauchen würde«. Seine kreative Lösung war, diesen Besitz zu verkaufen, und den Erlös beiseitezulegen, um die in der Zukunft benötigten Dinge gegebenenfalls zu ersetzen. In der Zwischenzeit verdient sein Geld Zinsen, sein Leben wurde leichter, und jemand, der diese Sachen wirklich brauchte, konnte sie nutzen.

Und denken Sie daran: keine Vorwürfe, keine Schuld. Bei der Erstellung Ihrer Bilanz können viele Gefühle aufkommen, die mit Ihrem materiellen Universum verbunden sind: Schwermut, Kummer, Nostalgie, Hoffnung, Schuld, Scham, Unbehagen, Zorn.

Eine leidenschaftslose und teilnahmsvolle Einstellung kann eine große Hilfe dabei sein, diesen Schritt sehr aufschlussreich zu machen – das heißt, fähig zu sein, die physischen und emotionalen Lasten abzulegen, die Sie seit so vielen Jahren mit sich herumschleppen.

Zusammenfassung von Schritt 1

1. Finden Sie heraus, wie viel Geld Sie in Ihrem Leben bisher verdient haben.
2. Erstellen Sie eine Bilanz Ihres Vermögens und Ihrer Verbindlichkeiten. Was können Sie für das Geld vorweisen, das Sie verdient haben?

Geldgespräch-Fragen

Es kann überraschend, aufregend und sogar ein bisschen verstörend sein, zu entdecken, dass Sie eine *Einstellung* zum Geld haben, die aus Überzeugungen, Annahmen, Erfahrungen, Belehrungen und vielleicht Reaktionen auf Ihre Eltern oder Kultur zusammengesetzt ist. Geldgespräche sind ein perfekter Weg, zu lernen, wie andere durch ihre Vergangenheit geformt wurden und welche unbewussten Regeln und Geschichten uns bis heute lenken. Der Geist des »Keine Vorwürfe, keine Schuld« lässt Sie hinter dem Vorhang des Geldes spähen und sehen, was vor sich geht.

Bringen Sie die Vorschläge im Schlusswort für die Durchführung eines Geldgespräches in Ihre tägliche Reflexion ein, vertiefen Sie diese mit Ihrem Partner oder in sozialen Gruppen. Denken Sie daran, das »Warum?« am Ende jeder Frage anzufügen, um sie zu vertiefen. Das Hinzufügen von »Wie hat die Gesellschaft meine Antwort beeinflusst?« zu jeder Frage wird diese in einen größeren Zusammenhang stellen. Es gibt keine richtigen Antworten.

- Wer vermittelte Ihnen Ihre ersten Lektionen über Geld? Was haben Sie gelernt?

- Welche Botschaften über Geld erhielten Sie beim Aufwachsen? Woher kamen diese? Eltern, Lehrer, Werbung oder …?
- Erzählen Sie von einer frühen Erinnerung an Geld und inwiefern diese Sie bis heute beeinflusst.
- Erzählen Sie von einem Fehler im Umgang mit Geld. Was würden Sie anders machen?
- Was bedeutet »genug« für Sie?
- Was besitzen Sie (im Keller oder den Wandschränken), ohne das es Ihnen besser gehen würde? Warum behalten Sie diese Dinge?

2

Geld ist nicht, was es zu sein pflegt – und war es niemals

Schritt 1 war für **Ondrea und Kyle W.** *nicht allzu schwierig. Kyle, ein 22-jähriger Idealist, war viele Jahre lang »allergisch« gegen Geld. Er hat sein Haar lang wachsen lassen, ein kleines Zimmer in einem Haus in einem ländlichen Gebiet gemietet und ein tiefschürfendes Gespräch als das Beste an Unterhaltung angesehen, das man für Geld kaufen konnte. Obwohl (oder weil?) er Geld »gemieden« hat, sammelte er Schulden in Höhe von 15.000 Dollar an, die er vorhatte, »eines Tages« zurückzuzahlen. Als er Ondrea traf, wurde er von ihrer fürsorglichen und engagierten Art angezogen, nicht von ihrem Lebensstil. Erst nachdem er sich verliebt hatte, entdeckte er, dass sie mehr als 40.000 Dollar Schulden hatte. Wie so viele junge Menschen hatte Ondrea auf eigenen Füßen zu stehen damit gleichgesetzt, sich Besitz zuzulegen, ein Apartment einzurichten und sich zu verschulden. Schulden machen war für sie eine Lebensweise, wie es das für viele Menschen ist, und sie spürte keine Eile, diese zurückzuzahlen. Jetzt leben, später zahlen, bedeutete für sie, in Teilzeit als Verwaltungsassistentin arbeiten, um ihre unmittelbaren Kosten zu decken und sich persönlich weiterzuentwickeln. Selbst nachdem Ondrea und Kyle zusammengezogen waren, war sie gegenüber Kyles Sparsamkeit misstrauisch, so wie er gegenüber ihrer Vorliebe fürs Shoppen. Dann kamen sie zu unserem Finanzseminar und Ondrea sah die Unausgewogenheit zwischen ihrem Wunsch, bewusster zu leben, und ihrem Wunsch, ihre steigenden Schulden auszublenden. Sie verpflichtete sich, ihren Hang, schöne Dinge zu besitzen, zu untersuchen und infrage zu stellen. Kyle war im Gegenzug bereit, sie nicht zu drängen und sie herausfin-*

den zu lassen, was für sie richtig war, statt sie unter Druck zu setzen, sein Wertesystem zu befolgen. Sie entschieden, zu heiraten, und Kyle sagte »Ich will«, nicht nur zu seiner Geliebten, sondern auch zu dem Vervierfachen seiner Schulden. Das Umsetzen von Schritt 1 zwang sie, sich der Tatsache zu stellen, dass sie ein Reinvermögen von minus 55.000 Dollar hatten – und für sie beide war es der Beginn einer neuen Lebensweise.

Sobald Sie Schritt 1 für sich selbst gegangen sind, werden auch Sie wissen, wie viel Sie wert sind. Wirklich? Wie Ondrea und Kyle haben Sie einen Betrag (wir hoffen, einen positiven), aber was bedeutet dieser, wenn überhaupt etwas? Unsere Aufgabe besteht jetzt darin, das Mysterium des Geldes aufzudecken. Was *ist* Geld überhaupt? Das ist eine wichtige Aufgabe, weil wir keine funktionierende Arbeitsbeziehung zu etwas (oder jemandem) haben können, wenn wir nicht wissen, was (oder wer) es ist – oder noch schlimmer, wenn wir es als etwas identifizieren, was es nicht ist. Ohne eine allgemeine und durchweg gültige Definition des Geldes ist unser Umgang mit dieser Substanz irgendwo zwischen unfähig und verrückt anzusiedeln und hindert uns fast immer daran, das zu bekommen, was wir zu wollen glauben.

Was *ist* Geld?

Wir tätigen jeden Tag Geldgeschäfte, Geld fließt als Gehalt und Investitionsgewinn herein, und Geld fließt als Bargeld, Kreditkartenkäufe, wiederkehrende Zahlungen und Zinsen für Schulden sowie Steuern ab. Ihr Telefonvertrag, Ihr Internetanschluss, Ihre Autoraten, Ihre Versicherung, Ihr Energieverbrauch für Ihr Auto und Haus, Ihre Miete oder Hypotheken oder Grundsteuer, Dienstleister, die Ihr Auto reparieren, Ihr Haus reinigen oder Ihre Seele streicheln, Ihre Eintrittskarten für Konzerte sowie andere Veranstaltungen und Urlaubstickets, Ihr hungriges Einkehren in Geschäfte und Restaurants, Ihre Kleidung, Lebensmitteleinkäufe und Tiernahrung. In jedem Moment bewegt sich Geld in Ihr Leben oder verlässt es, vieles davon unsichtbar als elektronische Übertragung. Es ist für uns leicht, Geld in unserem Leben auszumachen, aber was stellt es wirklich dar? Wofür steht es?

Joe Dominguez, das praktische Genie hinter diesen Werkzeugen, hat diese Frage Tausenden Menschen gestellt, die an seinen Seminaren in den 1980er-Jahren teilnahmen. Er war in seinem besten Wall-Street-Anzug auf die Bühne gekommen, schritt am vorderen Rand entlang, betrachtete still und eindringlich das Publikum. Dann fixierte er den größten Kerl (Joe war gerade mal 1,73 Meter groß), und fragte in bellendem Ton: »Wie groß ist Ihrer?«

Schweigen. Kichern.

»Ich sagte« – seine Stimme wurde lauter – »wie groß ist Ihrer?«

Kichern. Schweigen.

»Was denken Sie denn jetzt alle? Ich frage ihn gerade, wie groß sein Gehaltscheck ist. Ist das etwa nicht die persönlichste Frage, die man einem Mann stellen kann?«

Bevor jemand etwas Neues lernen kann, muss kräftig an seinem Käfig der Gewissheit gerüttelt werden. Diese Eröffnung brachte die Zuhörer sicher aus dem Konzept und schuf für Joe die Grundlage zu der Frage: »Was ist Geld?« Es ist eine Frage, die wir nie stellen, weil wir denken, dass wir es wissen. Tun wir das?

»Sie benutzen diese Sache jeden Tag. Sie sterben dafür. Sie würden dafür töten. Bestimmt wissen Sie, was es ist!«

Er nahm einen Hundertdollarschein.

»Hmmm. Das ist Papier.«

Er zog daran, drehte es und sagte: »Ziemlich festes Papier.«

Dann nahm er ein Feuerzeug und sagte: »Mal sehen, ob es brennt.«

Lautes Einatmen – alle im Raum lehnten sich gebannt nach vorn. Er drückte den Anzünder und hielt die Flamme an das Papier.

»Was war das für eine Reaktion? Warum würde das Verbrennen dieses Stück Papiers bei Ihnen eine Reaktion auslösen? Natürlich ist Geld mehr als ein Stück Papier oder Metall [oder heutzutage Plastik oder digitale Einsen und Nullen]. Was ist das also für ein Zeug?«

Ein mutiger VWL-Student im ersten Semester würde sagen: »Geld ist ein Tauschmittel«.

»Gut. Ich kann Ihnen diese 100 Dollar geben und dafür Ihre Frau kaufen, richtig?«

Nein! Manchmal erzählte er an dieser Stelle die Geschichte von George Bernard Shaw, der sich bei einem Abendessen zu einer Tischpartnerin beugte und sagte: »Gnädige Frau, ich möchte wetten, dass Sie für 100 Dollar mit mir ins Bett gehen würden.« Sie war natürlich geschockt und beleidigt. Dann sagte

Shaw: »Wie steht es mit 1.000?«, und sie zögerte, was ihm die Chance gab, zu sagen, dass es eindeutig nicht um die Handlung geht, sondern um den Preis.

Joe wollte darauf hinaus, dass Geld nur dann ein Tauschmittel ist, wenn die Handelspartner übereinstimmen, dass es einen Wert hat.

»Stellen Sie sich vor, dass Ihr Boot kentert und Sie schwimmen zu einer Insel in einem Piranha-verseuchten Teil des Amazonasflusses. Sie denken, dass Sie erledigt sind, aber dann bemerken Sie, dass Sie Ihre Brieftasche mit Geld dabei haben. Gerettet! Später sehen Sie zwei Männer in einem Kanu (Kannibalen, sollte ich hinzufügen), die zu Ihnen paddeln. Sie heben eine Hand voll Dollars und schreien: ›Hilfe! Hilfe!‹ Aber die Männer wollen Ihr Geld nicht. Sie sehen Sie als ihr Mittagessen an.«

Geld ist nur dann ein Tauschmittel, wenn sich beide Parteien über seinen Wert einig sind. Es ist eine Fiatwährung (ohne eigenen Wert). Es ist nicht einmal das Papier wert, auf dem es gedruckt wird.

»Gibt es etwas, das auf Geld immer zutrifft?« fragte er laut und wedelte mit der Hundertdollarnote.

Der Studienanfänger versuchte eine neue Antwort: »Es speichert Wert«, was bedeutet, dass Sie es aufbewahren können, um es an einem anderen Tag auszugeben. Sie können einen Wald (natürlicher Wert) in Nutzholz (wirtschaftlicher Wert) verwandeln, dieses verkaufen und das Geld zurücklegen, um damit zukünftige Bedürfnisse zu bezahlen.

Tatsächlich ist das eine Hauptfunktion des Geldes, eine Abstraktion, die uns erlaubt hat, uns von Jäger- und Sammler-Stämmen, die täglich die Ernte teilen, in Zahnräder in einem Industrierad zu verwandeln, und »Geld zu machen«, indem wir unsere Zeit und Talente an einem Arbeitsplatz verkaufen – wahrscheinlich eine Stunde Pendelzeit entfernt.

»Ja, natürlich ist es ein ›Wertspeicher‹, aber bedenken Sie, was geschieht, wenn eine Blase platzt, Regierungen scheitern und Hyperinflation einsetzt, und das Geld, mit dem Sie gestern eine Kuh kaufen konnten, heute nur noch für einen Viertelliter Milch reicht. Der Wert des Geldes kann über Nacht verschwinden.« Hätte Joe lange genug gelebt, könnte er sich auf die Pensionen der Mitarbeiter von Enron beziehen, nachdem das Unternehmen 2001 zusammenbrach, oder die große Rezession 2008 oder die Betrugsmasche von Madoff, die 2009 kollabierte.

Er könnte den Begriff *Truthiness* (der deutsch bedeutet: für wahr gehalten werden, Anm. d. Übers.) des Komikers Stephen Colbert benutzt haben – »Wertspeicher« wird subjektiv für zutreffend gehalten, trifft aber nicht wirklich zu. Oh, Sie können das Publikum förmlich denken hören. Der Kniff ist, dass es nicht die *Sache* selber ist. Es ist das, wofür die Sache *steht*.

»Geld ist Status«, schlug ein anderer Teilnehmer vor. Ja, sagte Joe, aber nicht immer. Andere Eigenschaften, wie Auftreten, Intellekt oder Reputation könnten mehr Status verleihen als demonstrativer Reichtum der Neureichen in den Wintersportorten.

»Es ist Macht«, sagte wieder ein anderer. Sie können Menschen mit Geld dazu bringen, Dinge zu tun. Sie können Gefallen kaufen. Sie können Einfluss ausüben. Schauen Sie auf Lobbyisten. Sehen Sie sich die Einflussnahme mit Geld in der Politik an. Sehen Sie die Rüstungsdeals. »Ja, ja«, sagte Joe, »aber Sie müssen zugeben, dass es andere Formen der Macht gibt, die den Sieg davontragen. Denken Sie an Gandhi und den Auszug der Briten aus Indien. Denken Sie an Martin Luther King Jr. Denken Sie an all die Mythen und Geschichten sowie Kinofilme über den kleinen Kerl mit Integrität, der die bösen Riesen besiegt. Geld ist keine Garantie für Macht, obwohl es häufig eingesetzt wird, um Macht auszuüben.«

»Okay, jetzt haben wir es«, rief das Publikum, »Geld ist schlecht. Es ist die Wurzel allen Übels.« Als Bibelleser entgegnete Joe: »Nein, die Liebe zum Geld ist die Wurzel des ganzen Übels, nicht das Geld selbst.«

Es ist ein Werkzeug der Unterdrückung.

Es ist nicht gerecht.

Es ist ein Geheimnis.

Es ist nicht wichtig.

Es ist im Überfluss vorhanden.

Es dient uns zum Zählen.

Eine Annahme folgte der anderen, jede mit etwas mehr Leichtigkeit, weil das Publikum begriff, dass es irgendwo einen Trick gab, den es nicht erkannte. Keine Definition würde bestehen. Alle sind wahr – manchmal. Keine ist immer wahr. Sie konnten praktisch spüren, wie eine gemeinschaftliche Entscheidung alle bekannten Definitionen vor Joe ausbreitet, die eine nach der anderen abgeschmettert werden, bis schließlich die Pointe kommt. Und so gnadenlos, wie Joe wirkte, als er die Vermutungen wie lästige Fliegen zerquetschte, konnten die Menschen die dahinterliegende Liebe fühlen. Besonders, weil sie wussten, dass er nicht auf der Bühne stand – mit seinen Armen fuchtelnd, unseren Ängsten und Halbwahrheiten Stimme verleihend – um berühmt oder reich zu werden. Wir hatten eine gemeinnützige Stiftung gegründet, die New Road Map Foundation, die alle Einnahmen spendete. Jeden Penny von allen Seminaren. (Wir waren nicht reich – wir lebten jeder von weniger als 800 Dollar pro Monat! – aber wir hatten genug und liebten es, mit diesen Seminaren Geld für andere Organisationen zu beschaffen.)

Schließlich war er bereit, das Geheimnis zu teilen.

»Nur eine Sache trifft jederzeit 100-prozentig zu: Geld ist etwas, wofür Sie Ihre Lebensenergie tauschen. Sie verkaufen Ihre Zeit für Geld. Es ist egal, dass Ned da drüben seine Zeit für 100 Dollar verkauft und Sie Ihre für 20 Dollar pro Stunde verkaufen. Neds Geld ist für Sie irrelevant. Der einzige echte Vermögenswert, den Sie haben, ist Ihre Zeit. Die Stunden Ihres Lebens.

Sie wurden geboren. Sie haben etwa 8.800 Stunden in einem Jahr. Vielleicht 650.000 Stunden, bevor Sie sterben. Sie werden locker die Hälfte davon für Schlafen und für Ihren Körper einsetzen, um ihn zu ernähren, zu kleiden und es ihm halbwegs angenehm zu machen. Vielleicht haben Sie bereits mehr als Ihr halbes Leben hinter sich, was bedeutet, dass Sie noch 150.000 Stunden übrig haben. Das ist Ihr Schatz. Darin müssen Sie alles unterbringen, was Ihnen wichtig ist – die Liebe Ihrer Familie, Ihren Beitrag zur Gesellschaft, Ihr Genießen der freien Natur, Ihr Wachstum durch Herausforderungen, Ihre Suche nach Bedeutung, Ihr Vermächtnis, Ihre Ekstasen [in der Kirche oder im Bett], mit anderen Worten, Ihr *Leben.* Und Sie verkaufen einige jener wertvollen Stunden hierfür [er schwenkt die Hundertdollarnote] – was keine Bedeutung hat; Ihre Zeit ist es, bei der die ganze Bedeutung und der ganze Wert liegen.

Zu wissen, dass Geld einfach Ihre Lebensenergie ist, bringt Sie hinters Steuer Ihres Finanzlebens. Wie viel meines Lebens bin ich bereit zu verkaufen, um Geld für mich zu haben? Wenn Sie sich Ihre Anhäufung von materiellen Dingen ansehen, können Sie fragen: ›Wie viele Stunden meines Lebens habe ich für das hier investiert … Stuhl … Auto … Kochgeschirr … Diplom an der Wand?‹ Achten Sie einmal darauf, was das bei Ihrem nächsten Kauf auslöst.«

Dieses Programm verspricht nicht mehr oder weniger Geld oder materielle Güter. Es verspricht nur, Ihre Einstellung zum Geld zu verändern.

»Haben Sie jemals darüber nachgedacht?«, fragte Joe, »dass Sie eine Einstellung zum Geld haben?« Er kniete sich hin und bat das Geld, ihn zu lieben. Er mimte Entsetzen und wich vor der bösen Hundertdollarnote zurück. Er hat sie wie eine Karotte in der ausgetreckten Hand gehalten und ist ihr nachgelaufen, erfolglos versuchend, sie zu erhaschen.

»So sieht Ihre Einstellung zum Geld aus! Überlegen Sie es sich. Wenn Sie Geld wären, würden Sie mit Ihnen herumhängen?«

Eine einfache Zusammenfassung dessen, was Geld ist – und was nicht

Joes Geschichten führten die Zuhörer rasch durch vier Ebenen der Missverständnisse darüber, was Geld ist – und was nicht.

Materiell. Die Stücke aus Papier, Metall und Plastik. Die täglichen Transaktionen des Verdienens und Ausgebens, des Bankwesens und des Investierens. Diese alltägliche Ebene ist das, was die meisten Menschen den größten Teil der Zeit als Geld ansehen.

Psychologisch. Ihre Ängste und Sehnsüchte. Ihre Persönlichkeit – sind Sie bescheiden oder extravagant, der letzte der großen Geldverschwender oder ein Geizkragen? Wer beeinflusste Ihre Gefühle und Gedanken über Geld?

Kulturell. Die Überzeugungen, die in unseren Gesetzen und Gebräuchen eingebettet sind. Mehr ist besser, Wachstum ist gut, Gewinner und Verlierer, privates Eigentum, Belohnungen und Strafen. Erkennen Sie diese als die Verdrehungen, aus denen Sie Ihr Finanzleben gewebt haben?

Lebensenergie. Etwas, wogegen Sie die Stunden Ihres Lebens eintauschen.

Die ersten drei Ebenen sind real und wichtig – aber nicht immer. Es kann schon enorme Seelenruhe bringen, sich bei der materiellen Ebene des Geldes immer auf dem Laufenden zu halten. Zu verstehen, wie Ihre Geldpsychologie die Geldentscheidungen Ihres täglichen Lebens beeinflusst, führt zu einem größeren Niveau an Freiheit. Zu sehen, wie Sie unwissentlich Überzeugungen unserer Kultur leben, kann Sie von unbewussten Gewohnheiten befreien. Ist mehr *wirklich* besser? Ist Wachstum *wirklich* gut? Der letzte Punkt ist der entscheidende: Zu wissen, dass Geld Ihre Lebensenergie ist, verändert Ihre Einstellung zum Geld und wirft ein helles Licht auf Ihre falschen Vorstellungen.

Dieses Programm verspricht, den Nebel, die Verwirrung, die Mythen und fehlgeleiteten Vorstellungen zu lichten, die wir in unserer Einstellung zum Geld haben. Es verspricht, dass wir im Frieden mit unseren Entscheidungen sein werden. Der Schlüssel zur Veränderung unserer Einstellung zum Geld ist diese vollkommene Klarheit, dass Geld nicht all die Bedeutungen hat, die wir darauf projizieren, und dass es genauso wenig die dunkle Realität der Finanzsysteme ist. Es ist etwas, bei dem wir beschließen, unsere Lebensenergie dafür einzutauschen.

Während die Einsicht »Geld ist Lebensenergie«, augenblicklich kommt, kommt es einem lebenslangen Entdeckungspfad gleich, diese Wahrheit auch zu leben. Es ist kein Zauberstab, der die Folgen Ihrer früheren Finanzfehler verschwinden lässt. Sie sind noch in einer Familie aufgewachsen, in der Ihre Eltern über Geld gestritten oder Probleme versteckt oder es wie eine Karotte oder Stock verwendet haben. Sie wurden erwachsen in Verhältnissen, in denen Geld schwer oder leicht gekommen war, und in denen Schicksalsschläge oder einmalige Gelegenheiten einen großen Unterschied bewirkten. Sie haben immer noch Ihre Schulden; Sie haben immer noch Ihre Unstimmigkeiten mit Ihrem Partner.

Auch nachdem Sie Ihre Einstellung zum Geld geändert haben, wird es weiterhin konkrete Forderungen an Sie stellen. Es ist wie ein scharfkantiger, facettenreicher Diamant und Ihre Verpflichtungen sind real. Schecks platzen. Dinge gehen kaputt. Gehälter müssen ausgehandelt werden. Arztrechnungen werden fällig. Hypotheken werden bezahlt oder nicht und Ihr Schicksal ändert sich. Zu wissen, dass Geld Lebensenergie ist, ändert nicht die Voraussetzung, dass Sie Ihren Verpflichtungen mit äußerster Integrität nachkommen.

Geld ist wie Wasser – es fließt, und während es fließt, nährt es Leben. Wir sind glücklich, wenn es zu uns fließt, verzweifelt, wenn es das nicht tut. Wir kaufen Liebesgaben und verschönern die Tage von anderen. Wir verwandeln einen Bonus in eine Reise mit der Familie nach Hawaii und schaffen Erinnerungen. Zu wissen, das Geld Lebensenergie ist, nivelliert nicht unsere emotionalen Reaktionen, wenn es durch unsere Leben fließt. Seine Rolle in unserem Leben zu untersuchen, kann unser Erleben bereichern. Anstatt zu denken, dass uns der Kauf eines neuen Autos glücklich machen wird, können wir überlegen, was uns wirklich glücklich macht und ob Glück nicht aus einem Tag am Strand statt aus drei Jahren monatlicher Autoraten resultieren könnte. Geld ist wie ein Spiegel, in dem wir uns sehen. Achten Sie einmal darauf, was geschieht, wenn Sie einen Scheck mit der Post bekommen. Eine Rechnung. Wenn Ihr Partner sagt: »Liebling, wir müssen über unsere Finanzen reden.« Wie Sie sich fühlen, wenn Sie reichlich Trinkgeld geben. Oder wenig. Wenn jemandem auffällt, dass Sie eine teure Uhr tragen.

Je mehr wir diesen wasserähnlichen Aspekt des Geldes klären, desto besser sind wir vorbereitet, um uns mit schwierigen täglichen Transaktionen zu befassen. Weniger Überziehungen und Verzugskosten. Stärkere Kontrolle der Ausgaben. Pünktliche Bezahlung von Steuern und Rechnungen. Je klarer unsere Gefühle, desto sauberer sind unsere Transaktionen.

Geld ist ein Spiel und wir müssen die Regeln einhalten. Ob es Ihnen gefällt oder nicht, wir befinden uns alle im Geldspiel. Indem wir die Spielregeln befolgen, können wir unsere Dienstleistungen und Produkte lokal und weltweit verkaufen, wir können Produkte mit Bestandteilen kaufen, die in Afrika und Venezuela abgebaut und in China zusammengebaut wurden, deren Marke in Los Angeles gesteuert wird, die auf den Philippinen verpackt wurden und die in allen Walmart-Filialen erhältlich sind. Unsere Kreditkartenkäufe werden täglich durch eine gewaltige Ansammlung von Computern abgestimmt – und wir nehmen Lebensmittel mit nach Hause und kaufen Karten für Konzerte. Wir leben, bewegen uns und führen unser Leben in diesem Geldspiel – und wir verstehen einander durch die Sprache dieser Transaktionen. Jeder braucht Geld. Jeder strebt danach, es zu bekommen. Wenige von uns könnten einen Tag in unserem Leben führen, ohne etwas zu berühren, das mit Geld in Berührung gekommen ist. Deswegen widerstrebt es unserem Verstand, offen und ehrlich zu sehen, wie abhängig und eingebettet wir sind. Geld kann Lebensenergie sein, aber ohne Geld kommt das tägliche Leben zum Erliegen.

Zu wissen, dass wir alle an diesem Spiel teilnehmen, ermöglicht uns jedoch, bewusste Entscheidungen zu treffen, wann wir das Spiel mit Geld spielen und wann wir es mit anderen Währungen spielen wollen – wie Liebe oder Fähigkeiten oder Wissen oder der Arbeit unserer Hände. Wir können sehen, wie das

Geldspiel ebenso mit uns spielt, wie Einkaufszentren und Warenhäuser und Websites konzipiert werden, um unsere Aufmerksamkeit und unser Geld zu gewinnen und mit unserer Unsicherheit und unserem Verlangen zu spielen. Dem Konsumismus zu widerstehen, wird leicht: Ist dieser Badeanzug oder dieses Auto meiner Lebensenergie würdig?

Viele unserer Annahmen über Geld sind tatsächlich ein Teil des Spielentwurfs. »Wer mit dem meisten Spielzeug stirbt, gewinnt«, ist ein Teil des Konzeptes, um uns alle im System und beim Spielen zu halten. Aktualisierung Ihrer Technologieprodukte ist ein Teil des Spielkonzeptes. Genauso geplante oder eingebaute Abnutzung. Mode ist ein Teil des Spiels. »Einsteiger«-Häuser. Anzeigen, die schöne Frauen und muskelbepackte Männer zeigen, die mit Produkten geschmückt sind, die Sie kaufen sollen. Bei einer weiter gefassten Sichtweise sind die Autobahn und Kathedralen ebenfalls ein Teil des Geldspiels. Die meisten von uns entscheiden sich dafür, das Schlechte zu ignorieren und zu versuchen, Geld dauerhaft zu verwenden. Schau, es gehört alles zu diesem Spiel, reden wir uns ein, das einzige wirkliche Spiel. Das Spiel lebt von Spielern, die sich beteiligen. Wenn Spieler das Interesse verlieren, bricht das Spiel zusammen – was uns entsetzt. Wir sind in jeder Hinsicht abhängig vom Geld. Etwas kaufen. Die Wirtschaft füttern. Alle gewinnen, wenn wir mitspielen.

Komplett wird dieses Spiel durch die Bösewichte, die Schreckgestalten der persönlichen Finanzen, die uns bei der Stange und beim Spielen halten: Inflation, Lebenshaltungskosten, Konjunkturrückgang und Wirtschaftskrise. Wir werden dazu ermuntert, Wirtschaftsindikatoren persönlich zu nehmen. Wenn der Star-Ökonom verkündet, dass die Wirtschaft in einem Abschwung ist, können wir uns dafür entscheiden, dieses Jahr keinen Urlaub zu machen, nur um sicher zu gehen – selbst wenn wir viel Geld und einen sicheren Arbeitsplatz haben. Wenn der Star-Ökonom uns sagt, dass die Lebenshaltungskosten steigen, fühlen wir uns automatisch ärmer, auch wenn das, was jetzt in den Verbraucherpreisindex eingeschlossen wird, vor wenigen Jahrzehnten noch ein Luxusartikel war, ohne den wir alle klargekommen sind und den wir nicht vermisst haben – wie unsere Mobiltelefone und andere technische Spielereien.

Manche würden diesen Designaspekt des Geldes die Matrix nennen – eine vorgetäuschte Realität, geschaffen durch empfindungsfähige Maschinen, um die Bevölkerung zu unterwerfen und ihre Energie zu ernten. In dem Film erzählt Morpheus, Anführer der befreiten Menschen, dem Helden Neo: »Die Matrix ist allgegenwärtig. Sie umgibt uns. Selbst hier ist sie, in diesem Zimmer. Du siehst sie, wenn du aus dem Fenster schaust oder den Fernseher einschaltest. Du kannst sie spüren, wenn du zur Arbeit gehst … oder in die Kirche … wenn du deine Steuern bezahlst. Es ist eine Scheinwelt, die dir vorgegaukelt wird, um dich von der Wahrheit abzulenken.« Morpheus bietet Neo eine Entscheidung an, die jetzt in der Popkultur berühmt ist: »Nimm die blaue Pille und alles ist aus. Du wachst in deinem Bett auf und glaubst, was immer du glauben willst. Nimm die rote Pille und du bleibst im Wunderland …«

Zu wissen, dass Geld Lebensenergie ist, entspricht der Einnahme der roten Pille. Sie sehen Ihre Entscheidungen, treffen sie, sehen die Folgen und lernen. Gewinnen bedeutet nicht, die meisten Spielsachen zu haben. Es heißt, genau das zu haben, was Sie brauchen und nichts Überflüssiges sowie imstande zu sein, mit dem Spiel aufzuhören, wenn Sie das wollen.

Zu wissen, dass Geld Lebensenergie ist, erlaubt Ihnen, Ihre wertvollste Ressource zu maximieren und zu optimieren: Ihre Zeit; Ihr Leben.

Ihre Lebensenergie

Was bedeutet »Geld = Lebensenergie« für Sie? Immerhin ist Geld etwas, das Sie als wertvoll genug erachten, um ihm locker ein Viertel der Ihnen zustehenden Zeit auf dieser Erde zu widmen, es zu erhalten, auszugeben, sich darüber Gedanken zu machen, darüber zu fantasieren oder in anderer Weise darauf zu reagieren. Ja, es gibt viele soziale Konventionen bezüglich des Geldes, die es zu lernen und einzuhalten lohnt, aber letztendlich sind Sie derjenige, der bestimmt, welchen Wert Geld für Sie hat. Es ist Ihre Lebensenergie. Sie »zahlen« für Geld mit Ihrer Zeit. Sie entscheiden, wofür Sie es ausgeben.

Diese Definition von Geld gibt uns entscheidende Informationen. Unsere Lebensenergie ist in unserem wirklichen Erleben echter als Geld. Während Geld keine immanente Realität hat, trifft das auf unsere Lebensenergie zu – zumindest für uns. Sie ist greifbar und begrenzt. Lebensenergie ist alles, was wir haben. Sie ist wertvoll, weil sie beschränkt und unwiederbringlich ist, und weil unsere Entscheidungen darüber, wie wir sie nutzen, die Bedeutung und den Zweck unserer Zeit hier auf der Erde ausdrücken.

Abbildung 2-1
Alter und durchschnittlich verbleibende Lebenserwartung[15]

Alter	Durchschnittliche verbleibende Lebenserwartung	
	Jahre	Stunden
20	59,6	522.096
25	54,8	480.048
30	50,1	438.876
35	45,4	397.704
40	40,7	356.532
45	36,1	316.236
50	31,6	276.816
55	27,3	239.148
60	23,3	204.108
65	19,3	169.068
70	15,6	136.656
75	12,2	106.872
80	9,1	70.716

Quelle: US National Center for Health Statistics

Wenn Sie 40 Jahre alt sind, können Sie erwarten, dass Ihnen etwa 356.500 Stunden (40,7 Jahre) der Lebensenergie bleiben, bevor Sie sterben. (Siehe Abbildung 2-1 zu der Lebenserwartung für verschiedene Alter.) Angenommen, ungefähr die Hälfte Ihrer Zeit wird für notwendige Körpererhaltung – Schlafen, Essen, Toilettengang, Waschen und Sport – eingesetzt, haben Sie 178.000 Stunden Lebensenergie, die für beliebige Aktivitäten bleibt wie:

- Ihre Beziehung zu sich selbst
- Ihre Beziehung zu anderen
- Ihr Ausleben von Kreativität

- Ihr Beitrag zu Ihrer Gemeinschaft
- Ihr Beitrag zur Welt
- Inneren Frieden finden und …
- einen Job haben

Da Sie nun wissen, dass Sie Geld gegen Lebensenergie tauschen, haben Sie die Möglichkeit, neue Prioritäten für Ihren Gebrauch dieser wertvollen Ware zu setzen. Welche »Sache« könnte schließlich lebenswichtiger für Sie sein als Ihre Lebensenergie?

Ein erster Blick auf die finanzielle Unabhängigkeit

Wie wir in der Einleitung gesagt haben, ist ein Ziel dieses Buches, Ihre Finanzielle Unabhängigkeit zu steigern. Durch das Umsetzen der Schritte werden Sie sich unentwegt zur Finanziellen Integrität und Finanziellen Intelligenz bewegen, und eines Tages (wir hoffen, bevor Sie sterben) die Finanzielle Unabhängigkeit erreichen. Um Ihnen zu zeigen, wie das möglich ist, müssen wir Ihnen jedoch zuerst aufzeigen, was Finanzielle Unabhängigkeit *nicht* ist.

Lassen Sie uns damit beginnen, dass Sie eruieren, welche Bilder der Ausdruck »Finanzielle Unabhängigkeit« bei Ihnen hervorruft. Ein Riesengeschäft machen? Ein Vermögen erben? In der Lotterie gewinnen? Kreuzfahrten, tropische Inseln, Weltreisen? Juwelen, Sportwagen, Designerkleidung? Die meisten von uns stellen sich Finanzielle Unabhängigkeit als eine unerreichbare Fantasie von unerschöpflichem Reichtum vor. Das ist Finanzielle Unabhängigkeit auf einem materiellen Niveau. Das erfordert eigentlich nur, dass wir reich sind, aber es gibt einen Vorbehalt: Was bedeutet »reich«? Reich existiert nur im Vergleich mit etwas oder jemand anderem. Reich ist unfassbar viel mehr, als ich jetzt habe. Reich ist bedeutend mehr, als die meisten anderen Menschen haben. Aber wir kennen den Trugschluss des Mythos des Mehr. Mehr ist wie eine Fata Morgana. Wir können sie nie erreichen, weil sie nicht real ist. John Stuart Mill sagte einmal: »Männer wünschen nicht, reich zu sein, sondern nur reicher zu sein als andere Männer.« Mit anderen Worten, sobald reich zu sein für unsereins erreichbar ist, bedeutet es nicht länger, reich zu sein.

Nur, wenn wir persönlich die Verantwortung für unsere Einstellung zum Geld übernehmen, wird die erste Definition der wahren Finanziellen Unabhängigkeit eintreten. Unsere Definition der Finanziellen Unabhängigkeit durchtrennt den Gordischen Knoten der Unkenntnis, was reich bedeutet. Finanzielle Unabhängigkeit hat nichts mit reich sein zu tun. Es ist die Erfahrung, genug zu haben – und noch etwas mehr. Genug, daran werden Sie sich erinnern, wird auf dem Höhepunkt der Erfüllungskurve erlangt. Es ist quantifizierbar und Sie werden es für sich selbst definieren, wenn Sie die Schritte dieses Programms durcharbeiten. Der alte Begriff der Finanziellen Unabhängigkeit im Sinne von reich sein ist für alle Zeiten nicht erreichbar. Es geht um Genug. Genug für Sie kann sich von dem Genug für Ihren Nachbarn unterscheiden – aber es wird eine Zahl sein, die für Sie real ist und innerhalb Ihrer Reichweite.

Finanzielle und psychologische Freiheit

Ihr erster Schritt zur Erfahrung, genug zu haben – und etwas mehr – befreit Ihren Verstand von den vorher existierenden Einstellungen zum Geld. Solange Sie das nicht erreicht haben, wird keine Geldmenge Sie befreien. Wenn Sie soweit sind, sind Sie frei von unbewusst gepflegten Annahmen über Geld und frei von der Schuld, dem Groll, dem Neid, der Frustration und der Verzweiflung, die Sie bei Geldthemen möglicherweise gefühlt haben. Sie können diese Gefühle haben, aber Sie gehen damit um wie mit einem Kleidungsstück – Sie können es anprobieren, aber Sie sind jederzeit frei, es abzulegen. Sie werden nicht länger durch die elterlichen und sozialen Botschaften gezwungen, die Sie als Kind erhalten haben – Botschaften darüber, wie wir mit Geld umgehen sollten, um erfolgreich, respektiert, rechtschaffen, sicher und glücklich zu sein. Sie sind nicht länger verwirrt im Hinblick auf Geld. Sie werden nicht länger von den Finanzfachleuten eingeschüchtert, die Sie engagieren, um Ihre Steuern zu betreuen oder Ihr Geld zu investieren. Sie kaufen keine Dinge, die Sie nicht wollen oder brauchen, und Sie sind immun gegen die Verführungen durch Einkaufszentren, Märkte und Medien. Ihr emotionales Vermögen ist nicht mehr an Ihr wirtschaftliches Vermögen gebunden; Ihre Stimmungen schwanken nicht mit dem Dow Jones. Die Dauerstimme in Ihrem Verstand, die die Stunden bis zum Feierabend, die Tage bis zum Zahltag, die Zahltage bis zur Anzahlung für ein Motorrad, Kosten für das nächste Hausverschönerungsprojekt und Jahre bis zum Ruhestand berechnet, verstummt. Die Stille ist zunächst donnernd. Tage und sogar Wochen können vorüberziehen, ohne dass Sie an Geld denken, ohne dass Sie gedanklich Ihre Brieftasche zücken, um mit den Herausforderungen und Chancen des Lebens umzugehen.

Wenn Sie finanziell unabhängig sind, bestimmen Sie selbst, welche Funktion Geld in Ihrem Leben übernimmt, und nicht Ihre Verhältnisse. Auf diese Weise ist Geld nichts, das Ihnen passiert, es ist etwas, das Sie auf zweckmäßige Weise in Ihr Leben integrieren. Von diesem Standpunkt aus kann das normale Drama des »von neun bis siebzehn Uhr arbeiten bis zur Rente«, das Sterben verdienen, auf einen grünen Zweig kommen, reich und berühmt sein – all diese Blechringe, nach denen wir automatisch greifen – nur als eine Reihe von Entscheidungen unter vielen gesehen werden. Finanzielle Unabhängigkeit ist die Freiheit vom Nebel, der Angst und dem Fanatismus, den so viele von uns bei Geld empfinden.

Das klingt nicht nur nach Seelenfrieden, das ist er. Finanzwirtschaftliche Seligkeit. Und wenn sich das so unerreichbar anhört, wie reich zu sein, so ist es das nicht. Es ist die Erfahrung Zehntausender Menschen, die dem in diesem Buch beschriebenen Umgang mit Geld gefolgt sind und die empfohlenen Schritte umgesetzt haben.

Schritt 2: In der Gegenwart sein – Ihre Lebensenergie nachhalten

Wie äußert sich diese große Wahrheit – Geld = Lebensenergie – in Ihrem Leben? Als Sie dachten, dass Geld einfach etwas war, mit dem man sich befasst, oder dass es Sicherheit, Macht oder ein Werkzeug des Teufels oder der große Preis in Ihrem Leben war, konnten Sie Ihr Verhalten in Bezug auf Wertvorstellungen vernünftig erklären. Aber jetzt wissen Sie, dass Geld = Lebensenergie ist – *Ihre* Lebensenergie – und Sie ein steigendes Interesse daran haben, einfach zu wissen, wie viel von diesem Stoff tatsächlich durch Ihre Hände läuft. In Schritt 2 auf dem Weg zur Finanziellen Freiheit werden Sie diese Wissbegierde befriedigen.

Schritt 2 besteht aus zwei Teilen:

A. **Stellen Sie die Ist-Kosten in Zeit und Geld zusammen, die erforderlich sind, um Ihre(n) Job (Jobs) zu behalten, und berechnen Sie Ihren realen Stundenlohn.**
B. **Behalten Sie jeden Cent im Auge, der in Ihr Leben fließt oder es verlässt.**

A. Gegen wie viel tauschen Sie Ihre Lebensenergie ein?

Wir haben hergeleitet, dass Geld schlicht und einfach etwas ist, für das Sie Lebensenergie tauschen. Jetzt wollen wir einen Blick darauf werfen, wie viel Lebensenergie (in Stunden) Sie derzeit für wie viel Geld (in Euro) tauschen – das heißt, wie viel Geld verdienen Sie während Ihrer Arbeitszeit?

Die meisten Menschen betrachten das Verhältnis Lebensenergie zu Einkommen auf unrealistische und ungeeignete Weise: »Ich verdiene 1.000 Euro pro Woche, ich arbeite 40 Stunden pro Woche, also tausche ich eine Stunde meiner Lebensenergie gegen 25 Dollar ein.« So einfach ist es nicht. Denken Sie an alle Möglichkeiten, wie Sie Ihre Lebensenergie einsetzen, die direkt mit Ihrer Gelderwerbsbeschäftigung verbunden sind. Denken Sie an alle Geldausgaben, die unmittelbar mit dem Job zusammenhängen. Mit anderen Worten, wenn Sie diesen Job zum Geldverdienen nicht bräuchten, wie viel Zeiteinsatz und Geldausgaben würden in Ihrem Leben wegfallen?

Machen Sie sich auf eine Überraschung gefasst. Einige Menschen stört ihre Arbeit – die Stunden der Schinderei, der Langeweile, der Büropolitik, die Zeit weg von dem, was sie wirklich tun wollen, die Konflikte mit ihrem Chef oder den Kollegen. Sich kraftlos fühlend, verwöhnen sie sich stattdessen mit einer Art Einkaufstherapie. Seien Sie bereit zu entdecken, wie viel Sie auf der Grundlage von »Ich hasse meinen Job« ausgeben.

Seien Sie auch bereit, zu entdecken, wie viel Sie für teure Alternativen zu Kochen, Reinigung, Reparaturen und anderen Dingen ausgeben, die Sie selbst machen würden, wenn Sie nicht arbeiten müssten.

Seien Sie darauf vorbereitet, die vielen Kosten des Ehrgeizes zu entdecken, all die Dinge, die Sie haben »müssen«, um weiter aufzusteigen. Das richtige Auto. Die richtige Kleidung. Das richtige Haus in der richtigen Nachbarschaft in der richtigen Stadt. Die richtigen Privatschulen für Ihre Kinder.

Nutzen Sie die folgenden Erläuterungen als Anregung, entdecken Sie für sich die realen Kosten von Zeit und Energie, die mit dem Erhalten Ihrer Jobs verknüpft sind. Nicht alle Kategorien werden zwangsläufig für Sie gelten und Sie können andere finden, die für Sie wichtig sind, hier aber nicht erwähnt werden. Für Freiberufler mag das besonders kompliziert sein, aber dafür ist der Vorteil umso größer. Sie werden jeden Job derselben Analyse unterwerfen. Sie könnten überrascht sein, dass Sie manche Projekte unter- und andere überschätzen!

In den folgenden Beispielen werden wir diesem Zeit- und Geldtausch willkürliche numerische Werte zuordnen, um eine hypothetische Auflistung zu ermöglichen. Am Ende werden wir diese Berechnungen in einer Tabelle zusammenfassen und einen realen Wechselkurs der Lebensenergie zu Geld präsentieren. Wenn Sie Ihre eigenen Berechnungen anstellen, werden Sie Ihre tatsächlichen Zahlen verwenden und Ihren persönlichen Stundenlohn ermitteln.

Pendeln

Zur Arbeit und zurückzukommen, zieht einen Verbrauch von Zeit oder Geld oder beidem nach sich, ob Sie ein eigenes Auto fahren, ein Taxi nehmen, Mitfahrgelegenheiten nutzen, Rad fahren, zu Fuß gehen oder auf öffentliche Verkehrsmittel zurückgreifen. Für unsere Zwecke wollen wir annehmen, dass Sie mit dem Auto pendeln. Vergessen Sie nicht, Parkgebühren und andere Kosten wie Fähren sowie den Verschleiß Ihres Wagens einzubeziehen. Wir nehmen an, dass Sie 1,5 Stunden pro Tag oder 7,5 Stunden pro Woche pendeln mit Kosten für Benzin und Wartung von 100 Euro pro Woche. (Wenn Sie öffentliche Verkehrsmittel nutzen, wird Ihre Rechnung etwas anders aussehen.)

7,5 Stunden/Woche, 100 Euro/Woche

Kleidung

Ist die Kleidung, die Sie bei der Arbeit tragen, dieselbe, die Sie an Ihren arbeitsfreien Tagen oder im Urlaub anhaben – oder brauchen Sie eine spezielle Garderobe, die für Ihren Arbeitsplatz angemessen ist? Das schließt nicht nur die offensichtliche Arbeitskleidung wie die Kittel von Krankenschwestern, die Sicherheitsschuhe von Bauarbeitern und die Schürzen von Köchen ein, sondern auch die maßgeschneiderten Anzüge und die hochhackigen Schuhe, die Krawatten und Nylonstrümpfe, die in den Büros Standard sind. Betrachten Sie diese Kleidung. Würden Sie eine Schlinge um Ihren Hals tragen oder jeden Tag auf acht Zentimeter hohen Absätzen herumlaufen, wenn es nicht am Arbeitsplatz erwartet würde? Berücksichtigen Sie auch die Zeit und das Geld, das Sie für die persönliche Körperpflege ausgegeben, vom Aftershave bis zu teurer Kosmetik.

Quantifizieren Sie alle Maßnahmen dieses Bereichs, vom Einkaufen bis zum Auftragen von Wimperntusche, Rasieren und Krawatte binden. Wir nehmen an, dass Sie 1,5 Stunden pro Woche dafür einsetzen sowie Durchschnittskosten von 25 Euro pro Woche (das heißt, die jährlichen Ausgaben für Kleidung, geteilt durch 52 Wochen, plus Kosmetikkosten).

1,5 Stunden/Woche, 25 Euro/Woche

Verpflegung

Zusatzkosten in Form von Zeit und Geld für Mahlzeiten, die durch Ihren Job beeinflusst sind, nehmen viele Formen an – zum Beispiel Geld für den Morgen- und Nachmittagskaffee, Zeit in der Warteschlange in der Kantine sowie die Mahlzeiten, die Sie sich haben liefern lassen oder unterwegs gegessen haben, weil Sie zu müde oder beschäftigt sind, um Abendessen zu kochen.

Nehmen wir an, dass Sie insgesamt 5 Stunden pro Woche mit Auswärtsmittagessen oder dem Besorgen eines Morgenkaffees zubringen. Ihre Mittagessen aus dem Feinkostladen kosten etwa 30 Euro pro Woche mehr, als wenn Sie das Essen zu Hause zubereitet hätten, und die Latte-Macchiato-Pausen, die

Sie sich als Belohnung für das Arbeiten gönnen, kommen auf 20 Euro pro Woche. Gesamtausgaben: 50 Euro.

5 Stunden/Woche, 50 Euro/Woche

Täglicher Stressabbau

Kommen Sie von Ihrem Arbeitsplatz schwungvoll und voller Elan nach Hause, stürzen Sie sich freudig in persönliche oder weltliche Projekte oder ins vertraute Zusammensein mit Ihrer Familie oder anderen geliebten Personen? Oder sind Sie müde und erschöpft, lassen sich wortlos in den weichen Sessel vor dem Fernseher oder Computerbildschirm fallen mit einem Bier oder Martini in der Hand, weil es »wieder mal so ein Tag gewesen ist«? Wenn es bei Ihnen eine Weile dauert, um den Stress aus dem Job »abzubauen«, ist diese »Weile« ein jobbedingter Aufwand. Rechnen Sie in diese Kalkulation auch die Zeit ein, die Sie über Ihren Job und Ihre Kollegen schimpfen, wem gegenüber auch immer. Eine grobe Schätzung würde von 5 Stunden pro Woche und 30 Euro für Freizeitsubstanzen ausgehen.

5 Stunden/Woche, 30 Euro/Woche

Escape-Spiele

Beachten Sie die Bezeichnung »Escape-Spiele«. Wem oder was wollen Sie entkommen? Was ist das Gefängnis oder schränkt derartig ein, dass Sie fliehen müssen? Wenn Ihre Lebenserfahrung durchweg ausgefüllt und aufregend ist, wem oder was sollten Sie entkommen wollen? Würden Sie so viele Stunden vor dem Bildschirm verbringen? Lassen Sie uns Szenarien betrachten wie »Es war eine so harte Arbeitswoche, lass uns eine Nacht in der Stadt verbringen, um es zu vergessen!« oder »Lass uns dieses Wochenende mal alles hinter uns lassen und nach Vegas gehen!« Wäre das notwendig? Was sind die Kosten an Lebensenergie und Geld? Wie viel Ihrer Wochenendunterhaltung betrachten Sie als reine Wiedergutmachung dafür, es in einem so langweiligen Job auszuhalten? Natürlich sind Kunstgenüsse wunderbare Zeitvertreibe, inspirierend und nährend; hierfür Lebensenergie aufzuwenden macht das Leben lebenswert und ist jede Sekunde wert. Beim Aufgehen in der Kunst geht es aber nicht um Entkommen. Es geht um Bereicherung – und dann ist es kein Jobbedingter Aufwand. Wir gehen für Escape-Games von 5 Stunden und 40 Euro pro Woche aus.

5 Stunden/Woche, 40 Euro/Woche

Urlaube

Die Zeit in der freien Natur und Reisen zu anderen Kulturen und Plätzen kann, wie die Kunst, zu den besten Erfahrungen Ihres Lebens gehören. Aber wenn »Urlaub machen« eher wie die Pause in der Ringecke ist, um sich zu erholen und in den Kampf zurückzukehren, dann ist es ein Jobbedingter Aufwand. Wenn Sie zum Beispiel zu erschöpft sind, um eine besondere Reise zu planen und sich dafür entscheiden, einfach mit der ganzen Familie zu einem Feriendomizil auf den Bahamas zu fliegen, wo Sie sich in einem Klubsessel und nicht auf der Couch zu Hause lümmeln, könnte das ein Jobbedingter Aufwand sein. Wenn Sie jedoch Ihre gesammelten »Schätze« verkaufen, um für eine Woche als Freiwilliger ein Forschungsteam vor den Bahamas zu unterstützen, das den Zustand der Korallenriffe erfasst, kann das buchstäblich als Eintauchen ins Leben gezählt werden. Nur Sie können sagen, in welche Kategorie das fällt.

Was gibt es noch? Wie steht's mit dem Ferienhaus, Boot oder Freizeitfahrzeug, das Sie jedes Jahr nur ein paar Wochen nutzen, um mal »rauszukommen«? Rechnen Sie das alles zusammen, teilen es durch 52, und Sie könnten auf 5 Stunden und 30 Euro pro Woche für das Fernbleiben vom Alltagstrott kommen.

5 Stunden/Woche, 30 Euro/Woche

Jobbedingte Krankheit

Welcher Prozentsatz der Krankheit ist jobbedingt – veranlasst durch Stress, physische Arbeitsbedingungen, den Wunsch, einen »legitimen« Grund zu haben, der Arbeit fernzubleiben, oder durch Konflikte mit dem Arbeitgeber oder Kollegen? Das Greater Good Science Center, eine Organisation, die wissenschaftlich basierte Methoden für ein bedeutungsvolles Leben fördert, hat die Forschung zu Gesundheit und Glück zusammengetragen. Sie haben Beweise gefunden, dass Glück die Herzgesundheit fördert, das Immunsystem stärkt, Stress bekämpft, Beschwerden und Schmerzen reduziert, chronische Krankheit senkt und unser Leben verlängert.[16] Unsere eigene Erfahrung im Laufe der Jahre ist, dass wir erheblich weniger Krankheiten und krankheitsbedingtes Fernbleiben bei Freiwilligen gesehen haben als bei bezahlten Mitarbeitern. Vereinfacht ausgedrückt sind glückliche, erfüllte Menschen gesünder.

Für diese Kategorie ist ein subjektives »innerliches Einschätzen« der einzige Weg zu bewerten, welcher Prozentsatz medizinischer Kosten (in Zeit und Geld) dem Job zuzuschreiben ist. Wir schätzen grob 25 Euro/Woche an Auslagen (Zuzahlungen, Medikamente) für alle jobbedingten Krankheitsausgaben und ergänzen 50 Stunden pro Jahr für Arztbesuche, Apothekengänge und schniefend im Bett liegen.

1 Stunde/Woche, 25 Euro/Woche

Andere jobbedingte Ausgaben

Untersuchen Sie Ihre Bilanz zu Vermögensgegenständen und Verpflichtungen (Schritt 1). Sind dort Sachen verzeichnet, die Sie nicht gekauft hätten, wenn sie nicht direkt mit Ihrem Arbeitsplatz zusammenhängen würden? Achten Sie darauf, was Sie an »Hilfen« bezahlen: Würden Sie eine Haushälterin, einen Gärtner, Handwerker oder eine Babysitterin brauchen, wenn Sie keinen Job hätten? Betreuungsausgaben für alleinstehende Eltern oder Doppelverdienerfamilien nehmen einen großen Batzen von Ihrem Gehalt in Anspruch und wären nicht notwendig, wenn Sie keinen Job hätten. Erstellen Sie ein Zeitprotokoll für eine typische Woche. Wie viele Stunden sind ausschließlich jobbedingt? Dinge wie das Durchgehen von Online-Stellenanzeigen oder gesellige Abende zur geschäftlichen Netzwerkpflege. Sind die Stunden, wenn Sie Ihren Frust über die Arbeit Ihrem Partner mitteilen, eine jobbedingte Tätigkeit? Wenn Sie die anderen Schritte in diesem Programm durchlaufen, sollten Sie auf solche verborgenen jobbedingten Ausgaben besonders achten.

Übersehen Sie nicht Job-Verbesserungsausgaben wie Bildungsprogramme, Bücher, Geräte und Konferenzen. Denken Sie daran, Ihre Situation ist einzigartig, aber die Grundlagen treffen auch auf Sie zu. Entdecken Sie Ihre eigenen Kategorien der jobbedingten Zeit- und Geldausgaben.

Ihr *tatsächlicher* Stundenlohn

Tragen Sie jetzt diese Zahlen zusammen, und erstellen Sie eine Tabelle. Addieren Sie die ungefähren zusätzlichen jobbedingten Stunden zu Ihrer normalen Arbeitswoche und ziehen Sie die jobbedingten Ausgaben von Ihrer regelmäßigen Vergütung ab. Bei längerfristigen Dingen wie Urlaub oder Krankheit verteilen Sie diese einfach anteilsmäßig auf 50 Wochen (1 Jahr abzüglich 4 Wochen für Ihren Erholungsurlaub – vorausgesetzt, Sie haben einen Job, von dem Sie Urlaub machen. Ein Urlaub über 1.500 Euro, den Sie nicht genommen hätten, wenn Sie Ihren Job genießen würden, wird berechnet, indem 1.500 Euro durch 50 Wochen geteilt werden, was 30 Euro pro Woche entspricht … und so weiter.

Die einzelnen Einträge werden Schätzungen sein, aber mit Sorgfalt können Sie ziemlich genaue Zahlen präsentieren.

Abbildung 2-2 veranschaulicht das Vorgehen bei der Berechnung Ihres wahren Stundenlohns – sowie einer Konsequenz: die Zahl an Stunden oder Minuten Ihres Lebens, für die jeder Euro steht, den Sie ausgeben. Denken Sie daran, dass diese Zahlen willkürlich gewählt sind. Ihre Zahlen werden wahrscheinlich ganz anders aussehen, genauso wie Ihre Kategorien.

Hinweis: Wenn Sie Zusatzleistungen für Ihren Job erhalten (wie Boni und Pensionszuschüsse), fügen Sie diese unbedingt Ihrem nominellen Stundenlohn hinzu, aber da nicht jeder so etwas erhält, berücksichtigen wir diese Zuschüsse in den Berechnungen nicht.

Abbildung 2-2
Lebensenergie zu Verdienst: Was ist Ihr tatsächlicher Stundenlohn?

	Stunden/ Woche	Euro/Woche	Euro/Stunde
Job-Grundlage (vor Anpassungen)	40	1.000	25
Anpassungen			
Pendeln	+ 7,5	– 100	
Kleidung	+ 1,5	– 25	
Verpflegung	+ 5	– 50	
Stressabbau	+ 5	– 30	
Escape-Spiele	+ 5	– 40	
Urlaub	+ 5	– 30	
Jobbedingte Krankheit	+ 1	– 25	
Zeit und Geld, das zur Job-Erhaltung ausgegeben wird (Gesamtanpassungen)	+ 30	– 300	
Job, mit Anpassungen (tatsächliche Summe)	70	– 700	10

Jeder ausgegebene Dollar entspricht 6 Minuten Lebensenergie.

Das Endergebnis: Abbildung 2-2 zeigt deutlich, dass Sie in Wirklichkeit eine Stunde Ihrer Lebensenergie für 10 und nicht die scheinbaren 25 Euro verkaufen. Ihr tatsächlicher Stundenlohn beträgt 10 Euro – vor Steuern sogar! Eine wichtige Frage an diesem Punkt ist: Sind Sie bereit, einen Job zu akzeptieren, der mit diesem Stundenlohn bezahlt wird? (Sie sollten diese Berechnung jedes Mal anstellen, wenn Sie Ihren Job ändern – oder Ihre jobbedingten Gewohnheiten.)

Die Konsequenz ist auch interessant. In diesem Beispiel steht jeder Euro, den Sie ausgeben, für 6 Minuten Ihres Lebens. Denken Sie nächstes Mal an diese Zahl, wenn Sie Ihr Geld für weitere 20-Euro-Impulskäufe herauswerfen. Fragen Sie: Ist dieser Artikel 120 Minuten meiner Lebensenergie wert? Ist es das wert, zwei Stunden im Verkehr zu verbringen, um zur Arbeit zu fahren oder Jagd auf potenzielle Kunden zu machen?

Beachten Sie, dass unsere Berechnungen einige immaterielle Werte ignoriert haben, wie Zeit, die mit der Planung von Karrierestrategien verbracht wird, Zeit um das Familienleben auf die Reihe zu bekommen, das unter den Jobanforderungen leidet, sowie Zeit und Ausgaben zur Aufrechterhaltung eines zum Job passenden Lebensstils. Die Kosten eines Jobs strahlen auf unzählige Weisen auf Ihr ganzes Leben aus.

Als **Mark H.** *den ersten Teil von Schritt 2 umsetzte, wurde sein Leben auf den Kopf gestellt. Er arbeitete seit zehn Jahren als Projektleiter in der Baubranche. »Ich war unglücklich mit meinem Broterwerb«, schrieb er, »aber das Einkommen deckte die Ausgaben, also habe ich mit der Einstellung weitergemacht und gedacht: ›So ist nun mal das Leben in der Großstadt.‹« Dann ging Mark über zu Schritt 2 und berechnete seinen wahren Stundenlohn. »Nachdem ich unsere Ausgabenstruktur analysiert habe, wurde klar, dass fast die Hälfte dessen, was ich verdiente, für den Job draufging; das heißt Ausgaben für Benzin, Öl, Reparaturen, Mittagessen, etwas hier, etwas dort und der größte Teil davon unwiederbringlich. Kurz gesagt, ich könnte zu Hause bleiben, Teilzeit irgendwo in der Nähe arbeiten und sogar noch Geld sparen, indem ich die Hälfte von dem mache, was ich bisher arbeitete.« Als er begriff, dass er diesen Job aufgeben und seine wirklichen Wünsche und Ziele verfolgen konnte, hat sich alles geändert. Angelegenheiten in seinem Finanzleben, die er seit Jahren verschleppte, wurden angepackt – von der Abzahlung der Kreditkartenschulden über das Abschaffen der Auswärtsmittagessen bis zu längst fälligen Gelddiskussionen mit seiner Frau ohne die früheren Auseinandersetzungen. Als er seine Finanzen neu ordnete, erkannten er und seine Frau, dass sie ganz gut mit ihrem Gehalt aus einem Job leben konnten, den sie liebte (Kinder mit Behinderungen zu unterrichten) und er wieder zur Schule gehen konnte, um sich für* *die Karriere als Berater und Therapeut auszubilden, was er immer gewollt hatte. »Wir spüren tatsächlich weniger Stress, weil wir uns auf die Heilung unserer verrückten Einstellung zum Geld konzentrieren, und nicht nur auf die Dollars.«*

Warum sollten Sie diesen Schritt machen?

Warum ist diese Übung notwendig, um unsere Einstellung zum Geld zu ändern?

1. Diese Übung rückt eine bezahlte Beschäftigung in die richtige Perspektive und zeigt auf, wie viel Sie wirklich damit verdienen, was letztlich das Entscheidende ist.
2. Sie erlaubt Ihnen, aktuelle und zukünftige Beschäftigungen realistisch in Bezug auf den wirklichen Verdienst zu bewerten. Es ist nützlich, die in diesem Schritt gesammelten Informationen auf zukünftige Jobs anzuwenden: Ein Job, der längeres Pendeln erfordert oder einen anspruchsvolleren Dresscode hat, könnte in Wirklichkeit weniger einträglich sein als einer mit einem niedrigeren Gehalt. Vergleichen Sie Stellenangebote auf Basis der wahren Sichtweise, für wie viel Geld Sie tatsächlich Ihre Lebensenergie verkaufen.
3. Das finanzielle Endergebnis Ihres Jobs zu kennen, wird helfen, Ihre Motive für die Arbeit und die Bevorzugung eines Jobs gegenüber anderen tiefgehender zu klären. Mark Hs Geschichte ist keine Ausnahme. Sehr viele Menschen geben ihr gesamtes Einkommen dafür aus, ihren Job zu erhalten – und betrachten sich als glücklich. Ein anderer FI-ler sagte, dass dieser Schritt sein Bewusstsein für unnötige jobbedingte Ausgaben dermaßen gestärkt hat, dass sich sein Nettoverdienst pro Stunde verdoppelt hat. Sobald er erkannt hatte, wie viele seiner Ausgaben durch seinen Job verursacht wurden, war er im Stande, viele davon zu reduzieren oder zu beseitigen. Zum Beispiel hat er begonnen, sein eigenes Mittagessen mitzubringen, anstatt es liefern zu lassen, ist auf Nahverkehr umgestiegen (der Vorteil dieser Entscheidung war doppelt, da er die Zeit auf der Rückfahrt für den Stressabbau nutzte). Zudem bewertete er den vermeintlichen Bedarf an häufigem Wechsel eleganter Kleidung neu und hat sogar angefangen, sich mehr zu bewegen,

indem er einen täglichen Spaziergang mit seiner Frau unternahm (was ihre Beziehung sowie ihre Gesundheit verbesserte). Eine Frau nutzte die Ergebnisse dieses Schritts als Kriterium, um Jobs zu akzeptieren oder abzulehnen. Wenn sie einfach ausrechnen konnte, welchen Stundenlohn sie bekommen würde, konnte sie eindeutig bewerten, ob sich der Job für sie lohnte. Tatsächlich gibt es einige Stellen, auf die sie sich vorher vielleicht beworben hätte und die sie jetzt gar nicht mehr in Betracht zieht.

Keine Vorwürfe, keine Schuld

Und denken Sie daran, das ist der Punkt, an dem Ihre Gefühle über Ihre Arbeit/Job/Identität am stärksten an die Oberfläche steigen werden. Teilnahmsvolle Selbstwahrnehmung ist der Schlüssel. Registrieren Sie einfach jedes auftretende Gefühl, ohne es zu kritisieren – und ohne Ihren Job, Ihren Chef, sich selbst oder dieses Buch zu kritisieren. Was soll's, wenn Sie Geld in den Job investiert haben? Wenn Sie jedes Gehalt mit »Belohnungen« für sich selbst verbraten haben, um eine weitere Woche zu überleben? Und wenn Sie einen Schnellspur-Lebensstil mit einer Vergütung von 10 Dollar pro Stunde geführt haben? Das ist alles Vergangenheit. Sie dachten, dass Sie das müssten, bevor Sie wussten, dass Geld = Ihre Lebensenergie ist.

Checkliste: Lebensenergie versus Vergütung

	Zeit Stunden/Woche mehr	Geld Euro/Woche weniger
Pendeln: • Abnutzung durch Pendelentfernung • Benzin und Öl • Öffentliche Verkehrsmittel • Parkgebühren • Maut/Gebühren • Wartung • Zu Fuß gehen oder Fahrrad fahren		
Taxi/Mitfahrgelegenheiten		
Versicherung		

Kleidung:
- Kleidung für die Arbeit
- Make-up für die Arbeit
- Eindrucksvolle Aktentasche
- Rasieren für die Arbeit

Verpflegung:
- Kaffeepausen
- Mittagessen
- Bewirtung für die Arbeit
- Essensbelohnungen für einen unangenehmen Job
- Fertiggerichte

Täglicher Stressabbau:
- Zeit, bis Kindern erlaubt wird, wieder Krach zu machen
- zusätzliche Zeit, bis man wieder höflich sein kann
- zusätzliche Zeit, bis man in der Lage ist, irgendetwas zu machen
- Freizeitsubstanzen

Ausgleichsaktivitäten:
- Kino
- Bars
- Kabelfernsehen
- Online-Abonnements
- Spielsysteme

Urlaube, »Spielzeuge« (wenn als Entschädigung für den Job):
- Trainingsausrüstung
- Sportausrüstung
- Boot
- Sommerhaus

Jobbedingte Krankheit:
- Erkältung, Grippe usw.
- Massagen gegen Rückenschmerzen
- Krankenhausaufenthalte wegen stressbedingter Krankheit

Andere jobbedingte Ausgaben:
- Bezahlte Hilfe für Hausreinigung, Rasen mähen, Babysitten
- Tagesbetreuung für Kinder
- Bildungsprogramme
- Wirtschafts- oder Fachzeitschriften
- Konferenzen
- Life-Coach

B. Behalten Sie jeden Cent im Blick, der in Ihr Leben fließt oder es verlässt

Bis jetzt haben wir erläutert, dass Geld gleich Lebensenergie ist, und wir haben gelernt, auszurechnen, wie viele Stunden der Lebensenergie wir für jeden Euro eintauschen. Jetzt müssen wir uns der Bewegung dieser Form von Lebensenergie namens Geld in jedem Moment unseres Lebens bewusst werden – wir müssen unser Einkommen und unsere Ausgaben auf einer täglichen Basis verfolgen. Der zweite Teil von Schritt 2 ist einfach, aber nicht notwendigerweise leicht. Beachten Sie zukünftig jeden Cent, der in Ihr Leben fließt oder es verlässt.

Viele Menschen halten absichtlich Distanz zum Geld. Ihre Mythologie steckt »Geld« und »Liebe – Wahrheit – Schönheit – Spiritualität« in zwei verschiedenen Schubladen. Viele Menschen werden einem Geliebten alles zeigen, aber nie ihr Gehalt nennen. Viele Familien verschulden sich immer weiter, weil es lieblos scheint, einander auf unbekannte Ausgaben aufmerksam zu machen. Gemeinnützige Soziale Dienste brennen aus, weil sie nicht um Geld bitten wollen, um wenigstens eine Person zu bezahlen, die sich um die alltäglichen Aufgaben kümmert, eine Organisation zu führen. Freunde bekommen nie das Geld oder die Sachen zurück, die sie anderen leihen, weil das Nachfragen irgendwie unangenehm und das Beharren auf Rückzahlung noch scheußlicher zu sein scheint. Das geschieht häufig zwischen Eltern und Kindern. Die Nachverfolgung von Geld scheint Transaktionen abzuwerten, die allein auf Zuneigung basieren sollten. Alle diese Situationen entstammen derselben gedanklichen Wurzel: Geld ist Geld, und Liebe ist Liebe, und die zwei sollten sich nie begegnen. Schauen Sie auf Ihre eigene Einstellung. Entschuldigen Sie finanzielle Unkenntnis mit edelgesinnten philosophischen oder geistigen Idealen?

Eine spirituelle Disziplin

Religionen, antike wie moderne, verfügen alle über Techniken, den Verstand darauf zu trainieren, im Hier und Jetzt, »in diesem Moment« zu sein. Diese

Methoden nehmen viele Formen an und schließen scheinbar unterschiedliche Techniken mit ein, wie die Beobachtung des hinein- und hinausströmenden Atems; das permanente Wiederholen eines Mantras zum Fokussieren des umherstreifenden Verstandes; die Konzentration auf etwas, ohne Erinnerungen oder Zukunftsfantasien damit zu verbinden – um nur in diesem Moment zu leben; das Praktizieren verschiedener Kampfsportarten (wie Aikido oder Karate); das Entwickeln eines inneren »Beobachters«, um bewusst wahrzunehmen, was Sie gerade tun.

Zu dieser Liste fügen wir eine weitere Disziplin hinzu, die dafür konzipiert ist, das Bewusstsein zu schärfen – etwas, das für das Finanzprogramm unentbehrlich und vielleicht eher von unserer vernünftigen, materialistischen westlichen Mentalität akzeptiert wird als einige der esoterischeren Methoden: Statt Ihren Atem zu beobachten, beobachten Sie Ihr Geld.

Diese Übung ist einfach: Beachten Sie jeden Cent, der in Ihr Leben fließt oder es verlässt.

Die Regel für dieses hoch entwickelte Werkzeug der Transformationstechnologie ist: Beachten Sie jeden Cent, der in Ihr Leben fließt oder es verlässt.

Die Methodik bei diesem Wunder der Geldmetaphysik ist: Beachten Sie jeden Cent, der in Ihr Leben fließt oder es verlässt.

Es gibt keine Spezifizierung dafür, wie man jeden Cent im Auge behält, der in Ihr Leben fließt oder es verlässt. Es gibt kein offizielles Anleitungsbuch, das Sie kaufen könnten (»nur 49,95 Euro mit Kennzahlen, Kurzanleitungskarten und einem Solarrechner«). Für viele Menschen ist ein Taschenformat-Notizbuch der perfekte ständige Begleiter, in dem man jeden Cent notiert, der in ihr Leben fließt oder es verlässt, zusammen mit dem dazugehörigen Anlass. Andere, die mehr der Zeit als dem Geld zugeneigt sind, protokollieren ihre Ausgaben und Einnahmen in einem speziellen Bereich ihres Terminkalenders. Und manche verfolgen ihr Geld – zusammen mit ihren Verabredungen, Aufgaben, Adressen und mehr – in ihren Handys und Computern, verlinken ihre Bankkonten mit Online-Tools und nutzen nur Debitkarten (oder monatlich rückzahlbare Kreditkarten), so haben sie eine aktuelle Aufzeichnung buchstäblich in Griffnähe. Computer und Smartphones machen es leichter als jemals zuvor, aber es gibt keine allein richtige Methode, dies zu tun –, was auch immer für Sie am besten funktioniert, ist die beste Methode.

Einige Menschen straucheln hier. Sie wollen ihr Geld nicht nachverfolgen. Zu hart. Zu pedantisch. Zu viel Zeit. Zu konfrontierend. Jeden Cent? Wie steht's mit jedem Euro? Oder je zehn Euro? Oder irgendwie mehr oder weniger …

Carolyn H. ist eine geborene Finanzhaushalterin – aber ihr Mann nicht. Er sagt, dass der Schwerpunkt auf »jeden Cent« nicht nützlich ist. Die meisten Menschen wollen einfach nicht so leben. »Vor einigen Jahren« erzählte sie, »habe ich, um ihn beim Haushalten ins Boot zu holen, das Aufzeichnen unseres Geldflusses gestrafft und dadurch besser an ihn angepasst, und das war erfolgreich. Wir nutzen gerundete Zahlen. Wir verfolgen das Geld so gut wir können, machen es aber nicht zum Fetisch. Wir erlauben einen minimalen Betrag von nicht-zugeordnetem Bargeld – und haben eine Kategorie dafür eingeführt. Manchmal gibt es dort fast nichts und manchmal können dort nach einem verzwickten Monat 200 Dollar stehen –, was mich früher verrückt gemacht hätte, aber heute gelassen lässt. Und jetzt kommt der Grund, warum mein Mann interessanterweise angefangen hat, auf diese Zahl zu achten und wirklich zu versuchen, sie auf einen trivialen oder zumindest angemessenen Betrag zu beschränken. Dort einen hohen Betrag stehen zu sehen, hat viel wirkungsvoller seine Aufmerksamkeit geweckt, bewusster hinsichtlich seiner Ausgaben zu sein, als es die ganzen Gespräche, Diskussionen und die FI-Lektüre jemals bewirkt haben. Ich bin zufrieden.«

Mike L. hat seit Jahren freiwillige Einfachheitsgruppen geleitet und jeden dazu ermuntert, die Schritte »peinlich genau« zu befolgen – die Art und Weise, wie er und seine Frau es mit überwältigenden Ergebnissen umsetzten. Er war der »jeder Cent«-Verfechter. Als er und seine Frau jedoch in ein renovierungsbedürftiges Haus in einer anderen Gemeinde zogen, entwickelte Mike mehr Verständnis für seine Gruppenmitglieder, von Schritt 2 überwältigt zu werden. Er hatte sich dafür entschieden, sein eigener Auftragnehmer – und Bauunternehmer – zu sein. Die Zahl seiner täglichen Geldgeschäfte schnellte empor, genauso wie die Zeit, die er jeden Tag brauchte, um zerknüllte Belege zu glätten und Ausgaben zu protokollieren. Er entschied sich dafür, mit der Nutzung einer Debitkarte zufrieden zu sein und sich die Daten von seiner Bank an sein Finanzprogramm senden zu lassen, was sein Leben vereinfachte, bis sich seine Ausgaben wieder reduzierten.

Jemand merkte an, dass ein Finanz-Ninja-Typ, der in der Einführung zu diesem Buch erwähnt wurde, das Nachrechnen so natürlich findet wie das Atmen und nicht überzeugt werden muss, während es für Menschen, die eher von der rechten Gehirnhälfte geprägt sind (bekannt für Kreativität und intuitives Denken) so schwer ist, wie Schreiben mit ihrer nichtdominierenden Hand. Karen E. schrieb: »Ich liebe es, nachzurechnen, tue es auch noch nach 14 Jahren und kann es mir gar nicht anders vorstellen. Es hat uns ermöglicht, herauszufinden, wie wir die Hälfte der Zeit in Europa (auf einem Hausboot in Frankreich) und die andere Hälfte in den Vereinigten Staaten leben, um ehrenamtlich zu arbeiten, wie wir uns das wünschen, und auch zu reisen.« Sie ist ein Naturtalent.

Minimalisten und kreative Typen haben eine Strategie wie Mike L. angenommen – sie zahlen alles mit einer Debitkarte – und erhalten ein überraschendes Maß an Frieden dadurch, dass sie die Kontrolle über etwas gewinnen, was ein völliges Mysterium zu sein schien. Wenn sie das Nachforschen mit der Zeit verbinden, um kreativ zu sein, zu meditieren oder zu reisen, sind sie bereit, diese Gewohnheit zu entwickeln.

Sobald **Don S.**, *ein junger Fan des Mr. Money Mustaches Blogs über persönliche Finanzen und frühen Ruhestand, anfing, genauer nachzuverfolgen, wohin sein Einkommen floss, brachte ihn das dazu, seine mittäglichen Restaurantbesuche durch von zu Hause mitgebrachtes Essen zu ersetzen, und zu Hause mehr zu kochen. Er sagt: »Für mich ging es nicht darum, meine Ausgaben auf autoritäre Weise einzuschränken und zu versuchen, ›verantwortungsbewusster‹ zu sein. Ich wollte vielmehr herausfinden, wie ich mit meinem Geld auskommen konnte, ohne Schulden zu machen. Ich war imstande, diese [Essen] Aufwandskategorie um fast 50 Prozent zu senken, was ein paar 100 Dollar im Monat einsparte. Mir bewusst zu sein, wofür ich mein Geld ausgab, erlaubte mir, verschwenderische Ausgaben auf eine Art zu bremsen, die sich instinktiv anfühlte, und dann dieses Geld für Dinge zu nutzen, die für mich und meine Zufriedenheit insgesamt wichtiger waren.*

Jene paar 100 Dollar Ersparnisse jeden Monat, die sich auf einen Betrag summierten, der eine dreiwöchige Reise nach Europa abdeckte! Effizienter mit meinem Geld umzugehen, bedeutete, dass ich insgesamt zufriedener war, mehr Geld für die Zukunft sparte und weniger angespannt bei Geldausgaben für Dinge war, die mir Spaß machen.«

Welches System auch immer Sie wählen, tun Sie es (das Programm funktioniert nur, wenn Sie es tun!) – und seien Sie genau. Lassen Sie es eine Gewohnheit werden, sämtliche Geldbewegungen, den genauen Betrag und den Grund zu notieren. Jedes Mal, wenn Sie Geld ausgeben oder erhalten, machen Sie es zu Ihrer zweiten Natur, alles sofort aufzuschreiben.

In dem Buch *The Millionaire Next Door* weisen die Autoren, Thomas J. Stanley und William D. Danko, darauf hin, dass Menschen, die ein hohes Reinvermögen in Relation zum Einkommen erreicht haben, wissen, wie viel sie für Kleidung, Reisen, Wohnen, Transport und so weiter ausgeben, und diejenigen, die kein hohes Reinvermögen in Relation zum Einkommen erreichen, keine Vorstellung haben, wie viel sie ausgeben. Es ist ein krasser Gegensatz.

Abbildung 2-3 ist ein fiktives Beispiel für die Einträge von zwei Tagen. Achten Sie auf den Detaillierungsgrad für jede Ausgabe. Beachten Sie, wie Ausgaben bei der Arbeit auch als solche ausgewiesen werden. Registrieren Sie die Unterscheidung der Ausgaben im Supermarkt zwischen Snacks (»Chips, Soße, Limonade«) und Batterien. Ähnliche Unterscheidungen der Ausgabenkategorien werden bei den Samstagseinkäufen im Lebensmittelgeschäft und Kaufhaus gemacht. Die Unterkategorien oder »Auflistungen« innerhalb der Summe sind gerundete Schätzungen (obwohl wir Sie ermutigen, bei Ihren Schätzungen genau zu sein, wäre es zu zeitaufwendig, die genauen Kosten von Toilettenpapier, Wein usw. zu berechnen), aber die Summe sollte auf den Cent genau sein.

Jeder Cent? … Aber warum?

Denken Sie daran, dass das Ziel dieser Vorgehensweise darin besteht, jeden Cent nachzuverfolgen, der in Ihr Leben fließt oder es wieder verlässt.

Sie könnten fragen: »Warum soll ich so großen Aufwand betreiben?« Weil es der beste Weg ist, sich bewusst zu werden, wie das Geld wirklich in Ihr Leben kommt und es wieder verlässt, im Unterschied dazu, anzunehmen, wie es kommt und geht. Bis jetzt haben die meisten von uns eine eher lässige Einstellung gegenüber unseren kleinen, täglichen Geldtransaktionen gehabt. In der Praxis kehren wir häufig das alte Sprichwort »Wer den Pfennig nicht ehrt, ist den Taler nicht wert« um. Wir können unser Herz fragen und mit unserem Partner über die Zweckmäßigkeit diskutieren, 75 Euro für ein neues vierfarbiges linksgesteuertes Dingsdabums auszugeben, obwohl im Laufe eines Monats häufig ein noch größerer Betrag aus unseren Brieftaschen in kleine, »unbedeutende« Käufe fließt.

Tabelle 2-3
Muster Tagesaufzeichnung

Freitag, 24. August		Eingang	Ausgabe
Maut zur Arbeit			1,50
Kaffee und Teilchen bei der Arbeit			5,50
[In der Toilette gefunden]		0,25	
Mittagessen bei der Arbeit			7,84
Trinkgeld für das Mittagessen			1,50
[Von Jack für das Mittagessen am Montag zurückbekommen]		7,00	
Kaffeepause bei der Arbeit			3,25
Geschenkbeteiligung im Büro (Party von Di)			10,00
Limonade aus dem Automaten bei der Arbeit			1,25
Süßwarenriegel aus dem Automaten bei der Arbeit			0,75
Benzin: 37,8 Liter zu 0,92 Euro/Liter			35,00
Supermarkt: Chips, Dip, Limonade			5,39
Supermarkt: 8er-Packung AA-Batterien			7,59
[Gehalt, Netto für eine Woche]		760,31	
(siehe Abrechnung für die Abzüge)			

Samstag, 25. August		Eingang	Ausgabe
Lebensmitteleinkäufe			121,55
Aufschlüsselung: geschätzt			
Motoröl	6,00		
Grußkarte	3,50		
Zeitschriften	4,50		
Haushalt	17,75		
Hygieneartikel	15,50		
Wein	10,00		
Zwischensumme (geschätzt)	57,25		
Lebensmittel	64,30		
Summe	121,55		
Kaufhaus			75,92
Aufschlüsselung: geschätzt			
Haushalt	12,00		
Hemd, für die Arbeit	27,00		
Süßigkeiten	4,50		
Fotos	16,00		
Hardware	6,00		
Autozubehör	10,42		
Summe	75,92		
Mittagessen, Sandwichladen			7,88
Abendessen mit einem Freund beim Chinesen			23,94
Trinkgeld für das Abendessen			4,50
Konzert mit einem Freund			24,00

»Muss ich wirklich jeden Cent beachten?«, können Sie fragen.

Ja, jeden Cent!

Warum jeden Cent, anstatt einfach auf den nächsten Euro zu runden oder zu schätzen? Weil das hilft, eine wichtige lebenslängliche Gewohnheit zu etablieren. Wie groß ist schließlich ein »Verfälschungsfaktor«? Wie dicht dran ist »dicht genug«?

Zugegebenermaßen belassen es viele FI-ler in der Praxis beim Runden auf den Euro, aber mehr lassen sie nicht zu. Die menschliche Natur ist nun einmal so. Wenn Sie anfangen, »nur ein kleines bisschen« zu mogeln, wird das bisschen größer und größer werden, und bald werden Sie sich dabei ertappen, zu denken: »Ich muss doch nicht alles aufschreiben, nur die Hauptausgaben.« Und dann: »So, ich habe das jetzt für einen Monat getan, ich denke, dass ich auf den nächsten Tausender runden kann.« (Es ist ähnlich wie Diät zu halten: Wenn Sie Ihre Diät am Dienstagmorgen brechen, indem Sie ein mit Butter bestrichenes Muffin statt des trockenen Toasts essen, ist die Tendenz, noch mehr zu betrügen, und am Abend enden Sie damit, dass Sie einen Becher Eis und einen Rührkuchen verschlingen.) Wenn Sie wollen, dass das ein lohnendes Unternehmen wird, sollten Sie es eine Zeit lang richtig machen. Wenn Ihnen jeder Cent widerstrebt, versuchen Sie es mit zehn Cent oder einem Euro (oder Dollar oder Yen), aber alles darüber hinaus ist ein bisschen wie der Verzehr von zehn dünnen Kuchenscheiben, als sei das nichts, dabei verdrücken Sie in Wahrheit gerade eine dicke fette Scheibe.

Seit der ursprünglichen Ausgabe dieses Buches sind Kreditkarten zu einer zweiten Natur im Konsumentenverhalten geworden. Jetzt ist das Erhalten einer Kreditkarte fast ein Ritus auf dem Weg ins Erwachsensein. Obwohl Kreditkarten viele Erleichterungen bringen, ermöglichen sie es Ihnen, viel unbesonnener und unbewusster Geld auszugeben. Wenn Sie Schwierigkeiten haben, Ihr Geld nachzuverfolgen, ermuntern wir Sie dazu, für einen Monat »Plastik-frei« zu bleiben. Heben Sie Bargeld von Ihrer Bank ab und halten Sie fest, wie viel Sie im Laufe des Monats ausgeben. Sie werden nicht nur ein größeres Bewusstsein der Ausgaben gewinnen, Sie werden es wahrscheinlich auch motivierender finden, zu sparen. Viele emsige Sparer finden, dass diese Übung sie bezüglich ihrer Ausgabegewohnheiten wieder auf den Boden der Tatsachen zurückholt.

Da Geld eine direkte Korrelation zu Ihrer Lebensenergie besitzt, warum respektieren Sie diese wertvolle Ware, Ihre Lebensenergie, dann nicht genug, um sich bewusst zu machen, wie sie ausgegeben wird?

Sie können einigen anfänglichen Widerstand dagegen verspüren, dies tadellos zu tun, aber schließlich muss dieser Schritt begrüßt werden, ungeachtet von Gefühlen, weil es ein unverzichtbarer Abschnitt des Königswegs zur Geldbeherrschung ist:

Behalten Sie jeden Cent im Auge, der in Ihr Leben fließt oder es verlässt.

Nützliche Einstellungen

Kein Abdriften. Ein Fernrohr, bei dem die Linse auch nur ein winziges Stück von der Einstellung abweicht, erlaubt Ihnen nicht, die Sterne zu sehen. Dasselbe gilt für ein menschliches Leben. Ein kleines bisschen Pfuschen reduziert den Lichtstrahl, der es durchleuchten kann. In diesem Punkt müssen Sie rabiat, resolut und unbeugsam sein.

Ihr Engagement, Ihre Einstellung zum Geld in Ordnung zu bringen, wird hier wirklich auf die Probe gestellt. Einer der Schlüssel zu Ihrem Erfolg in diesem Programm (und im Leben) ist eine Verlagerung in der Einstellung von Lockerheit und Abdriften zu Genauigkeit, Präzision und Unfehlbarkeit. (Übrigens kann solche Integrität auch Wunder in anderen Aspekten Ihres Lebens bewirken. Menschen haben Gewicht verloren, ihre Schreibtische aufgeräumt und kaputte Beziehungen geflickt – alles durch das Durchlaufen dieses Schritts. Integrität ist Integrität ist Integrität.)

Keine Verurteilung – viel Urteilsvermögen. Verurteilung (uns und andere verantwortlich machen) klassifiziert die Dinge als gut oder schlecht. Auf dem Weg des Veränderns Ihrer Einstellung zum Geld und dem Erreichen der Finanziellen Unabhängigkeit werden Sie feststellen, dass Verurteilung und Vorwürfe nicht hilfreich sind. Urteilsvermögen dahingegen ist eine entscheidende Fähigkeit. Urteilsvermögen bedeutet, das Wahre vom Falschen zu trennen, den Weizen von der Spreu. Bei dem Prozess, jeden Cent aufzuschreiben, der in Ihr Leben fließt oder es verlässt, werden Sie anfangen zu unterscheiden, welche Ausgaben passen und erfüllend sind, und welche unnötig, verschwenderisch oder sogar regelrecht beschämend sind. Urteilsvermögen ist mit dieser höheren geistigen Fähigkeit verbunden, die wir alle haben – die die Wahrheit kennt, die über den Tellerrand hinausschaut und erkennt, dass das, was wir wirklich wollen, darin besteht, etwas zu bewirken, bevor wir sterben. Diese geistige Fähigkeit wird zunehmend zum Einsatz kommen, wenn Sie mit dem Finanzprogramm arbeiten. Diese Fähigkeit in Einklang mit Ihren Ausgaben zu bringen, ist der Schlüssel zu Finanzieller Integrität. Durch das Aufschreiben jedes Cents, der in Ihr Leben fließt und es wieder verlässt, erwecken Sie diese latente Supermacht und gestatten ihr zunehmend, Ihr Leben zu lenken.

Zusammenfassung von Schritt 2

1. Stellen Sie fest (genau und ehrlich), gegen wie viel Geld Sie Ihre Lebensenergie eintauschen, und ermitteln Sie Ihren wahren Stundenlohn.
2. Lernen Sie Ihr Geldverhalten kennen, indem Sie jeden Cent verzeichnen, der in Ihr Leben fließt oder es verlässt.

Geldgespräch-Fragen

Wenn Sie Geldgespräche führen, werden Sie überrascht sein, was Sie für sich entdecken. Sie sammeln eigene Erkenntnisse. Statt dem zuzustimmen, was wir sagen, finden Sie die Wahrheit selbst heraus.

Bringen Sie die Vorschläge im Schlusswort für die Durchführung eines Geldgespräches in Ihre tägliche Reflexion ein, vertiefen Sie diese mit Ihrem Partner oder in sozialen Gruppen. Denken Sie daran, das »Warum?« am Ende jeder Frage anzufügen, um sie zu vertiefen. Das Hinzufügen von »Wie hat die Gesellschaft meine Antwort beeinflusst?« zu jeder Frage wird diese in einen größeren Zusammenhang stellen. Es gibt keine richtigen Antworten.

- Was ist Geld?
- Beschreiben Sie Ihre Einstellung zum Geld mit maximal fünf Wörtern. Warum diese Wörter?
- Stehen Sie mehr unter Stress, wenn Sie Geld haben oder wenn Sie keins haben?

- Beenden Sie den Satz, »Wenn ich mehr Geld hätte, würde ich …« Führen Sie das näher aus!
- Verdienen Sie, was Sie wert sind?
- Welche Überzeugung über Geld hält Sie davon ab, das zu sein, zu tun oder zu haben, was Sie wollen?

3

Wohin verschwindet das nur alles?

Glückwünsch! Sie haben es in die Gegenwart geschafft. Zu wissen, wie viel Geld in Ihr Leben geflossen und herausgegangen ist – heute, letzte Woche, im letzten Monat und seit Ihrem ersten Taschengeld –, ist eine kolossale Leistung, ein riesiger Schritt zu Finanzieller Intelligenz. Wenn man jedoch bedenkt, wohin dieses Programm Sie führen wird, haben Sie gerade erst angefangen. Die bisherigen Erkenntnisse, so anschaulich sie auch gewesen sein mögen, sind nur ein Vorgeschmack auf das, was noch kommt.

Für das Umsetzen der Schritte 1 und 2 brauchten Sie nur ein paar offenkundige Experten beim Wort zu nehmen (die Autoren und alle anderen, die dieses Programm erfolgreich genutzt haben), dass dieses akribische Zählen notwendig ist, um sich aus der Umklammerung des Geldes zu befreien, in der Ihr Leben steckt. Sie mussten lediglich greifbare Dinge wie Ihr Einkommen, Ausgaben, Bankguthaben und Besitztümer benennen und beziffern. Bei Schritt 3 werden Sie sich jedoch mehr abverlangen müssen, damit es funktioniert. Sie werden nun damit beginnen, die gesammelten Informationen zu bewerten.

Brauchen Sie ein Budget?

Dieser Finanzansatz ist tatsächlich das Gegenteil eines Budgets.

Wohlgemerkt, ein Budget kann ein erstaunliches Werkzeug zum Einfangen Ihrer ungezügelten Ausgaben sein und dafür sorgen, dass sie im Rahmen bleiben. Gestützt auf Ihr Einkommen hilft Ihnen ein Budget, Ihre Ausgaben zu planen, sodass jeden Monat alles abgedeckt ist und Sie nicht aus einem Impuls heraus die Miete für ein hübsches Kleid oder Ihr Geld für die Nebenkosten für eine nächtliche Online-Shopping-Orgie verbraten haben. Aber Budgetieren ist ein Planungswerkzeug, während dieses Programm ein Werkzeug ist, um ein »Bewusstsein Ihres Genug-Punktes« zu erlangen. Es geht um Ihre Einzigartigkeit, statt um Budget-Standardkategorien gemäß gängiger Meinung, wie Wohnen sollte 25 Prozent bis 35 Prozent Ihrer Gesamtsumme ausmachen, Essen 20 Prozent und Gesundheitspflege 5 Prozent bis 10 Prozent. Oder dass Sie nur 5 Prozent Ihres Einkommens sparen und auf das soziale Netz hoffen sollten. Wenn Sie diese Normen auf Ihr Leben anwenden, werden Sie vermutlich bis zu Ihrem 65. Lebensjahr einem neun-bis-fünf-Uhr-Job nachgehen.

Vielleicht sind Sie aber wie Justin, der zehn Stunden pro Woche Unterstützung im Haushalt gegen ein Zimmer im Haus einer älteren Frau tauscht. Das ist in keinem Budget vorgesehen. Justin spart, um sich ein Wohnmobil zu kaufen. Wo würde er das in einem Budget unterbringen? Er plant, darin zu leben und die Vereinigten Staaten zu bereisen, bei Couchsurfing-Gastgebern anzufragen, ob er in ihrer Einfahrt parken darf. Ein Urlaubsbudget? Aber er plant, darüber zu bloggen und lädt Sponsoren ein, ihn zu unterstützen. Ist das jetzt ein Einkommen? Er will lernen, von der Natur zu leben und vielleicht zu jagen. Fällt das unter Essen? Unterhaltung?

Diese Kategorien zeigen, dass nicht jeder sein unkonventionelles Leben in den Standards eines Tabellenblattes unterbringen kann. Im Gegensatz zu einem Budget lässt Schritt 3 in diesem Programm Ihnen die Freiheit, sich über Geld klarzuwerden, ohne Individualität und Kreativität zu beschneiden.

Statt Standardkategorien und Standardprozentsätze zu verwenden und einen Ausgabenplan zu erstellen, werden Sie mit diesem Ansatz Ihre Muster aufdecken. Sie werden beobachten, auf welche Weise Sie Ihre Lebensenergie wirklich ausgeben, und dadurch Ihre einzigartige Einstellung zum Geld entlarven. Dieses Bewusstsein wird Sie garantiert nicht wegen irgendeines willkürlichen Finanzziels ändern, sondern weil Sie ein schönes Leben wollen.

Betrachten Sie es wie den Unterschied zwischen einer Diät und bewusstem Essen. Mit einer »Diät« wenden Sie eine Formel auf Ihr Essverhalten an, um ein Ergebnis zu erreichen – Gewichtsverlust. Es gibt ein verwirrendes Angebot an Diäten, häufig äußerst widersprüchlicher Natur, und mit sich unzufriedene Menschen wandern von einer zur nächsten auf der Suche nach Erlösung von den überzähligen Pfunden. Die Veränderung wird hierbei von außen vorgegeben.

Mit bewusstem Essen drosseln Sie das Tempo und achten aufmerksamer darauf, worauf Sie wirklich Hunger haben. Ohne diese Eigenwahrnehmung essen wir womöglich, wenn wir eigentlich müde oder durstig sind oder das Bedürfnis nach einem Spaziergang im Sonnenschein haben. Mit bewusstem Essen schmecken Sie Ihr Essen. Geschmack ist ein Weg, wie der Körper spürt, ob das, was wir essen, gut für uns ist. Sie machen häufig genug Pausen, um zu sehen, ob Ihr Körper genug hatte, und wenn dem so ist, halten Sie inne. Es ist ein von innen nach außen führendes Vorgehen, das durch das Wohlbefinden des Körpers gesteuert wird und sich keinem Standard unterwirft.

In dem Buch *Diets Don't Work!* schlägt Bob Schwartz vier Regeln vor, um aus dem Diätenwahnsinn auszusteigen:

1. Essen Sie, wenn Sie Hunger haben.
2. Essen Sie genau das, was Ihr Körper will.
3. Essen Sie jeden Bissen bewusst.
4. Hören Sie auf, wenn Ihr Körper genug hat.[17]

Ganz einfach. Alles, was Sie tun müssen, ist bewusst zu sein. Bewusst zu sein bedeutet, dass Sie sich dessen bewusst werden, was Sie denken und fühlen, während Sie es denken und fühlen. Das entwickelt einen inneren Zeugen, der beobachtet, was vor sich geht – mit wohlwollendem Bewusstsein, nicht verurteilend, nicht bewertend, einfach neugierig. Und wenn Sie sich bei Ihren alten Gewohnheiten ertappen – Essen, wenn Sie sich langweilen, allein in der Küche, zwischen Aufgaben, als Belohnung für eine gut erledigte Aufgabe, melancholisch vor Depression, grün vor Neid oder rot vor Wut –, kehren Sie dazu zurück, bewusst zu sein, überspringen den Schritt der Schuldzuweisung und kehren dazu zurück, einfach den Hunger, die Sättigung und die Motivation zu beobachten. Einfach – aber nicht immer leicht. Es braucht die Entwicklung und das Training einiger geistiger Muskeln, die durch Missbrauch verkümmert sein können. Sie müssen identifizieren, was »hungrig« ist, was »voll« bedeutet, was Sie wirklich wollen im Gegensatz zu dem, was Sie aus dem Gefühl heraus, fortwährend benachteiligt zu sein, ersehnen, und was Sie tatsächlich essen, während Sie es essen. Dieses Finanzprogramm weist Sie in dieselbe Richtung wie bewusstes Essen:

1. Sie müssen innere Signale identifizieren und ihnen folgen, statt Ermahnungen von außen oder gewohnheitsmäßigen Wünschen.
2. Sie müssen Ihr Ausgabenmuster langfristig beobachten und anpassen, und nicht auf Ihre kurzfristigen Ausgaben schauen.

Es geht nicht darum, unsere Budgets (oder die von anderen) mit standardisierten Kategorien und einem zugeordneten Prozentsatz des Einkommens zu befolgen. Es geht auch nicht darum, am Anfang jedes Monats zu schwören, dass Sie alles besser machen werden. Es geht nicht um Schuld. Es geht darum, für sich selbst das zu identifizieren, was Sie brauchen, im Gegensatz zu dem, was Sie ersehnen, und welche Käufe oder Arten von Käufen Ihnen wirklich Erfüllung bringen, was »genug« für Sie bedeutet, und wofür Sie tatsächlich Ihr Geld ausgeben. Dieses Programm basiert auf Ihrer Realität und nicht auf äußeren Normen. Folglich ruht sein Erfolg auf Ihrer Ehrlichkeit und Integrität.

Und das ist der Punkt, an dem sich dieses Programm von den Dutzenden oder Hunderten anderer Rezepte für die fiskalische Genesung unterscheidet. Es basiert auf Bewusstsein, Erfüllung und Auswahl, nicht auf Budgetieren oder Mangel.

In Schritt 3 beginnen Sie, diese Bewusstseinsmuskeln zu trainieren. Wenn Sie außer Form sind, könnte es ein bisschen wehtun, aber eigentlich verursacht dieser Schritt keine Schmerzen. Tatsächlich macht er Spaß!

Keine Vorwürfe, keine Schuld

Erinnern Sie sich an das Mantra: keine Vorwürfe, keine Schuld. Sie werden lediglich mit der Wahrheit über die Entscheidungen konfrontiert, die Sie in Ihrem Leben getroffen haben. Keine Vorwürfe, keine Schuld. Was für ein Glück, es selbst tun zu können, statt vom Finanzamt überprüft zu werden. Wie glücklich sind Sie, das jetzt zu tun und nicht in Ihren letzten Lebensstunden. Keine Vorwürfe, keine Schuld. Denken Sie daran, das Mantra in jenen Momenten zu verwenden, in denen Sie sich unter dem Bett verkriechen oder zu einer Kauforgie aufbrechen wollen, bis Sie vergessen haben, was Sie quälte, oder entscheiden, dass dieses Programm nicht funktioniert und aufgeben. Keine Vorwürfe, keine Schuld.

Anita C. *hat etwas wie dieses Mantra als Unterstützung gebraucht, um ihren Kleiderschrank mit diesem neuen Scheinwerfer des Bewusstseins zu durchforsten. Ihre Sucht lag zweifelsfrei auf der Hand: Kleidung und Modeschmuck. Sie war ein Shopaholic. Jedes Mal, wenn sie mit ihrem Auto unterwegs war, verspürte sie den Zwang, am Einkaufszentrum anzuhalten, um einfach zu schauen, was im Angebot war. Irgendwie hatte dieses Ritual des Einkaufens und Geldausgebens ihr geholfen, sich gut zu fühlen. Aber hier hing und lag nun alles – das Ergebnis von Jahren der Sucht und füllte ihren Schrank. Es wäre schön gewesen, wenn sie in diesem Moment ein Bekehrungserlebnis gehabt hätte, aber das trat nicht ein. Sie kaufte weiter ein, bis das Ganze kippte und es sich nicht länger gut anfühlte, so viel zu besitzen, ohne es zu tragen. Als Übergangsmaßnahme rechtfertigte sie ihre Ausschweifungen, indem sie die Sachen verschenkte. Es machte Spaß, Dinge, die sie nie getragen hatte, an Freunde oder Verwandte zu geben. Langsam ging der Wunsch, einzukaufen, zurück. Doch eines Tages fand sie sich in einem ihrer Lieblingskaufhäuser wieder, wo sie die neuen Pulloverfarben begutachtete. Da wurde es ihr plötzlich bewusst. »Soll das alles sein, was ich mit meinem Leben anstelle? Soll es sich nur darum drehen? Was tue ich? Ich habe bereits genug!« Sie verließ das Geschäft mit leeren Händen. Irgendwann nach dieser Erfahrung stellte Anita fest, dass sie ihren Wunsch, einzukaufen, verloren hatte.*

Wenn Anita mit Standardbudget und Ausgabenplanstrategie gearbeitet hätte, hätte sie ihr Einkaufen vielleicht nicht als Zwang erkannt. Sie wäre eine »Social Shopperin« geblieben, und hätte ein dem zugrunde liegendes Problem von sich gewiesen. Durch konsequentes Einschalten von Bewusstheit und Mitgefühl bei ihrer Einkaufsgewohnheit war sie schließlich imstande, zu der tiefen Einsicht zu gelangen, dass sie bereits genug besaß. Sie ist jetzt so allergisch gegen Einkaufen, dass sie einige alte Freunde verloren hat, deren wichtigstes Geselligkeitsritual das Durchkämmen des Einkaufszentrums ist. Aber sie hat so viel mehr gewonnen.

Nachdem wir den Rahmen geschaffen haben, wollen wir mit Schritt 3 fortfahren und Ihre monatliche Aufstellung angehen.

Schritt 3: Monatliche Aufstellung

Nachdem Sie Ihr Einkommen und Ihre Ausgaben einen Monat lang schriftlich festgehalten haben (Schritt 2) werden Sie eine Fülle von konkreten Informationen über die Geldbewegungen in Ihrem Leben haben – bis auf den Cent. In diesem Schritt werden Sie Ausgabenkategorien einführen, die die Einzigartigkeit Ihres Lebens (im Gegensatz zu den zu vereinfachten Budget-Standardkategorien wie Essen, Unterkunft, Kleidung, Transport und Gesundheit) widerspiegeln.

Auch wenn Sie sich für solche grundlegenden Kategorien entscheiden, werden Sie innerhalb jeder Hauptkategorie zahlreiche wichtige Unterkategorien einführen, die Ihnen ein sehr genaues Bild Ihrer Ausgaben vermitteln. Der Spaß – und die Herausforderung – dieses Schritts bestehen im Entdecken Ihrer eigenen individuellen Ausgaben- und Unterkategorien. Diese Unterkategorien entsprechen einer Enzyklopädie Ihrer individuellen Ausgabegewohnheiten. Sie werden die bislang vielleicht genaueste Beschreibung Ihres Lebensstils, einschließlich Ihrer Besonderheiten und kleiner Sünden, sein.

Dieses ausführliche Porträt Ihres Lebens ist Ihr wahres Endergebnis. Vergessen Sie die Mythologie Ihres Lebens. Vergessen Sie die Geschichte, die Sie sich selbst und anderen erzählen. Vergessen Sie Ihren Lebenslauf und die Liste von Vereinen, denen Sie angehören. Wenn Sie Schritt 3 umsetzen, erstellen Sie einen nicht verzerrten, greifbaren Spiegel Ihres wirklichen Lebens – Ihre Einnahmen und Ausgaben im Laufe der Zeit. In diesem Spiegel werden Sie genau sehen, was Sie für die Zeit bekommen, die Sie in das Verdienen von Geld investieren.

Die Einführung von Kategorien

Bei der Einführung Ihrer Kategorien werden Sie ehrlich und genau sein wollen, ohne allzu pingelig zu werden.

Essen

Wenn Sie sich nicht sehr von anderen Menschen unterscheiden, werden Sie eine umfassende Kategorie namens Essen haben. Wenn Sie auf Ihre Lebensmittelausgaben für den Monat schauen, werden Sie aber möglicherweise feststellen, dass es verschiedene Arten von Essenskäufen gibt, die Sie sinnvollerweise nachverfolgen sollten. Es gibt das Essen, das Sie zu Hause mit Ihrer Familie einnehmen. Es gibt auch das Essen zu Hause, wenn Sie Freunde oder den erweiterten Familienkreis bewirten. Sie können also zwei Kategorien haben: »Nur wir« und »Gäste«. Aber übertreiben Sie nicht. Kleben Sie nicht mit Ihrem kleinen Notizbuch an Ihren Gästen, um zu notieren, wie viel und was sie essen. »Möchtest du einen Nachschlag, Onkel Hal?«, könnte dann eine ganze neue Bedeutung bekommen. Es reicht, innerhalb der genauen Summe Ihrer Lebensmittelrechnung zu schätzen, welcher Anteil für Gäste gilt. Wenn Sie zum Beispiel vier zusätzliche Menschen an Ihrem Esstisch haben und Sie normalerweise nur für sich und Ihren Partner einkaufen, können etwa zwei Drittel dieser Lebensmittelrechnung den Gästen zugeschrieben werden. Die Summen sind auf den Cent genau, aber die Auflistungen innerhalb der Summen sind Schätzungen.

Dann gibt es die Restaurantkategorie, vom Essen zum Mitnehmen während der Mittagspause bis zum Auswärtsessen im Restaurant. Sie könnten das aufgliedern in »Zu müde zum Kochen« und »Besondere Anlässe«, wenn Auswärtsessen nicht nur bei speziellen Gelegenheit stattfindet und Sie die Angewohnheit haben, oft und teuer in Restaurants zu essen. In unserem Arbeitsleben mit vielleicht zwölf Stunden zwischen dem Gehen zur Arbeit und dem Nachhausekommen, kann das die einzige Option darstellen, um eine saubere Küche und acht Stunden Schlaf zu haben. Möglicherweise möchten Sie auch wissen, wie viel Sie für Snacks ausgeben. Was kosten Ihre Kaffeepausen tatsächlich in einem Monat? Wie steht's mit Knabbereien beim Fernsehen – Chips, Popcorn, Süßigkeiten und Getränke, die so häufig Hand in Hand (oder Hand in den Mund) mit dem Fernsehen einhergehen? Sie können auch in gesundes Essen und Junkfood herunterbrechen, wenn Sie neugierig sind, wo Ihre Präferenz wirklich liegt, und ob Sie sich mit Biokost ernähren können ohne pleitezugehen.

Alle diese Ausgabenmuster werden auftauchen, wenn Sie Kategorien einführen, die Ihr wirkliches Verhalten widerspiegeln, anstatt alles in der Standardsparte »Essen« aufzulisten. Diese Präzision dient nicht als detailliertes Geständnis gegenüber Ihrem Finanzberater. Sondern Sie sind dann in der Lage, wenn Sie mal wieder die Hände über dem Kopf zusammenschlagen und rufen: »Wohin verschwindet das nur alles? Ich kaufe doch fast nichts!«, sich selbst mit fester Stimme zu antworten: »In den Süßwarenautomaten im dritten Stock meines Bürogebäudes.«

Wohnen

Ihre Kategorie Wohnen könnte Hypotheken (oder Miete) mit den Unterkategorien Nebenkosten, Hypothekenzinsabzug (wenn steuerlich absetzbar) sowie Einkommen aus der Vermietung des Gästezimmers an Touristen einschließen.

Am anderen Ende der Skala haben Sie vielleicht mehrere Wohnungen – eine in der Vorstadt, eine am Strand und ein kleines Apartment in der Stadt. Eine Kategorie für jede zu haben, kann Ihnen erkennen helfen, ob Mieten, falls nötig, die bessere Alternative sein würde als Eigentum.

Vor 50 Jahren galt die Planungsfaustregel, 25 Prozent Ihres Einkommens für Wohnen zu berücksichtigen. Heute stellen die Menschen, wenn sie ihre Kosten in dieser Kategorie zusammenrechnen, häufig fest, dass das Wohnen 40 Prozent oder mehr von ihrem Einkommen verbraucht. Motiviert durch das Schwarz-auf-weiß-Sehen dieser Zahlen, finden sie kluge Ansätze, die Ausgaben für ein Dach über dem Kopf zu reduzieren, manchmal bis auf null. Ein Paar, dem es aufgrund ihrer Jobs im Technologiebereich möglich war, nahezu überall zu leben, halbierte diese Kategorie, indem es den Sommer in einer lebhaften, teuren Stadt in der nördlichen Hemisphäre verbrachte und für nahezu nichts an abgelegenen Stränden auf der südlichen Halbkugel den Winter überstand. Eine alleinstehende Frau hat ihre Hypothek in einem Touristengebiet abbezahlt, indem sie in den Sommermonaten in ihrem Wohnmobil auf dem Grundstück eines Freundes lebte und ihr Haus mit der schönen Aussicht vermietete. Eine pensionierte ältere Frau wusste aus der früheren Erfahrung als Hausbesitzerin, wie viel Zeit und Geld Eigentum kosten kann; sie erwarb einen Ruf als akkurate Hausmeisterin und ist jetzt eine gefragte Homesitterin, die dafür bezahlt wird, sich in einigen der schicksten Häuser in ihrer Region aufzuhalten. Natürlich gibt es jetzt Vermittlungswebsites für Homesitter, die bereit sind zu reisen. Verstehen Sie, warum die Standard-Budgetkategorien nicht mehr funktionieren?

Kleidung

Wenn es um Kleidung geht, stellen Sie vielleicht fest, dass Sie nicht genügend Informationen über Ihre individuellen Ausgabenmuster erhalten, wenn Sie nur eine Kategorie für Kleidung haben. Sie müssen möglicherweise zwischen Nützlichkeit und Mode unterscheiden (der Wunsch zum Beispiel, niemals zweimal hintereinander im Büro in demselben Outfit zu erscheinen, oder die anderen in eleganter Kleidung bei einem gesellschaftlichen Treffen auszustechen). Seien Sie mit anderen Worten spezifisch. Finden Sie geeignete Unterscheidungen. Um ein genaues Bild Ihrer Ausgabenmuster zu bekommen, benötigen Sie möglicherweise mehrere Unterkategorien. Es gibt die Kleidung, die Sie in Ihrem täglichen Privatleben tragen, die Kleidung, die Sie für passend am Arbeitsplatz halten und die spezielle Kleidung, die Sie Ihrer Meinung nach für Freizeitaktivitäten brauchen. Ein Arzt, der dieses Programm befolgte, um herauszufinden, warum beständig 20 Prozent seines Einkommens in unbekannten Kanälen verschwanden, entdeckte, dass er eine echte Vorliebe für das Kaufen von Schuhen hatte. Er besaß Golfschuhe, Tennisschuhe, Laufschuhe, Segelschuhe, Straßenschuhe, Wanderschuhe und Kletterschuhe sowie Langlaufskischuhe, Abfahrtsskischuhe und Aprés-Skischuhe. Eine Kategorie für Schuhe einzurichten, half ihm, einiges von diesem fehlenden Einkommen zu finden und sich der Tatsache zu stellen, dass er die meisten Schuhe gar nicht trug, sondern fast immer in bequemen Slippern herumlief. Er stand mit seinem Schuhfetisch nicht allein. Im Jahr 2015 hatte die US-Schuhbranche mehr als 64 Milliarden Dollar Umsatz.[18]

Eine nationale Studie über amerikanische Frauen, die in demselben Jahr von dem Consumer Reports National Research Center durchgeführt wurde, zeigte, dass die durchschnittliche Frau 19 Paar Schuhe besitzt – von denen sie nur vier regelmäßig trägt.[19]

Das ist nicht nur Buchhaltung – es ist ein Prozess der Selbstentdeckung. Es kann sogar der einzige Prozess der Selbstentdeckung sein, der verspricht, Sie in einem besseren finanziellen Zustand zu hinterlassen, als Sie ihn begonnen haben. Sie können auch Kategorien wählen, die Ihre Gefühle und nicht die Anlässe widerspiegeln: Kleidung, um Sie aufzumuntern, Kleidung, um einen Chef oder eine Verabredung zu beeindrucken, Kleidung, die Ihnen passt. Man sagt, dass Kleidung den Mann – oder die Frau – macht, deshalb ist es gut anhand der Kleidung, die Sie kaufen, zu sehen, was Sie darstellen wollen und was dieser Ehrgeiz Sie kostet.

Fortbewegung

Indem Sie passende Unterkategorien für Fortbewegung verwenden, können Sie Erkenntnisse gewinnen, die Ihnen viele Hundert Euro im Jahr ersparen. Wenn Sie ein Auto besitzen, ist das Führen Ihrer Liste eine große Chance, darüber nachzudenken, warum Sie sich überhaupt eines leisten, statt sich auf den öffentlichen Nahverkehr zu verlassen. Bequemlichkeit, Status, Notwendigkeit, Anpassung, Freiheitsbestreben … ? Könnten Sie das Auto entbehren und durch Mitfahrgelegenheiten und Kurzzeitmieten oder die vielen Car-Sharing-Optionen ersetzen, die dank der zunehmenden Angebote über Ihr Telefon verfügbar sind? In einigen Städten können Sie Ihr Auto über eine Car-Sharing-App vermieten. Und Ihr Wohnmobil auch!

Welcher Prozentsatz Ihrer Transportkosten resultiert aus der falschen Lage, Lage, Lage? Viele Menschen versäumen, an Fußläufigkeit zu denken; sie kaufen oder mieten Häuser in Bereichen ohne Anbindung an öffentliche Verkehrsmittel oder Radwege. Ein Bauer in Kansas könnte nicht imstande sein, ohne einen Transporter zu überleben, aber wenn Sie aus dem Vorort in die Nähe Ihrer Arbeit, der Schule und Einkaufsmöglichkeiten umziehen, könnten Ihre Fortbewegungsausgaben komplett verschwinden. Es ist auch eine gute Zeit, um Ihre Autoversicherung zu überprüfen: Welcher Teil Ihrer Versicherung ist notwendig und wie viel ist Gewohnheit, Brauch und Aufgeschwatztes durch Ihren Versicherungsvertreter? Wenn Sie schon dabei sind, schauen Sie auf alles andere, wo Sie überversichert sind, von Ihrem Haus bis zu Antiquitäten. Und in welche Kategorie würde Ihr Zweitwagen passen: Fortbewegung, Hobby oder Protz? Falls Sie kein Auto haben, geben Sie zu viel für kostspielige Taxifahrten aus, wenn Sie öffentliche Verkehrsmittel oder andere Optionen nutzen könnten?

Ihre technische Ausstattung

Informiert und vernetzt zu sein, ist ein entscheidender Bestandteil der heutigen Gesellschaft. Und die Kosten für das Abrufen und Versenden von Daten sind im Laufe des letzten Jahrzehntes ein wachsender Kostenpunkt geworden. Mobiltelefone, Internet, Kabelfernsehen, Tablets und Smartwatches werden zunehmend zu einer wesentlichen Ausgabenkategorie. Wenn Sie nur eine Kategorie »Telefon« haben, können Sie zahlreiche Optionen zum Sparen verpassen. Viele Menschen geben ihren Festnetzanschluss auf, sobald sie sehen, wie hoch die Kosten dafür sind, vernetzt zu bleiben. Oder sie wechseln mit ihrem Mobilfunkvertrag zu dem Anbieter, der keine zweijährige Vertragsbindung hat – und kaufen ihre Telefone über das Internet. Mit Kategorien für Festnetz, Handy und Geräte können Sie Ihre Muster klarer sehen. Denken Sie auch darüber nach, welche Technologie Sie für die Arbeit versus Freizeit oder persönliche Entwicklung brauchen.

Unterhaltung

Ins Kino zu gehen war früher die einzige Möglichkeit, diese Art der Unterhaltung zu nutzen, aber heute kommt das Kino zu uns durch Heimkinosysteme, Telefone, Tablets, Computer und mehr. Es könnte aufschlussreich sein, eine Unterhaltungskategorie zu haben, in der Sie Streamingdienste (als einen Punkt oder noch spezifischer Ihre zahlreichen Abonnements) ausweisen. Brauchen Sie die alle? Wie sieht es mit Streaminganbietern für Musik aus? Und Ihr Heimkinosystem – ist das eine Konsumbaustelle, bei der Sie erst Ihre Technologie aktualisieren und dann vor der Notwendigkeit stehen, Ihre Möbel nachzurüsten, um Ihre Geräte unterzubringen und dann Ihr Wohnzimmer neu zu streichen und …? Gehen Sie oft aus? Engagieren Sie Unterhaltungskünstler für die Partys Ihrer Kinder – und die Erwachsenenpartys? Wenn Sie Kinder haben, welcher Anteil der Dienstleistungen und Geräte, die Sie kaufen, fallen unter Unterhaltung? Oder gehören sie unter Babysitten? Wie wäre es mit einer Kategorie »Kinder«, die sie dazu bringt, weniger teure Wege der Ablenkung zu finden und sie zudem zu den alten Methoden, Spaß zu haben, animieren, wie im Freien zu spielen?

Ihre Kategorien präzisieren

Was diese unbarmherzige Aufrichtigkeit erträglich macht, ist, dass Sie Ihren kleinen Sünden und Indiskretionen in der Ungestörtheit Ihres eigenen Haushaltsbuches gegenüberstehen können, statt dabei »erwischt zu werden«. Also schludern Sie nicht, ehrlich zu sein, wenn Sie einigen Ihrer Fehler und Schwächen unmittelbar gegenüberstehen, während Sie unbefangen Ihre monatliche Aufstellung machen. Gibt es einen besseren Weg, die Suppe auszulöffeln? Wenn Sie sich daran erinnern, dass diese Übung nicht zur Strafe durch ein Budget, sondern zur Freiheit der Selbstwahrnehmung führen wird, werden Sie unbekümmert voranschreiten. In welche Kategorie stecken Sie zum Beispiel den Teil des Haushaltsgeldes, den Sie an Spielautomaten oder für Lottoscheine ausgeben? Ein anderer Moment der Wahrheit kann eintreten, wenn Sie überlegen, wo Sie Alkohol eintragen. Gehört das zu Essen? Ist es Unterhaltung? Oder fällt das unter Drogen?

Es ist auch wichtig, zwischen jobbezogenen und anderen Ausgaben zu unterscheiden. Zum Beispiel würden Sie unter Fortbewegung die Kosten für das Pendeln und andere (nicht erstattete) jobbezogene Fortbewegungsausgaben getrennt aufschreiben. Wenn dasselbe Fahrzeug sowohl für das Pendeln als auch für die Freizeit genutzt wird, dann teilen Sie die Kosten entsprechend der Kilometerzahl in jeder Kategorie auf. Ähnlich gehen Sie vor, wenn Sie Ihr Mobiltelefon für die Arbeit sowie für persönliche Anrufe nutzen, und listen die Kosten getrennt auf.

Innerhalb Ihrer Kategorie »Gesundheit« können Sie mehrere Unterkategorien finden: Krankheit, Wellness (das bedeutet, was Sie kaufen, um sich gesund und fit zu fühlen, wie Vitamine, Mitgliedschaft in einem Fitnessclub, jährlicher Check-up), Krankenversicherung (aber wir wollen ehrlich sein: Gesundheitsvorsorge tun Sie für sich selbst, bei der Krankenversicherung geht es um das Behandeln von Krankheiten), verschreibungspflichtige Medikamente, nichtverschreibungspflichtige Medikamente und so weiter. Sie können verstehen, warum dieser Prozess Menschen dazu bringt, weitaus mehr zu verändern als nur ihre Einstellung zum Geld.

Eine weitere Präzisierung bietet sich an, wenn Sie überlegen, wie Sie große, »unübliche« Ausgaben wie jährliche Versicherungsprämien, teure Ausgaben wie einen neuen Kühlschrank, Gelder, die Sie für die Altersvorsorge anlegen, oder eine Schlussrate für Ihr Haus verbuchen. Soweit es uns betrifft, gibt es hierbei keine »richtige« Vorgehensweise. Nach einem Jahr, in dem wir uns jeden Monat dieselbe Entschuldigung für außerordentliche Aufwendungen geben (»das war ein außergewöhnlicher Monat, weil die Sache X, Y, oder Z bezahlt werden musste«), erkennen wir, dass jeder Monat ein außergewöhnlicher Monat ist, und dass diese außerordentlichen Aufwendungen ein fester Bestandteil des Lebens sind.

Sie können Ihre Kategorien mit der Zeit perfektionieren. Die Übung sollte leicht sein und viel Spaß machen. Sie wird sich auf eine Mischung aus Ehrlichkeit und Kreativität stützen, Ihre Vorstellungskraft anregen und Ihre Moral herausfordern – alles gleichzeitig. Es ist besser als die meisten Videospiele, TV-Shows und Brettspiele zusammengenommen.

Mit der Zeit werden Sie bei diesem Schritt nicht nur Ihre Kategorien verfeinern, Sie werden feststellen, dass sich jede in einer vorhersehbaren Bandbreite bewegt. Sie werden Klarheit über Ihre Ausgabenmuster bekommen und ein innerlich erzeugtes (aber nicht von außen auferlegtes) Bild haben, das einzigartig ist, äußerst zufriedenstellend und flexibel, wenn Sie sich entwickeln und ändern und lernen – weit entfernt von den alten Budget-Standardkategorien.

Denken Sie daran, auch das ganze Geld zu verzeichnen, das in Ihr Leben fließt; Sie wollen womöglich auch Unterkategorien für das Einkommen einführen. Es ist wichtig, zwischen Löhnen/Gehältern/Trinkgeldern und Dividenden/Zinserträgen zu unterscheiden; Ihr primäres Einkommen versus Ihren »Zusatzverdienst«. Wo werden Sie die Centstücke, die Sie auf dem Bürgersteig finden, die Münzen, die Sie von Automaten zurückbekommen, und Ihre Spielgewinne aufführen? Wenn Sie ein selbstständiger Dienstleister sind, haben Sie wahrscheinlich eine separate Zeile für jeden Kunden in Ihren Geschäftsabrechnungen, aber wenn Sie sich etwas auszahlen, können Sie Unterkategorien für jeden Typ Arbeit haben: Hundebetreuung, Handwerker, Coaching, Nachhilfe, Ihr Gästezimmer an Reisende vermieten. Wenn Sie sich in diesem Programm weiterentwickeln, können Sie die Einkommenskategorie »Gerümpel abstoßen« mit Unterkategorien eBay, privater Flohmarkt und Antiquariat haben. Sie werden auch eine anwachsende Kategorie »Kapitalerträge« haben (mehr dazu später). Sie können auch außergewöhnliche Einkommensmonate, haben, wenn Sie zum Beispiel einen Vorschuss erhalten, um ein Buch zu schreiben oder endlich die 70.000 Dollar aus dem Nachlass von Onkel Harry erhalten. Diese Einkommenskategorien sind nicht so aufschlussreich wie Ihre Ausgaben. Sie haben bereits das erprobte Werkzeug, um jeden Einkommensstrom zu analysieren: Ihr tatsächlicher Stundenlohn.

Nachdem Sie die aufgeschlüsselten Einträge für einen Monat geprüft und Kategorien eingeführt haben, die Ihre Ausgabenmuster akkurat abbilden, entwickeln Sie einen Weg, um die Ausgaben in jeder Kategorie auf eine Weise zu verzeichnen, der für Sie funktioniert. Abbildung 3-1 wird Ihnen eine Vorstellung davon geben, wie solch eine tabellarische Auflistung aufgebaut sein könnte. Sie werden bemerken, dass es einige leere Spalten gibt. Wir werden später darüber sprechen, wofür diese Spalten sind, für den Moment nehmen wir sie einfach mit auf.

Alles zusammenaddieren

Ein Warnhinweis: Ja, es gibt eine Vielzahl an Computerprogrammen und Apps, die hier nützlich sein können, aber der Kern dieses Schritts ist, Ihre Ausgaben zu kategorisieren, und selbst die beste Software kann nicht unterscheiden, wie man Golf kategorisiert – ist es Unterhaltung oder ist es ein jobbezogener Aufwand, weil Sie auf dem Golfplatz Ihr Geschäft abwickeln? Stellen Sie sicher, dass Sie nicht annehmen, diesen Schritt nur deshalb nicht gehen zu können, weil Sie nicht das richtige Programm haben. Viele Bastler haben Spaß dabei, ein individualisiertes Tabellenblatt zu erstellen, das mit automatischen Berechnungen und farbcodierten Elementen ausgestattet ist. Wir haben andere getroffen, die einfach rasch mysteriöse Codes auf einer Notizkarte in ihrer Geldbörse notieren. Wieder andere nutzen monatliche Kontoauszüge und Grafiken als Startpunkt für ihre eigene Finanzaufzeichnung. Während einige Online-Plattformen Ihnen ermöglichen, Bank- und Kreditkartentransaktionen für eine Zusammenfassung zu verknüpfen, ist es wichtig, dass Sie sich Zeit nehmen, um allgemeine Transaktionen zu filtern. Diese Werkzeuge sind ausgesprochen nützlich, aber der Schlüssel liegt darin, ein System zu finden, das für Sie funktioniert. Beide Autoren haben den altmodischen Weg gewählt, mit Papier und Bleistift die Zahlen in den Spalten manuell aufzuaddieren. Ja, diese Schritte haben schon hervorragend vor der Erfindung des Taschenrechners funktioniert!

Abbildung 3-1
Beispiel für eine monatliche Tabellenaufstellung

Monat: ________________ Tatsächliche Stundenlöhne: ________________

Ausgaben	Gesamt in Euro	Lebensenergie			
ESSEN					
Zu Hause					
Restaurants					
Unterhaltung					
UNTERKUNFT					
Kredit/Miete					
Zinsen					
Hotels					
NEBENKOSTEN					
Strom					
Mobiltelefon					
Wasser					

KLEIDUNG					
Notwendig					
Arbeit					
Besondere					
GESUNDHEIT					
Verschreibungspflichtige Medikamente					
Nichtverschreibungspflichtige Medikamente					
Arzt					
ERHOLUNG					
TV/Internet/Spiele					
Online-Streaming					
Hobbys					
Alkohol					
FORTBEWEGUNG					
Benzin/Öl					
Wartung					
Öffentlicher Nahverkehr					
Gebühren/Parken					
SONSTIGES					

Einkommen	
Gehaltsabrechnung	
Boni/Trinkgelder	
Zinsen	
Darlehen	

(A) Gesamtausgaben in diesem Monat ______________

(B) Gesamteinkünfte in diesem Monat ______________

(B–A) Gesamtersparnis in diesem Monat ______________

Ob von Hand oder mit dem Rechner, so einfach ist der Ablauf. Am Ende des Monats übertragen Sie jeden Eintrag von Ihrem Erfassungssystem in die passende Spalte Ihrer Monatstabelle. Zählen Sie Ihre Einkommensspalten zusammen, um Ihre Gesamtmonatseinkünfte zu erhalten. Zählen Sie die Ausgaben in jeder Spalte zusammen und tragen Sie die Summe jeder Unterkategorie am Ende dieser Spalte ein. Dann addieren Sie die Summen für alle Ausgabenkategorien – diese Summe entspricht Ihren monatlichen Gesamtausgaben.

Der Balanceakt

Dann zählen Sie das Bargeld in Ihrer Brieftasche und Ihrem Sparschwein und notieren den Saldo Ihrer Girokonten und Sparkonten. Jetzt haben Sie genügend Informationen, um zu sehen, wie genau Sie das Geld nachverfolgt haben, das im Laufe des vergangenen Monats in Ihr Leben hinein und heraus geflossen ist. Wenn Sie genaue Aufzeichnungen geführt haben (und kein Geld physisch verloren haben), wird das Geld, das Sie tatsächlich am Ende des Monats haben (in Bargeld und auf den Bankkonten) dem Geld entsprechen, das Sie am Anfang des Monats hatten, plus Ihren Gesamteinkünften und abzüglich Ihrer Gesamtausgaben in dem Monat. Wenn Sie keine genauen Aufzeichnungen geführt haben (oder Geld physisch verloren haben), werden Sie Geldverluste oder Bargeldüberschüsse haben, die Sie nicht zuordnen können. Die Differenz zwischen Ihren Gesamteinkünften und Gesamtausgaben in diesem Monat (plus oder minus Ihr Monatsfehler) ist das Geld, das Sie in diesem Monat gespart haben. Wenn Ihr Monatsfehler durchweg null ist, werden Sie wissen, dass Sie Schritt 2 (das Nachverfolgen jedes Cents) gemeistert haben. Glückwünsch! Sie haben ein kleines Wunder geschafft.

Abbildung 3-2 zeigt einen beispielhaften Satz Monatszahlen, aber nutzen Sie diese bitte nur als Muster. Der Spaß und das Können entstehen daraus, eine Bilanzierungsstruktur zu schaffen, die für Ihre spezielle Situation funktioniert.

Richtig Geld verdienen

Jetzt kommt einer der magischen Schlüssel für dieses Programm. Was Sie vor sich liegen haben, so genau und ausgewogen es sein mag, hat noch nicht die Macht, Ihre Einstellung zum Geld zu verändern. Es ist lediglich das Nebenprodukt eines Monats, in dem Sie erfolgreich Papier- und Metallstückchen festgehalten haben. Sie können emotionale Reaktionen auf diese Buchhaltung gezeigt haben, aber diese sind vergessen, sobald Sie Ihre nächste Tour ins Schnäppchengeschäft starten. Die Tatsache, dass Sie, sagen wir mal, möglicherweise 80 Stückchen Papier (Euro) im Monat für Zeitschriften ausgeben, hat keine direkte Relevanz für Ihre Lebenserfahrung. Wenn Sie sich allerdings daran erinnern, dass Geld etwas ist, für das Sie Ihre Lebensenergie eintauschen, können Sie jetzt die 80 Euro in etwas übersetzen, das für Sie real ist: Ihre Lebensenergie. Nutzen Sie die folgende Formel:

$$\frac{\text{Geldausgaben für Zeitschriften}}{\text{Tatsächlicher Stundenlohn}} = \text{Stunden an Lebensenergie}$$

Abbildung 3-2
Beispiel für eine Bilanz am Ende des Monats

Teil I					
Gleichung:					
€ am BEGINN des Monats + € EINGANG während des Monats – € AUSGANG während des Monats = € am ENDE des Monats					
€ am BEGINN:		Barguthaben		103,13	
	+	Saldo Girokonto	+	383,60	
	+	Saldo Sparkonto	+	1.444,61	
				1.931,34	
+ € EINGANG:	+	Gesamteinkünfte im Monat			
		(aus der Monatstabelle)	+	2.622,23	
				4.553,57	
– € AUSGANG:	–	Gesamtausgaben im Monat			
		(aus der Monatstabelle)	–	1.996,86	
= € am ENDE:	=	€, die Sie am Ende des Monats haben sollten		2.556,71	(A)
Teil II					
TATSÄCHLICHE € AM ENDE DES MONATS:		Barguthaben		173,24	
	+	Saldo Girokonto	+	597,36	
	+	Saldo Sparkonto	+	1.784,69	
	=	€, die Sie tatsächlich am Ende des Monats haben		2.555,29	(B)

Teil III					
MONATSFEHLER:		€, die Sie haben sollten (A)		2.556,71	(A)
	–	€, die Sie tatsächlich haben (B)	–	2.555,29	(B)
	=	€, die verloren oder nicht richtig aufgezeichnet wurden		1,42	
Teil IV					
ERSPARNISSE:		Gesamteinkünfte im Monat		2.622,23	
	–	Gesamtausgaben im Monat	–	1.996,86	
	±	Monatsfehler	–	1,42	
	=	€ Ersparnisse in diesem Monat		623,95	

In Kapitel 2 haben wir eine Beispielberechnung aufgestellt, die zeigte, wie ein gedankliches Gehalt von 25 Euro je Stunde letztendlich in Wirklichkeit bei 10 Euro je Stunde landete. Vermutlich wird Ihr tatsächlicher Stundenlohn bei einer anderen Zahl liegen, aber um bei diesem Beispiel zu bleiben, wollen wir von 10 Euro je Stunde ausgehen. Sie können also im Fall dieser Zeitschriftengewohnheit die 80 Euro durch Ihren wahren Stundenlohn (10 Euro) teilen und feststellen, dass Sie 8 Stunden Ihres Lebens für dieses spezielle Vergnügen ausgegeben haben:

$$\frac{€\,80}{€\,10} = 8 \text{ Stunden Lebensenergie}$$

Jetzt können Sie Ihren wachsenden Stapel der ganzen wunderbaren (aber ungelesenen) Zeitschriften auf Ihrem Nachttisch mit etwas Realem vergleichen – acht unwiederbringliche Stunden auf Ihrem Weg von der Wiege zur Bahre. Das ist ein ganzer Tag Arbeit! Jene Zeitschriften zehren Ihre Energie gleich dreimal auf: Einmal beim Verdienen des Geldes, um sie zu kaufen, dann beim lange Aufbleiben, um sie zu lesen, und schließlich bei dem Schuldgefühl, sie noch nicht durchgelesen zu haben, wenn die nächste Ausgabe herauskommt (ganz zu schweigen von der Notwendigkeit, sie aufzubewahren oder sonst etwas damit anzufangen). Könnten jene acht Stunden besser eingesetzt werden? Wie wäre es, einen Freitag freizunehmen? Trifft es immer noch zu, dass Sie keine Zeit für Ihre Familie haben? Was bedeutet das für Ihr gewohnheitsmäßiges Aufschieben? Sie wollten Schlaf nachholen – haben Sie schon eine Möglichkeit gefunden, das zu tun? Oder waren jene Zeitschriften jede Stunde wert, die Sie einsetzen mussten, um sie zu erwerben? Gaben sie Ihnen acht Stunden Vergnügen oder wertvolle Bildung und noch viel mehr? Antworten Sie auf diese Fragen nicht jetzt. Merken Sie sich nur, dass das Übersetzen von Euro in Stunden Ihres Lebens den echten Tauschhandel aufdeckt, den Sie für Ihren Lebensstil erbringen. In Kapitel 4 werden wir diese Ergebnisse weiter analysieren.

Wir wollen ein anderes Beispiel betrachten: Ihre Miete oder Hypothekenzahlung. Lassen Sie uns annehmen, dass Sie 1.500 Euro pro Monat für den Vorzug zahlen, in Ihrem Haus oder Apartment zu leben. Wenn Sie das Wissen anwenden, dass Ihr tatsächlicher Stundenlohn 10 Euro beträgt, teilen Sie die 1.500 Euro durch 10 Euro. Und das ist die Realität: Es kostet Sie 150 Stunden pro Monat, um dieses besondere Dach über Ihrem Kopf zu haben. Wenn Sie von den 40 Standardstunden pro Woche ausgehen, wird Ihnen schnell bewusst, dass Ihre Wohnkosten fast jede Stunde verzehren, die Sie an Ihrem Arbeitsplatz verbringen. Jede Arbeitsstunde trägt dazu bei, für ein Haus zu zahlen, das Sie haben, um es vielleicht zwei oder drei Stunden pro Tag zu genießen. Lohnt sich das? Ja gut, Sie können einige Stunden abziehen, für Ihre Hypothekenberücksichtigung bei der Steuer oder den Vorteil, an Ihre Schwiegermutter zu vermieten, aber Entschuldigungen wie »Ich lebe in einer teuren Stadt« nehmen Sie zu schnell aus der Verantwortung. Seien Sie dankbar für die Schonungslosigkeit dieser Erkenntnis. Sie wird Wunder für Ihr persönliches Endergebnis bewirken. Keine Vorwürfe, keine Schuld – aber auch kein Jammern und Klagen.

Nehmen Sie jetzt die Summe jeder Zeile in Ihrer Monatstabelle und wandeln Sie die ausgegebenen Euro in jeder Unterkategorie um in Stunden der eingesetzten Lebensenergie (Sie können auf halbe Stunden runden). Ihre Monatstabelle wird jetzt die Spalte »[Gesamtstunden] Lebensenergie« haben, wie in Abbildung 3-1 dargestellt.

Ein Bild sagt mehr als tausend Worte

Lassen Sie uns einen Blick auf Beispiele aus dem wahren Leben werfen und sehen, wie einige FI-ler diesen Schritt für sich zum Funktionieren bringen.

> *Sehen Sie in Abbildung 3-3, wie* **Rosemary I.** *ihre Kategorien aufgestellt hat. Haben Sie nicht auch das Gefühl, Sie wissen allein durch das Betrachten dieser Tabelle für den Januar schon etwas über ihre einzigartige Persönlichkeit? Sie schätzt offensichtlich Schönheit hoch ein, da sie zwei Kategorien hat, die sich darauf beziehen (Schönheit und Ästhetik). Sie achtet offensichtlich auf ihren Körper und ist bereit, Geld für die Erhaltung ihrer Gesundheit auszugeben. Die Kategorie sagt uns, dass sie Wellnesskategorien wie Gesundheitsprodukte und medizinische Behandlungen, aber keine Krankheitskategorien wie Medikamente und Ärzte hat. Die Spendenkategorie besagt, dass sie so viel spendet, dass sich eine eigene Kategorie lohnt, statt Spenden unter Verschiedenes zusammenzufassen. Die Kategorie Persönlichkeitsentwicklung werden Sie in einem standardisierten Budget nicht finden. Das ist Bewusstheit im Vergleich zu striktem Budgetieren.*

Das Erstellen dieser Tabelle hat Rosemary mit wertvollen Informationen über ihre Prioritäten versorgt und ihr einen konkreten Weg aufgezeigt, um festzuhalten, wie viel ihrer Lebensenergie sie den Dingen widmet, die für sie von Bedeutung sind. Das monatliche Ritual, die Zahlen einzutragen, hat die Qualität eines aufregenden Spiels: Wie hat sie sich in jeder Kategorie geschlagen? Ist es mehr oder weniger im Vergleich zum letzten Monat? Wie steht die Kategorie im Vergleich zum Durchschnitt des letzten Jahres für dieselbe Kategorie da? Ist die Tendenz steigend oder fallend?

Jetzt wollen wir einen Blick darauf werfen, wie ein Paar bei der Erstellung von Kategorien und einer Monatstabelle vorgegangen ist.

Abbildung 3-3
Die Monatstabelle von Rosemary mit Stunden an Lebensenergie

Monat: Januar Tatsächlicher Stundenlohn: 12,14 Dollar

Ausgaben	**Gesamt Dollar**	**Stunden an Lebens-energie**	**Ein-kommen**	
Miete	560,00	46,1	Gehalt	2.085,00
Erdgas			Kilometer-erstattung	37,00
Strom	21,70	1,8	Sonstige	23,25
Zusammengesetzte Nebenkosten				
Mobiltelefon	5,72	0,5		
Haushalt	29,39	2,4		
Lebensmittel	85,25	7,0		
Süßigkeiten	3,44	0,3		
Auswärts Essen	6,03	0,5		
Alkohol	6,57	0,5		
Benzin/Öl	37,88	3,1		
Autoreparatur/Wartung				
Autoversicherung/Kfz-Steuer	248,47	20,5		
Parken	2,00	0,2		
Bus/Fähre				
Krankenversicherung	55,89	4,6		
Gesundheitsprodukte				
Medizinische Behandlungen	7,75	0,6		
Hygiene				
Schönheit	13,18	1,1		
Kleidung, notwendig	10,74	0,9		

Ausgaben	Gesamt Dollar	Stunden an Lebens-energie	Ein-kommen	
Kleidung, nicht notwendig	25,45	2,1		
Unterhaltung				
Ästhetik				
Geschenke/Karten	18,60	1,5		
Abonnements	25,11	2,1		
Persönlichkeitsentwicklung				
Porto	3,15	0,3		
Bürobedarf				
Kopien				
Spenden				
Bankgebühren				
Verschiedenes	0,62	0,1		
Kreditrückzahlungen	78,00	6,4		
SUMME	1.244,94		SUMME	2.145,25

Maddy und Tom C. *leben im ländlichen Maine. Beruflich sind sie sehr unterschiedlich – er fährt einen Lastwagen und sie ist Buchhalterin. Persönlich aber sind sie die engsten Freunde und genießen das Bewusstsein und die Kommunikation, die daraus entsteht, dass sie ihre Einkommen und Ausgaben zusammenführen. Als sie ihren tatsächlichen Stundenlohn berechneten, haben sie die Summen verknüpft, um zu einer einzigen Zahl für sie beide zu kommen: 10,23 Dollar pro Stunde. Wie Sie in der Abbildung 3-4 sehen können, betrugen Maddys bereinigte Gesamtstunden 77,5, und bei Tom betrugen sie 67,5 oder zusammen 145 Stunden. Maddys Gesamteinkommen lag bei 1.080,31 Dollar und Tom verdiente 402,50 Dollar, was eine Gesamtsumme von 1.482,81 Dollar ergab. Sie teilten das gemeinsame Einkommen durch die kombinierten Stunden, um diese Zahl von 10,23 Dollar pro Stunde zu erhalten. Dieser tatsächliche Stundenlohn geteilt durch 60 Minuten sagt uns, dass jeder ausgegebene Dollar für fast 6 Minuten Lebensenergie steht.*

Ihre Einkommen und die Stunden zusammenzulegen, funktioniert bei Maddy und Tom. Andere Paare haben festgestellt, dass die Trennung ihrer Einkommen und Ausgaben der einzige Weg war, ein genaues Bild ihrer individuellen Muster zu erhalten.

Abbildung 3-4
Maddys und Toms Berechnung des tatsächlichen Stundenlohns

Lebensenergie versus Verdienst				
		Stunden/ Woche	Dollar/ Woche	Dollar/ Stunde
Maddys Hauptjob, nach Steuern				
(vor Bereinigungen)		50,0	1.207,50	24,15
Maddys Bereinigungen (Liste):		Stunden hinzufügen	Kosten abziehen	
Pendeln		3,0	11,27	
Essen bei der Arbeit		5,0	24,15	
Vorbereitung		0,5	3,22	
Unterhaltung/Auswärts Essen		7,0	48,30	
Urlaub		12,0	40,25	
Maddys Gesamtbereinigungen		+ 27,5	– 127,19	
Job mit Bereinigungen:	Maddy	77,5	1.080,31	
	Tom	67,5	402,50	
	Gesamt	145,0	1.482,81	10,23

Verglichen mit dem Durchschnitt des letzten Jahres für dieselbe Kategorie, sind die Tendenzen steigend oder fallend?

Man sollte meinen, dass es für **Mary und Don M.** *ganz natürlich sein würde, ihre Einkommen und Ausgaben gemeinsam nachzuprüfen, weil sie dieselbe Leidenschaft (Musik) und denselben Beruf (Computerprogrammierung) haben. Aber während sie nach außen hin gut zusammenpassten, befanden sich ihre Persönlichkeiten und Stile an entgegengesetzten Enden des Spektrums. Don war eher vernünftig, konservativ und bedächtig. Mary war stärker emotional, experimentierfreudig und unorganisiert. Ihre Impulsivkäufe unterschieden sich voneinander. Ihre Einkaufsgewohnheiten waren unterschiedlich. Ihre Hobbys (außer Musik) waren unterschiedlich. Die Erstellung einer gemeinsamen Monatstabelle lieferte keinem von beiden viele gute Informationen. Und nicht nur das, kurz nach dem Start des Programms gab Mary ihren Programmierjob auf und begann, ganztägig außer Haus Klavier zu unterrichten. Ihre Stunden und die Bezahlung wurden unregelmäßig, deshalb entschieden sie, dass sie ihren kleineren Beitrag zur Haushaltskasse dadurch ausgleichen würde, dass sie die Hausarbeit übernahm. Diese nicht monetäre Regelung zeigte sich nicht zu ihrer Zufriedenheit in den Monatstabellen. Je mehr sie sich anstrengten, damit es funktionierte, desto mehr Spannungen kamen auf. Um eine friedliche Ehe aufrechtzuerhalten und dem Programm treu zu bleiben, entschieden sie sich, ihre Finanzen zu trennen. Für Don war das vernünftig. Mary ängstigte es – aber sie war bereit, einen Versuch zu wagen. Zu ihrer Überraschung entdeckte Mary, dass es ihr ein wunderbares Gefühl der Autonomie verlieh, ihre eigenen Konten zu haben. Sie stellte fest, dass sie auf viele subtile Arten während der Jahre ihrer Ehe abhängig geworden war, und sie fühlte wieder die Kraft und Unabhängigkeit, die sie gespürt hatte, als sie alleinstehend war.*

Lassen Sie uns nun betrachten, wie ein anderer FI-ler die Ende-des-Monats-Bilanz gehandhabt hat.

Elaine H., *die Sie aus Kapitel 1 kennen, ging mit dem logischen Verstand einer Computerprogrammiererin an die Aufgabe heran, eine Bilanz für sich aufzustellen. Ihre Monatstabellenkategorien sind denen von Rosemary so ähnlich, dass wir sie nicht abzubilden brauchen, aber ihre Bilanz hat eine*

Präzision und Eleganz, die lehrreich ist (siehe Abbildung 3-5). Diese Form für sich selbst aufzustellen machte den Monatsende-Bilanzierungsprozess leicht und exakt. Ihr Kapital ist die Kombination dessen, was sie in Ersparnissen, einem Geldmarktkonto und Rentenpapieren hat. Das ist alles Geld, welches Zinsen verdient, die sie gerne getrennt von dem Geld auf ihrem Girokonto hält. Während des Monats August hat ihr Reinvermögen um fast 6.000 Dollar zugenommen und sie konnte 15,40 Dollar nicht zuordnen.

Abbildung 3-5
Die Bilanz von Elaine

August				
Vermögen		Anfang	Ende	Veränderung
Sparkonto		609,03	609,08	0,05
Geldmarktkonto		5.949,26	2.477,53	– 3.471,73
Rentenpapiere		104.650,00	112.700,00	8.050,00
Girokonto		700,40	2.159,99	1.459,59
Barbestand		151,73	111,80	–39,93
Nachverfolgtes Einkommen	6.878,56	Veränderung im Reinvermögen	=	5.997,98
Nachverfolgte Ausgaben	-865,18	Nachverfolgte Veränderung		6.013,38
Nachverfolgte Änderung	6.013,38	Betrag außerhalb der Bilanz	=	–15,40

Bei diesen Geschichten kommt es nicht darauf an, Sie mit einem Standard zu versorgen, dem Sie folgen, sondern Sie anzuregen, eine Monatstabellenform zu finden, die für Sie funktioniert. Denken Sie daran, dies ist kein Budgetbuch oder Ausgabenplan. Es versucht nicht, Ihren quadratischen (oder achteckigen) Stift in das runde Loch der Gesellschaft zu pressen. Ihre Struktur zu finden, wird ein Prozess der Selbstentdeckung sein. Sie lernen nicht »den richtigen Weg«, Sie schaffen Ihren eigenen Weg. Es gibt keinen richtigen Weg, es zu tun, außer, es zu tun.

Dieser Schritt ist entscheidend für den Rest des Programms. Aus diesem Grund liegen Menschen, die stolz berichten, dass sie das Programm umsetzen, aber über den Daumen schätzen anstatt nachzuhalten, falsch. Dieser Schritt liefert Erkenntnis und Befähigung und wird jede Minute wert sein, die Sie darin investieren, damit es für Sie funktioniert.

Zusammenfassung von Schritt 3

1. Identifizieren Sie Ihre individuellen Ausgaben- und Einkommenskategorien und Unterkategorien aus Ihrem Monat des Festhaltens von Einkommen und Ausgaben.
2. Erstellen Sie Ihre Monatstabelle.
3. Tragen Sie alle Geldtransaktionen in die entsprechende Kategorie ein.
4. Addieren Sie das Geld, das Sie in jeder Unterkategorie ausgegeben haben.
5. Zählen Sie monatliches Gesamteinkommen und monatliche Gesamtausgaben zusammen. Addieren Sie Ihren Barbestand und die Salden aller Bankkonten. Wenden Sie die Gleichung an (monatliches Gesamteinkommen minus monatliche Gesamtausgaben plus oder minus den Monatsfehler). Das Geld, das Sie tatsächlich am Ende des Monats haben, sollte dem entsprechen, was Sie am Anfang plus Ihrem Monatseinkommen minus Ihrer Monatsausgaben hatten.
6. Rechnen Sie die Euros, die in jeder Unterkategorie ausgegeben wurden, in Stunden Lebensenergie um, nutzen Sie dafür den tatsächlichen Stundenlohn, den Sie in Schritt 2 geschätzt haben.

Geldgespräch-Fragen

Zwei, drei, vier oder mehr Meinungen sind besser als eine. Manchmal hilft es, zu sehen, wie andere die Schritte umsetzen, und allein die konkrete Arbeit wird viele interessante Fragen aufwerfen.

Bringen Sie die Vorschläge im Schlusswort für die Durchführung eines Geldgespräches in Ihre tägliche Reflexion ein, vertiefen Sie diese mit Ihrem

Partner oder in sozialen Gruppen. Denken Sie daran, das »Warum?« am Ende jeder Frage anzufügen, um sie zu vertiefen. Das Hinzufügen von »Wie hat die Gesellschaft meine Antwort beeinflusst?« zu jeder Frage wird diese in einen größeren Zusammenhang stellen. Es gibt keine richtigen Antworten.

- Wie bleiben Sie beim Umgang mit Geld bewusst?
- Was stellen Sie sicher – und warum?
- Welche Frage würden Sie am liebsten einem Freund über Geld stellen? Einem Experten? Einem Verwandten?
- Wie fühlen Sie sich, wenn Sie Geld ausgeben?
- Was sind einige Ihrer besten Erfahrungen mit Trinkgeld geben, Verzinsen oder Verschenken?
- Wie sind Ihre höchsten Prioritäten und wie unterstützen Ihre Ausgaben diese – oder nicht?

4

Wie viel ist genug? Die Suche nach Glück

Beim Retten meines Lebens hat sie ihm einen Wert verliehen. Es ist eine Währung, von der ich nicht weiß, wie man sie ausgibt.

– Sherlock, Fernsehserie

Was werden Sie mit Ihrem ungezügelten und kostbaren Leben anstellen?

– Mary Oliver, Schriftstellerin

Frag dich nicht selbst, was die Welt braucht, frag dich selbst, was dich lebendig werden lässt, und zieh los, um dies zu tun. Denn was die Welt braucht, sind Menschen, die lebendig geworden sind.

– Howard Thurman, Philosoph und Theologe

Was lässt Sie lebendig werden? Was werden Sie mit diesem Leben anfangen, das Ihnen gegeben wurde?

Ashleigh Brilliant, der Meister der Witze unter siebzehn Wörtern, hat einmal einen Cartoon mit einem verzweifelten Jungen gezeichnet, der sagte: »Ich weiß nicht, wie man glücklich ist. Das wurde in der Schule nicht unterrichtet.«

Wenn das Streben nach Glück unser Geburtsrecht ist, das in die Unabhängigkeitserklärung aufgenommen wurde, die Fähigkeit zum Glück in der Schule fast aus uns herausgewrungen wurde, müssen wir jetzt schauen, wodurch wir Glück – oder Erfüllung – überhaupt erhalten. Erfüllung ist unser Kompass und unser Steuer, um unsere Einstellung zum Geld zu verändern.

Ob es um das Erreichen eines Ziels oder das Genießen eines Moments echten Wohlbehagens geht, Erfüllung ist das Erleben tiefer Zufriedenheit, wenn Sie sagen können: »Aaahh … das war [eine köstliche Mahlzeit, eine gut gemachte Aufgabe, ein Kauf, der das Geld wert ist …].« Sie haben einen Anspruch oder eine Erwartung, und Sie erkennen – und feiern –, dass Sie das so sehr Gewünschte bekommen haben. Um solche Erfüllung zu finden und ihr gegenüber achtsam zu sein, müssen Sie wissen, wonach Sie suchen. Zu wissen, was Erfüllung in Bezug auf Essen oder andere vorübergehende Vergnügen ist, fällt nicht schwer, aber um Erfüllung im größeren Sinn zu haben, ein erfülltes Leben zu haben, müssen Sie ein Gespür für den Zweck und einen Traum davon haben, wie ein gutes Leben sein könnte.

Für viele von uns bedeutet allerdings das Aufwachsen, unseren Träumen zu entwachsen – oder sie kleiner werden zu lassen, angesichts schwieriger Umstände oder Menschen. Schulden sind für viele der große Traumzerstörer. Sie wurden gemacht, um den Traum von Ausbildung oder einem Haus oder einer Hochzeit zu finanzieren, und stehen nun mit verschränkten Armen vor der Tür jedes zukünftigen Traumes und sagen: »Erst zahlen! Oder keinen Schritt weiter.« Einige von uns akzeptieren Schulden einfach als Bestandteil des Erwachsenenlebens und trotten weiter, gefesselt durch Konsequenzen, die wir nicht völlig verstehen. Ob durch Schuldeneintreiber, Ihre Rechnungen, Pech, falsche Entscheidungen oder Ihre eigene Unsicherheit, wenn Sie Ihre Träume auf dem Altar des allmächtigen Euros geopfert haben, müssen Sie diese zurückfordern, weil sie der Treibstoff für diese Reise sind.

Träumten Sie davon, ein großartiges Buch zu schreiben, aber jetzt verfassen Sie Marketingtexte für Geld? Das Buch ist immer noch dort. Träumten Sie davon, Heilpraktiker zu sein, aber arbeiten jetzt als Kassenarzt mit aufeinanderfolgenden fünfzehnminütigen Behandlungsterminen? Dieser Traum des selbstlosen Dienstes steckt noch in Ihnen. Es könnte eine radikale Änderung bedeuten, ihn zurückzufordern, aber er ist nicht weg. Wurden Sie durch Ihren Glauben angeregt, andere bei ihrer Suche nach Gott zu begeistern, aber verbringen jetzt den größten Teil Ihrer Zeit mit Gemeindepolitik und Spendensammlungen? Dieser Traum ist nicht weg, nur aufgeschoben. Was ist zwischen dem Leben, von dem Sie träumten, und dem Leben, das Sie haben, geschehen – und hat das Ihren Mut verringert, wieder große Träume zu haben? Hat das unablässige Gewirr täglicher Aufgaben langsam Ihre Perspektive auf die unmittelbar vor Ihnen liegenden, mühseligen Schritte beschränkt? Wurde Ihnen gesagt: »Keine Sorge, diese Träume werden mit der Zeit verschwinden«, als wären Träume nur kindisch? Ist »erwachsen werden« alles?

Wir können unser Leben nicht zu »aufgeschobenen Träumen« werden lassen, wie es Langston Hughes in seinem berühmten Gedicht »Harlem« beschrieben hat. Es ist Zeit, auf Ihre Träume zu hören – auch wenn Sie eine Familie ernähren und Schulden abzahlen müssen. Träumen bedeutet auch nicht, uns von finanzieller Verantwortung freizusprechen. Es bedeutet, unsere Träume als Energie für die Reise wiederzubeleben.

Wo auch immer Sie sind, nehmen Sie sich jetzt ein paar Minuten, um über Ihre Träume nachzudenken. Können Sie sich daran erinnern, was Sie wollten, bevor von Ihnen verlangt wurde, erwachsen zu werden und Ihren runden Stift an eine quadratische Öffnung anzupassen? Nutzen Sie die folgenden Fragen, um Erinnerungen zu wecken und Gedanken anzuregen:

- Was wollten Sie als Kind oder Jugendlicher werden?
- Was wollten Sie schon immer tun, haben es aber nie in Angriff genommen?
- Was haben Sie in Ihrem Leben getan, auf das Sie wirklich stolz sind?
- Wenn Sie wüssten, dass Sie innerhalb eines Jahres sterben, wie würden Sie dieses Jahr verbringen?
- Was bringt Ihnen die größte Erfüllung – und wie hängt das mit Geld zusammen?
- Wenn Sie nicht für den Lebensunterhalt arbeiten müssten, was würden Sie mit Ihrer Zeit anfangen?

Diese Fragen haben es in sich. Einige davon sind Ihnen vielleicht schon einmal durch den Kopf gegangen, aber ohne dass Sie eine Brücke zwischen Ihrer gegenwärtigen Realität und Ihren Sehnsüchten geschlagen haben. Dieses Programm ist Ihre Brücke, kein Traum ist zu groß. Nehmen Sie sich Zeit. Nutzen Sie Ihr Tagebuch. Graben Sie. Stellen Sie so lange dieselbe Frage, bis

Ihnen keine Antworten mehr einfallen, bevor Sie zur nächsten übergehen. Sprechen Sie mit Ihren Freunden. Laden Sie sie ein, mit Ihnen zu graben. Schauen Sie sich Ihre Antworten immer wieder an, um zu sehen, was sich geändert hat.

Ein paar Jahre nach dem Hochschulabschluss hatte **Grant Sabatier** seinen Weckruf, als er entdeckte, dass er nicht genug Geld hatte, um sich einen Burrito zu kaufen. Er lebte bei seinen Eltern, ein klassischer Millennial-Nesthocker. Das war der Auslöser für seine Entscheidung, bis zu seinem 30. Lebensjahr 1 Million Dollar zu verdienen. Er sagt, dass er als Erstes eine andere Einstellung zum Sparen entwickeln musste – was er als »sich selbst zuerst bezahlen« bezeichnete. Er fertigte einen Screenshot seines dürftigen Bankguthabens und setzte sich das Ziel, in fünf Jahren ein Vermögen von 1 Million Dollar zu haben. Anschließend begann er sofort damit, sich entsprechend auszubilden.

Mittlerweile ist er ein erfolgreicher Blogger (*Millennial Money*) und Digitalstratege, der sechs Schritte zum Wohlstand anbietet, die Nebenjobs, Aktieninvestments, Lebensstiländerungen und tägliche Sparziele einschließen.

Er erreichte sein Ziel, fertigte einen weiteren Screenshot an, als sein Gesamtvermögen 1 Million Dollar überschritt – und stellte fest, dass seine Träume in Wirklichkeit weitaus größer waren als 1 Million Dollar, so motivierend diese Zahl gewesen sein mochte. Als Absolvent der Philosophie der Universität Chicago weiß er, dass es im Leben um das Stellen bedeutender Fragen geht. Was ist Empathie? Erfüllung? Glück? Frieden? Er sieht seine FI als eine Chance, zu denken, zu schreiben und über diese grundlegenden Fragen zu sprechen – und dorthin zu gehen, wohin ihn seine Antworten führen.

Die Inspiration für **Amy und Jim D.**, die mit ihrer Finanzzeitschrift, *The Tightwad Gazette*, eine frühere Generation zur Sparsamkeit ermunterten, war ein einfacher Traum. Sie wollten eine Familie auf einem großen Bauernhof in einem ländlichen Gebiet aufziehen. Als sie heirateten, hatten sie zusammen mehr als 20 Jahre in der Arbeitswelt verbracht –

er als Berufssoldat bei der Navy und Amy als Grafikerin – dennoch hatten sie nur 1.500 Dollar an Ersparnissen vorzuweisen. Sie erkannten, dass ihnen Familie und Gemeinschaft wichtiger waren als weiter auf der Überholspur des Lebens unterwegs zu sein, und entschieden, ihren Traum mit nur einem Einkommen umzusetzen – Jims Gehalt von der Marine.

Um ihren Traum zu realisieren, riefen sie sich in Erinnerung, was ihre sparsamen Eltern ihnen über Frugalität beigebracht hatten, und dachten sich haufenweise neue Strategien aus, um Geld zu sparen. Nichts davon kam einer Entbehrung gleich. Durch diese Herausforderung an ihre Kreativität blühten sie geradezu auf und ihre Beziehung gedieh durch das gemeinsame Ziel. In sieben Jahren hatten sie vier Kinder und genügend Ersparnisse, um eine Anzahlung auf einen ländlichen Bauernhof in Maine zu leisten, alle Schulden abzuzahlen und sich ein neues Auto, Möbel und Geräte zu kaufen. Zwei Jahre danach entschied sich Amy dafür, ihre Grafikkenntnisse zu nutzen und schuf ein Forum, in dem Frugalitätsideen ausgetauscht werden konnten. Im Juni 1990 veröffentlichte sie die erste Ausgabe von *The Tightwad Gazette*, einem achtseitigen Newsletter mit praktischen Tipps, wie man mit wenig Geld gut leben kann. Ein Jahr später bekamen sie Zwillinge – und waren immer noch imstande, im Rahmen ihrer Möglichkeiten zu leben. Ihre Geschichte ist ein Beleg für die Tatsache, dass gemeinsame Träume, wie ein Haus auf dem Land zu haben und zu Hause zu bleiben, um eine Familie großzuziehen, wahrhaftig in Reichweite sind.

Die Leidenschaft von **Wes L.** *ist die Natur – sowohl sich darin aufzuhalten als auch sie zu bewahren. Für ihn ist das FI-Programm ein Weg, das zu tun, was er immer tun wollte: in Vollzeit dazu beizutragen, dass die Menschen die Natur besser verstehen und respektieren. Er richtete so viele Teile seines Lebens wie möglich auf diesen Traum aus. Er hat eine Anstellung als Chemiker, der die Luftqualität misst. Er ist in fußläufige Entfernung zur Arbeit gezogen, sodass er nicht viel zu der Luftverschmutzung beiträgt, die er misst. Im Urlaub fährt er Kajak durch unberührte Wildnis und an den Wochenenden lehrt er Kajakfahren, um anderen zu helfen, die Natur gefahrlos und* *respektvoll zu erleben. Und mit seinem »verfügbaren« Einkommen baut er seine Ersparnisse auf und unterstützt wichtige Naturschutzorganisationen. Der Kompass seines Lebens ist die Natur und jeder Aspekt seines Lebens zeigt in diese Richtung.*

Kathy und Langdon L. *hatten nicht nur für sich Träume, sondern wollten die Welt zu einem besseren Ort machen, auch wenn sie wussten, dass das abgedroschen klang. Langdon war Arzt und medizinischer Leiter einer Klinik, an die sich Menschen ohne Versicherungsschutz wenden konnten. Kathy war eine ehemalige Lehrerin, die sich bei mehreren gemeinnützigen Organisationen engagierte und zu Hause bei der Familie die Stellung hielt. Sie liebten ihr Leben, freuten sich aber auch auf den Tag, wenn das Nest wieder leer sein würde und sie sich ihren anderen Träumen widmen konnten. Das Finanzprogramm eröffnete ihnen den Weg, sich in dem Moment aus dem Arbeitsleben zurückzuziehen, als die Kinder das Haus verlassen hatten. Sie zogen in einen kleinen Ort und kauften Land, das zum Herz eines Öko-Dorfes wurde – eine bewusste Gemeinschaft, die sich zur Nachhaltigkeit auf jeder möglichen Ebene verpflichtet. Zuerst bestand diese Gemeinschaft aus ihnen beiden, aber mit der Zeit schlossen sich andere an, die ihre eigenen kleinen, individuellen Häuser bauten und zusammen ein blühendes Leben in der Gemeinschaft schufen. Schließlich wurde der kontaktfreudige, tatkräftige Langdon Bürgermeister, während Kathy sich auf ihr Malatelier konzentrierte.*

Welche Träume rufen Sie? Schritt 4 dieses Finanzprogramms ist Ihre Chance, Ihre Träume wahr werden zu lassen, indem Sie Ihr Einkommen und Ihre Ausgaben mit Ihren Werten, Sehnsüchten, Zielen und Ihrem Glück in Einklang bringen. Statt das Sterben werden Sie sich das Leben verdienen!

Schritt 4: Drei Fragen, die Ihr Leben verändern werden

In diesem Schritt bewerten Sie Ihre Ausgaben, indem Sie drei Fragen zu dem in jeder Unterkategorie ausgegebenen Geld stellen:

1. Entsprachen die erhaltene Erfüllung, Befriedigung und der Wert im Verhältnis der investierten Lebensenergie?
2. Deckt sich der Aufwand an Lebensenergie mit meinen Werten und meinem Lebenszweck?
3. Inwiefern würde sich dieser Aufwand möglicherweise ändern, wenn ich nicht für Geld arbeiten müsste?

Jede dieser Fragen verweist auf einen Aspekt Ihrer Träume. Die erste fragt, ob Ihre Ausgaben Ihnen die Art von Zufriedenheit verschaffen, die Sie spüren, wenn Sie Ihren Traum leben. Die zweite fragt, ob diese Ausgaben Sie Ihrem Traums näherbringen. Das dritte fordert Sie auf, sich vorzustellen, wie sich diese Ausgaben ändern würden, wenn Sie nicht länger Geld verdienen müssten, um Ihren Lebensstil zu finanzieren.

Um diesen Schritt umzusetzen, gehen Sie zu Ihrer Monatstabelle zurück (siehe Abbildung 3-1), in der drei Spalten noch leer sind. Dort können Sie die Antworten auf unsere drei Fragen eintragen. Sie haben bereits Euro in Stunden Lebensenergie umgewandelt; jetzt können Sie überlegen, wie Sie dieses wertvolle Gut ausgeben wollen. Diese drei Fragen, angewandt auf jede Ausgabenunterkategorie Ihrer Monatstabelle, werden Ihnen eine Grundlage liefern, um zu bewerten, wie Sie Ihr Geld ausgeben.

Frage 1: Entsprachen die erhaltene Erfüllung, Befriedigung und der Wert im Verhältnis der investierten Lebensenergie?

Diese Frage zeigt einen Weg, wie Sie Ihre Investition bewerten können. Mit dieser Frage im Hinterkopf sollten Sie sich jede Unterkategorie ansehen. Wenn Sie aus diesem Verbrauch an Lebensenergie so viel Erfüllung gezogen haben, dass Sie die Investitionen in dieser Unterkategorie sogar steigern wollen, setzen Sie ein + (oder einen Aufwärtspfeil) in dieses Feld. Wenn Sie wenig oder keine Erfüllung daraus erhalten haben, tragen Sie ein – (oder einen Abwärtspfeil) ein. Wenn sich der Aufwand okay anfühlt, kennzeichnen Sie das Feld mit 0.

Diese einfache Übung wird Ihnen zeigen, wo Sie automatisch oder wie von einer Sucht getrieben Geld ausgeben. Und Sie werden erkennen, dass Ihre Lebensenergie in diese Richtung fließt, obwohl die Erfüllung in der entgegengesetzten Richtung liegt. Möglicherweise finden Sie sogar Ihre »Einkaufsschwächen« – Ihre Impulskäufe. Im ersten Moment verteidigen Sie vielleicht ärgerlich die eine oder andere dieser Kaufgewohnheiten. »Ich habe gern viele Schuhe. Jedes Paar ist für einen anderen Zweck. Überhaupt, es ist mein Geld.« »Ich mag Bücher und was soll's, wenn ich jeden Tag auf der Rückfahrt bei der Buchhandlung anhalte – und was soll´s, wenn ich sie nicht lese? Ich bin sicher, dass ich das eines Tages tun werde.« »Ich mache gern Quilts, also was soll´s, wenn ich Stoff für meine Quilt-Projekte sammle, selbst wenn ich jetzt keine anfertige? Okay, ich habe seit zehn Jahren keinen mehr genäht, aber … man kann nie genug Auswahl an Stoff haben.« »Was soll's, wenn ich …?« Und immer weiter verteidigen wir unser Impulskaufverhalten. Aber niemand versucht, Ihnen Ihre Impulskäufe wegzunehmen. Es hört Ihnen nicht einmal mehr jemand zu, denn die für diese Übung erforderliche Ehrlichkeit entsteht am besten in der Einsamkeit. Wenn Sie langfristig die Stundenzahl betrachten, die Sie in Ihrem Leben dafür aufgewandt haben, sich mit dem ein oder anderen Impulskauf zu belohnen, wirkt es mehr wie ein Trostpreis als ein Schatz.

Andererseits stellen Sie womöglich fest, dass Sie sich bei Kategorien, in denen Sie sehr viel Erfüllung erhalten, wie ein Pfennigfuchser verhalten. Stellen Sie sicher, dass Sie die Bereiche höchster Zufriedenheit markieren und Ihren + (oder Aufwärtspfeil) in die Spalten eintragen, in denen Sie zu wenig ausgeben.

Der Kniff bei dieser Bewertung ist, objektiv zu bleiben, ohne sich verstandesmäßig erklären zu wollen, warum der Einsatz so hoch oder niedrig war, und ohne sich darüber zu grämen, dass Sie so viel für diese Kategorie ausgegeben haben. Der Kernsatz, an den Sie sich erinnern sollten, lautet »Keine Vorwürfe, keine Schuld.« Paare haben mit diesem Schritt auch einen wertvollen Weg gefunden, gelassen und objektiv über Unterschiede in ihren Ausgabegewohnheiten zu sprechen.

Martha und Ted P. *haben entdeckt, dass diese Frage eine behutsame Methode bietet, die Ausgabenmuster des jeweils anderen zu bewerten, ohne defensiv oder feindselig zu agieren. Anstatt einen Kauf von Ted direkt infrage zu* *stellen, kann Martha ganz ruhig fragen, ob er wirklich Erfüllung, Zufriedenheit und Wert im Verhältnis zum Wert der aufgewandten Lebensenergie erhalten hat. Sie haben festgestellt, dass sie die Impulskäufe des jeweils anderen mit viel mehr Mitgefühl wahrnehmen – und sogar kommentieren können. Finanzielle Entscheidungen ohne hintergründiges Streiten besprechen zu können, ist für sie unschätzbar geworden und kommt ihrer Ehe sehr zugute.*

Schwacher versus starker Nervenkitzel

Ein Großvater, der das einfache Leben schätzt, hatte versucht, seine Werte dem Enkel beizubringen. Eines Tages verkündete der Junge aufgeregt, dass er etwas entdeckt habe.

»Opa, ich weiß, was Glück bedeutet.«

»Was?«, fragte der alte Mann und war sicher, ein Juwel präsentiert zu bekommen, das mitzuteilen sich lohnt.

»Es ist das Gefühl, wenn man etwas gekauft hat.«

Schwacher Nervenkitzel ist wie dieses leise Gefühl, das Sie spüren, wenn Sie etwas kaufen. Es ist das Pling des Flippers. Dieses Glück hält nur kurz an. Seine Halbwertszeit entspricht der Entfernung von der Registrierkasse zum Auto.

Starken Nervenkitzel spüren Sie, wenn Sie einen Traum erreicht haben, der größer ist als die Bestrebungen Ihres Egos.

»Das ist die wahre Freude im Leben«, schrieb George Bernard Shaw in seiner Einleitung zu *Mensch und Übermensch*, »für einen Zweck verwandt zu werden, der von einem selbst als ein mächtiger anerkannt ist; gründlich abgenutzt zu werden, bevor Sie auf den Schrotthaufen geworfen werden; eine Kraft der Natur statt einem fiebrigen egoistischen kleinen Klumpen von Leiden und Kummer, der sich klagt, dass sich die Welt nicht selbst dem widmet, ihn glücklich zu machen.«[20]

Schwacher Nervenkitzel resultiert aus äußeren Belohnungen. Starker Nervenkitzel beruht darauf, »für einen Zweck verwandt zu werden, der von einem selbst als ein mächtiger anerkannt ist.« Schwacher Nervenkitzel verflüchtigt sich. Starker Nervenkitzel hält an. Ihr innerer Maßstab für Erfüllung misst starken Nervenkitzel.

Einen inneren Maßstab für Erfüllung entwickeln

Das primäre Werkzeug, um diesen inneren Maßstab zu entwickeln, ist Bewusstsein. Die Beantwortung von Frage 1 hilft Ihnen, einen inneren Maßstab für Erfüllung zu entwickeln und dabei jegliche ungesunden Ausgabegewohnheiten abzuschütteln.

Die meisten von uns verwenden für Erfüllung externe Maßstäbe. Tatsächlich, Ashleigh Brilliant, wurde uns das in der Schule beigebracht. Wir messen unsere Erfüllung durch:

- Anderen gefallen
- Eine 1 bekommen
- Uns gegenüber dem Fiesling aus der dritten Klasse beweisen, der immer noch in unserem Kopf herumspukt
- Die Konkurrenz schlagen
- Es in eine beliebige Top-Ten-Liste schaffen, die Ihnen wichtig ist
- Gewinnen
- Nicht gewinnen, aber trotzdem eine Trophäe erhalten
- Triumphe einfahren – in der Liebe oder bei den Verkaufszahlen

Das sind externe Maßstäbe für Erfüllung. Sie schauen woanders hin, um zu sehen, wie gut Sie sind – der Glanz in den Augen Ihrer Mutter oder Ihres Partners, die Anzahl von Stimmen, Bestsellerlisten.

Dieses Gefühl ist aber keine wahre Erfüllung. Es gibt einen Unterschied zwischen dem Energieschub, den Sie durch einen vorübergehenden Gewinn erhalten, und der langfristigen Zufriedenheit, die Sie daraus ziehen, einen Traum zu verwirklichen. Und wenn Sie denken, dass Ihr Traum darin besteht, bei einem Test eine 1 zu bekommen oder Ihren Gegner zu besiegen, werden Sie vermutlich Ihr Leben lang externen Belohnungen nachjagen.

Genug – der tiefgehendste Nervenkitzel

Der Wohlstand, der uns umgibt, wird als der amerikanische Traum bezeichnet, und das mit gutem Grund: Wir sind eingeschlafen. Wir wachen auf, indem wir den Traum infrage stellen. Sich Monat für Monat zu fragen, ob Sie wirklich Erfüllung entsprechend der in jeder Unterkategorie ausgegebenen Lebensenergie bekommen haben, lässt dieses angeborene Empfinden, wann genug genug ist, erwachen.

Sie werden anfangen, zwischen einer vorübergehenden Laune und echter Erfüllung zu unterscheiden. Erinnern Sie sich an die Erfüllungskurve aus Kapitel 1 mit dem Punkt des Genughabens, an dem Wünsche verschwinden, weil sie vollständig erfüllt wurden? Jedes bisschen weniger wäre nicht genug. Mehr würde zu viel sein. Eine erfüllende Mahlzeit ist diejenige, in der alle Geschmäcke, Gerüche und Konsistenzen vollkommen verschmelzen und Ihr Appetit zufriedengestellt ist, ohne auch nur eine Spur an Unbehagen, zu viel zu essen. Ebenso ist ein erfüllendes Auto dasjenige, das Ihren Fortbewegungsbedarf vollkommen deckt, Ihnen optisch hinreichend gefällt, das Sie für viele Tausend Meilen gern behalten, das Ihre Brieftasche oder Ihre Werte nicht in Mitleidenschaft zieht und das, mit guter Wartung, sowohl zuverlässig als auch ein Vergnügen zu fahren sein wird. (Solange Ihr lebenslanger Traum nicht darin besteht, ein klassisches benzinfressendes 1957er Cabrio mit großen Heckflossen zu kaufen und zu fahren – dann ist es jede Stunde wert, die Sie dafür arbeiten müssen.) Ihr innerer Maßstab lehnt oberflächliche Wünsche – um andere zu beeindrucken oder Abhilfe bei Langeweile zu schaffen – als gute Gründe ab, um sich eine teureres Auto zuzulegen und weitere drei Jahre Arbeit in Ihren »Sterbensunterhalt« zu investieren.

Sie können testen, ob Sie einen inneren statt eines externen Maßstabs verwenden: Der Kauf oder die Erfahrung führt dazu, dass Sie sich zufrieden und entspannt fühlen und dass Ihre Bedürfnisse erfüllt sind. Sie hören auf, nach dem zu verlangen, das Sie gerade bekommen haben, weil Sie sich hinreichend »an der richtigen Stelle gekratzt haben«.

Finanzielle Integrität

Einen inneren Maßstab für Erfüllung zu haben, ist in der Tat ein Teil dessen, was wir Finanzielle Integrität nennen. Sie lernen, Ihre finanziellen Entscheidungen unabhängig davon zu treffen, was die Werbung und Industrie als gut für deren Geschäft entschieden haben. Sie sind frei von der Demütigung, beim Ausgeben Ihrer Lebensenergie zugunsten von Dingen manipuliert zu werden, die Sie nicht zufriedenstellen. Nina N., deren Geschichte wir in Kapitel 7 hören werden, berichtete, dass Sie sich vor der Durchführung dieser Bewertung machtlos fühlte, was das Geld in ihrer Brieftasche betraf. »Ich ging in ein Geschäft und mein Geld flog wie von selbst aus meiner Brieftasche. Nicht wörtlich, aber so fühlte es sich an. Ich konnte nicht aufhören.« Es ist eine Form der finanziellen Unabhängigkeit, zu unbewussten Ausgaben »nein sagen« zu können. Indem Sie Ihre Aufwärts- und Abwärtspfeile und Nullen Monat für Monat eintragen – vielleicht einfach aus dem Bauch heraus, vielleicht aber auch nach sorgfältigem, bewusstem Nachdenken – werden Sie diesen »Finanzmuskel« dazu bringen, bei »Genug« aufzuhören. Manchmal werden sich alte Gewohnheiten wieder einschleichen, Sie werden böse auf sich selbst werden und aufhören wollen. Dann wird sich »keine Vorwürfe, keine Schuld« als nützlich erweisen.

Frage 2: Deckt sich der Aufwand an Lebensenergie mit meinen Werten und meinem Lebenszweck?

Diese Frage ist aufschlussreich. Sie gibt Ihnen einen konkreten Hebel, um zu sehen, ob Sie das tun, was Sie predigen. Fragen Sie sich – so wie Sie es bei der ersten Frage getan haben – bei jeder Ausgabenunterkategorie: »Deckt sich der Aufwand an Lebensenergie mit meinen Werten und meinem Lebenszweck?« Wenn Ihre Antwort ein klares Ja ist, tragen Sie ein + (oder einen Aufwärtspfeil) in das zweite Feld in dieser Reihe ein. Wenn es ein Nein ist, tragen Sie ein – (oder einen Abwärtspfeil) ein. Wenn es gut ist, so wie es ist, tragen Sie 0 ein.

Menschen wie Amy und Jim D. hatten klare Werte und ein starkes Gespür für den Zweck, als sie ihre Geizkragenkampagne begannen. Genauso war es bei Wes L. sowie Kathy und Langdon L. Ihre Finanzentscheidungen an Frage 2 zu messen half ihnen, ihre Finanzen auf ihre Träume auszurichten. Andererseits leiden viele Menschen, denen es sonst im Leben gut geht, unter Mangel an Idealen. Viele Erben und Erbinnen gehören zu den Verlorenen und Verwirrten – alle sind finanziell gut ausgestattet und haben kein Ziel. Und viele gewöhnliche Menschen, die den amerikanischen Traum erreicht haben, fragen sich auch, ob es nicht mehr im Leben gibt als … das.

Wie steht es mit Ihnen? Sind bei Ihnen Werte und Lebenszweck klar, oder sind sie unscharf und unter dem Gewicht eines Lebensstils begraben, der nicht zu passen scheint?

Teil Eins: Was sind Werte?

Unsere Werte sind jene Grundsätze und Eigenschaften, die uns wichtig sind. Wahrheit ist ein Grundsatz und Aufrichtigkeit ist eine Art, wie wir Wahrheit leben. Unsere Werte zu leben gibt uns Seelenfrieden. Es nicht zu tun, beunruhigt unser Gewissen und – wenn wir nicht merken, was vor sich geht – deaktiviert dieses innere Gyroskop, mit dem wir uns orientieren. Werte sind wie eine Moral-DNA, die unsere Entscheidungen strukturiert und sich aus unserem Sinn für richtig und falsch zusammensetzt. So spiegeln unsere Werte unsere Überzeugungen wider. Aber da unser Handeln unsere echten Motivationen widerspiegelt, werden unsere Werte durch unsere Handlungsweisen offenbart. (Eltern versuchen manchmal diese Tatsache mit der Redewendung »Tu, was ich sage, nicht was ich tue!« zu umgehen.) Wenn wir beschließen, unseren Kindern Essen, Schutz und Kleidung zur Verfügung zu stellen, treffen wir diese Entscheidung auf der Grundlage von Werten – gute Eltern zu sein, naturgegebene Liebe zu zeigen. Ob wir unseren arbeitsfreien Tag für einen Spaziergang im Park nutzen oder um wieder ins Büro zu gehen, unsere Entscheidung basiert auf Werten. »Aber ich musste ins Büro!«, werden Sie sagen. »Es ist keine Werte-Entscheidung; es ist reine Notwendigkeit!« Und doch schätzen Sie das Gehalt, also beschließen Sie, die Arbeit zu erledigen. Oder Sie schätzen es, für Ihre Familie verantwortlich zu sein. Oder Sie schätzen die gute Meinung Ihres Chefs von Ihnen. Unser Verhalten ist eine konkrete Darstellung unserer Werte. Wie wir unsere Zeit verbringen und Geld ausgeben, spricht Bände, wer wir sind und wofür wir eintreten.

Dieses Buch befasst sich mit einer der sozialen Hauptmanifestationen unserer Werte: wie wir mit Geld in unserem Leben umgehen. Wenn Sie Ihre Monatstabelle anschauen, was verraten die 250 Euro (oder 25 Stunden Lebensenergie zu 10 Euro pro Stunde, die wir in unserem Beispiel in Kapitel 2 errechnet haben), die Sie für Essen ausgeben, in Bezug auf Werte? Es könnte auf alles Mögliche hinweisen: dass Sie Annehmlichkeiten schätzen, dass Sie gutes Essen mögen oder dass Sie Zeit mit Freunden verbringen wollen. Wie steht's mit den 12 Stunden, die für Wohltätigkeit aufgewendet werden? Die 15 Stunden für die Handyrechnung?

Sie werden vielleicht merken, dass Sie sich bei vielen dieser Ausgaben wohl fühlen. Und Sie können einige infrage stellen. 25 Stunden Lebensenergie für Auswärtsessen zu investieren kann akzeptabel wirken – bis Sie darüber nachdenken und begreifen, dass Sie in diesem Monat einem Ihrer Kinder nur acht Stunden gewidmet haben. Oder dass die Stunden, die Sie für Essen investiert haben, mickrig erscheinen lassen, was Sie für Konzerte und Museen investiert haben, obwohl Sie behaupten, ein gutes Stück Lebensfreude aus den schönen Künsten zu ziehen. Für viele Menschen sind die in ihren Ausgaben sichtbaren Werte nicht die Werte, die sie wirklich leben wollen. Die Summen in manchen Ihrer Kategorien können aufdecken, dass Gewohnheit, Gruppenzwang oder sogar Langeweile sich als stärker als Sie erweisen.

Gehen Sie zu den Fragen am Anfang des Kapitels zurück. Wenn Sie nicht für den Lebensunterhalt arbeiten müssten, was würden Sie mit Ihrer Zeit anstellen? Was haben Sie in Ihrem Leben getan, auf das Sie wirklich stolz sind? Wie würden Sie das nächste Jahr verbringen, wenn Sie wüssten, dass es das letzte Jahr Ihres Lebens wäre? Ihre Antworten auf diese Fragen werden Ihnen sehr viel darüber erzählen, was Sie wirklich schätzen.

Ihre Monatstabellen sind mit einem Spiegel vergleichbar. Wenn Sie jeden Monat die Frage stellen: »Steht dieser Verbrauch im Einklang mit meinen Werten?«, werden Sie feststellen, dass Sie immer tiefer in sich hineinschauen. Als Ergebnis des Fragens und der Antworten werden Sie Änderungen vornehmen, große wie kleine, die Sie näher zur Finanziellen Integrität bringen, in der alle Aspekte Ihres Finanzlebens in der Harmonie mit Ihren wahren Werten stehen.

Samuel D. *hatte alle Zutaten für ein angenehmes Leben, war jedoch frustriert und wütend auf das System, das ihn zu dem Glauben verleitet hatte, er wäre zufrieden, wenn er nur die richtigen Dinge besitzen würde (das heißt, Haus, Autos, Arbeitsplatz usw.). Er war es aber nicht. Als er seine monatliche*

Bewertung vornahm, wurde das Problem deutlich. Er erkannte, dass sein vordringlicher Wunsch darin bestand, etwas zur Lösung einiger Probleme auf dieser Welt beizutragen, statt nur einer von Millionen anständigen, aber tatenlosen Menschen zu sein. Er ging ein Risiko ein – und nahm eine geringere Bezahlung in Kauf – indem er den Schuldienst verließ, um eine Lebensberatung aufzubauen. Schließlich nahm er einen Kollegen als Partner in die Beratung auf und hielt Trainings und Seminare ab, um Menschen zu helfen, mit ihren Werten und ihrem Wert sowie ihrer Verantwortung für sich selbst und die Gesellschaft in Kontakt zu treten. Sein Inneres ist jetzt deckungsgleich mit seiner äußeren Situation und er ist endlich glücklich.

Teil Zwei: Was ist der Lebenszweck?

Der zweite Teil dieser Frage fordert Sie auf, Ihre Ausgaben im Licht Ihres »Lebenszwecks« zu bewerten. Lebenszweck ist das übergreifende Ziel, das unsere Werte und unsere Träume verkörpert. Aber was bedeutet das wirklich? Zweck schließt Richtung und Zeit ein – Sie tun etwas jetzt, um später etwas zu haben, das Sie schätzen. Es ist ein abgestimmtes Vorhaben, etwas Bedeutungsvolles sowohl für sich als auch für die Welt insgesamt zu tun. Manche Menschen, wie Amy und Jim D., definieren ihren Zwecke dahin gehend, einer Arbeit nachzugehen, die ihnen Spaß macht, und ihre Kinder aufzuziehen. Für andere ist der Lebenszweck weniger greifbar, weniger zielgerichtet – ihre Handlungen spiegeln nicht ihre tiefsten Wünsche wider. Manche Menschen, die plötzlich merken, wie leer und ziellos ihr Leben ist, verbringen Jahre damit, nach einem Zweck zu suchen, der ihrem Leben Bedeutung verleiht. Andere, wie Wes L., scheinen es vom Moment der Geburt an zu wissen. Was also ist dieser sogenannte Lebenszweck?

Der Zweck kann so gradlinig sein wie Ihr Ziel (Ich tue dies, um das zu bekommen). Er kann durch die Antwort ans Licht kommen, die Sie geben, wenn jemand fragt: »Warum tun Sie das, was Sie tun?« – Ihre Motivation. Es kann die tiefere Bedeutung sein, die Sie den Ereignissen in Ihrem Leben zuschreiben (der wahre Zweck meines Jobs war, meine Frau zu treffen).

»Lebenszweck« beinhaltet aber mehr als nur den »Grund« für etwas. Es geht nicht darum, einfach nur ein Ziel zu erreichen oder einen lang ersehnten Besitz zu erwerben. Es ist das bewusste Stecken Ihrer Lebensenergie in etwas, das Sie für wichtiger halten als Ihre individuelle kleine Existenz. Es ist Ihre Hingabe. Es wird zu Ihrer Identität, so wie Ihr Name, Ihr Körper oder Ihre Geschichte bis heute – und kann wichtiger werden als das Leben selbst.

Sie können diese verschiedenen Arten von Zweck – Ziel, Bedeutung und Hingabe – in der Geschichte von den drei Steinmetzen sehen, von denen jeder einen großen Felsblock bearbeitet. Ein Passant nähert sich dem ersten Steinmetz und fragt: »Entschuldigung, was tun Sie da?« Der Steinmetz antwortet ziemlich schroff: »Können Sie das nicht sehen? Ich meißele Stücke von diesem großen Stein ab.« Beim zweiten Handwerker stellt unsere neugierige Person dieselbe Frage. Dieser Steinmetz blickt mit einer Mischung aus Stolz und Resignation auf und sagt: »Nun, ich verdiene meinen Lebensunterhalt, um meine Frau und meine Kinder zu ernähren.« Unser Fragesteller geht weiter zum dritten Arbeiter und fragt wieder: »Und was tun Sie?« Der dritte Steinmetz blickt strahlend nach oben und sagt ehrfürchtig: »Ich baue eine Kathedrale!« (Hingabe für einen höheren Zweck).

Wie finden wir unseren Zweck?

Joanna Macy, eine Pädagogin, Ökologin und Autorin, hat drei Wege vorgeschlagen, wie Sie nach Ihrem eigenen Zweck suchen können.[21]

1. Arbeiten Sie mit Ihrer Leidenschaft an Projekten, die Ihnen viel bedeuten. Was war Ihr Traum, bevor Sie aufhörten zu träumen? Welcher Arbeit würden Sie nachgehen, auch ohne dafür bezahlt zu werden? Sie suchen nicht nach diesen oberflächlichen Vorlieben, wie Autoaufkleber sie kundtun (»Ich würde lieber surfen«). Sie suchen nach etwas, dem Sie Ihr Leben widmen würden, nicht etwas, um Ihrem Leben zu entfliehen.
2. Arbeiten Sie mit Ihrem Schmerz, mit Menschen, deren Schmerz Sie tief berührt. Waren Sie »auch schon in dieser Situation, sodass Sie wissen, wie es sich anfühlt« – Trauer, Sorge, Verzweiflung, Hunger, Schrecken? Können Sie anderen die Weisheit und das Mitgefühl anbieten, die Sie aus dieser Erfahrung gezogen haben? Gibt es ein Leiden in der Welt, das

Sie handeln lässt? Wenn Sie so sehr leiden, dass Sie den Kontakt zu Ihrer Fähigkeit verloren haben, anderen zu helfen, dann ist jetzt der richtige Zeitpunkt, Ihre Hand anderen Leidenden entgegenzustrecken. Es ist heilsam.

3. Arbeiten Sie mit dem Naheliegenden, mit den Chancen, die sich täglich ergeben, um auf die einfachen Bedürfnisse von anderen zu reagieren. Ihren Zweck zu finden, wird häufig mit dem Entdecken des perfekten Jobs oder Projektes gleichgesetzt, das Sie aufrütteln wird, um so heilig zu werden wie Mutter Teresa. Dieser Vorschlag, mit dem Naheliegenden zu arbeiten, ist eine Erinnerung daran, dass in einer vernetzten Welt alle guten Handlungen zum Wohl des Ganzen beitragen. Wenn Sie daran denken, dass es nicht eine einzelne großartige Handlung, sondern eine Reihe kleiner Maßnahmen gibt, die mit großer Leidenschaft oder Liebe durchgeführt werden, dann werden Sie bei den Notwendigkeiten, die getan werden müssen – einem kranken Nachbarn das Mittagessen bringen, einem Kind helfen, lesen zu lernen, einen Leserbrief an den Herausgeber Ihrer Zeitung schreiben, ein Fürsprecher für die Obdachlosen in Ihrer Stadt sein –, ein Leben entdecken, das von der Erfahrung geprägt ist, einen Zweck zu haben, für den zu leben es sich lohnt.

Leidenschaft, Schmerz, das Naheliegende – das sind die Tore zur Entdeckung eines Zwecks jenseits des materiellen Erwerbs.

Unseren Fortschritt in Richtung Zweck messen

Nehmen Sie sich auf der Stelle ein paar Minuten, um Ihren Zweck im Leben aufzuschreiben. Möglicherweise hat das nichts damit zu tun, wie Sie momentan Ihre Zeit verbringen. Es kann anderen bedeutend erscheinen oder auch nicht. Vielleicht ist es bisher noch nicht einmal Ihnen selbst klar. Tun Sie einfach das, was Sie am besten können. Messen Sie an diesem spezifizierten Zweck Ihre Handlungen. Wenn Sie mit der Zeit feststellen, dass sich Ihr Zweck ändert, ist das in Ordnung; schreiben Sie einfach auf, was Lebenszweck jetzt für Sie bedeutet, und nutzen Sie diese neue Spezifizierung als Maßstab.

Wie auch immer Sie Ihren Zweck definieren, Sie werden eine Möglichkeit brauchen, um Ihre Ergebnisse zu messen und ein Feedback zu haben, das Ihnen sagt, ob Sie auf dem richtigen Weg sind. Häufig messen wir den Grad der Erfüllung unseres Zwecks über materiellen Erfolg oder durch berufliche oder gesellschaftliche Anerkennung. Ein anderer Weg zu messen, ob Sie gemäß Ihres Zwecks leben – der über materiellen Erfolg, Belohnungen und Anerkennung hinausgeht – ist Ihre Antwort auf die Frage 2: »Deckt sich der Aufwand an Lebensenergie mit meinen Werten und meinem Lebenszweck?« Stellen Sie sich diese Frage regelmäßig – jeden Monat, für jede Kategorie –, das wird Sie dazu bringen, Ihre Werte zu klären, im Einklang mit Ihrem festgelegten Zweck zu leben und Ihren wahren Lebenszweck noch genauer zu definieren.

Viktor Frankl, Autor von *Man's Search for Meaning* und ein Holocaust-Überlebender, beobachtete, dass es einen Faktor jenseits des Intellekts oder der Psychologie geben musste, der es manchen Menschen erlaubte, ihre Menschlichkeit unter unmenschlichen Bedingungen zu erhalten. Seine Schlussfolgerung war, dass Bedeutung dieser Faktor war. Er sagte, dass der Wille, Bedeutung und Zweck im Leben zu haben, dem Willen, Macht zu haben oder den Willen, Vergnügen zu finden, überlegen ist. Er beobachtete, dass »menschlich zu sein, bedeutet, eine Beziehung herzustellen und auf etwas anderes oder jemanden anderen als sich selbst ausgerichtet zu sein.«[22] Den Fragenkatalog in Abbildung 4-1 durchzugehen, der auf Frankls tiefgreifender Arbeit basiert, wird Ihnen dabei helfen, in Ihrem Leben zu mehr Bedeutung zu finden.[23]

Um Ihren Wert zu ermitteln, addieren Sie die Zahlen, die Sie eingekreist haben. Wenn Sie unter 92 bleiben, haben Sie wahrscheinlich einen Mangel an Bedeutung und Zweck im Leben; wenn Sie zwischen 92 und 112 liegen, sind Sie unschlüssig oder unklar bezüglich Ihres Gefühls für den Zweck; und wenn Ihr Wert größer ist als 112, haben Sie einen klaren Zweck. Wie schneiden Sie ab? Denken Sie daran, dass die Frage »Steht dieser Verbrauch im Einklang mit meinem Zweck?« Ihnen helfen wird, Ihren Zweck zu ermitteln.

Ihre Monatstabelle bildet Ihre Ausgabenmuster auf Ihrer Suche nach Bedeutung ab. Um zur Integrität (Einklang Ihrer Handlungen mit Ihren Werten) zurückzukehren, können Sie entweder Ihre Ausgaben oder Ihren Zweck anpassen.

Abbildung 4-1
Test Lebenszweck

Kreisen Sie bei jeder der folgenden Aussagen die Zahl ein, die für Sie am zutreffendsten ist. Beachten Sie, dass sich die Zahlen immer von einem extremen Gefühl bis zu seinem Gegenteil erstrecken. »Neutral« beinhaltet kein Urteil in irgendeine Richtung; versuchen Sie, diese Einschätzung so selten wie möglich zu verwenden.

1.	Ich bin für gewöhnlich:	1.	1	2	3	4	5	6	7
				vollkommen gelangweilt			(neutral)		ausgelassen, enthusiastisch
2.	Das Leben ist für mich	2.	7	6	5	4	3	2	1
				immer aufregend			(neutral)		reine Routine
3.	In meinem Leben habe ich:	3.	1	2	3	4	5	6	7
				überhaupt keine Ziele oder Bestrebungen			(neutral)		sehr klare Ziele und Bestrebungen
4.	Meine persönliche Existenz ist:	4.	1	2	3	4	5	6	7
				gänzlich bedeutungslos, ohne Zweck			(neutral)		sehr zielgerichtet und bedeutsam
5.	Jeder Tag ist:	5.	7	6	5	4	3	2	1
				immer wieder neu			(neutral)		genau derselbe
6.	Wenn ich wählen könnte, würde ich:	6.	1	2	3	4	5	6	7
				es vorziehen, niemals geboren zu sein			(neutral)		gern neun weitere Leben genau wie dieses haben

7.	Im Ruhestand möchte ich:	7.	7	6	5	4	3	2	1
			einige der aufregenden Dinge tun, die ich schon immer tun wollte			(neutral)			für den Rest meines Lebens faulenzen
8.	Beim Erreichen meiner Ziele habe ich:	8.	1	2	3	4	5	6	7
			keinerlei Fortschritte gemacht			(neutral)			sie bis zum Erreichen weiterverfolgt, um Erfüllung zu erfahren
9	Mein Leben ist:	9.	1	2	3	4	5	6	7
			leer, voller Verzweiflung			(neutral)			läuft über mit aufregenden schönen Dingen
10.	Wenn ich heute sterben würde, hätte ich das Gefühl, dass mein Leben:	10.	7	6	5	4	3	2	1
			sehr erstrebenswert war			(neutral)			völlig wertlos war
11.	Wenn ich an mein Leben denke:	11.	1	2	3	4	5	6	7
			frage ich mich oft, warum ich existiere			(neutral)			sehe ich immer einen Grund für meine Existenz
12.	Wenn ich die Welt in Bezug auf mein Leben sehe, ist die Welt:	12.	1	2	3	4	5	6	7
			sehr verwirrend für mich			(neutral)			eine sinnvolle Ergänzung zu meinem Leben
13.	Ich bin eine:	13.	1	2	3	4	5	6	7
			sehr verantwortungslose Person			(neutral)			sehr verantwortungsbewusste Person

14.	In Bezug auf die Freiheit, seine eigenen Entscheidungen zu treffen, glaube ich, dass man:	14. 7 6 5 4 3 2 1 vollkommen frei ist, alle Lebensentscheidungen zu treffen — (neutral) — komplett eingeschränkt ist durch Vererbung und Umwelt
15.	Im Hinblick auf meinen Tod bin ich:	15. 7 6 5 4 3 2 1 vorbereitet und furchtlos — (neutral) — unvorbereitet und ängstlich
16.	Im Hinblick auf Selbstmord habe ich:	16. 1 2 3 4 5 6 7 ernsthaft daran als Ausweg gedacht — (neutral) — niemals einen Gedanken daran verschwendet
17.	Ich erachte meine Fähigkeit, im Leben Bedeutung, Zweck oder Mission zu finden als:	17. 7 6 5 4 3 2 1 sehr gut — (neutral) — praktisch nicht vorhanden
18.	Mein Leben ist:	18. 7 6 5 4 3 2 1 in meiner Hand, und ich habe die Kontrolle darüber — (neutral) — nicht in meiner Hand und von äußeren Faktoren bestimmt
19.	Meinen täglichen Aufgaben gegenüberzustehen ist:	19. 7 6 5 4 3 2 1 eine Quelle für Vergnügen und Zufriedenheit — (neutral) — eine qualvolle und langweilige Erfahrung
20.	Ich habe im Leben:	20. 1 2 3 4 5 6 7 weder Mission noch Zweck gefunden — (neutral) — eindeutige Ziele und einen zufriedenstellenden Lebenszweck gefunden

Frage 3: Wie könnte sich dieser Verbrauch ändern, wenn ich nicht für Geld arbeiten müsste?

Bis jetzt haben wir uns angesehen, inwiefern unsere Käufe uns befriedigen und im Einklang mit unseren Werte stehen. Bei Frage 3 geht es aber nun darum, wie viel Ihr Job Sie »kostet« und Ihr Leben außerhalb der Arbeit. Fragen Sie sich: »Welche Ausgaben würden abnehmen oder vollständig verschwinden, wenn ich nicht für Geld arbeiten würde?« In der dritten Spalte neben Ihren Ausgabenkategorien tragen Sie ein – (oder einen Abwärtspfeil) ein, wenn Sie denken, dieser Aufwand würde sinken, ein + (oder Aufwärtspfeil), wenn er steigt, oder 0, wenn er wahrscheinlich unverändert bleibt. Wenn Sie den Eurobetrag schätzen können, schreiben Sie diesen in eine eigene Zeile in der Monatstabelle.

Diese Frage eröffnet die Möglichkeit zu einem Lebensstil, bei dem Sie sich nicht Woche für Woche Ihrem Job unterordnen müssen. Wie würde Ihr Leben aussehen, wenn Sie nicht für das Geld 40 oder mehr Stunden pro Woche arbeiten würden? Welche Ausgaben würden verschwinden? Wenn Sie nicht für Geld arbeiten müssten, würden Sie mehr Kleidung kaufen? Oder weniger? Mehr Benzin verbrauchen? Weniger Benzin? Ihr Auto ganz abgeben? In ein preiswerteres Haus weiter weg von einem Wirtschaftszentrum ziehen? Würden Sie höhere oder niedrigere medizinische Kosten haben (Versicherungskosten könnten steigen, aber Krankheiten sinken)? Würden Sie noch Wochenendtrips in Hotels brauchen? Würden Ihre Reisekosten steigen oder sinken? Würden Sie sich für Ihre harte Arbeit nicht länger mit Impulskäufen belohnen? Was geben Sie jetzt aus, um sich dafür zu entschädigen, einen Job zu haben, der die Mehrzahl Ihrer Stunden belegt?

Sie müssen keine präzise Vorstellung davon haben, was Sie tun würden, wenn Sie nicht für Geld arbeiten müssten. Sie müssen nicht einmal etwas anderes als Ihren jetzigen Job anstreben. Sie müssen nur bei jeder Ausgabenkategorie die Frage stellen: Wie würden sich die Ausgaben in dieser Kategorie ändern, wenn ich nicht für meinen Lebensunterhalt arbeiten müsste? Erinnern Sie sich: keine Vorwürfe, keine Schuld. Sie verstoßen nicht gegen das Bekenntnis für Ihren Beruf, indem Sie diese Frage stellen. Es zeigt auch keinen Loyalitätsbruch gegenüber Ihrem Chef oder Unzufriedenheit mit Ihrem Arbeitsplatz, wenn Sie über diese Frage nachdenken. Wenn Sie Ihren Job lieben, wird die simple monatliche Übung, diese Frage zu stellen, nur Ihre Arbeitszufriedenheit vergrößern, weil Sie Ihre Gewissheit steigern werden, die richtige Entscheidung getroffen zu haben.

Wenn Sie Frage 3 stellen, kommen Sie möglicherweise zu einem überraschenden Ergebnis. Wenn Sie nicht den größten Teil Ihrer Zeit für das Verdienen von Geld aufwenden, könnte Ihr Leben viel preiswerter sein! Weil Ihre Tage durch Ihren Job in Anspruch genommen werden, brauchen Sie Geld, um jeden anderen Aspekt Ihres Lebens zu regeln – von der Tagesbetreuung bis zur Hausreparatur, von der Unterhaltung bis zum mitfühlenden Zuhörer. Sie werden entdecken, dass Finanzielle Unabhängigkeit auch bedeutet: »Unabhängigkeit davon, Geld zu benötigen, um meinen Bedarf zu befriedigen« – genau das Gegenteil einer Finanziellen Unabhängigkeit, bei der ich reich genug sein muss, um eine Schar von Dienstboten dafür zu bezahlen, dass sie alles für mich erledigen.

Das Einstufen der drei Fragen

Werfen Sie jetzt einen Blick auf Ihr Tabellenblatt. Suchen Sie alle – Einträge (oder Abwärtspfeile). Achten Sie darauf, welche Unterkategorien Ihrem Kriterium bei Frage 1 nicht entsprochen haben – Sie erhalten keine Erfüllung im Verhältnis zum Wert der eingesetzten Lebensenergie. Welche entsprachen nicht Frage 2 – Deckt sich der Aufwand an Lebensenergie mit meinen Werten und meinem Lebenszweck? Und welche Ausgaben würden sich deutlich ändern, wenn Sie nicht Ihr Sterben verdienen müssten? Erkennen Sie irgendwelche Muster? Was haben Sie über sich gelernt? Bestrafen Sie sich nicht und nehmen Sie sich nicht vor, es im nächsten Monat »besser zu machen.« (Denken Sie daran, das ist kein Budget!) Nutzen Sie einfach diese Informationen und alle Einblicke, die Sie gewonnen haben, um Ihre Werte und Ihren Lebenszweck besser zu verstehen. Denken Sie daran: keine Vorwürfe, keine Schuld.

Schritt 4 ist der Kern dieses Programms. Seien Sie nicht beunruhigt, wenn Ihr Lebenszweck oder Ihr innerer Maßstab noch nicht kristallklar ist. Manchen Menschen ist es gelungen, im Laufe dieses Programms ihre Werte und ihren Lebenszweck zu definieren. Vertrauen Sie darauf, dass das Stellen und Beantworten dieser drei Fragen – Monat für Monat, Jahr für Jahr – Ihr Verständnis von Erfüllung und Lebenszweck klären und vertiefen werden. Die Schritte dieses Programms arbeiten synergistisch, bauen aufeinander auf und verstärken sich gegenseitig. Entspannen Sie also einfach und setzen Sie die Schritte um. Alle. Mit Integrität. Und denken Sie an: keine Vorwürfe, keine Schuld.

Dies ist lediglich ein Prozess des Sammelns von Informationen. Es ist der erste Schritt zu Ihrer eigenen Umprogrammierung. Alle unbewussten, suchterzeugenden Ausgabenmuster werden entlarvt und identifiziert, wenn Sie diese ins Licht der ehrlichen Einschätzung und einer klaren, numerischen Ausdrucksweise stellen. Der Punkt ist nicht, sich durch Schuldgefühle oder Selbstkritik zur Änderung zu zwingen. Es geht darum, Ihre Ausgaben so anzupassen, dass Sie in all Ihren Kategorien Nullen oder Pluspunkte haben.

Im Folgenden erhalten Sie ein paar Gedächtnisstützen für das Arbeiten mit Schritt 4, um Ihren Nutzen zu maximieren.

Zum Genug gelangen

In Kapitel 1 haben wir über die Erfüllungskurve und diese interessante Stelle an der Spitze gesprochen, die mit »genug« bezeichnet wird. Sie haben genug zum Überleben, genug für Ihren Komfort und gerade genug Luxus, um Sie nicht unnötig zu belasten. Genug ist ein starker und unabhängiger Ort. Ein souveräner und flexibler Ort. Und es ist ein Ort, den Sie für sich zahlenmäßig festlegen werden, wenn Sie diesem Programm folgen. Die drei Fragen sind das primäre Werkzeug zum Definieren, wie viel genug erfahrungsgemäß für Sie bedeutet. Sie werden sie jeden Monat stellen, aber es kann Ihnen passieren, dass die Fragen Ihnen bei jedem Kauf einfallen, den Sie tätigen wollen.

Unserer eigenen Erfahrung nach besteht »genug« aus vier Bestandteilen, vier gemeinsamen Eigenschaften:

1. Rechenschaft – zu wissen, wie viel Geld in Ihr Leben hinein- und herausfließt – ist die Grundlage Finanzieller Intelligenz. Denn wenn Sie nicht wissen, wie viel Sie haben oder wohin alles fließt, können Sie nie genug haben.
2. Ein innerer Maßstab für Erfüllung. Wie wir bereits gesehen haben, können Sie nie genug haben, wenn Sie es an dem messen, was andere haben oder

denken. Das gleicht dem Versuch, eine Rolltreppe entgegen der Laufrichtung zu benutzen. Die Meinungen anderer Menschen sind unbeständig. Die Dinge ändern sich häufig bei anderen Menschen, und gerade dann, wenn Sie die Sachen haben, von denen Sie denken, dass Sie damit die ersehnte Gleichstellung mit den Müllers erreicht haben, kommt ein neuer Trend und die Jones sind jetzt Minimalisten. Selbsterkenntnis ist der Schlüssel.

3. Ein Lebenszweck, der bedeutender ist, als Ihre eigenen Wünsche und Begehrlichkeiten zu befriedigen, weil Sie nie genug haben können, wenn jede Begehrlichkeit eine Notwendigkeit wird, die gestillt werden muss. Aber welcher Zweck wäre bedeutender, als das zu bekommen, was wir wollen? Das Gegenteil von Bekommen ist Geben – und da liegt das Geheimnis der Erfüllung. Ab dem Punkt »genug« finden wir Glück, indem wir unserem natürlichen Wunsch Ausdruck verleihen, unsere Gaben und Talente anderen anzubieten.
4. Verantwortung, für mehr zu leben, als bloß »es geht nur um mich«. Wenn wir uns um niemanden scheren außer uns selbst, können wir genug nie haben, bis wir alles haben. In dem Moment ist Verantwortung gut für Sie – es bringt Sie aus der mehr-ist-besser-Tretmühle – und auch für andere. Semantisch betrachtet steckt in dem Wort die »Antwort«. Sie bewegen sich von Blindheit über die kleinen Höhepunkte Ihrer Handlungen zum imstande – und bereit – sein, auf die Bedürfnisse anderer zu reagieren. Als Erstes müssen Sie Verantwortung für sich selbst übernehmen. Sie stoppen das Schuldzuweisungsspiel, sagen die Wahrheit und richten Ihre Handlungen auf Ihre erklärten Werte aus. Sie definieren genug für sich selber. Schließlich führen Sie Ihr Leben in »sich erweiternden Kreisen«, wie Albert Einstein 1950 sagte:

> Ein Mensch ist Teil des Ganzen, das von uns »Weltall«, genannt ist, ein Teil beschränkt in Zeit und Raum. Er erfährt sich selbst, seine Gedanken und seine Gefühle als etwas, das vom Rest abgetrennt ist – eine Art optischer Illusion seines Bewusstseins. Diese Illusion ist eine Art Gefängnis für uns, die uns auf unsere persönlichen Wünsche und auf die Zuneigung zu einigen nahestehenden Personen beschränkt. Unsere Aufgabe muss sein, uns aus diesem Gefängnis zu befreien, indem wir unser Mitleid auf alle lebenden Kreaturen ausdehnen und die ganze Natur in ihrer Schönheit umarmen.

Buckminster Fuller, ein anderer Träumer von möglichen Welten des 20. Jahrhunderts, hatte ein ähnliches Verständnis. Manche halten ihn für einen Beinaheheiligen der Nachhaltigkeit, doch in seinen 20ern – nach dem Tod seines Sohnes und einem geschäftlichen Misserfolg – fühlte er sich wertlos und spielte mit dem Gedanken, all dem ein Ende zu setzen. In diesem Moment des äußersten Schmerzes hatte er eine Erleuchtung. »Er« gehörte – so wie auch sein Leben – nicht ihm. Er gehörte der Welt. Er hat den Rest seines Lebens der Suche nach Wegen gewidmet, das Leben für alle zu optimieren. Seine Aufgabe wurde: »Dafür sorgen, dass die Welt funktioniert, für 100 Prozent der Menschheit, in der kürzestmöglichen Zeit, durch spontane Zusammenarbeit, ohne ökologische Verstöße oder Nachteile für irgendjemand.«[24] Schließlich haben sich ihm Hunderttausende von Menschen bei dieser Suche angeschlossen und sich als persönliches Ziel eine Welt gesetzt, die für jeden funktioniert, die nichts hat, und niemand wird ausgeklammert.

Stellen Sie sich vor, dass es, so wie Fuller glaubte, für jeden genug gibt – genug Essen, genug Energie, genug Ressourcen. Stellen Sie sich vor, wie Einstein uns vorschlug, dass wir unsere Kreise des Mitfühlens erweitern würden, um alle lebenden Wesen zu umarmen. Keine Bündel an »genug« von zwei Wesen müssen einander gleichen, aber jedermanns Gefühl von genug muss erfüllt werden. Was für eine wunderbare Konstruktionsaufgabe! Was für ein großer Traum könnte das für uns alle sein, die wir mit der Zeit unser persönliches Genug durch das konsequente Umsetzen dieser einfachen Schritte entdecken und unsere frei gesetzte Lebensenergie den guten Dingen widmen können.

Wenn Sie das anspricht, dann entwerfen Sie im Sinne folgender Zeilen eine vierte Frage für Ihre Einschätzung: Wie würden Ausgaben in dieser Kategorie in einer gerechten und mitfühlenden Welt aussehen, in der jeder jetzt und in der Zukunft alles hätte, was er für ein Leben braucht, das er lieben kann?

Formulieren Sie das um, wie Sie das mögen. Eine kurze Neufassung könnte sein: »Was wäre, wenn das jeder täte?« Genauso wie die Erfüllungs- und Ausrichtungsfragen Ihre Entscheidungen leiten, um das Leben für Sie und die Menschen, die Sie lieben, besser zu machen, leitet diese Frage Ihre Entscheidung mit Einsteins »ausgedehntem Mitgefühl« im Kopf. Sie werden nie alle kennen, aber Sie können es so betrachten: »Was du nicht willst, das man dir tu', das füg' auch keinem andern zu.«

Wenn Sie auf Ihre Liste schauen, könnten Sie fragen: »Und wenn alle … in Restaurants essen, gebrauchte Kleidung kaufen, Obstbäume im Garten anpflanzen, diesen Pauschalurlaub buchen, dieses Auto für ihr tägliches Pendeln auswählen …?« Erinnern Sie sich, keine Vorwürfe, keine Schuld, nur ihr Mitgefühl ausdehnen.

Manche Menschen konzentrieren sich bei dieser Verantwortungsfrage auf die Umwelt: Ist das für (den Planeten/das Klima/die Umwelt) gut? Dieser spezielle Weg, die Verantwortungsfrage zu formulieren, muss nicht mit Ihrem Verständnis des Lebens und der Zukunft übereinstimmen – aber Sie können ihn unterschiedlich gestalten. »Was würde Jesus tun?« wird von vielen Christen verwendet, um Moralentscheidungen zu treffen. »Was sagt die Lehrmeinung?« könnte für Menschen funktionieren, die nicht religiös sind. Einige könnten ihre Antworten in der Stille oder in der Natur finden. Sie könnten dies die Finanzielle Wechselbeziehungsfrage nennen.

Ist diese vierte Frage notwendig, um Ihre Einstellung zum Geld zu verändern? Nein. Wenn Sie jedoch den Schritten dieses Programms folgen, wird es so einfach werden – quasi zu Ihrer zweiten Natur – Ihre Ausgaben zu überwachen und die monatliche tabellarische Aufstellung beizubehalten und sich die drei Fragen zu stellen, dass Sie sich bei der Frage ertappen werden, was passieren würde, wenn das jeder täte. In diesem Fall stehen Sie genau da, wo Joe und ich 1990 anlangten, und was uns zum Schreiben dieses Buches brachte.

Zusammenfassung von Schritt 4

1. Stellen Sie bei jeder Ausgabenunterkategorie Ihrer Monatstabelle Frage 1: »Entsprachen die erhaltene Erfüllung, Befriedigung und der Wert im Verhältnis der investierten Lebensenergie?« Kennzeichnen Sie Ihre Antwort mit + (oder einem Aufwärtspfeil), – (oder einem Abwärtspfeil) oder 0.
2. Stellen Sie bei jeder Ausgabenunterkategorie in Ihrer Monatstabelle Frage 2: »Deckt sich der Aufwand an Lebensenergie mit meinen Werten und meinem Lebenszweck?« Kennzeichnen Sie Ihre Antwort mit + (oder Aufwärtspfeil), – (oder Abwärtspfeil) oder 0.
3. Stellen Sie bei jeder Ausgabenunterkategorie in Ihrer Monatstabelle Frage 3: »Wie könnte sich dieser Verbrauch ändern, wenn ich nicht für Geld ar-

beiten müsste?« Kennzeichnen Sie Ihre Antwort mit + (oder Aufwärtspfeil), – (oder Abwärtspfeil) oder 0 und schreiben Sie die geschätzte Änderung in die Monatstabelle.

4. Überprüfen Sie alle Kategorien mit – Symbol (oder Abwärtspfeil) und erstellen Sie eine Liste.

Geldgespräch-Fragen

Ihre Träume, Werte, Erinnerungen und Geschichten sind für endlos interessante Gespräche gut. Wenn Sie von jemand anderem einen Traum oder ein Ziel erfahren und mögen, was Sie hören, stehlen Sie es! Gemeinsam können wir unwiderstehliche Visionen von einem wirklich guten Leben erschaffen.

Bringen Sie die Vorschläge im Schlusswort für die Durchführung eines Geldgespräches in Ihre tägliche Reflexion ein, vertiefen Sie diese mit Ihrem Partner oder in sozialen Gruppen. Denken Sie daran, das »Warum?« am Ende jeder Frage anzufügen, um sie zu vertiefen. Das Hinzufügen von »Wie hat die Gesellschaft meine Antwort beeinflusst?« zu jeder Frage wird diese in einen größeren Zusammenhang stellen. Es gibt keine richtigen Antworten.

- Was wollten Sie werden, als Sie aufwuchsen? Wie steht es jetzt damit?
- Was steht auf Ihrer »Wunschliste« jener Dinge, die Sie tun wollen, bevor Sie sterben?
- Was ist Ihre Berufung, die Arbeit Ihres Herzens und Ihrer Seele?
- Sprechen Sie über eine Ihrer glücklichsten Erinnerungen. Was machte Sie glücklich?
- Was könnte aus heiterem Himmel geschehen und käme für Sie einem wahr gewordenen Traum gleich?
- Was wollen Sie für Ihre Kinder/geliebten Menschen, das man mit Geld kaufen kann?

5

Bringen Sie es ans Licht

Schritt 5: Die Lebensenergie sichtbar machen

In Schritt 5 machen Sie die Ergebnisse der vorherigen Schritte sichtbar und bilden sie in einer Grafik ab, die Ihnen ein klares, einfaches Bild Ihrer Finanzsituation vermittelt, jetzt und im Laufe der Zeit, sowie über die Transformation Ihrer Einstellung zum Geld (Lebensenergie).

Ihr erster Monat des Festhaltens und Auswertens Ihrer Ausgaben wird aufschlussreich sein, da Sie erkennen, wie viel Geld Ihren Finanzstall ohne vernünftigen Grund verlassen hat. Sich der Realität zu stellen, warum und wie Sie sich immer höher verschulden, kann so unbehaglich sein, dass Sie geneigt sind, damit aufzuhören. »Eine nette Übung«, werden Sie denken, »aber mehr muss ich gar nicht wissen.«

Wenn Sie aber hartnäckig bleiben und Ihre Ausgaben für einen weiteren Monat beobachten, stellen sich möglicherweise drastische Verringerungen Ihrer Ausgaben ein. Sich etwas bewusst zu machen, kann ein bisschen dauern. Und es sieht auch niemand, wenn Sie bei einem Punkt zusammenzucken. Denken Sie an »keine Vorwürfe, keine Schuld« und machen Sie weiter. Fleißkärtchen.

Während des dritten Monats kann es erneut zu großen Veränderungen kommen – in jede Richtung. Möglicherweise sparen Sie mehr. Oder Sie lassen nach, weil Sie im zweiten Monat bewiesen haben, dass Sie es können. Ob Sie sich selbst auf die Schulter klopfen oder Ihre Augen angesichts der grellen Wahrheit schließen wollen, es könnte etwas Willenskraft brauchen, um auf Kurs zu bleiben.

Wie motivieren Sie sich, um weiterzumachen?

Jeder, der sein Verhalten in irgendeiner Weise verändert hat, kennt drei Schlüssel:

1. Machen Sie es sich zur Gewohnheit statt zu einer Entscheidung. Sie tun es einfach, ob Sie wollen oder nicht. Sie haben ein System und Sie folgen dem System und es tritt in den Hintergrund des täglichen Lebens – wie das Zähneputzen.
2. Legen Sie jemandem gegenüber Rechenschaft ab. Gehen Sie eine Verpflichtung mit einem oder mehreren Menschen ein, dass Sie alles aufschreiben, was Sie ausgeben, und Ihre monatliche Bilanz mit Aufwärts- und Abwärtspfeilen und Nullen erstellen werden. Sie können Ihre(n) Rechenschaftspartner monatlich treffen, um Ihre Ergebnisse mitzuteilen und ein Geldgespräch zu führen. Sie können einander täglich Nachrichten schicken oder telefonieren. Sie können Ihrem Rechenschaftspartner (oder Partnern) Ihr Passwort für Ihre Nachhalte-App geben, sodass diese(r) Sie stichprobenmäßig überprüfen kann, und Sie können das umgekehrt genauso handhaben. Neugierde kann interessant sein – und wirkungsvoll.
3. Grafische Darstellung. Das Abhaken einer täglichen To-do-Liste, oder sich täglich zu Wiegen und Ihr Gewicht auf der Skala zu vermerken, bewirkt Wunder für Ihr Engagement weiterzumachen. Dasselbe gilt für Geld. Beim Nachhalten dranzubleiben bewirkt Wunder beim Unterdrücken des Drangs zu prassen.

In Schritt 5 werden Sie eine Grafik erstellen, in der Sie Ihr Einkommen und Ihre Ausgaben abbilden. Sie werden auch entscheiden, wie Sie diese einsetzen, um sich bei der Stange zu halten, und wir werden einige Vorschläge anbieten, um Ihre Reise zur Finanziellen Integrität zu intensivieren und damit zu beschleunigen.

Schnallen Sie sich an.

Ihr Schaubild erstellen

Im Zuge von Schritt 5 werden Sie ein Schaubild Ihres Einkommens und Ihrer Ausgaben anfertigen, das umfassend genug ist, um Daten für drei bis fünf Jahre aufzunehmen. Das Bild wird einfach zu erstellen, pflegeleicht und gut verständlich sein. Alle Informationen, die Sie brauchen, sind bereits in Ihrer Monatstabelle enthalten. Sie brauchen weder Computer noch eine App, um Schritt 5 umzusetzen. Sie müssen es einfach nur tun! Wenn Sie eine App, einen Online-Service oder ein Buchhaltungsprogramm haben, mit dem Sie Ihre Finanzen managen, beinhaltet das Diagramme und Grafiken, die nach Eingaben stets aktualisiert werden – aber es gibt einen zweiten Teil von Schritt 5, den der Computer nicht für Sie erledigen wird.

Um es von Hand zu tun, nehmen Sie ein großes Blatt Millimeterpapier (am besten DIN A3). Wenn Sie das nicht auftreiben können, ist das kein Grund zur Panik. Sie können jedes große Stück Papier verwenden und die entsprechenden Linien einzeichnen. Die linke, vertikale Achse steht für Geld. Damit werden Sie sowohl Ihr Einkommen als auch Ihre Ausgaben darstellen. Tragen Sie Euro-Schritte ein. Fangen Sie mit 0 am unteren Ende an und lassen viel Platz auf dem oberen Teil der Grafik. So hanebüchen das momentan auch klingen mag, Sie sollten ausreichend Platz für eine Verdopplung Ihres Einkommens freilassen. Mehr als ein FI-ler hat uns verschämt eine Grafik gezeigt, bei der zusätzliches Papier oben angeklebt war, um eine Einkommenshöhe abzubilden, die er oder sie nie für möglich gehalten hatte. Planen Sie Ihre Skala so, dass die größere von den zwei Zahlen (Einkommen oder Ausgaben) für diesen Monat auf die Mitte der Skala fällt. Die untere, horizontale Skala stellt die Zeit mit der Zunahme von Monaten dar. Sehen Sie fünf bis zehn Jahre auf dieser Achse vor. Das reicht aus, um langfristige Trends zu erkennen – und vielleicht, um Ihre Finanzielle Unabhängigkeit kommen zu sehen! Für diejenigen, die das gerne elektronisch durchführen möchten, ist Excel oder eine andere Tabellenkalkulation gut geeignet. Wenn Sie wissen, wie man damit umgeht, kann sich eine ganze Welt öffnen, um Ihre Finanzen zu analysieren, aber den Schrecken oder die Zufriedenheit des Einzeichnens von Hand kann es möglicherweise nicht ersetzen.

Am Ende jedes Monats werden Sie die Zahlen für Ihr Gesamteinkommen und Ihre Gesamtausgaben für diesen Monat aufzeichnen. Es ist nützlich, verschiedene Farben für Ihr Einkommen und Ihre Ausgaben zu verwenden. Verbinden Sie jeden Punkt durch eine Linie mit dem Eintrag des Vormonats.

Das ist schon alles. Wenn Sie diesen Schritt im ersten Monat tun, haben Sie eine Momentaufnahme – eine sehr erhellende – Ihrer Gewohnheiten bezüglich Geld. Aber das wahre Lernen – und der richtige Spaß – kommen, wenn Sie Ihre Zahlen Monat für Monat und Jahr für Jahr abbilden. Ihr Wanddiagramm wird die statische Momentaufnahme der Monatstabellen nehmen und die dynamische Dimension der Zeit hinzufügen, und Ihre Bewegung in Richtung Ziel und Ihren Fortschritt mit der Zeit sichtbar machend. Ihr Graph wird auch Sie antreiben – Ihr Engagement verstärken, weiterzumachen.

Der Teufelskreis des Knauserns und Prassens

Im ersten Monat, wenn Sie Ihre Zahlen aufzeichnen, werden Sie möglicherweise mit einer der Marotten unserer Nation konfrontiert. Ihr Einkommenseintrag ist niedriger als Ihr Ausgabeneintrag. Möglicherweise haben Sie mehr ausgegeben, als Sie verdient haben. Das Erkennen dieser Realität könnte ein kleiner Schock sein. Aller Wahrscheinlichkeit nach wollen Sie dann die Dinge ändern – und zwar sofort. Gewöhnt an Budgets, Diäten und Neujahrsvorsätze, schwören Sie bei einem Stapel Kontoauszügen und Kreditkarten, dass im nächsten Monat alles besser werden wird.

An dem Punkt stürzen sich Menschen häufig mit übereifriger Begeisterung auf die »Geldbörse«. Sie knausern. Sie sparen. Sie enthalten sich selbst und ihren Familien einiges vor und setzen alle auf eine Bohnen-, Reis- und Haferflocken-Diät. Sie konzentrieren sich täglich auf diese Ausgabenzeile, entschlossen, sie in einem kurzen Monat zu halbieren. Erstaunlicherweise gelingt das vielen. Beim Eintragen der Ausgaben im zweiten Monat vermerken sie stolz einen steilen Rückgang.

Diese Art der Enthaltsamkeit ist jedoch nicht nachhaltig. Im dritten Monat kehren die Ausgaben häufig mit einer Heftigkeit zurück, die die Einsparung im zweiten Monat wettmacht.

Und nun? Bei der alten Denkweise könnten Sie dazu neigen, die Bürde des Budgetierens wieder aufzunehmen … oder aufzuhören. Aber fassen Sie Mut. Es gibt einen besseren Weg und der funktioniert.

Elaine H., die Computerprogrammiererin, die wir in Kapitel 1 kennengelernt haben, und die ihren Job hasste, aber keinen Ausweg finden konnte, hatte keine Schwierigkeiten, ihr Wanddiagramm zu erstellen. Zahlen und das Niederschreiben des Geldflusses waren genau ihr Thema. Obwohl sie viele »Trophäen« als Zeichen ihres Erfolgs gesammelt hatte, unterschied sich ihr Wanddiagramm nicht von dem vieler anderer Anhänger des amerikanischen Traums: Ihre Ausgaben waren höher als ihr Einkommen.

»Was ich sah, hat mich wirklich geschockt. Ich hatte keine Ahnung, dass ich mehr ausgab, als ich verdiente. Aber dort stand es: Einkommen in diesem Monat 4.400 Dollar und Ausgaben 4.770 Dollar.« Sie fühlte sich herausgefordert. Auch wenn die Chancen schlecht standen, weniger auszugeben, als sie verdiente, wollte sie es schaffen. Sie entschied, verschiedene Wege auszuprobieren, um ihre Ausgaben zu senken. Anstatt mit ihren Kollegen Mittagessen zu gehen oder nur ein preiswerteres Gericht zu bestellen, brachte sie ihr Mittagessen von zu Hause mit. Einen Monat lang kaufte sie keine neue Kleidung und aß nicht in Restaurants – einen Monat lang kann man eine Menge aushalten. Und siehe da, im zweiten Monat waren ihre Ausgaben weit unter ihr Einkommen gesunken. Sie hatte bewiesen, dass sie es konnte.

»Ich war begeistert! Im nächsten Monat habe ich allem weniger Aufmerksamkeit geschenkt, bin zu meinen alten Einkaufsgewohnheiten zurückgekehrt und habe viel von dem finanziellen Gewinn des Vormonats wieder vernichtet. Mein Wanddiagramm sah schlecht aus.« Und sie begriff, dass sie sich selber ändern musste – und nicht das Diagramm.

Und wie vollzog sich diese Veränderung bei den Ausgaben? Elaine erklärte, dass ihr Selbstwertgefühl stieg, als sie den Schritten des Programms folgte und ihre Erfolge erkannte. Sie sah, dass sie es schaffen konnte, und ihre Unzufriedenheit verwandelte sich in einen Antrieb, es so gut zu machen, wie sie nur konnte. Diese Geisteshaltung wirkte sich auch auf ihre Arbeit aus – was sie genauso überraschte wie ihre Vorgesetzten.

> »Innerhalb von vier Monaten war ich schuldenfrei und meine Ausgaben waren auf 1.640 Dollar gesunken. Ich hatte meine Lebensmittelrechnungen von 359 Dollar pro Monat auf 203 Dollar reduziert, ohne dass ich bewusst etwas dafür getan habe. Möglicherweise lag das unter anderem daran, dass ich bei meiner Arbeit glücklicher war, sodass ich weniger ›Wiedergutmachung‹ brauchte. Meine Restaurantausgaben sind auf 77 Dollar pro Monat von ursprünglich 232 Dollar gefallen, weil ich nur dann Essen gehe, wenn ich wirklich Lust dazu habe. Ich bin in ein Haus mit geringerer Miete umgezogen, das auch näher zur Arbeit liegt, sodass meine Benzinkosten um 60 Prozent gefallen sind. Meine medizinischen Behandlungskosten wurden auch halbiert, wahrscheinlich aus demselben Grund, weshalb meine Nahrungsmittelkosten reduziert sind. Ich genieße meine Arbeit mehr und habe keinen Grund, krank zu werden. Nichts davon fühlte sich wie aufgezwungene Enthaltung an. Ich musste nicht dafür kämpfen, weniger auszugeben. Es fühlte sich nicht einmal so an, als würde ich irgendetwas Außergewöhnliches tun. Es entwickelte sich einfach.«

Im Laufe der Jahre hatte sie Tausende Dollar für Seminare ausgegeben, die darauf ausgerichtet waren, alles zu verändern, von ihrem Selbstwertgefühl bis zu ihrer Leistung im Job, aber die Veränderung hat nie lange gehalten. Was war dieses Mal anders? Ein wichtiger Bestandteil war das Wanddiagramm. Dieses Bild stellte die ganze Art und Weise in Frage, wie sie ihr Leben lebte. Es zeigte ihre Ausgabegewohnheiten und stellte grafisch dar, warum sie am Ende des Monats nicht genug Geld hatte. (Siehe Abbildung 5-1)

Das Wanddiagramm erinnert uns daran, dass die Veränderung unserer Einstellung zum Geld sich nicht in einer blitzartigen Erkenntnis vollzieht. Sie müssen die Schritte – ehrlich – gehen und das braucht Zeit und Geduld. Ungeduld, Verleugnung und Habgier gehören zu dem, was umgestaltet wird. Es dauert, über unser Leben nachzudenken und zu sehen, ob wir immer noch dorthin wollen, worauf wir zusteuern. Das Lesen dieses Buches nimmt nur ein paar Tage in Anspruch, aber das Umwandeln Ihrer Einstellung zum Geld wird mit der Zeit geschehen. Indem Sie Ihre Reaktionen auf Ihr Wanddiagramm beobachten, anstatt sich darüber zu ärgern, werden Sie die Einstellungen und Überzeugungen loslassen, die Sie in die Situation gebracht haben, in der Sie sich befinden.

Es gibt zwei Schlüssel, damit dieser Prozess bei Ihnen funktioniert:

1. Anfangen.
2. Weitermachen.

Abbildung 5-1
Das Wanddiagramm von Elaine – mit Ausgaben

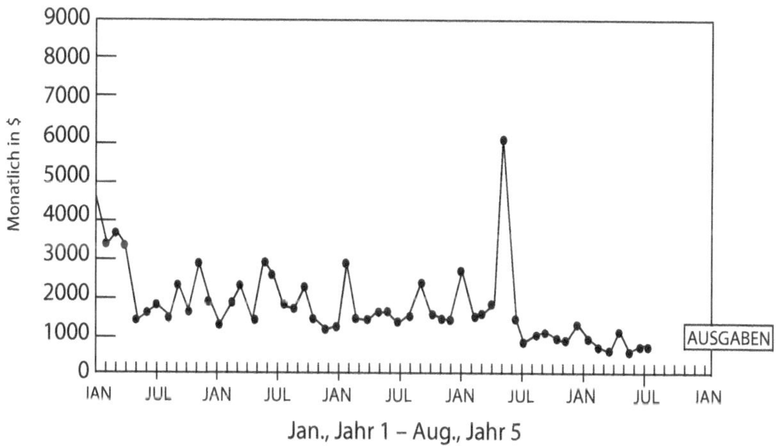

Wir hören häufig, dass eine Reise über Tausende Kilometer mit dem ersten Schritt beginnt. Was wir nicht so häufig hören ist, dass Sie Ihren Bestimmungsort durch Hunderttausende weiterer kleiner Vorwärtsschritte erreichen. Machen Sie diese Schritte. Schlussendlich werden Sie beginnen, die Magie dieses Prozesses zu erkennen. Ohne es bewusst anzugehen, werden Sie feststellen, dass Ihre Ausgabenlinie nach unten geht. Wodurch?

Wie Sie mit den drei Fragen bares Geld sparen können

Erinnern Sie sich an die drei Fragen in Schritt 4? Sie werden die durchschlagende Wirkung entdecken, die diese Fragen auf Ihr Bewusstsein bezüglich Geld haben – und folglich auf Ihr Wanddiagramm.

Die automatische Reduzierung von Ausgaben

Frage 1 war: »Entsprachen die erhaltene Erfüllung, Befriedigung und der Wert im Verhältnis der investierten Lebensenergie?« Das Stellen dieser Frage jeden Monat für jede Ihrer Ausgabenkategorien steigert Ihr Bewusstsein bezüglich Ihrer Entscheidungen und läuft so auf eine automatische Verringerung Ihrer gesamten monatlichen Ausgaben hinaus. Das wiederum verschafft Ihnen das Vergnügen, die Ausgabenkurve auf Ihrem Diagramm nach unten gehen zu sehen.

Wie wir in Kapitel 4 gesehen haben, aktiviert ein größeres Bewusstsein, welche Ausgaben uns wirklich glücklich machen und welche es nicht tun, unseren »Überlebensmechanismus.« Tatsächlich programmieren Sie sich neu. Jedes Ihrer »–«-Zeichen ist eine Beleidigung Ihres Überlebensinstinkts, dieser automatischen Bewegung hin zum Vergnügen und weg vom Schmerz. Dieser starke Mechanismus wird ein Verbündeter, wenn Ihnen bewusst wird, dass einige Ausgaben, von denen Sie dachten, dass Sie Ihnen Vergnügen bringen, oder die Sie einfach nur aus Gewohnheit pflegen, Sie nicht wirklich erfüllen oder auch nur Vergnügen bereiten.

Erinnern Sie sich an unsere Impulskäufe? Sie werden Ihre bald kennen. Diese gleißend hellen Momente des Bewusstseins, wenn Sie sich dabei ertappen, wie Sie Ihre Lebensenergie in noch mehr Impulskäufe investieren, werden auch dazu beitragen, die Ausgaben zu senken. Lassen Sie uns sehen, wie das funktioniert.

Wenn Sie in der Vergangenheit versucht haben, Ihre Gewohnheiten zu ändern und dadurch Ihre Zufriedenheit zu steigern, hatten Sie keinen genauen Überblick über Ihre Ausgabenmuster. Anstatt Impulskäufe als Quelle der Unzufriedenheit zu identifizieren, haben Sie weiterhin gedacht, dass Sie genau darauf nicht verzichten werden. Manchmal haben Sie versucht, Impulskäufe als schmerzhafte Buße für Ihre Verschwendung aufzugeben ... nur um sich beim nächsten Impulskauf zu ertappen und zu denken: »Nur dieses eine Mal. Nur dieses eine Mal.« Aber jetzt haben Sie diese Sackgasse identifiziert und sehen von oben auf den Geldirrgarten herab. Sie sind zu der Erkenntnis gekommen: »Dieser Verbrauch an Lebensenergie liefert mir in Wahrheit keine Erfüllung.« Sie werden sich fühlen, als ob Sie aufwachen.

»Moment mal«, platzen Sie mit weit aufgerissenen Augen heraus, »Ich habe die Hälfte der Bücher in meiner Bibliothek nicht gelesen, geschweige denn in den vergangenen zehn Jahren einen einzigen Quilt zu nähen. Es reicht!« Dieser kurze Moment des Bewusstseins bewirkt viel. Da Sie nun den Zusammenhang zwischen der Art, wie Sie Geld ausgeben, und dem Umfang an Erfüllung, den Sie erhalten, deutlich erkennen konnten, haben Ihre Impulskäufe Sie nicht länger im Griff. Jetzt können Sie mit sich im Einklang sein – Sie kämpfen weder gegen sich an noch versuchen Sie, Glück und Zufriedenheit zu kaufen. Im Gegenteil, Sie erhalten jetzt Erfüllung, indem Sie Ihre Lebensenergie anders einsetzen; Sie schätzen Ihre Lebensenergie und damit sich selbst. So gesehen ist es leicht, die Richtung zu ändern.

Ivy U. wuchs als Tochter mexikanisch-stämmiger Eltern in armen Verhältnissen auf. Es gab nie genug Geld, aber anstatt das zu akzeptieren und darüber, wie sehr sie unter der Armut litten, speisten ihre Eltern sie mit Gemeinplätzen ab. »Wir sind gesegnet«, sagte ihr katholischer Vater, »weil nur die Armen ins Königreich des Himmels eingehen können.« Religion, Armut und Frustration beim Zählen der Cents vermischten sich miteinander und ließen Ivy verwirrt und verbittert zurück. Sie beschloss, als Erwachsene genug Geld zu haben, um sich nie wieder Gedanken über ihre Ausgaben machen zu müssen und sich kaufen zu können, was immer sie wollte.

Ivy hat ihre Impulskäufe schnell identifiziert: Kleidung. Bei der Durchführung ihrer Inventur in Schritt 1 inspizierte sie zufrieden mit ihrer Einfachheit ihr Haus, bis sie zu ihrem Kleiderschank kam. Wo kamen all die Sachen her? Natürlich von verschiedenen Geschäften – meistens teure Boutiquen. Aber warum? Ihr Entschluss, nie wieder arm zu sein, hatte sich in das Bedürfnis verwandelt, immer perfekt angezogen zu sein. Sie konnte ihren Abstand zur Armut an der Zahl täglicher Komplimente für ihre Kleidung messen.

Ja, als Karrierefrau musste sie gut aussehen. Aber für Ivy hatte das zur Folge gehabt, sich jeden Monat mehrere neue Outfits zuzulegen. Schon wenn sie die Bluse vom Vormonat mit dem neuen Anzug von diesem Monat trug, fühlte sie sich schäbig.

Bei der Aufstellung ihrer Monatstabellen sah sie schnell, dass sie keine angemessene Erfüllung für die Stunden an Lebensenergie bekommen hat, mit denen sie dafür sorgte, dass die Geschäfte schwarze Zahlen schrieben. Ohne gegen sich ankämpfen zu müssen, etwas zu verleugnen oder das Gefühl von Entbehrung zu spüren, hörte sie auf, Kleidung zu kaufen, die sie nicht brauchte. Zu ihrer Überraschung nahm die Zahl an Komplimenten, die sie pro Tag erhielt, überhaupt nicht ab.

Hal N., ein zum Finanzplaner gewordener Aktivist fand heraus, dass seine unbewussten Ausgabenkategorien nicht nur aus Impulskäufen bestanden. Man müsste sie als Mega-Impulskäufe bezeichnen – oder als große blinde Ausgabenflecke. Der FI-Kurs war für ihn eher wie eine Operation am grauen Star als nur eine neue Brille zu bekommen.

Als er sich die Fragen über die Erfüllung und Ausrichtung stellte, begriff er, wie gelangweilt und müde er in den letzten acht Jahren gewesen war. Ihm wurde auch klar, was ihm die Schwierigkeiten eingebracht hatte. Zuallererst hatte er angenommen, dass er ein teures Büro brauchte, um die Rolle des Finanzplaners auszufüllen. Aber als er auf den Betrag der Lebensenergie schaute, den ihn sein Büro kostete – 2.900 Dollar pro Monat – stellte er infrage, ob er wirklich den Gegenwert erhielt. Tatsächlich tat er das nicht. Er machte die meisten seiner Geschäfte mit dem Telefon, über die Post, oder in den Häusern von Kunden. Niemand hat ihn jemals in seinem Büro gesehen. Deshalb hat er sein Büro in sein Haus verlegt. Gesamte aktuelle Bürokosten: 750 Dollar pro Monat.

Der zweitgrößte blinde Fleck für Hal waren seine Kinder. Sie lebten bei ihrer Mutter, aber er sorgte gut für ihren Unterhalt. Das war nicht das Problem. Das Problem bestand darin, dass er seinen Kindern jedes Mal Extrageld gab, wenn sie fragten, weil er sich schuldig fühlte, nicht bei

> ihnen zu sein. Er hat neun Kinder, das summierte sich. Egal wie viel er gab, sie wollten immer mehr. Mit seiner durch den Prozess der ehrlichen Einschätzung geschärften Cleverness erkannte Hal, dass seine Kinder abhängig geworden waren und dass er das ermöglichte. Er entschied, das zu ändern, und auch wenn die Kinder jetzt eine Art Entzug durchmachen, ist Hal zufrieden mit seiner Entscheidung, kein Schlechtes-Gewissen-Geld mehr dafür zu bezahlen, nicht bei seinen Kindern zu sein. Mit einigen anderen geringen Anpassungen kürzte Hal durch das Stellen der drei Fragen seine Ausgaben um 50 Prozent – und ist viel glücklicher.

Nicht jeder hat so viel »Füllmaterial« wie Hal, aber nach dem Betrachten Hunderter FI-Wanddiagramme können wir sagen, dass diejenigen, die die Dreimonatshürde passieren, ihre Ausgaben ganz natürlich – und schmerzlos – um etwa 20 Prozent sinken sehen. Diese Menschen berichten, weder Entbehrung noch Anstrengung gespürt zu haben – wie es beim Einhalten eines Budgets der Fall ist –, es sei ein ganz natürlicher Rückgang gewesen. Das Wissen, dass Sie keine Zufriedenheit erhalten, die in Proportion zum Verbrauch an Lebensenergie in einer Unterkategorie von Ausgaben steht, erzeugt eine automatische, selbst-schützende Änderung Ihrer Ausgabegewohnheiten. Mit der Zeit fühlen Sie sich tatsächlich besser dabei, wenn Sie nichts ausgeben; das Umgehen von Impulskäufen wird jetzt eine Quelle der Erfüllung, weil Sie selbst beschlossen haben, dass Impulskäufe Ihnen keine Erfüllung bringen.

Ausrichtung und persönliche Integration

Es gibt noch mehr, worauf Sie sich freuen können, wenn Sie mit Ihrem Wanddiagramm arbeiten. Sie werden sehen, wie die Ausgabenkurve nach unten geht, indem Sie einfach jeden Monat Frage 2 stellen: »Deckt sich der Aufwand an Lebensenergie mit meinen Werten und meinem Lebenszweck?«

Das ist ein Feedbacksystem für Integrität. Die Bekundung Ihrer Werte und Ihres Lebenszwecks spiegelt Ihre oberste Vision wider, was Sie wahrhaftig für sich wollen. Von daher werden Sie in Ihrem täglichen Leben auf eine Weise agieren wollen, die mit Ihren Werten und Ihrem Lebenszweck in Einklang steht. Leider ist es aber manchmal allzu leicht, die Realität dessen zu übersehen, was Sie wirklich tun. Es ist möglich, dass Ihr Verhalten Ihre oberste Vision und Absicht nicht nur nicht unterstützt, sondern beidem sogar zuwiderläuft – ohne dass es Ihnen bewusst ist. Schlimmer noch. Manchmal werden Konflikte zwischen Launen und höherem Lebenszweck aufgelöst, indem die Stimme des Gewissens schnell zum Schweigen gebracht wird. Die Bibel, Römer 7,19, wirft ein helles Licht auf diese allzu menschliche Gewohnheit: »Denn das Gute, das ich will, das tue ich nicht; sondern das Böse, das ich nicht will, das tue ich.« Die Daten über das Investieren Ihrer Lebensenergie bieten ein praktisches, greifbares Maß dieser Integrität, die eine unschätzbare Unterstützung ist, um Ihr materielles Leben in Übereinstimmung mit Ihren Idealen und Zielen zu halten. Wenn Ihre Ausgaben und Ihre Ziele in Einklang sind, verspüren Sie ein Gefühl von Ganzheit und Integrität; Sie sind mit sich selbst zufrieden. Wenn sie nicht in Einklang stehen – wenn die Antwort auf die Frage »Unterstützt diese Aufwendung meine Werte und meinen Lebenszweck?« ein überwältigendes nein ist – dann wird die Erfahrung mit großer Wahrscheinlichkeit eine Enttäuschung oder Selbstkritik sein.

Häufig werden die Ausgaben mit dieser Frage sinken, weil viele unbewusste Ausgaben emotionale oder kulturelle Programme sind, die sich über Ihre Geldbörse verwirklichen. Aber nicht immer. Mit einem Fokus auf Goldlöckchens »genau richtig« in jeder Kategorie stellen Sie möglicherweise fest, dass Sie sich zu viel Geiz abverlangt haben und mehr ausgeben müssen. Vielleicht haben Sie einst davon geträumt, Opernsänger zu sein. Wo findet sich Gesangsunterricht – falls überhaupt – in Ihren Kategorien? Müssen Sie nach Italien umziehen, um bei den besten zu lernen? Vielleicht beschließen Sie, *mehr* Geld in die Schulung Ihrer Stimme fließen zu lassen, während Sie einen langfristigen Plan dafür entwickeln, wie sich diese Schulung in Einkommen auszahlen kann. Sie können aber auch entscheiden, dass Sie in die lokale Laiengruppe eintreten, kostenlosen Unterricht vom Leiter bekommen und glücklicher sind, bei Ihren Freunden in der Heimat zu bleiben.

Der subtile, aber effiziente Verstärkungsprozess (Geld ausgeben für X = sich gut fühlen; Geld ausgeben für Y = sich schlecht fühlen) funktioniert wirklich; er hilft, roboterhafte Ausgabenmuster zu durchbrechen. Die einfache Erkenntnis, dass Sie nicht im Einklang mit bestimmten Ausgabenkategorien sind, genügt, um Ihre Reaktionen auf die Stimuli in dieser Kategorie neu auszurichten. Sie werden automatisch beginnen, weniger für jene Dinge auszugeben, die Ihre Werte und Ihren Lebenszweck nicht unterstützen. Und Sie werden sich dabei besser fühlen, zu wissen, dass Sie Ihr Geld zunehmend in Richtung Ihres Lebenszwecks lenken und Ihr materielles Leben sich in Ihr Bewusstsein integriert. Diese Integration steht im Mittelpunkt der Finanziellen Integrität.

So weit sie sich zurückerinnern kann, hatte **Elaine H.** keinen Lebenszweck. Sie wollte es einfach nur überstehen, Spaß haben und jeglichen Kummer möglichst meiden. Beim Zurückdenken an ihre Kindheit war ihr einziges Glück das Wandern in den Wäldern, wenn ihre Familie Ausflüge aufs Land machte.

Als sie das FI-Programm begann, war sie die Einzige von ihren Geschwistern, die »weitergekommen« war. Einer lebte als Einsiedler von der Sozialfürsorge, ein anderer hatte Selbstmord begangen und ein dritter war obdachlos. Sie hatte einen gut bezahlten Job, einen Sportwagen und ein nettes Haus, was sie wie eine Gewinnerin aussehen ließ – für sich und für ihre Familie.

Die Frage bezüglich des Übereinstimmens ihrer Ausgaben mit ihren Werten hat ihre Selbstzufriedenheit erschüttert. Da sie sich immer nur von außen hatte bewerten lassen, fing Elaine heimlich an, ihre Freunde und Kollegen genauer unter die Lupe zu nehmen. Hatten sie einen höheren Zweck? Eine Kollegin im Büro war eine von diesen »rettet die Welt«-Typen. Fasziniert von jemandem, der sein eigenes Reinvermögen nicht durch materiellen Besitz misst, freundete sich Elaine mit ihr an. Schon bald nahmen sie beide an Treffen einer lokalen Friedensgruppe teil. Die Menschen, die Elaine dort traf, fragten sich alle, wie sie ihre Werte besser leben und was sie tun konnten, um ihrem Lebenszweck Ausdruck zu verleihen.

Diese Treffen wurden ihre wichtigste Freizeitbeschäftigung. Statt teurer Workshops oder Kinopremieren wohnte sie Vorträgen bei und nahm an telefonischen Spendensammlungsaktionen teil. Sie entdeckte ein großes Erholungsgebiet in der Nähe ihres Hauses und verbrachte Stunden damit, an den Wochenenden durch die Wälder zu wandern. Und die Kurve ihrer Grafik ging kontinuierlich nach unten. Ihre monatlichen Ausgaben von über 4.500 Dollar an Lebenshaltungskosten sind auf dauerhafte 900 bis 1.200 Dollar pro Monat gefallen. Die Suche nach einem Lebenszweck erwies sich als Schlüsselkomponente bei der Veränderung, die sie durchlief.

Das Stellen der dritten Frage: »Wie könnte sich dieser Verbrauch ändern, wenn ich nicht für Geld arbeiten müsste?« kann Ihre Ausgabenkurve noch weiter beeinflussen. Da Menschen häufig feststellen, dass nach der Finanziellen Unabhängigkeit noch mehr Ausgaben sinken, zeichnen sie manchmal eine dünne Linie unter der aktuellen Ausgabenkurve, die als Schätzung ihres Lebensstils nach dem Arbeitsleben dient. Vielleicht fallen die Hypothek oder Miete weg, weil Sie in einem Wohnmobil leben oder in weniger teure Länder reisen. Vielleicht verschwinden Restaurantmahlzeiten. Diese Frage macht Ihnen auch Appetit auf dieses freie Leben und Sie wollen den Prozess beschleunigen, um eher dort hinzukommen. Folglich sparen Sie bewusst mehr.

Wenn Sie beschlossen haben, die vierte Frage zu stellen: »Wie würden diese Ausgaben in einer gerechten und mitfühlenden Welt aussehen?«, so lässt sich das nicht absehen.

Was ist mit »unüblichen« Monaten?

Ja, es wird »unübliche« Monate geben, in denen Ihre Ausgabenkurve einen beunruhigenden Sprung nach oben macht. Die Versicherungszahlung ist fällig. Sie haben einen unerwarteten Reparaturaufwand. Der Mai kommt und geht mit dem jährlichen, als Steuernachzahlung bekannten Aderlass. Wie gehen Sie damit um? Erstens wird Ihnen vielleicht klar werden, dass jeder Monat ein unüblicher Monat ist. Sie lernen, »unübliche« Ausgaben im Vorbeigehen zu erledigen und sie mit Bargeld zu zahlen, anstatt sie unter einer Kreditkartenzahlung zu verbergen. Die Steuernachzahlung in dem einen Monat ist die Versicherungszahlung in einem anderen Monat und die Arztrechnung im dritten Monat.

Eine andere Strategie könnte sein, jährliche Ausgaben anteilsmäßig auf die zwölf Monate zu verteilen. Wenn zum Beispiel Ihre Autoversicherung im Jahr 841 Euro kostet, könnten Sie (zusätzlich zu der Fragestellung, ob sich ein Auto überhaupt lohnt), beschließen, dies durch zwölf zu teilen und zu einer monatlichen Ausgabe zu machen.[25] Das Gleiche gilt für Zusatzversicherungen, den Zahlungen für Einkommenssteuer, Vermögenssteuer und so weiter. Es gibt nicht den einen richtigen Weg für die Buchhaltung. Sie müssen den Weg wählen, der Ihnen die Informationen gibt, die Sie brauchen, sodass Sie, wenn Sie flüchtig auf Ihr Wanddiagramm schauen, wissen, wo Sie stehen und wohin Sie gehen.

Bringen Sie Ihre Finanzen ans Licht

Da die grafische Darstellung nun zu einer Gewohnheit geworden ist, sogar zu einer angenehmen, da Sie Ihren Fortschritt sehen, können Sie das Element der Verantwortung hinzufügen. Wie?

Schneiden Sie das Thema bei einem Geldgespräch mit Freunden an. Indem Sie das »Geldthema« aufwerfen, lassen Sie Ihre Freunde wissen, dass Sie ein verschwiegener Zuhörer sind, sodass sie es riskieren können, über Geld zu sprechen. Sie positionieren sich nicht als ein Berater, Trainer oder Experte. Sie signalisieren, dass Sie offen und interessiert sind und sich auf Ihrer eigenen Transformationsreise befinden. Gleichzeitig laden Sie andere ein, von Ihnen Rechenschaft zu verlangen, einfach, weil Sie der Freund sind, der gerade lernt, finanziell die Kurve zu kriegen … dadurch werden Sie es unbedingt schaffen wollen. Hunderte von Menschen haben Blogs über ihre Reise zu Finanzieller Unabhängigkeit gestartet, in der sie sich mit ihren Lesern austauschen. Viele veröffentlichen ihre monatliche Buchhaltung und Steuererklärungen.

Ihre monatliche Buchhaltung in einem Blog veröffentlichen? Ja, das ist eine andere Methode der Rechenschaftspflicht. In den Seminaren von Joe Dominguez – und in früheren Ausgaben dieses Buches – hat er vorgeschlagen, dass Sie Ihr Wanddiagramm an einem prominenten Platz aufhängen, an dem Sie es jeden Tag sehen werden. Um Ihnen am meisten zu nützen, muss das Diagramm sichtbar sein, sodass es Sie – möglichst oft – dazu anspornt, auf Kurs zu bleiben.

Einige Menschen bringen ihr Diagramm anfangs im Schrank unter – ungelogen. Sie hängen es an die Innenseite ihres Kleiderschranks. Somit bleiben ihre Finanzangelegenheiten »unter Verschluss«, aber gleichzeitig werden sie jeden Tag, wenn sie sich für die Arbeit anziehen, daran erinnert, bewusster mit Geld umzugehen. Für diejenigen, die sich für die Finanzielle Unabhängigkeit entscheiden, verstärkt es das Bewusstsein, dass es im Job nicht länger darum geht: »Die Arbeit für heute ist geschafft, wieder was verdient«, sondern einen weiteren Tag darauf zuzuarbeiten, sich von finanziellen Ängsten und finanztechnischen Misserfolgen zu befreien. Das versetzt Ihnen einen Energieschub – wie eine Tasse Kaffee oder eine Umarmung.

Ivy U., die nie arm sein wollte, hat ihren Traumprinzen getroffen. Und so wie im Märchen trug es sich zu, dass sie ein erfolgreiches Leben führte – einen Mann, zwei Söhne, ein Architektentraumhaus über drei Etagen, zwei Terrassen und von einem Innenarchitekten ausgewählte Möbel. Es gab keinerlei Notwendigkeit, ihr Scheckheft zu schonen. Dann schlug die Realität zu. Die Fantasien, auf denen sie ihr Leben aufgebaut hatte, waren nicht stark genug, um ihre Ehe – oder ihren gesunden Verstand – zu erhalten. Sie verabschiedete sich von allem, ihrem Mann, ihrem Haus, ihren Möbeln und ihrem stressigen Job, packte ein paar ausgesuchte Sachen in einen Möbelwagen und brach mit ihren Söhnen nach Westen auf.

Sieben Jahre später fand sie durch den FI-Kurs einen Weg zu noch größerer Freiheit. Sie und ihre Freundin **Margaret P.** luden eine Gruppe von 20 Freunden ein, an dem Kurs teilzunehmen, sodass sie sich bei der Umsetzung gegenseitig unterstützen konnten. Sie trafen sich jeden Monat und teilten Erkenntnisse, Erfolge und Hindernisse – und die persönlichen Details ihres Finanzlebens.

Als Ivy ihr Diagramm erstellte, verlangte sie von sich, es der Gruppe zu zeigen. Sofort kamen ihre alten Ängste wieder hoch. Ihr erster Gedanke war: »Meine Eltern würden denken, dass ich verrückt bin. Sie zeigen Menschen nicht, wie viel Sie verdienen und ausgeben. Es – es – es gehört sich nicht. Es ist …« Woher kam dieser Widerwille? Warum hatte sie Angst, ihre Finanzen offenzulegen? Sie erkannte, dass dahinter die

Angst steckte, andere könnten auf dieser Basis beurteilen und entscheiden, ob sie ein wertvoller Mensch war. Sie könnten ein paar Zahlen addieren und sich von ihr abwenden, wenn sie den Ansprüchen nicht genügte. Mit derselben Entschlossenheit, die ihr geholfen hatte, ihre Ehe zu beenden, zeigte sie der Gruppe ihr Diagramm. Die Angst löste sich auf und etwas in ihr entspannte sich in Bezug auf Geld. Was sie ausgab, war einfach das … was sie ausgab. Ihr Einkommen war nur ihr Einkommen. Sie konnte es jemandem so leicht sagen, wie sie jemandem die Farbe ihrer Wohnzimmercouch nennen konnte. Es war keine große Sache.

Mit der Zeit werden Sie feststellen, dass sich Ihre Gefühle bezüglich Ihres Diagramms ändern – als Abbild der Veränderung hinsichtlich Ihrer Einstellung zum Geld. Das Diagramm wird zu einer Darstellung dessen, wie gut Sie Ihre Werte leben und es spiegelt die Sorgfalt wider, mit der Sie jede Entscheidung über Ihre materielle Welt treffen. Es wird eine Quelle des Stolzes – nicht Arroganz, sondern jener Art tiefer Befriedigung, die mit Integrität einhergeht. Sobald das geschieht, fühlen sich viele Menschen so gut mit ihrem Fortschritt, dass sie ihr Diagramm aus dem Schrank holen und es an die Wand hängen.

Halten Sie für eine Minute inne und denken Sie über Ihre Gefühle bezüglich Ihrer momentanen Einstellung zum Geld nach. Wie würden Sie sich dabei fühlen, diese grafische Darstellung Ihrer Finanzen an die Wohnzimmerwand zu hängen, genau dorthin, wo jeder, der Ihr Haus betritt, sie sehen kann? Wären Sie gelassen – oder beunruhigt? Das Ausmaß Ihres Unbehagens ist ein Gradmesser für das Ausmaß Ihrer »kranken Finanzen«. Machen Sie sich keine Sorgen. Diese Angst wird verschwinden, während Sie den Schritten dieses Programms folgen.

Finanzielle Unabhängigkeit als Nebeneffekt beim Umsetzen der Schritte

Menschen, die die Schritte dieses Programms in die Praxis umgesetzt haben, berichten, dass der Veränderungsprozess bei ihrer Einstellung zum Geld sowohl herausfordernd als auch faszinierend ist. Jeden Cent nachzuverfolgen wird zu einem angenehmen Ritual an der Kasse – und befeuert so manche interessanten Geldgespräche mit Menschen, die wissen wollen, was Sie vorhaben – in der Kassenschlange im Supermarkt oder irgendwo an einem Tisch. Die monatliche Tabellenerstellung ist ein Höhepunkt. Das Stellen der drei Fragen bewirkt eine schnelle und dennoch eindringliche Rückversicherung mit Ihren Werten und Ihrem Lebenszweck. Das Eintragen von Einkommen und Ausgaben auf dem Wanddiagramm wird zu einem Moment, um über den Wahrheitsgehalt Ihres Bewusstseins in Bezug auf Geld nachzudenken. Nach ein paar Monaten oder einem Jahr des Befolgens dieser Schritte werden Sie einen erstaunlich zufriedenstellenden Nebeneffekt bemerken: Da Sie durchweg mehr verdienen, als Sie ausgeben, sind Sie schließlich schuldenfrei und bauen Ersparnisse auf.

Scheint Ihnen das in Anbetracht Ihrer derzeitigen Finanzsituation weit hergeholt? Es sind nicht Ihre Lebensumstände, sondern Ihr Umgang damit, der es Ihnen ermöglicht, voranzukommen. Zu den Anhängern dieses Programms gehören auch Menschen, die tief verschuldet und arbeitslos waren, keine höhere Schulbildung hatten und große Lücken im Lebenslauf, die Familien unterstützen mussten und in einem von der Wirtschaftskrise betroffenen Gebiet lebten. Sie hatten keinen »Rückenwind«. Sie haben einfach geschickt die Winde genutzt, auf die sie gestoßen sind, und sind mit ihnen gesegelt.

Nach unserer Definition bedeutet Finanzielle Unabhängigkeit im engeren Sinne, eine Wahl zu haben, was Sie mit Ihrer Zeit tun, weil Sie ein Einkommen haben, das für Ihre Grundbedürfnisse und Bequemlichkeit ausreichend ist und aus einer anderen Quelle stammt als einer bezahlten Beschäftigung. Aber es gibt andere Aspekte von FI, wie schuldenfrei zu werden und Ersparnisse aufzubauen.

Finanzielle Unabhängigkeit heißt schuldenfrei zu werden

Für viele Menschen sind Schulden ein schwerer Mühlstein, und schuldenfrei zu werden ist ein enormer Meilenstein. Häufig wissen sie gar nicht, was für eine Bürde die Schulden sind, bis diese verschwinden.

Wie steht es mit Ihnen? Sind Sie verschuldet? Wissen Sie, wie viel Sie schulden und wem? Wissen Sie, wie viel es Sie kostet, verschuldet zu sein? Oder bezahlen Sie einfach Ihre Hypothek, Ihr(e) Auto(s) und Ihre Kreditkarten, bis der Tod Sie scheidet?

Viele Studenten verlassen die Hochschule mit einem teuren Stück Papier und Zehntausenden Euro an Studentendarlehen. Für diejenigen, die das Glück haben, ein Stellenangebot zu bekommen, fühlt es sich an, als hätten sie es geschafft! Bald kommt ein brandneues Auto als Beweis ihres langerwarteten Abschlusses, und damit ein weiterer Stapel Schulden. Aber hey, was sind schon weitere 20.000 Euro, wenn ich eine Vollzeitbeschäftigung habe? Sie begreifen nicht, wie viel weiter sie das von der Startlinie wegschiebt.

Menschen, die Schulden als unbefristet ansehen und nur so wenig wie möglich abzahlen, senken in Wahrheit ihr Einkommen. Sie sehen nicht, dass die Nutzung einer hoch verzinsten Kreditkarte, mit der sie eine neue Stereoanlage kaufen, um eine Beförderung zu feiern, den Gehaltszuwachs vernichten kann – und vielleicht sogar noch mehr. Ein über mehrere Jahre finanziertes Auto wird schließlich etwas mehr kosten als die ursprüngliche Preisauszeichnung. Ein Haus mit einer 30-jährigen Hypothek wird am Ende – abhängig vom Zinssatz – das Zwei- bis Dreifache des Kaufpreises kosten.

Zahlreiche Studien weisen darauf hin, dass Menschen mehr ausgeben, wenn sie Kreditkarten statt Bargeld verwenden.[26] Dave Ramsey, der bekannt dafür ist, Menschen zu helfen, ihre Schulden loszuwerden, ist ein Hauptverfechter des vollständigen Entfernens von Kreditkarten aus Ihrem Leben. Die Zunahme des Angebots an Kleinkrediten erleichtert es ungemein, sich sofort zu belohnen – insbesondere mit Online-Shopping. Jede Transaktion, die wir machen, sind lediglich Pixel auf einem Bildschirm. Wir sind bei dem, was wir uns leisten können, nicht länger auf das beschränkt, was wir bereits verdient haben – jetzt können wir basierend auf dem, was wir in der Zukunft zu verdienen hoffen, kaufen! Schulden sind eine Lebensart geworden. Das macht es für uns schwer, zu erkennen, dass es Schulden sind, die uns an unsere Jobs ketten. Es sind Schulden, die uns schuften und uns unser Sterben verdienen lassen, nur um Vergnügen abzuzahlen, die wir lange vergessen haben, und Luxus, für den wir kaum Zeit haben, ihn zu genießen.

Tanya N. pflegte ihr Leben »Bomben am Tag – Frieden am Abend« zu untertiteln. Sie verdiente ihr Geld als Grafikdesignerin bei einem Hochtechnologieunternehmen, das überwiegend Aufträge für das Verteidigungsministerium ausführte, und sie arbeitete ehrenamtlich für eine Vielzahl von Projekten, die von der Kirche unterstützt wurden. Dank ihrer Schulden von 26.000 Dollar schien es keine Alternative zu geben. Und weil ihr wiederholt gesagt wurde, dass es keinen anderen Weg gäbe, quälte ihr Gewissen sie nicht länger.

Das FI-Programm stellte einen erbarmungslosen Spiegel zur Verfügung – aber das hat sie befreit. Auf ihrem Diagramm hat sie eine kleine Notiz angebracht, die lautete: »Auf meinem Weg zur Schuldenfreiheit«. Darunter hat sie eine Reihe von Post-it-Zetteln mit Zahlen angebracht und hielt den genauen Betrag nach, den sie schuldete. »Es war, als ob ich eine Kerze schmolz oder hundert Pfund verlor«, erzählte sie uns. Ohne eine Lohnerhöhung und ohne jedes Gefühl von Entzug war sie innerhalb von zwei Jahren schuldenfrei.

Als sie überlegte, was in ihrem Leben wirklich erfüllend war, erkannte sie, dass sie ihre größte Freude aus kurzfristigen Geschäftsreisen zog, bei denen sie an Bauprojekten an Orten wie Costa Rica und Kenia mitgewirkt hatte. Nach der Rückkehr von ihrer ersten Reise nach Kenia wurde sie ziemlich deprimiert. Ja, sie hatte bei der Erweiterung eines Krankenhauses in einem abgelegenen Bergdorf geholfen, aber was konnte sie jetzt tun? Sie war immer noch reich, während die Menschen dort arm waren. Deshalb begann sie, Sanitätsartikel zu sammeln, die sonst weggeworfen würden, und ließ sie von Safaritouristen mit nach Kenia nehmen.

Als sie schuldenfrei war, wusste Tanya einfach, was ihr nächster Schritt sein würde. Sie hatte entdeckt, dass Menschen in Kenia an unbehandelten Zahnabszessen starben. Sie kündigte ihren Job, vermietete ihre Wohnung und ihr Auto und reiste nach Kenia, um ein Jahr lang bei der Gründung einer Zahnklinik zu helfen. Schuldenfrei und mit ausreichenden Mieteinnahmen für ihre Wohnung und ihr Auto konnte sie im ländlichen Kenia leben und war finanziell befreit. Ohne Schulden hatte sie die Wahl – und beschloss, ihrem Herzen zu folgen.

Aus den Schulden herauszukommen ist eine Form Finanzieller Unabhängigkeit. Das Tilgen Ihrer Schulden gibt Ihnen die Freiheit zurück, wählen zu können. Unabhängig vom Wirtschaftsklima imstande zu sein, sagen zu können: »Ich schulde niemandem etwas« zeugt von Vernunft, Würde und Freiheit.

Sobald Sie schuldenfrei sind, haben Sie Entscheidungsmöglichkeiten. Zu begreifen, dass jeder Dollar von jedem Gehalt Ihnen gehört, ist mental sehr aufbauend. Sie könnten, wie Tanya es tat, Ihrem Herzen in entfernte Länder oder zu anderen Vorhaben folgen. Sie könnten aber auch damit fortfahren, den Veränderungsprozess Ihrer Einstellung zum Geld zu genießen. Wenn Sie weiterhin weniger ausgeben, als Sie verdienen (während Sie Ihr Leben in vollen Zügen genießen), wird sich auf Ihrem Wanddiagramm ein immer größerer Abstand zwischen Ihrer Einkommenskurve und Ihrer Ausgabenkurve entwickeln. Dieser Abstand hat einen Namen, einen, der in den letzten Jahren selten gebraucht wurde. Er wird Ersparnisse genannt (siehe Abbildung 5-2). Ersparnisse sind eine andere Form Finanzieller Unabhängigkeit.

Abbildung 5-2
Wanddiagramm mit Ausgaben, Einkommen und Ersparnissen

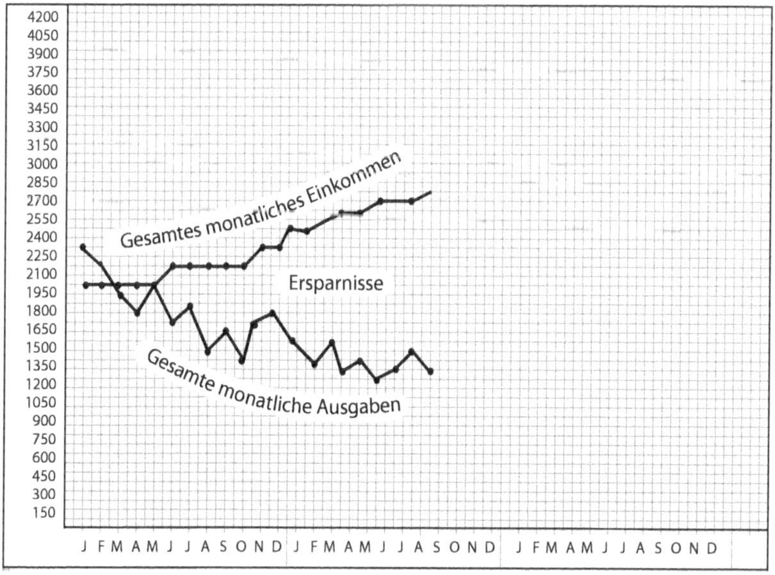

Werden Sie ein Supersparer

Wie viel sparen Sie momentan? Machen Sie immer noch neue Schulden? Arbeiten Sie Ihre Schulden ab? Geben Sie alles aus, was Sie verdienen?

Ihre Sparquote ist einer der wichtigsten Faktoren, um Finanzielle Unabhängigkeit zu erreichen. Betrachten Sie die Sparquote auf diese Weise: Wenn Sie 100 Prozent Ihres Gehaltes ausgeben, werden Sie sich nie zur Ruhe setzen. Wenn Sie 0 Prozent Ihres Gehaltes jeden Monat ausgeben, dann Gratulation!! Sie sind bereits finanziell unabhängig und müssen nicht mehr für Geld arbeiten. Aber wie steht es mit den Prozentsätzen dazwischen? Wie wir bereits sagten, haben die Menschen, die dem Programm folgen, ihre Ausgaben durchschnittlich um 20 Prozent gesenkt – und viele konnten sich nicht einmal daran erinnern, wofür sie ihr Geld ausgegeben hatten.

Sobald Sie diese Veränderung auf Ihrem Wanddiagramm sehen, wird Ihnen das klar werden. Je mehr Sie sparen, desto eher sind Sie FI. Das Sparen wird zu einem Spiel. Zum Beispiel entdecken Sie in Ihrer Lebensmittelkategorie, dass Fleisch bei jeder Mahlzeit Ihr größter täglicher Kostenverursacher ist, also halbieren Sie Ihre Menge oder die Zahl der Tage pro Woche, an denen Sie Fleisch essen. Ein Finanzblogger entschied sich dafür, ein Jahr lang keine neue Kleidung zu kaufen und fand das leicht. Allein zu leben könnte als Luxus betrachtet werden, den Sie nicht länger wollen, wenn die Aufnahme eines Mitbewohners Ihr Ruhestandsdatum vier Jahre näherbringen könnte. Zusätzlich könnte es einige unattraktive Gewohnheiten in Ihrem Leben abschaffen – Verdrießlichkeit am Morgen oder Tellerstapel in der Spüle. Solche Anpassungen haben die Tendenz, erhalten zu bleiben. Sie ändern tatsächlich Ihre Gewohnheiten.

Wir haben einmal einen Fürsprecher von Obdachlosen sagen gehört, dass die meisten Amerikaner zwei Gehälter von der Obdachlosigkeit entfernt sind. Das erschien überzogen, im Grunde unfassbar. Und doch, als wir mit anderen Fachleuten gesprochen haben, die ihre Finger am Puls der Verschuldung der Verbraucher haben, sagten einige, dass zwei Gehälter eine konservative Schätzung wären. Ein Gehalt oder eine schwere Krankheit würden ausreichen, um viele Menschen über die Klippe zu stoßen. Ein Bericht der US-Notenbank von 2015 konstatierte, dass 47 Prozent der Amerikaner sich Geld leihen oder etwas verkaufen müssen, wenn unerwartet dringende Kosten in Höhe von 400 Dollar anfallen.[27] Wie kann eine der reichsten Nationen, die es jemals gab, so viele Bürger haben, die kaum über die Runden kommen? Mit Ersparnissen ist Arbeitslosigkeit keine Tragödie. Wenn Sie Ihr Gehalt verlieren, aber Ersparnisse haben, müssen Sie nicht zwangsläufig Ihren Besitz verlieren. Darüber hinaus können Sie die Chance ergreifen und Optionen erwägen, für die Sie zu beschäftigt oder zu erschöpft waren, um Sie vorher in Betracht zu ziehen. Sie könnten die Familie in ein Wohnmobil packen und das Land erkunden. Sie könnten einen Rucksack umschnallen und die Welt bereisen. Sie könnten lesen. Sie könnten jedes Haushaltsprojekt auf Ihrer Liste erledigen. Sie könnten ein neues Handwerk lernen. Sie könnten Ihre kreative Seite erforschen, Bilder malen oder nur zum Spaß Musik machen. Sie könnten ein ganzes Jahr für die systematische Arbeitsplatzsuche nach dem Job investieren, der perfekt zu Ihnen passt. Sie könnten Ihr Abitur oder ein Studium nachholen und sich für eine ganz andere Ebene in Ihrem Wunscharbeitsbereich qualifizieren. Sie könnten ganztags ehrenamtlich für eine Sache arbeiten, die Ihnen am Herzen liegt, und werden vielleicht sogar gebeten, als hauptamtliche Kraft länger zu bleiben. Sie könnten Ihre Familie besser kennenlernen.

Versuchen Sie das mal: Fragen Sie sich, wie Sie Ihre Zeit verbringen würden, wenn Sie ein Jahr bezahlt freinehmen könnten. Seien Sie nicht überrascht, wenn Sie zunächst keine Vorstellung haben; die völlige Identifizierung mit Ihrem Job kann Ihre wahren Träume und Wünsche vorübergehend unterdrückt haben. Aber bleiben Sie bei der Frage und erforschen Sie die Möglichkeiten, die Sie beschließen würden, wenn Sie genug Ersparnisse hätten, um ein Jahr ohne eine bezahlte Beschäftigung auszukommen.

Wie fühlen Sie sich dabei, Ersparnisse zu haben? Was denken Sie – dafür oder dagegen? Schieben Sie es hinaus und denken, dass Sie es später tun werden oder wenn Sie Ihre Schulden abbezahlt haben oder wenn Sie einen besseren Job haben? Beeinträchtigt es Ihr Selbstbild, Ersparnisse zu haben? Steht das für Ihre Jugend oder die Kapitulation vor Ihren Eltern? Ist es etwas, wozu Sie »eines Tages« kommen werden? Sind Sie ein Verschwender, der denkt, dass der Begriff »verfügbares Einkommen« bedeutet, dass Sie auch noch den letzten Cent in Ihrer Tasche unter die Leute bringen müssen?

Klingt Sparen nach einem unmöglichen Traum in Anbetracht Ihrer aktuellen finanziellen Lage? Was ist mit Ihren religiösen oder politischen Überzeugungen über das Geldsparen? Sollten Sie ein Zehntel Ihres überschüssigen Geldes an die Kirche abführen, den Armen geben oder für einen Anlass spenden? Es geht hier nicht darum, unbedingt Ihre Spargewohnheiten zu ändern, sondern sich mit Ihrer Prägung bezüglich Sparen auseinanderzusetzen, sodass Sie imstande sind, mit Gelassenheit und Integrität den Zuwachs an Ersparnissen zu steuern, der als Nebeneffekt beim Befolgen dieser Schritte auftritt.

Später werden wir darüber reden, wie man diesen Ersparnissen ein Eigenleben gibt. Wenn Sie Ihre Ersparnisse in einem Geldmarktkonto oder einer Schuldverschreibung (wie eine Anleihe vom US-Finanzministerium, eines Unternehmens oder einer Kommunalobligation mit einem AA oder noch besserer Bewertung) oder geeigneten Aktienoptionen bei Ihrem Arbeitgeber anlegen und nicht anrühren, wird es Ihnen allein durch die Magie der Zinseszinsen (die wir in Kapitel 8 erklären) Geld bringen. Je eher Sie anfangen, desto mehr werden Sie haben; so einfach ist das. Das ist der Grund, warum Eltern für ihre Kinder im jungen Alter Sparkonten eröffnen. Ihre Sparquote wird sich zwar mit der Zeit ändern, aber bewusst etwas für ein Sparkonto oder eine sichere Anlage einzuplanen, entspricht dem Sparen beim cleveren Einkaufen. In beiden Fällen bekommen Sie mehr für weniger.

Ersparnisse sind folglich eine Form Finanzieller Unabhängigkeit. Ersparnisse können Ihnen neuen Mut im Job verleihen und neue Energie, um die vernachlässigten Teile Ihres Lebens zu erforschen. Ersparnisse helfen über die mageren Zeiten bei freiberuflicher oder saisonbedingter Arbeit hinweg. Ersparnisse mildern jede unbewusste Angst vor Obdachlosigkeit. Ersparnisse halten Sie davon ab, aus Verzweiflung schlechte Entscheidungen zu treffen. Geld sparen baut auch Potenzial für Freiheiten auf – von zukünftigen Notfällen, vom Verschuldetsein und vom Vollzeitjob bis zur Rente mit 65.

Das Sparen von Geld ist wie der Bau eines Damms an einem Fluss. Das Wasser, das sich hinter dem Damm aufstaut, verfügt über zunehmend mehr potenzielle Energie. Erlauben Sie Ihrer Lebensenergie (Geld), auf einem Bankkonto anzuwachsen und Sie werden bereit sein, etwas in Gang zu setzen, vom Anstrich Ihres Hauses bis zur Neuorientierung Ihres Lebens.

Das alles durch ein Diagramm?

An dem Wanddiagramm ist nichts Magisches. Sie können Ihre Zahlen am Anfang des Monats eintragen und es für den Rest des Monats ignorieren und nichts wird passieren. Aber wenn Sie sich damit auseinandersetzen, es einfach im Blick behalten, hören, was es Ihnen erzählt, und immer weitermachen, werden Sie mit der Zeit Veränderungen bemerken. Ein Teil der Finanziellen Intelligenz besteht darin, mit der Zeit ein ständiges Bewusstsein Ihrer Einnahmen-, Ausgaben- und Spar-Muster zu bekommen.

- Es ist eine beständige *Erinnerung* an Ihre Verpflichtung, Ihre Einstellung zum Geld zu verändern. Es wirkt gegen das »aus den Augen, aus dem Sinn«-Phänomen. Es hält Ihnen Ihr Ziel vor Augen, Ihre unbewussten Ausgabegewohnheiten zu ändern.
- Es ist ein *Feedbacksystem*, das Ihnen auf einen Blick, übersichtlich und grafisch, Ihren aktuellen Status und Ihren Fortschritt Richtung Ziel zeigt. Sie müssen weder Ihr Sparschwein noch Ihre Monatstabellen hervorholen, um zu sehen, wo Sie stehen. Die zwei Kurven auf Ihrem Diagramm steigen entweder oder sie fallen.
- Es kann eine *Inspiration* sein, ein Erleben der Zufriedenheit mit den Fortschritten, die Sie machen, die Sie zu noch größeren Gipfeln anspornt. Wenn Sie im Dickicht des täglichen Lebens stecken, kann ein flüchtiger Blick auf das Wanddiagramm Sie an das schöne Leben erinnern, auf das Sie hinarbeiten.
- Es kann eine *Motivation*, ein Anstoß sein, um weiterzumachen, wenn Frustration aufkommt oder Ihre Energie nachlässt. Wenn Versuchungen zuschlagen, könnte der Gedanke an die Auswirkungen auf Ihrem Wanddiagramm am Ende des Monats Ihnen helfen, eine bessere Entscheidung zu treffen.
- Es hält Ihre *Integrität* auf Kurs – sichtbar. Es ist schwer (oder zumindest schwerer), sich im Angesicht Ihres Wanddiagramms über Ihren Fortschritt zu belügen.
- Es ist eine ständige *Anregung*, Ihre Lebensenergie wertzuschätzen. Ihr Einkommen repräsentiert viele Stunden Ihrer wertvollen »Amts-

zeit« auf dieser schönen Erde und Ihre Ausgaben repräsentieren Ihre Entscheidungen, wie Sie jene wertvollen Stunden verwenden wollen. Das Wanddiagramm erinnert Sie daran, diese Zeitressource so gut wie möglich zu verwalten.

- Es kann Ihr *Interesse* an persönlichen Finanzen anregen, eine Fähigkeit, die Sie durch das Lesen von Büchern, Anhören von Podcasts, Teilnahme an Kursen und die Unterhaltung mit Freunden, die mehr wissen als Sie, verbessern können.
- Schließlich wirbt es für ständige *Unterstützung*. Da Sie es an der Wand zeigen, wo andere es sehen können, laden Sie zu Interesse und Teilnahme ein. Es hilft, wenn Ihre Freunde und Verwandten Sie bestärken. Denken Sie an die Geldgespräche, die Sie haben werden!

Abschließende Inspiration von Linda und Mike Lenich

Linda und Mike Lenich haben das Neun-Schritte-Programm im Juli 1992 angefangen, kurz nachdem sie darüber im Radio gehört hatten. Damals waren sie mit 52.000 Dollar verschuldet (Autodarlehen und Hypothek). Im Juli 1993 waren sie schuldenfrei, einfach durch das Befolgen der Schritte, einschließlich der hohen Motivation, die durch ihr Wanddiagramm kam. Aber das ist nicht die ganze Geschichte. Wenn Sie auf ihr Diagramm schauen, werden Sie sehen, dass sie ihre Schulden bis 1986 zurückverfolgt haben, als diese bei über 75.000 Dollar lagen. Das war, als sie sich auf ein »todsicheres Millionengeschäft« mit Rohstoffaktien einließen, das ihnen zeitweilig 125.000 Dollar Schulden einbrachte. Mike fand *Mehr Geld für mehr Leben* auch deshalb toll, weil dieses Programm dadurch funktionierte, dass sie Achtsamkeit, Engagement und Bewusstsein entwickeln mussten. Er wollte nie wieder diese den Angstschweiß ausbrechen lassende Panik erleben, die sie ergriff, als das todsichere Geschäft jäh platzte.

Den langsamen und stetigen Weg nehmend, haben sie dennoch vor vielen Jahren FI erreicht. Linda hat seitdem viel von ihrer Zeit ihrer großen Liebe, dem Herstellen von Quilts gewidmet. Mike hat sein Gitarrenspiel verfeinert und verdient jetzt sogar etwas zusätzliches Geld durch Auftritte in Clubs. Viele Jahre lang hat er auch Gruppen geleitet, die die Schritte des Programms in ihrem Leben anwenden, und nutzt jetzt sogar sein Geldwissen, um älteren Menschen zu helfen, ihre Ruhestandsersparnisse zu managen.

Abbildung 5-3
Diagramm Ersparnisse und Einkommen der Leniches

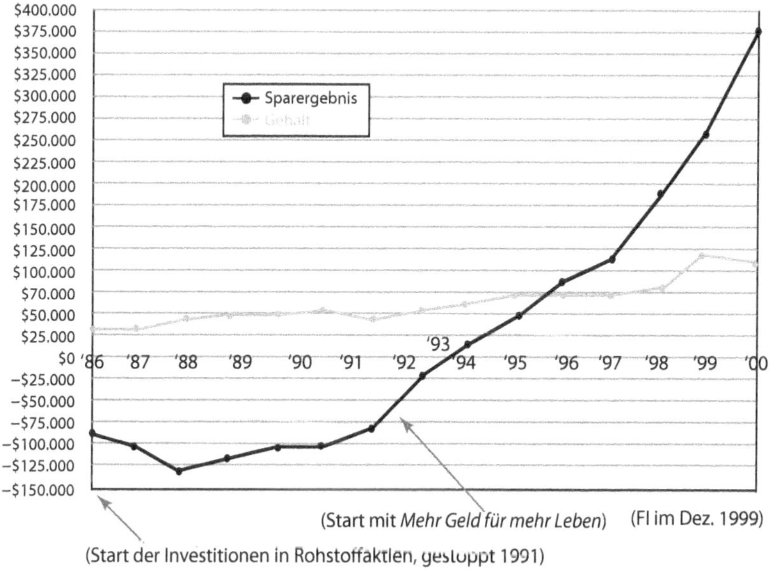

(Schulden = Darlehen; Haus, Mieteigentum, Hauseigenkapital, Auto, Kreditkarten)

Zusammenfassung von Schritt 5

Erstellen Sie ein Diagramm Ihres monatlichen Gesamteinkommens und Ihrer Gesamtausgaben und halten Sie es aktuell. Schauen Sie häufig darauf. Zeigen Sie es anderen.

Geldgespräch-Fragen

Soziale Unterstützung ist ein Schlüssel zur Verhaltensänderung. Es hält Sie inspiriert und verantwortlich.

Bringen Sie die Vorschläge im Schlusswort für die Durchführung eines Geldgespräches in Ihre tägliche Reflexion ein, vertiefen Sie diese mit Ihrem Partner oder in sozialen Gruppen. Denken Sie daran, das »Warum?« am Ende jeder Frage anzufügen, um sie zu vertiefen. Das Hinzufügen von »Wie hat die Gesellschaft meine Antwort beeinflusst?« zu jeder Frage wird diese in einen größeren Zusammenhang stellen. Es gibt keine richtigen Antworten.

- Wie viel Geld brauchen Sie, um glücklich zu sein?
- Was oder wer kann Ihnen helfen, Ihre Einstellung zum Geld zu ändern?
- Was würde es möglicherweise ändern, wenn Sie wüssten, was andere verdienen – Freund, Verabredung, Chef, Fremde?
- Was motiviert Sie, zu sparen?
- Was hilft Ihnen, Geld zu sparen?

6

Der amerikanische Traum – mit ein paar Groschen

Es ist gleichermaßen traurig wie vielsagend, dass es in der deutschen und englischen Sprache keinen Ausdruck dafür gibt, auf dem Höhepunkt der Erfüllungskurve zu leben, stets viel zu haben, aber nie mit Übermaß belastet zu sein. Das Wort würde das sorgfältige Verwalten konkreter Ressourcen (Zeit, Geld, materieller Besitz) heraufbeschwören müssen, kombiniert mit der freudigen Erweiterung geistiger Ressourcen (Kreativität, Intelligenz, Liebe). Leider kann man nicht sagen »ich genuge« oder »ich wähle ein Leben des Genugs«, um die Mischung aus Fülle und Sparsamkeit zu erklären, die aus dem Umsetzen der Schritte dieses Programms entsteht.

Die Begriffe *Einfachheit* und *Minimalismus* sprechen den Mangel an Überfluss an, können aber asketisch oder gar klösterlich wirken. Die Technik des Aufräumens fügt den Wunsch hinzu, Freude zu versprühen, ist aber immer noch hauptsächlich auf Dinge bezogen und nicht auf die tiefergehenden Themen von Zeit, Geld und Erfüllung. Das Wort Frugalität erfüllte diese Funktion, klingt jedoch seit der Mitte des 20. Jahrhunderts wie die kauzige Vorstellung von Großeltern der Depressionsära.

Wie ist die Frugalität in Ungnade gefallen? Letztlich ist sie schließlich ein über die Zeiten und Kulturen beständiges Ideal sowie ein Eckpfeiler des amerikanischen Wesens. In der Antike priesen sowohl Sokrates als auch Plato den »Goldenen Schnitt«. Im Alten Testament (»Gib mir weder Armut noch Reichtum, lass mir die Speise werden, die mir beschieden ist.«) und den Lehren Jesu (»Ihr könnt nicht Gott dienen und dem Mammon«) wird der Wert materieller Einfachheit beim Bereichern des geistigen Lebens gepriesen. Bekannte Persönlichkeiten der amerikanischen Geschichte (Benjamin Franklin, Henry David Thoreau, Ralph Waldo Emerson, Robert Frost) sowie Gruppen (Amische, Quäker, Hutterer, Mennoniten) haben die Tugend der Sparsamkeit fortgesetzt – aus Respekt vor der Erde und aus dem Hunger nach einem Hauch von Himmel heraus. Auch die Herausforderungen des Aufbauens unserer Nation verlangten von den meisten unserer Bürger Frugalität. Tatsächlich ist der Reichtum, den wir heute genießen, das Ergebnis von Jahrhunderten der Frugalität. Wie bereits erwähnt, ist die Konsumentenkultur des »mehr ist besser« ein Neuling in der amerikanischen Landschaft. Unsere Basis ist Frugalität und es ist höchste Zeit, dass wir uns mit diesem Wort – und seiner Ausübung – wieder anfreunden.

Lassen Sie uns dieses Wort *Frugalität* erforschen, um zu sehen, ob wir es nicht als Schlüssel von Erfüllung rehabilitieren können.

Die Freuden der Frugalität

Wir haben *frugal* im Wörterbuch nachgeschlagen und Folgendes gefunden: »Sparsamkeit ausüben oder davon geprägt sein, zum Beispiel beim Geldausgeben oder dem Nutzen materieller Ressourcen.«[28] Das klingt richtig – ein nützliches, praktisches und ziemlich farbloses Wort. Nichts von der Eleganz oder Anmut der »Genugheit«, die FI-ler erleben. Aber wenn wir tiefer graben, verrät uns das Wörterbuch, dass *frugal* die gleiche lateinische Wurzel hat wie *frug* (was so viel bedeutet wie »Tugend«), *frux* (»Frucht« oder »Wert«) und *frui* (»genießen« oder »den Nutzen davon haben«). Schon besser! Frugalität ist das *Genießen* der *Tugend,* einen gutem *Wert* für jede Minute Ihrer Lebensenergie und von allem, von dem Sie *Nutzen haben,* zu erhalten.

Das ist nicht nur interessant, das ist transformativ. Frugalität bedeutet, das zu genießen, was wir haben. Wenn Sie zehn Kleider besitzen und immer noch meinen, Sie hätten nichts anzuziehen, sind Sie möglicherweise ein zwanghafter Käufer – die Begeisterung des Bekommens ist größer als die des Habens und Benutzens. Aber wenn Sie zehn Kleider haben und es seit Jahren genießen, diese anzuziehen, sind Sie frugal. Verschwendung liegt nicht in der Anzahl von Besitztümern, sondern in dem Versagen, diese zu genießen. Ihr Erfolg darin, frugal zu sein, wird nicht an Ihrer Pfennigfuchserei gemessen, sondern dem Grad Ihres Vergnügens an der materiellen Welt.

Vergnügen an der materiellen Welt? Ist das nicht Materialismus? Sind frugale Menschen nicht Anti-Materialisten? Es hängt ganz davon ab, wie Sie Beachtung schenken. Für Materialisten ist die Welt da, um sie zu benutzen, und oftmals auch verbraucht zu werden. Außerdem messen Materialisten ihren Wert möglicherweise anhand dessen, was sie haben oder wie andere das betrachten, was sie haben, was zu einer »mehr ist besser und es ist nie genug«-Tretmühle führt. Frugale Menschen sorgen jedoch dafür, dass sie aus allem den vollen Genuss ziehen – einer Pusteblume oder einem Strauß Rosen, einer einzelnen Erdbeere oder einem Feinschmeckeressen. Ein Materialist konsumiert möglicherweise den Saft aus fünf Orangen als Auftakt zu einem Pfannkuchenfrühstück. Ein frugaler Mensch dagegen lässt sich eine einzelne Orange schmecken, genießt die Farbe und Konsistenz der ganzen Frucht, den Duft und den feinen Nebel, der einem entgegenfliegt, wenn man sie schält, die Lichtdurchlässigkeit jeder Spalte, die Flut an Aromen, die herausströmen, wenn die Spalte auf der Zunge zerplatzt … und die Sparsamkeit, die Schalen fürs Backen aufzuheben.

Frugal zu sein bedeutet, ein hohes Freude-zu-Ding-Verhältnis zu haben. Wenn Sie für jedes materielle Besitztum eine Einheit Freude bekommen, dann ist das frugal. Wenn Sie jedoch zehn Besitztümer brauchen, um überhaupt auf dem Spaß-Meter etwas zu verzeichnen, haben Sie nicht verstanden, was es bedeutet, zu leben.

Im Spanischen gibt es ein Wort, das all das umfasst: *aprochevar*. Das bedeutet, etwas weise zu nutzen – sei es ein sonniger Tag am Strand oder die Essensreste, aus denen man eine neue köstliche Mahlzeit zaubert. Es bedeutet, den vollen Wert des Lebens zu bekommen, alles Gute zu genießen, das jeder Augenblick und jedes Ding zu bieten hat. Sie können eine einfache Mahlzeit *aprovechar*, eine Schale mit reifen Erdbeeren oder eine Kreuzfahrt zu den Bahamas. *Aprovechar* hat nichts Knauseriges an sich; es ist ein saftiges Wort, voller Sonnenlicht und Aroma. Wenn doch nur *frugal* so süß klingen würde.

Diese »mehr ist besser und es ist niemals genug«-Mentalität in Nordamerika fällt nicht nur wegen des Übermaßes durch den Frugalitätstest, sondern wegen des Mangels am Genießen dessen, was wir bereits haben. Nordamerikaner werden tatsächlich als Materialisten bezeichnet, aber das ist eine Fehlbezeichnung. Allzu oft sind es nicht die materiellen Dinge, die wir so sehr genießen, sondern vielmehr das, was diese Dinge symbolisieren: Eroberung, Status, Erfolg, Leistung, ein Gefühl von Wert und sogar Gnade in den Augen des Schöpfers finden. Sobald wir uns das Traumhaus zugelegt haben, das Statusauto oder den perfekten Partner, halten wir selten inne, um es gehörig zu genießen. Stattdessen laufen wir bereits der nächsten begehrten Erwerbung hinterher.

Eine weitere Lektion, die wir aus der Wörterbuchdefinition von *frugal* ziehen können, ist die Erkenntnis, dass wir etwas nicht unbedingt besitzen müssen, um es genießen zu können – wir müssen es einfach nur nutzen. Wenn wir einen Gegenstand genießen, ob wir ihn nun besitzen oder nicht, sind wir frugal. Für viele Vergnügen im Leben wäre es sehr viel besser, sie zu nutzen statt zu besitzen (und Zeit und Energie in die Instandhaltung zu investieren). Glücklicherweise scheinen die jungen Leute heutzutage weniger mit ihrem Zeug »verheiratet« zu sein als frühere Generationen. Bedingt durch eine Mischung aus beschränktem Einkommen und wachsendem Zugang zu on demand, kurzzeitigem Nutzen von allem, angefangen von Filmen über Audiobooks bis zu Autos, stellen sie die Vorzüge der Eigentümerschaft infrage und entdecken die Freuden der Sharing Economy.

Frugalität bedeutet also auch teilen lernen, die Welt als unsere, statt als deren und meine anzusehen. »Mein Haus ist meine Burg«, einst das Versprechen größerer Autonomie, hat sich zu Unterabteilungen von Prachtvillen entwickelt, in denen jeder Mann ein Feudalherr ist. Wenn wir etwas wollen (oder in der Vergangenheit wollten oder uns einbilden, es vielleicht in der Zukunft zu wollen), denken wir, wir müssten es innerhalb der Grenzen dessen schaffen, was wir »mein« nennen. Dabei übersehen wir, dass alles außerhalb der Mauern von »mein« nicht dem Feind gehört; es gehört »dem Rest von uns«.

Wenn es auch nicht explizit in dem Wort steckt, so bedeutet frugal und glücklich mit genug zu sein, dass mehr für die anderen zur Verfügung steht. An der Stelle ist Frugalität sowohl praktisch wie auch ethisch. Ressourcen zu teilen bedeutet, dass das Leben günstiger wird und die Palette der Dinge und Dienstleistungen, die für jeden zugänglich sind, größer wird. Ressourcen teilen – vom Rasenmäher über Autos und Gästezimmer bis zu unserem gebrauchten Überfluss, den wir in Secondhandgeschäften abladen oder bei Online- oder lokalen Marktplätzen –, bedeutet, dass weniger Ressourcen von der Erde entnommen, verbrannt oder nur kurz benutzt und weggeworfen werden. Indem wir teilen, hinterlassen wir weniger Plastik im Meer, weniger Müll auf unseren Halden und überall weniger Gifte. Von Werkzeugdatenbanken über Online-Gruppen, die das Verkaufen oder Verschenken Ihrer überflüssigen Dinge abwickeln, bis zum Verleihen Ihres Rasenmähers oder der Schubkarre an Nachbarn (die Ihnen vielleicht mit einem Laib Brot danken oder indem sie auf den Hund aufpassen), ein bisschen den Wohlstand teilen, der das Leben für den Gebenden ebenso wie für den Nehmenden reicher macht.

Zusätzlich zu dem guten Gefühl, das es Ihnen verschafft, anderen von Ihrer Fülle abzugeben (und von denen wiederum etwas zu bekommen), erhalten Sie durch den vielfachen täglichen Austausch mit anderen, dem Aushelfen, Schenken oder gar Anbieten eines offenen Ohrs, eine Gemeinschaft – und eine Gemeinschaft ist ein wahrhaftiger Schatz. Als Teil einer Gemeinschaft können Sie sich entspannen, weil Sie dazugehören und im Notfall eine helfende Hand gereicht bekommen. Frugalität bedeutet nicht, allein zu sein, der einsame Reiter, ganz auf sich gestellt. Es geht vielmehr darum, zu erkennen, dass Sie mehr zu geben und zu genießen haben als nur materiellen Besitz. Finanzielle Interdependenz ist tatsächlich ein Schlüssel zum erfolgreichen Übergang von »mehr ist besser« zu »genug ist genug«.

Frugalität ist die Ausgewogenheit, die wir suchen. Frugalität bedeutet, effizient zu sein beim Ernten von Glück aus der Welt, in der Sie leben. Frugalität ist die richtige Verwendung (was, passenderweise, klingt wie »rechtschaffen«) – und das kluge Verwalten von Geld, Zeit, Energie, Raum und Besitz. Goldlöckchen drückte das sehr passend aus, als sie den Haferbrei für nicht zu heiß und nicht zu kalt, sondern für genau richtig erklärte. So ist Frugalität – nicht zu viel und nicht zu wenig, sondern einfach richtig. Nichts wird verschwendet. Oder bleibt ungenutzt übrig. Wie eine Maschine ohne Schnickschnack. Windschnittig. Perfekt. Schlicht, aber elegant. Es ist dieses magische Wort – *genug*. Der Gipfel der Erfüllungskurve. Der Ausgangspunkt für ein Leben der Erfüllung, des Lernens und des Beitragens.

Behalten Sie das im Hinterkopf, während wir Wege erforschen, Geld zu sparen. Wir reden nicht davon, zu knausern, von Notbehelfen oder ein Geizhals zu sein. Wir reden von kreativer Frugalität, einer Lebensweise, in der Sie für jede Einheit investierter Lebensenergie die maximale Erfüllung bekommen.

Da Sie nun wissen, dass Geld Ihre Lebensenergie ist, wäre es tatsächlich dumm, diese für unnützes Zeug auszugeben, an dem Sie keine Freude haben. Denken Sie an die Rechnung, die wir in Kapitel 2 durchgeführt haben – wenn Sie 40 Jahre alt sind, bleiben Ihnen laut versicherungsstatistischer Tabellen nur noch 356.532 Stunden Lebensenergie übrig. Das mag sich viel anhören, am Ende Ihres Lebens werden Ihnen diese Stunden sehr kostbar vorkommen. Verbringen Sie sie jetzt gut und Sie müssen später nichts bedauern. Ein Gleichgewicht zwischen dem Maximieren des Einkommens aus bezahlter Arbeit und dem Aufbauen anderer Formen von Reichtum wie Freundschaften, Netzwerken und Fähigkeiten ist ein lebenslanger Prozess.

Am Ende ist die kreative Frugalität ein Ausdruck von Selbstwertgefühl. Es honoriert die Lebensenergie, die Sie in Ihren materiellen Besitz investieren. Diese kostbaren Minuten und Stunden Lebensenergie durch sorgfältiges Verbrauchen zu sparen, ist das Nonplusultra an Selbstachtung.

Schritt 6: Ihre Lebensenergie wertschätzen – Ausgaben minimieren

Dieser Schritt beinhaltet das intelligente Einsetzen Ihrer Lebensenergie (Geld) und das bewusste Senken oder Beseitigen von Ausgaben.

Betrachten Sie die folgenden Abschnitte als Menü von Möglichkeiten. Erforschen Sie diejenigen, die Sie interessieren oder inspirieren, und lassen Sie die übrigen weg. Es ist für jeden etwas dabei. Dennoch könnte es aufschlussreich sein, sich zu fragen, warum Sie manche Ideen aussortieren und andere übernehmen. Möglicherweise begegnen Sie Prägungen aus der Kindheit, kulturellen Mythen oder gar aufschlussreichen Informationen bezüglich Ihrer Werte.

Denken Sie daran, diese Ideen sind Möglichkeiten, kein Muss. Bei Frugalität geht es um Freude und nicht um Pfennigfuchserei! Fröhliches Sparen – oder sollten wir sagen, fröhliches Frugalen …

Eine sichere Methode, um Geld zu sparen

Hören Sie auf, andere beeindrucken zu wollen

Es ist eine endlose und unergiebige Verschwendung von Zeit und Geld, außerdem sind die anderen vermutlich so sehr damit beschäftigt, Sie beeindrucken zu wollen, dass sie, bestenfalls, Ihre Bemühungen gar nicht mitbekommen. Schlimmstenfalls werden Sie es Ihnen übel nehmen, von Ihnen übertroffen worden zu sein.

Als Thorstein Veblen 1899 sein Buch *The Theory of the Leisure Class* veröffentlichte, sorgte das nicht für Wirbel. Aber der Begriff, den er prägte, »Geltungskonsum«, traf den Kern der Sache in unserer Kultur. Im Vorwort zu Veblens Buch fasste der Gesellschaftskritiker und Autor Stuart Chase dessen These wie folgt zusammen:

> Menschen, die mehr haben als nur ihr Auskommen, heutzutage und auch zu allen früheren Zeiten, verwenden den Überschuss, den die Gesellschaft ihnen gegeben hat, nicht vorrangig für nützliche Zwecke. Sie streben nicht danach, ihr Leben zu erweitern, klüger, intelligenter und verständnisvoller zu leben, sondern danach, andere damit zu beeindrucken, dass sie mehr haben … Geld, Zeit und Mühe ziemlich nutzlos auszugeben in der vergnüglichen Beschäftigung, ihr Ego aufzublähen.[29]

Aber nur weil Geltungskonsum eine kulturübergreifende und evolutionäre Verirrung der menschlichen Spezies ist, heißt das noch nicht, dass Sie der zum Opfer fallen müssen. Die sozialen Medien machen es noch schwerer, sich vom Vergleich mit anderen zu befreien, da Ihre Freunde sich ständig in Bescheidenheitsprahlen über ihre exotischen Urlaube üben, ihr Essen in exklusiven Restaurants oder ihre neuesten Spielzeuge posten. Wenn Sie damit aufhören, andere Menschen beeindrucken zu wollen, werden Sie dadurch Tausende, wenn nicht gar Millionen Euro sparen. Wenn es schon sein muss, dann beeindrucken Sie die Menschen damit, wie viel Geld Sie durch Ihr kreatives Do-it-yourself-Projekt oder mit Travel-Hacking gespart haben, oder wie sehr Sie beim Zelten die Natur genossen haben, statt in einem teuren Hotel zu residieren.

Zehn sichere Methoden zum Geldsparen

1. Gehen Sie nicht shoppen

Wenn Sie nicht shoppen gehen, geben Sie auch kein Geld aus. Wenn Sie natürlich wirklich etwas aus dem Geschäft brauchen, gehen Sie los und kaufen es. Aber gehen Sie nicht einfach so shoppen.

Im Grunde war es doch früher so einfach. Wenn Sie nicht die körperliche Mühe auf sich genommen haben, zu einem Geschäft zu gehen, konnten Sie auch nichts kaufen. Jetzt genügt das Tippen auf Ihr Handy und nahezu alles auf dieser Welt kann innerhalb von Tagen oder sogar Stunden bis an Ihre Haustür geliefert werden. Selbst wenn Sie sich entscheiden, nicht aktiv online zu shoppen, so genügt es schon, mit dem Internet verbunden zu sein, um beständig mit Werbung konfrontiert zu werden, die zunehmend speziell auf Ihre Wünsche und Bedürfnisse zugeschnitten ist. Diese Anzeigen füllen Ihre Bildschirme, Feeds und E-Mail-Briefkästen mit »relevanten« Angeboten, die Ihnen dabei helfen sollen, sich von Ihrem Geld zu trennen. Klug genutzt, können Ihnen diese Anzeigen helfen, Dinge, die Sie wirklich brauchen, preisgünstiger zu bekommen, aber es ist auch sehr viel einfacher, Ihr Geld für Zeug zum Fenster rauszuwerfen, das Sie nicht brauchen, wenn Sie dafür nicht in Ihren Wagen steigen und ins Einkaufszentrum fahren müssen.

2014 stellte eine wissenschaftliche Telefonumfrage bei 1000 erwachsenen Amerikanern fest, dass 75 Prozent von ihnen sagten, bereits einen Impulskauf getätigt zu haben – diese kurzentschlossenen Erwerbungen, die gar nicht beabsichtigt waren, als man das Geschäft betrat. Begeisterung war insgesamt der größte Auslöser, aber Männer neigten zum Kauf, wenn sie getrunken hatten, während Frauen es eher taten, wenn sie gelangweilt oder traurig waren. Beide Geschlechter tun es gleichermaßen, wenn sie wütend sind. Die Hälfte berichtete von Bedauern, wenn dann die Rechnung fällig wurde.[30] Caveat emptor (Möge der Käufer sich in acht nehmen)! Online werden Ihre Interessen und Gewohnheiten nachgehalten und unter den Suchmaschinen, Social-Media-Plattformen und Inserenten weitergegeben. Anschließend arbeiten ausgeklügelte Empfehlungsalgorithmen daran, Impulskäufe zu forcieren, und da Sie Ihr Zuhause nicht verlassen müssen, um mit einem Klick etwas zu kaufen, kann es noch impulsiver sein.

Warum ist Shoppen eine unserer liebsten Freizeitbeschäftigungen? Über den simplen Akt des Erwerbens benötigter Waren hinaus erfüllt Shoppen unzählige weitere Bedürfnisse: als Belohnung für einen gut gemachten Job; als Stimmungsaufheller; zur Steigerung des Selbstwertgefühls; als Selbstbehauptung; Status und Selbstverwöhnung; und im Fall vom Einkaufszentrum auch um Geselligkeit und Zeitstrukturierung. Konsum scheint unser Lieblingsrausch zu sein, unsere gemeinhin sanktionierte Sucht und auch die durch und durch amerikanische Form von Drogenmissbrauch.

Was ist zu tun? Nutzen Sie Shoppen nicht als Belohnung oder Linderung oder Unterhaltung. Reduzieren Sie Ihr Ausgesetztsein gegenüber verlockenden Angeboten, indem Sie sich von der Zusendung von Werbe-E-Mails abmelden oder sie wenigstens aus Ihrem E-Mail-Briefkasten herausfiltern. Seien Sie bei den Medien clever genug, zu wissen, wer für den Inhalt bezahlt, den Sie konsumieren, sodass Sie versteckte Werbung erkennen können, wenn Sie sie sehen. Und am wichtigsten ist, dass Sie die Disziplin entwickeln, nur das zu kaufen, was Sie brauchen. Es ist wie das Trainieren eines Muskels – Ihres Frugalitätsmuskels. Mit der Zeit wird er kräftiger und schon bald werden Sie nicht länger beeinflusst von zielgerichteter Werbung. Möglicherweise schonen Sie dadurch mehr als Ihr Geld. Möglicherweise bewahren Sie dadurch Ihren gesunden Verstand, ganz zu schweigen von Ihrer Seele.

2. Leben Sie im Rahmen Ihrer Möglichkeiten

Diese Vorstellung ist so veraltet, dass einige Leser vielleicht nicht einmal wissen, was das bedeutet. Innerhalb Ihrer Möglichkeiten heißt, nur das zu kaufen, was Sie sich vernünftigerweise leisten können, und Schulden zu vermeiden, es sei denn, Sie können diese pünktlich zurückzahlen, und stets etwas für schlechte Zeiten wegzulegen. Bevor die Kredite derartig explodierten, war das noch vor wenigen Generationen eine ziemlich angesagte Lebensweise. Über die eigenen Mittel zu leben ist eine Medaille mit zwei Seiten. Die glänzende Seite besteht darin, dass Sie alles, was Sie wollen, sofort haben können. Die matte Seite besteht darin, dass Sie dafür mit Ihrem Leben bezahlen. Auf Kredit zu kaufen, von Autos über Häuser bis zum Urlaub, führt oft dazu, dass Sie das Dreifache des eigentlichen Preises bezahlen. Ist es das wert, dieses Jahr zwei Wochen nach Hawaii zu fliegen, wenn Sie dafür vier Monate Überstunden machen müssen, um diesen Urlaub abzubezahlen? Das heißt nicht, dass Sie Ihre Kreditkarten zerschneiden müssen – Sie müssen es lediglich vermeiden, sie zu benutzen, wenn Sie die Abrechnung nicht sofort bezahlen können. Natürlich können Kreditkarten eine Möglichkeit sein, in harten Zeiten das Essen auf den Tisch zu bringen. Es muss aber unterschieden werden zwischen Notwendigkeit und Schwelgerei, damit Sie so wenig Schulden wie möglich haben, die Sie zurückzahlen müssen.

Im Rahmen Ihrer Möglichkeiten zu leben, legt nahe, dass Sie das Geld haben müssen, bevor Sie etwas kaufen. Das verschafft Ihnen den Vorteil, keine Überziehungszinsen zahlen zu müssen. Es verschafft Ihnen außerdem eine Wartezeit, während der Sie möglicherweise feststellen, dass Sie die verlockenden Dinge gar nicht wollen. Die angenehme Seite des Lebens innerhalb Ihrer Möglichkeiten besteht darin, dass Sie das, was Sie haben, benutzen und genießen werden und den vollen Umfang an Erfüllung davon einfahren, sei es Ihr zehn Jahre alter, aber immer noch toller Wagen, Ihr Lieblingsmantel oder Ihr altes Haus. Es bedeutet auch, dass Sie wirtschaftlich schlechte Zeiten überstehen werden, sollten diese kommen – was der Fall sein wird.

3. Behandeln Sie das, was Sie haben, pfleglich

Es gibt eine Sache, die wir haben, und von der wir wollen, dass sie lange hält: unser Körper. Das schlichte Beachten bewiesener Vorsorgemaßnahmen wird viel Geld ersparen. Zum Beispiel kann das Pflegen Ihrer Zähne Ihnen Tausende Euro an Zahnarztrechnungen ersparen. Und das zu essen, von dem Sie wissen, dass es gut für Ihren Körper ist (gemäß der benötigten Energie und nicht nach dem Urteil Ihrer Geschmacksknospen) erspart Ihnen ebenfalls möglicherweise Tausende Euros an Behandlungskosten – und rettet vielleicht sogar Ihr Leben.

Dehnen Sie dieses Prinzip auf all Ihre Besitztümer aus. Flicken Sie zerrissene Kleidung, lassen Sie abgelaufene Schuhe neu besohlen, tauschen Sie die alte Hardware Ihres Computers aus, oder vergrößern Sie den Arbeitsspeicher.

Regelmäßige Ölwechsel verlängern erwiesenermaßen die Lebensdauer Ihres Wagens. Wenn Sie Ihre Geräte immer reinigen, werden sie weiterhin super funktionieren. (Wie viele Föhns und Staubsauger sind an Haarknäueln erstickt?) Die Kühlspulen an Ihrem Kühlschrank abzustauben spart Energie und kann Ihren Kühlschrank retten. Ein großer Unterschied zwischen Lebewesen und Maschinen besteht darin, dass Maschinen sich nicht selbst heilen können. Wenn Sie gelegentliche Kopfschmerzen ignorieren, werden sie vermutlich verschwinden. Wenn Sie ein lustiges Geräusch ignorieren, das aus Ihrem Computer oder Ihrem Wagen kommt, handeln Sie sich womöglich einen größeren (und teuren) Schaden ein.

Viele von uns leben schon so lange im Übermaß, dass es uns gar nicht mehr in den Sinn kommt, das zu erhalten, was wir haben. »Wo das herkommt, gibt es immer noch mehr«, sagen wir uns. Aber mehr kostet Geld. Und langfristig gesehen steht vielleicht nichts mehr zur Verfügung. Wir müssen unser Gehirn neu verdrahten und an Reparatur statt an Ersatz denken.

4. Tragen Sie es auf

Was war das letzte Kleidungsstück, das Sie wirklich aufgetragen haben? Gäbe es nicht die Modeindustrie (und die Langeweile) könnten wir alle dieselbe Garderobe für viele Jahre tragen. Gehen Sie Ihre Sachen durch. Nutzen Sie Ihre Sachen wirklich, bis sie verschlissen sind, oder aktualisieren beziehungsweise duplizieren Sie lediglich das Handy vom letzten Jahr, Ihre Möbel, Küchengeräte und Bett- oder Tischwäsche? Überlegen Sie mal, wie viel Geld Sie sparen könnten, wenn Sie sich entscheiden würden, die Dinge auch nur um 20 Prozent länger zu nutzen. Falls Sie alle drei Jahre neue Bettwäsche kaufen, versuchen Sie es doch mal alle vier Jahre. Wenn Sie sich alle vier Jahre ein neues Auto zulegen, versuchen Sie die Spanne auf fünf zu erweitern. Wenn Sie sich jeden Winter einen neuen Mantel kaufen, probieren Sie einmal aus, ob es nicht jeder dritte Winter genauso täte. Und wenn Sie im Begriff sind, etwas zu kaufen, fragen Sie sich: »Habe ich so etwas nicht schon, das noch einwandfrei funktioniert?«

Eine andere Möglichkeit, Geld zu sparen, besteht darin, sich zu fragen, bevor Sie etwas in den Müll werfen, ob es nicht eine andere Möglichkeit gibt, es teilweise oder ganz weiter zu benutzen. Alte Trockentücher und abgetragene Kleidung können zu Putzlappen umfunktioniert werden. Alte Zeitungen können noch für Kunstprojekte einen Zweck erfüllen. Das Internet ist voll mit Do-it-yourself-Tipps für den Alltag, die Ihnen helfen können, Alltagsgegenstände einer neuen Verwendung zuzuführen.

Ein Wort der Warnung an die bereits Frugalen: Etwas zu nutzen, bis es endgültig hinüber ist, heißt nicht, es zu verwenden, bis Sie völlig entnervt sind. Wenn Sie ständig an einer Lampe herumfummeln müssen, damit sie funktioniert, und bereits versucht haben, sie zu reparieren, dann ist es die Lebensenergie möglicherweise nicht wert, ihr ein weiteres Jahr Licht zu »entlocken«. Wenn eine Fahrt mit Ihrem Auto mehr Zeit an Bastelei kostet (oder an Reparaturen), als dass es Ihnen dient, dann sollten Sie sich ein neues kaufen. Wenn Ihre Knie schmerzen, weil Ihre Laufschuhe den Aufprall nicht mehr dämpfen, dann ist es angenehmer, sich neue Laufschuhe zu kaufen, als sich am Knie operieren zu lassen.

5. Do it yourself

Können Sie eine Glühbirne oder ein einfaches Teil in Ihrem Wagen auswechseln? Eine undichte Stelle an einem Rohr flicken? Ihre Steuererklärung machen? Geschenke basteln? An Ihrem Fahrrad einen Schlauch wechseln? Ohne Backmischung einen Kuchen backen? Ein Buchregal aufbauen? Möbel neu lackieren? Einen Garten anlegen? Ihre eigene Webseite gestalten? Ihren Familienmitgliedern die Haare schneiden? Ihre eigene Non-Profit-Organisation gründen? Früher war das Leben einfacher und wir haben grundlegende Fertigkeiten von unseren Eltern und im Zuge des Heranwachsens gelernt. Heute sind wir hauptsächlich Konsumenten von Waren und Dienstleistungen, die andere zur Verfügung stellen. Um diesen Trend umzukehren, müssen Sie sich jedes Mal, wenn Sie wieder einen Experten beauftragen wollen, fragen: »Kann ich das selbst machen? Was müsste ich dafür lernen? Wäre es gut, das zu können?« Die Do-it-yourself-Avantgarde macht das Selbstmachen wieder modern, Kreativwerkstätten – wo Elektronik, Stoff, Holz und Draht mit Fingerspitzengefühl umfunktioniert werden – schießen überall aus dem Boden.

Zugegeben, unsere Elektronik ist so technisch geworden, dass ein Heimwerker schon Mühe hätte, so weit ins Innere vorzudringen, dass er es reparieren kann. Ein Auto konnte man früher problemlos von einem Hinterhofmechaniker reparieren lassen. Heutzutage sind Autos rollende Computer, die alles machen, einschließlich zeitweise selbst zu fahren – und für deren Wartung Sie professionelle Techniker brauchen.

Vor Jahren, als **Tina U.** *noch jung war und ein paar Monate lang mit ihrem Mann, einem Arzt, auf den Fidschis lebte, stellte sie verlegen fest, wie sehr die Eingeborenen sie scheinbar verehrten. Sie versuchte, deren Respekt auf ein angemessenes Niveau herunterzufahren, aber die wollten nichts davon wissen. Dann entdeckte sie, dass die Fidschianer, die alles, was sie zum Leben brauchten, selbst herstellten, annahmen, dass Tina und Charles ihr Transistorradio, ihre Armbanduhr und ihre Schreibmaschine selbst gebaut hatten. Es war ihnen nicht nachvollziehbar, dass andere Menschen diese Dinge hergestellt und dass Tina und Charles keine Ahnung hatten, wie das geht.*

Das zum Leben Notwendige und Überlebensfertigkeiten können mittels Websites, Büchern, Online-Kursen, Volkshochschulkursen und YouTube, dem wachsenden Weltarchiv, wie man alles herstellt oder repariert, erworben werden. Jedes Kaputtgehen kann als Chance zum Lernen und zur Befähigung genutzt werden. Bei Sachen, die Sie nicht selber können, oder wollen, beauftragen Sie andere und schauen dabei zu. Jedes bisschen Energie, die in das Lösen solcher Probleme investiert wird, bringt Ihnen nicht nur etwas bei, das Sie für das nächste Mal wissen müssen, sondern hilft Ihnen auch, Fehler und Kosten zu vermeiden. Natürlich ist es heutzutage geradezu unerträglich preiswerter, Sachen zu ersetzen, statt sie zu reparieren, aber wenn Sie wissbegierig sind oder befähigter sein wollen oder einfach nur von der Vorstellung abgestoßen werden, dass zukünftige Generationen mit Ihrem Müll umgehen müssen, können Sie online gehen und lernen.

Eine FI-ler erzählt die Geschichte, wie im Winter einmal ihre Heizung ausgefallen ist. Drei Installationsbetriebe schickten ihre Leute und machten einen Kostenvoranschlag. Jeder erklärte ihr voller Überzeugung, worin das Problem bestehe. Bedauerlicherweise passten ihre Diagnosen und Lösungen nicht zusammen. Also begann sie selbst zu recherchieren, meditierte über dem Rube-Goldberg-artigen Labyrinth aus Rohren, kam zu einer begründeten Vermutung und entschied sich für die Firma, die ihrer Analyse am nächsten kam, was ihr Hunderte von Dollar sowie unnötige und vermutlich schädliche Reparaturen ersparte. Indem sie dem Handwerker anschließend bei seiner Arbeit zuschaute, war sie zudem in der Lage, ein paar teure Fehler zu vermeiden sowie (teure) Zeit einzusparen, indem sie ein paar der einfachen Arbeiten übernahm. Ein typischer Vollzeitberufstätiger hätte möglicherweise das Vielfache von dem bezahlt, was es sie kostete, und wäre dann glücklich gewesen, zwei Gehaltsschecks zu haben, weil »das Leben in der modernen Welt ja so teuer ist«.

6. Sehen Sie Ihre Bedürfnisse voraus

Voraussicht kann man beim Kaufen für signifikante Einsparungen sorgen. Mit genügend Vorlaufzeit werden Sie die benötigten Produkte sehr wahrscheinlich zu einem günstigeren Preis finden. Führen Sie eine Liste der Dinge, die Sie im kommenden Jahr voraussichtlich brauchen werden. Machen Sie sich mit den Marken, Eigenschaften und typischen Preisbereichen vertraut. Nutzen Sie die Hilfsmittel Ihrer Lieblingskauf-Websites, Online-Händler oder einen nach Rubriken geordneten Online-Marktplatz wie Craigslist oder eBay, um im Blick zu behalten, wenn ein gesuchtes Produkt erhältlich ist oder sich der Preis ändert. Sofort zuschlagen zu können, vergrößert die Wahrscheinlichkeit, das Produkt zum günstigen Preis zu erhalten, da die besten Angebote innerhalb von Tagen, Stunden oder gar Minuten vergeben sind. Achten Sie rund um Ferienzeiten auf Schlussverkäufe, vor allem in konventionellen Geschäften, die immer noch in der Lokalpresse inserieren. Bei teuren Produkten wie Autos, Computern oder Telefonen sollten Sie bis kurz vor Erscheinen des nächsten Modells warten, denn dann können Sie einen größeren Rabatt auf das Vorjahresmodell bekommen. Indem Sie einfach nur im Auge behalten, ob Sie bald neue Hinterreifen brauchen, während die alten es noch tun, oder wissen, wann Sie das nächste Mal fliegen werden, können Sie im Voraus planen.

Bei kurzfristig benötigten Waren kann es teuer sein, im kleinen Lebensmittelgeschäft an der Ecke einzukaufen. Planen Sie Ihre Bedürfnisse im Voraus – dass Sie abends ein paar Snacks haben wollen, dass Ihnen Mitte der Woche die Milch ausgeht oder dass Ihre Vorräte an Toilettenpapier zur Neige gehen –; das kann den Gang zum Lebensmittelgeschäft an der Ecke verhindern. Stattdessen können Sie diese Produkte während Ihres routinemäßigen Einkaufens im Supermarkt, im Geschäft für Bürobedarf oder online kaufen. Das kann langfristig zu erheblichen Einsparungen führen.

Ihre Bedürfnisse vorauszusehen eliminiert auch eine der größten Bedrohungen für Ihre Frugalität: Impulskäufe. Wenn Sie beim Verlassen Ihres Hauses um 15:05 Uhr ein Produkt nicht gebraucht haben, dann ist die Wahrscheinlichkeit, dass Sie es um 15:10 Uhr brauchen, wenn Sie im Geschäft vor dem Regal mit den Impulsartikeln stehen, sehr gering. Wir sagen nicht, dass Sie nur Artikel kaufen dürfen, die auf Ihrer vorher überlegten Einkaufsliste stehen (was für Kaufsüchtige allerdings keine schlechte Idee ist); wir sagen lediglich, dass Sie kompromisslos ehrlich sein müssen, wenn Sie unterwegs sind. Zu sagen »Ich sehe voraus, dass ich das hier brauche«, während Sie einen Kaschmirpullover oder irgendwelchen Schnickschnack anschmachten, ist nicht dasselbe, als hätten Sie Ihr Bedürfnis vorher festgelegt und stellen nun fest, dass dieses Produkt im Angebot ist. Möglicherweise haben Sie schon vom Parkinsonschen Gesetz gehört: »Arbeit dehnt sich in genau dem Maß aus, wie Zeit für ihre Erledigung zur Verfügung steht.« Dem entspricht: »Bedürfnisse dehnen sich entsprechend auf alles aus, das Sie spontan kaufen wollen.«

7. Recherchewert, Qualität, Haltbarkeit, Mehrfachnutzung und Preis

Recherchieren Sie bezüglich Ihrer geplanten Erwerbungen. Lesen Sie Bewertungen und Kommentare auf vertrauenswürdigen Websites und Online-Marktplätzen. Entscheiden Sie, welche Merkmale für Sie am wichtigsten sind. Agieren Sie nicht als Schnäppchenjunkie und kaufen automatisch das preiswerteste Produkt. Haltbarkeit kann ausschlaggebend sein für etwas, das Sie die nächsten 20 Jahre täglich benutzen wollen. Ein offensichtlicher Weg des Geldsparens besteht darin, weniger für jedes Produkt zu bezahlen, das Sie erwerben, aber es entspricht genauso der Wahrheit, dass 40 Euro für ein Werkzeug, das zehn Jahre hält, statt eines für 30 Jahre, das nach fünf Jahren ausgetauscht werden muss, Ihnen langfristig 20 Euro spart. Flexibilität ist auch ein wichtiger Faktor. Ein Produkt für 10 Euro zu kaufen, das die Funktionen von vier verschiedenen Produkten à 5 Euro erfüllt, erspart Ihnen 10 Euro. Ein vielseitiger Kochtopf kann (und sollte vielleicht) ein halbes Dutzend Spezialtöpfe wie Reiskocher, Schmortopf, Bräter, Bratpfanne und Spaghettitopf ersetzen. Wenn Sie also wirklich vorhaben, ein Produkt zu nutzen, dann können Aspekte wie Haltbarkeit und verschiedene Funktionen eine gute Spartechnik sein. Wenn Sie das Produkt aber nur gelegentlich nutzen, möchten Sie vielleicht nicht den Mehrpreis eines qualitativ hochwertigen Artikels bezahlen. Ihre Bedürfnisse und die ganze Bandbreite der erhältlichen Produkte zu kennen, wird es Ihnen ermöglichen, den richtigen Artikel zu kaufen.

Sie können die Qualität auch einschätzen, indem Sie einen geschärften Blick entwickeln und sich sorgfältig anschauen, was Sie zu kaufen beabsichtigen. Sind die Nähte an dem Kleidungsstück sauber genäht? Sind die Säume gut verarbeitet? Ist der Stoff haltbar? Sind die Schrauben, die das Gerät zusammenhalten, stabil genug für den Job? Ist das Möbelstück genagelt, geheftet oder geschraubt? Sie werden zum Materialexperten avancieren – so gut darin werden, dass Sie die vermutliche Lebensdauer eines Produktes ablesen können wie ein Förster das Alter und die Geschichte eines gefällten Baums an seinem Stamm.

8. Kaufen Sie es für weniger

Es gibt zahlreiche Möglichkeiten, das, was Sie wollen, günstiger zu bekommen:

Preisvergleich: Zu entscheiden, wo Sie etwas kaufen, beinhaltet das Abwägen zwischen Preis und Werten wie Komfort, Auswahl, Unterstützung der lokalen Wirtschaft sowie Aspekte der Umwelt und der sozialen Gerechtigkeit. Möglicherweise sind Sie bereit, in einem lokalen, unabhängigen Geschäft mehr für ein Produkt zu bezahlen, als wenn Sie es online bestellen würden. Aber wie viel mehr? Um das zu entscheiden, müssen Sie in der Lage sein, Preise zu vergleichen. Greifen Sie auf Metasuchmaschinen oder Browser-Add-ons zurück, die es Ihnen ermöglichen, die Preise vieler Websites gleichzeitig zu überprüfen. Lokale Geschäfte, die ihre Preise nicht online stellen, können Sie anrufen, um herauszufinden, was sie auf Lager haben, was sie bestellen können, und zu welchem Preis sie Ihnen das Produkt anbieten können. Viele Geschäfte, sowohl konventionelle wie auch online, bieten Preisanpassungen an, bei denen sie einen niedrigeren Preis eines Geschäfts im Umland oder einer ausgewählten Liste von Online-Händlern akzeptieren. Einige Händler erstatten Ihnen sogar die Differenz, wenn Sie das gleiche Produkt innerhalb einer befristeten Zeit nach dem Kauf in einem anderen Geschäft günstiger finden. Vor allem bei teuren Produkten kann der Käufer auf diese Weise Tausende von Euro sparen.

Handeln: Sie können bei Barzahlung nach Rabatten fragen. Bei nicht ganz perfekten Artikeln können Sie um einen Preisnachlass bitten. Sie können um den Schlussverkaufspreis bitten, auch wenn dieser erst am morgigen Tag in Kraft tritt oder gestern geendet hat. Sie können nach einem zusätzlichen Nachlass auf bereits reduzierte Artikel fragen. Oder wenn Sie mehrere Artikel kaufen. Sie können überall und jederzeit nach einem Rabatt fragen. Wer nichts wagt, der nichts gewinnt. Der Listenpreis jedes Konsumartikels ist in der Regel aufgebläht. Wenn Sie ein neues Auto kaufen, müssen Sie nicht mehr in den Laden marschieren und blind feilschen. Den Rechnungsbetrag und oft auch Angebote, die im Laufe des Monats noch hereinkommen, können Sie sich online ansehen, sodass Sie mit einem fairen Preis in das Verhandeln einsteigen können. Bei jedem meiner Autokäufe habe ich sämtliche Händler im Umkreis von etwa 160 Kilometern angerufen und dadurch jedes Fahrzeug 30 bis 50 Prozent unter dem Listenpreis bekommen.

Zum Beispiel entdeckte ich 2017 ein gebrauchtes Sunrader Wohnmobil auf einem Parkplatz. Da ich den Wert und die Seltenheit dieser Klassiker kenne (und weiß, dass meine Tage des Zeltens vorbei sind), arrangierte ich eine Probefahrt damit. Der Wagen stotterte und tuckerte die Hügel hinauf, aber mit meinen Kenntnissen über Verbrennungsmotoren alter Schule konnte ich ihn reparieren. Er hatte einen kleinen Wasserschaden. Ein Schloss funktionierte nicht. Mit einem Stirnrunzeln brachte ich den Wagen zurück. Nein, so viele Probleme wollte ich nicht kaufen. Der Händler fragte, für welchen Preis es mir die Sache wert sei. Ich nannte ihm die Hälfte des Verkaufspreises. »Verkauft!«, sagte er.

Sie haben nichts zu verlieren, wenn Sie in einem Geschäft nach einem Rabatt fragen – sei es in Ihrem lokalen Baumarkt oder einem Kaufhaus. Ein Paradebeispiel ist mein kürzlicher Ausflug, um neue Laufschuhe zu kaufen. Auf einem Spezialregal stand ein Paar für 95 Dollar (Listenpreis), ohne Preisschild. Sie passten perfekt. Ich fragte den Verkäufer, was die Schuhe kosten sollten. »39,99«, antwortete er. »Wären Sie mit 30 einverstanden?«, fragte ich daraufhin. Er überlegte und antwortete dann: »28 Dollar.« Ich hätte darauf hinweisen können, dass er gemäß der Etikette beim Feilschen ein höheres Gebot hätte abgeben müssen und nicht eines, das unter meinem liegt. Aber ich war clever genug, die Klappe zu halten, öffnete meine Brieftasche und ergriff die Gelegenheit zu einem super Geschäft. Diese Strategie funktioniert übrigens am besten bei unabhängigen Geschäften, in denen der Eigentümer mehr Autorität hat, um spontane Entscheidungen zu treffen. Wenn also eine Kette das Produkt günstiger anbietet, sollten Sie dem Eigentümer des lokalen Shops zumindest eine Chance geben, gleichzuziehen.

Gebraucht kaufen: Überprüfen Sie Ihre Einstellung gegenüber dem Kauf gebrauchter Waren. Die meisten von uns leben in »gebrauchten« Häusern – jemand anderer hat es gebaut und Dusche, Toilette, Einbauküche und vieles mehr eingeweiht. Der größte Kostenfaktor bei einem Neuwagen ist der Wertverlust im ersten Jahr, der etwa 20 Prozent des Kaufpreises beträgt. Ein Auto zu kaufen, das ein paar Jahre oder auch nur ein paar Monate alt ist, kann etliche Tausend Euro einsparen.

Aber was ist mit allem anderen? Auf Online-Marktplätzen wie Craigslist und eBay kann man hervorragend gebrauchte Artikel finden. Social-Media-Apps können einen Marktplatz für das Zusammenführen von Menschen mit Dingen sein, die sie nicht nutzen, und anderen, die etwas brauchen. So wie Autos verlieren auch Möbel schnell an Wert, ein neuwertiges Sofa oder eine neuwertige Esszimmergarnitur auf Craigslist zu kaufen, kann Ihnen also eine Menge einsparen. Wenn Sie glauben, dass ein Secondhandladen nicht so Ihr Ding sei, schauen Sie sich einfach in Ihrem Ort um. Secondhandläden sind schon lange zu schicken Geschäften geworden. Kleidung, Küchengeräte, Möbel, Vorhänge – alles können Sie dort finden, und Sie werden vielleicht überrascht sein von der hohen Qualität. Tatsächlich ist das Spenden brandneuer Gegenstände an Secondhandläden eine Art, wie Shopaholics ihre Kaufausschweifungen rechtfertigen. Wenn Ihnen diese Geschäfte dennoch nicht zusagen, sollten Sie Kommissionsläden in Betracht ziehen. Die Preise sind höher, aber die Qualität ist häufig besser als gut.

Nach unserer Erfahrung sind Secondhandläden am besten für Kleidung, Garagenkäufe jedoch am besten für Geräte, Möbel und Haushaltsgegenstände geeignet. Wenn Sie ein Frühaufsteher sind (eintreffen, bevor die Verkäufer noch ihren Frühstückskaffee hatten), können Sie oft außergewöhnliche Schnäppchen machen – es sei denn, Sie werden weggescheucht, weil Sie zu früh sind. Andererseits sind die Verkäufer umso bereitwilliger, ihre Sachen für einen Spotpreis loszuwerden, je später am Tag es ist.

Mancherorts gibt es immer noch Tauschbörsen und Flohmärkte; dort finden Sie Händler jeder Couleur, die ihre Waren anbieten: gerissene Krämer (Vorsicht Käufer), Sammler und Familien, die hoffen, ihr ganzes Zeug loszuwerden, bevor sie umziehen. Ob Sie nun als Schnäppchenjäger bei Garagenverkäufen oder auf Craigslist unterwegs sind, sorgen Sie dafür, dass Sie das Geld bei etwas sparen, das Sie auch wirklich brauchen, statt noch mehr unnötigen Krempel anzuhäufen, den Sie nur gekauft haben, weil es »so günstig war«!

Das alte Sprichwort »Des einen Leid ist des anderen Freud«, bringt auch in Erinnerung, wie man gebrauchte Dinge bekommen kann, ohne einen Cent dafür zu bezahlen, durch Internet-Verschenk-Netzwerke wie Freecycle. Große alte Fenster, die beim Renovieren eines Hauses ausgebaut wurden, werden zu einem Gewächshaus für einen Bauern, statt auf der Deponie zu landen. Diese Netzwerke für das Weitergeben gebrauchter Gegenstände sind für beide Seiten ein Gewinn – und für den Planeten ebenfalls.

9. Ihren Bedarf anders decken

Das Substitutionsprinzip besagt, dass es Hunderte, wenn nicht gar Tausende von Möglichkeiten gibt, einen Bedarf zu decken. Traditionelle Volkswirtschaften möchten Ihnen weismachen, dass mehr, bessere oder unterschiedliche Artikel nahezu jedes Bedürfnis befriedigen können und diese Befriedigung nur ein Durchziehen der Kreditkarte durch das Lesegerät weit entfernt ist. Was ist zum Beispiel die beste Art, Ihre Laune zu steigern? Ein Antidepressivum?

Laufen? Kognitive Therapie? Ein Tapetenwechsel? Sich einen lustigen Film anschauen? Jemandem helfen, dem es noch schlechter geht? Einkaufstherapie? Was funktioniert bei Ihnen am besten? Haben Sie nur eine Therapie oder viele verschiedene? Wenn Sie sich ausgelaugt fühlen, was peppt Sie wieder auf? Ausruhen? Sport? Koffein? Therapie (Einkaufen oder Reden)? Fernsehen? Anders ausgedrückt: Gibt es einen Unterschied zwischen Bedürfnissen und den Strategien, die Sie einsetzen, um diese Bedürfnisse zu befriedigen?

Zum Beispiel ist Freiheit ein grundsätzliches Bedürfnis. Wenn für mich Freiheit aber nun »Reisen« bedeutet, wonach suche ich dann wirklich? Häufig ist es das Neue, die Anregung, aus den täglichen und manchmal abstumpfenden Routinen herauszukommen. Es ist das Brauchen von ein bisschen Planlosigkeit und Untätigkeit im Gegensatz zu meiner Norm der Zielgerichtetheit. Es ist das Lernen neuer Sprachen, Kulturen, Fakten. Neue Menschen zu treffen. Ein langsameres Tempo mit weniger Stress. In einem anderen Meer von Annahmen zu schwimmen, aus der Engstirnigkeit herausgerissen zu werden. Unbekanntes Essen zu probieren. Sich auf einem Langstreckenflug in einen Roman zu vertiefen. Aus der Stadt heraus und unerreichbar für alle Meetings und Entscheidungen zu sein, die dazu neigen, meinen Vorrat an täglicher Freude nach und nach zu reduzieren.

Aber muss ich in die Ferne reisen, um neue Erfahrungen zu machen? Denken Sie daran, bei Ersatz als Frugalitätsstrategie geht es nicht darum, das Vergnügen herunterzustufen. Es geht darum, zu gewährleisten, dass ich für weniger oder sogar umsonst genau das bekomme, wonach ich suche. Ich schränke mich nicht ein; ich fokussiere mich. Freiheit von meiner täglichen Routine kann beinhalten, dass ich meine strengen Standards loslasse (dann ist das Haus mal ein bisschen weniger sauber); ein paar beschwerliche Verantwortungen (nicht immer zu jedem ja zu sagen, der meine Hilfe will); sowie ein paar fest verwurzelte Gewohnheiten (wie zum Beispiel nie jemand für etwas zu beauftragen, was Sie selbst erledigen können). Wenn die Benzinpreise hoch sind, wie wäre es dann, nicht so weit wegzufahren – sich die Sehenswürdigkeiten ansehen, die man bei einem Tagesausflug erreichen kann – und exotische Menschen und Orte in der Nähe kennenzulernen. Mit einem Wohnmobil auf einen 100 Kilometer entfernten Campingplatz zu fahren, bringt mich auch in eine landschaftlich andere Umgebung, mit verlockenden Gerüchen und Anblicken. Näher an zu Hause zu bleiben enthüllt möglicherweise ein paar verborgene Schätze in Ihrem eigenen Garten oder direkt hinter dem Gartenzaun – wie Ihren wunderschönen Blumengarten oder die spannenden Geschichten Ihres Nachbarn. Bleiben Sie lange genug an Ort und Stelle und die Details und schönen Dinge werden sich Ihnen sehr viel stärker offenbaren. Sie sehen, Ersatz ist keine Herabstufung; es geht vielmehr darum, kreativ zu werden.

Ersatz, wenn er kreativ ist, erinnert uns auch daran, dass wir einen Gefühlszustand verändern wollen, wenn wir etwas kaufen. Wenn wir zum Beispiel hungrig sind, essen wir, um ein Gefühl von Befriedigung zu erlangen. Wenn wir uns einsam fühlen, treten wir einem Verein bei oder verabreden uns, um das Gefühl zu haben, uns verbunden zu fühlen. Wenn wir uns langweilen, gehen wir ins Kino oder lesen eine Zeitschrift oder machen einen Ausflug, um uns lebendiger zu fühlen. Aber die meisten unserer Bedürfnisse sind nicht materiell! Substitution besagt: »Wenn du den Wunsch verspürst, shoppen zu gehen, nimm dir die Zeit, dieses Gefühl zurückzuverfolgen bis zum Bedürfnis und frage dich, ob nicht Kreativität viel besser als Konsum zur Erfüllung beitragen kann.« Donella Meadows bringt es in ihrem Buch *Beyond the Limits* auf den Punkt:

> Menschen brauchen keine riesigen Autos; sie brauchen Respekt. Sie brauchen keine Schränke voller Kleidung; sie müssen sich attraktiv fühlen und sie brauchen Aufregung, Abwechslung und Schönheit. Menschen brauchen keine elektronische Ausrüstung; sie brauchen etwas Lohnenswertes, das sie mit ihrem Leben anfangen können. Menschen brauchen Identität, Gemeinschaft, Herausforderung, Anerkennung, Liebe und Freude. Zu versuchen, diese Dinge mit materiellen Dingen zu erfüllen, kommt dem Etablieren eines unstillbaren Appetits auf falsche Lösungen für reale und nie gelöste Probleme gleich. Die daraus resultierende psychische Leere ist eine der stärksten Kräfte hinter dem Wunsch nach materiellem Wachstum.[31]

Ersatz ist keine Beschränkung. Es ist Befreiung. Es ist das Loslassen von Annahmen und Gewohnheiten, das Schauen auf die Fülle der Realität und das Schöpfen aus dem Sammelsurium von Vergnügen direkt vor Ihrer Nase.

10. Folgen Sie den Neun Schritten dieses Programms

Hunderttausende Menschen haben die Schritte dieses Programms erfolgreich umgesetzt. Diese Menschen haben festgestellt, dass das Umsetzen aller Schritte zu einem veränderten Erleben von Geld und der materiellen Welt führt. Es ist diese Veränderung – und nicht etwa die Ratschläge – die ihnen Geld spart. Harmlose Kaufsucht verflüchtigt sich. Verzicht und Maßlosigkeit weichen beide der Selbstwahrnehmung, die am Ende ein sehr viel größeres Vergnügen ist. Sie können dieses Programm als eine Reihe von Tipps und Ratschlägen nutzen, oder Sie können es seinen Zauber entfalten lassen, indem Sie die Schritte umsetzen. Die Schritte sind eine ganzheitliche Herangehensweise an Geld und Dinge, die Ihre Gewohnheiten verändert, indem sie Ihre Sichtweise verändert. Alle Schritte sind wichtig. Sie wirken zusammen, um Sie anzuspornen.

Das Einmaleins des Sparens

Von Pfennigfuchserei zu cleverem Sparen

In einer früheren Ausgabe dieses Buches gab es das Kapitel »101 sichere Wege, um Geld zu sparen.« Aber die Zeiten haben sich geändert und einige unserer altbewährten Vorschläge sind nicht mehr so zutreffend.

Darüber hinaus bieten Heerscharen von Bloggern, Podcastern und YouTubern täglich neue Ideen an, ebenso wie das zahlreiche Bücher tun, in denen es um das frugale, einfache Leben geht. Die Bandbreite reicht vom preiswerten Reisen bis zum preisgünstigen Kochen, von Do-it-yourself-Reparaturen im Haushalt bis zum kompletten Hausbau. Vom Anbauen Ihrer eigenen Lebensmittel bis zum Aufbauen Ihres eigenen Öko-Dorfes.

Und schließlich dürfen Sie nicht vergessen, dass die Strategien, die Sie sich für Ihr Leben ausdenken, meistens sehr viel wirkungsvoller sind als die Ratschläge anderer. Betrachten wir einmal folgende Geschichte:

Harry N. *betrachtete sein Wanddiagramm und überdachte seine Vorgehensweise, eine Putzfrau und einen Gärtner zu bezahlen, um sein Haus in*

Ordnung zu halten. Er war jedoch noch nicht bereit, diese täglichen Aufgaben selbst zu erledigen. Und dann kam er zu einer überraschenden Lösung. Ihm war aufgefallen, dass seine Familie nie das große Esszimmer benutzte. Es gehörte nun mal zu dem Haus, als sie es kauften, also stellten sie Möbel hinein und vergaßen es. Aber mit seiner neuen FI-Denkweise erkannte Harry, dass er den Raum umgestalten konnte zu einem Studio-Apartment. Er renovierte das Zimmer und fand ein Ehepaar, das bereit war, im Austausch gegen mietfreies Wohnen die Hausarbeiten zu übernehmen.

Diese Art von kreativem Denken kann nie durch eine »Nützliche Tipps und Tricks«-Liste verkörpert werden. Nichtsdestotrotz kann ein bisschen Anleitung extrem hilfreich dabei sein, alte Muster aufzubrechen und Sie dazu bringen, kreativ zu denken. Deshalb nehmen wir die folgenden kurzen Tipps, die Beispiele des FI-Denkens aus dem wahren Leben beinhalten, die Ihnen Geld sparen und Freiheit erkaufen können.

Schulden und Ihre Finanzen managen

Eine Kardinalregel von Frugalität besteht darin, Schulden zu vermeiden. Schließlich haben Sie bereits Ihre Zeit in dem Job zugebracht und dafür nun das Geld in Ihrer Tasche. Wieso nochmal bezahlen – und die Fußfessel der Schulden hinter sich her schleifen, während Sie die Straße des Lebens entlanghumpeln?

Manche Menschen, einschließlich der Autorin, schaffen es, durchs Leben zu gehen und alles bar zu bezahlen, aber jene Menschen mit Schulden für teure Anschaffungen (Studium, Hypotheken, Auto) folgen der Frugalitätsregel, die Schulden so schnell wie möglich zurückzuzahlen.

Bedauerlicherweise sind die einfachsten Wege, sich Geld zu leihen – Kreditkarten und Kleinkredite – auch für viele die finanziell ruinösesten. Wir können gar nicht oft genug sagen, wie wichtig es ist, jegliche hoch verzinsten Wucherkredite zurückzuzahlen, die Sie gerade haben, und diese in Zukunft komplett zu vermeiden. Nutzen Sie Ihre Kreditkarte aus Bequemlichkeit, als Notfallkredit und um Punkte zu sammeln, aber nur, wenn Sie die Differenz jeden Monat ausgleichen können. Und wir meinen jeden Monat! Andernfalls sollten Sie Ihre EC-Karte verwenden. Das Gleiche gilt für Autokredite, größere Anschaffungen oder Ratenzahlung – wenn Sie einen niedrigen Zinssatz bekommen und die Disziplin haben, die Raten verlässlich zu zahlen, können Sie das in Erwägung ziehen. Andernfalls warten Sie besser, bis Sie genug gespart haben, um die Sache mit Ihrem eigenen Geld zu bezahlen, statt Zinsen und Gebühren zu berappen, weil Sie sich das Geld bei der Bank leihen müssen.

Einige Formen von Schulden können als Investition betrachtet werden, wenn das geliehene Geld Sie in die Lage versetzt, ein Kapital zu erwerben, das an Wert gewinnt oder Ihre Ertragskraft ankurbelt. Wenn Sie Ihre Hypothek zuverlässig jeden Monat bezahlen können und in einem Gebiet leben, in dem die Immobilienpreise kontinuierlich steigen (im Gegensatz zu Auf- und Abschwung oder Stagnation), kann eine niedrig verzinste Hypothek mit festem Zinssatz eine kluge Investition sein, vor allem, wenn sie steuersenkend geltend gemacht werden kann. Viele Menschen empfinden es jedoch als beruhigend und Gefühl von Freiheit, wenn ihr Haus schuldenfrei ist, und sollten deshalb den besten Weg finden, damit sie ihre Hypothek möglichst schnell zurückzahlen. Junge Menschen nutzen oft Studiendarlehen, um ihre Ausbildung zu bezahlen, mit der sie dann später mehr verdienen können. Das können Sie zwar als Investition in Ihre finanzielle Zukunft betrachten, aber niemand will sein Erwachsenenleben mit einer riesigen Schuldenlast auf den Schultern beginnen. Besorgen Sie sich wenn möglich Stipendien und meiden Sie Studiendarlehen – und falls das nicht geht, dann zahlen Sie diese schnell zurück und bringen sie steuersenkend ein. Sollten Sie sich auf eine dieser Arten Geld leihen, ist es entscheidend, dass Sie Ihre monatlichen Raten bezahlen, oder Ihr Rating wird Schaden nehmen. Ein schlechtes Rating verhindert möglicherweise das Aufnehmen eines Kredits, wenn Sie zum Beispiel ein Haus kaufen wollen, zudem müssen Sie möglicherweise mehr Zinsen zahlen.

Die Basisbankgeschäfte sollten Sie kostenlos abwickeln können und sogar ein paar Zinsen bekommen, je nachdem, was für ein Konto Sie haben. Ein Vergleich der verschiedenen Banken lohnt in jedem Fall. Aber egal, für welche Bank Sie sich entscheiden, vermeiden Sie es, Ihr Konto zu überziehen, denn das zieht für gewöhnlich hohe Zinsen nach sich. Nutzen Sie Online-Banking, um schnell mitzubekommen, wenn Ihr Kontostand niedrig ist, behalten Sie Ihre Ausgaben und Abbuchungen im Auge.

Ein Zuhause haben

Wie in Kapitel 3 angesprochen, ist Wohnen für gewöhnlich der teuerste Posten in Ihrer monatlichen Ausgabentabelle. Die Urbanisierung lässt immer mehr von uns in hochpreisige Städte ziehen. Kreativ zu sein, was das Wohnen anbelangt, kann Ihre Kosten also beträchtlich reduzieren. Ziehen Sie zum Beispiel in Erwägung, in eine weniger teure Gegend zu ziehen oder einen Mitbewohner zu finden (was dank Social Media leichter denn je ist). Möglicherweise können Sie Ihren jetzigen Job behalten und von zu Hause aus arbeiten. Ziehen Sie auch eine kleinere Wohnung in Betracht. Die Wohnfläche pro Einwohner nahm in Deutschland zwischen 2000 und 2014 von 39,5 m^2 auf 46,5 m^2, also um sieben Quadratmeter zu.[32] Fragen Sie sich selbst, ob Sie wirklich so viel Platz brauchen. Ein winziges Haus mag Ihnen vielleicht nicht genügen, aber es gibt auch kleine Häuser, die Ihren Bedürfnissen gerecht werden und weniger Fläche haben, die geheizt und sauber gehalten werden muss.

Prüfen Sie auch Möglichkeiten wie gemeinschaftliche Wohnformen, in denen Sie Ihr Leben mit Menschen teilen können, die die gleichen Werte haben wie Sie, und durch die gleichzeitig Ihre Kosten gesenkt werden. Wenn Sie eine Gegend gefunden haben, die Ihnen gefällt, suchen Sie nach Mietmöglichkeiten, die noch gar nicht auf dem Markt sind. Halten Sie Ausschau nach Anzeichen, dass ein Haus momentan unbewohnt ist, wie ein ungepflegter Garten oder ein Briefkasten voller Werbung. Machen Sie den Eigentümer über das Grundbuchamt ausfindig und erleichtern Sie es ihm oder ihr, Ihnen das Objekt zu vermieten.

Wenn Sie bereits ein Haus besitzen, sollten Sie überlegen, ungenutzten Raum zu vermieten. Wenn Sie wegen eines neuen Hauses auf dem Markt unterwegs sind, könnten Sie überlegen, ein Doppelhaus zu kaufen. Die eine Hälfte selbst zu bewohnen und die andere zu vermieten, kann Ihre monatliche Hypothekenbelastung drastisch reduzieren. Und schließlich ermöglicht es die Technik den Menschen, von nahezu überall aus zu arbeiten, das ermöglicht es Vollzeitcampern und ortsunabhängigen Arbeitern (digitale Nomaden) an wunderschönen Orten überall auf der Welt zu leben, häufig für weniger Geld, als es kosten würde, ständig am selben Ort zu bleiben.

Rachel Z. hatte einen lukrativen Job, der sich mit vielen ihrer Werte biss – und viele gute Ideen, was sie tun könnte, wenn sie nicht jeden Tag zur Arbeit müsste. Sie merkte, dass sie ständig überlegte, was sie stattdessen tun könnte, ersann Fluchtwege aus einem Job, der sich zunehmend anfühlte wie ein Gefängnis. Der FI-Kurs bot ihr einen Tunnel nach draußen, aber es war ihr eigener Einfallsreichtum, der ein Licht am Ende entzündete. Sie erkannte, dass sie in das untere Stockwerk ihres Hauses ziehen und ihr Schlafzimmer vermieten konnte. Mit diesem zusätzlichen Einkommen konnte sie die monatliche Hypothek bezahlen. Genau das machte sie und indem sie noch ein paar weitere kreative Strategien umsetzte, schaffte sie es, ihren Job zu kündigen und hatte trotzdem genug Geld zum Leben.

Cara und Richard M., beide Künstler, nahmen einen Job als Hausmeister an. Sie wohnten kostenfrei und möbliert, hatten keinen Arbeitsweg, und als Arbeitskleidung brauchten sie lediglich ein paar alte Klamotten aus dem Secondhandladen für die schmutzigen Arbeiten. Dazu kam ihr monatliches Einkommen. All das zusammengenommen bedeutete, dass sie ihre Vollzeitjobs kündigen und mehr Zeit ihrer Kunst widmen konnten.

Fortbewegung

Bedenken Sie einmal Folgendes. Fast die gesamte Menschheitsgeschichte über sind Menschen zu Fuß gegangen oder mit Karren gefahren, die von Tieren gezogen wurden. Nachdem das Nomadentum den Siedlungen mit Ackerbau und Viehzucht wich, entfernten sich die meisten Menschen während ihres gesamten Lebens nie weiter als etwa 15 Kilometer von ihrem Wohnort. Den Verbrennungsmotor gab es erst ab den 1860ern, als Nikolaus Otto jene Maschine patentierte, die wir heute in unseren Fahrzeugen haben. Das liegt gerade einmal 150 Jahre zurück. Nur ein Bruchteil der Menschen auf diesem Planeten besitzt heutzutage ein Auto. Die Menschen bewegen sich fort und haben das immer getan, aber es ist unsere Neugier, und nicht die Fortbewegungsmittel mit Motoren, die uns die ganze Welt bereisen lässt. Lassen Sie uns also einen

Überblick verschaffen, wie wir, in unserem kurzen Leben, unsere Fortbewegung frugalisieren können.

Für die meisten Menschen ist das Auto das Zweitteuerste, das sie sich nach einem Haus anschaffen. Auch die jährlichen Kosten für ein Fahrzeug sind hoch, einschließlich Versicherung, Steuer, Wartung, Reparaturen, Benzin und Wertverlust. Wenn Sie ein Auto besitzen müssen, holen Sie sich eines, das einigermaßen zuverlässig ist und wenig Treibstoff braucht. Warten Sie es regelmäßig und behalten Sie es so lange wie möglich. Das ist auch langfristig fast immer billiger, als sich ein neues Auto zu kaufen. Finden Sie dann Möglichkeiten, es seltener zu fahren, damit es nicht so schnell verschleißt. Schließen Sie sich einem Carpool an, nehmen Sie den Bus, wohnen Sie möglichst nah am Arbeitsplatz, arbeiten Sie, wenn möglich, ein paar Tage in der Woche von zu Hause aus, erledigen Sie Besorgungen zu Fuß oder mit dem Fahrrad. Fragen Sie Ihren Arbeitgeber, ob Sie eine Viertagewoche arbeiten können, dass reduziert Ihre Fahrtkosten zur Arbeit und hält Sie während der Rushhour von der Straße fern. Wer in der Stadt lebt, hat eine Menge Alternativen zum Besitzen eines Autos, einschließlich öffentlicher Verkehrsmittel, Carsharing (sowohl privat als auch über einen Fahrzeugpark), Fahrradsharing, Uber, Taxis und traditionelle Mietwagen. Bei all diesen Optionen und den hohen Parkgebühren ist es oft preiswerter und bequemer, in der Großstadt kein Auto zu besitzen. Und wenn Sie nicht in der Großstadt leben, sollten Sie zumindest versuchen, auf den Zweitwagen zu verzichten. Sie sparen eine Menge hart verdientes Geld ein und entdecken möglicherweise noch andere Vorteile.

Rosemary I. rechnete alles durch und verkaufte daraufhin mit klopfendem Herzen ihr einziges Auto. In ihrer Stadt gab es ein Carsharing-Projekt, dem sie sich anschloss, um ihren einmal wöchentlichen Großeinkauf an Lebensmitteln, Haushaltswaren und anderen benötigten Produkten zu erledigen. Sie hatte ausgerechnet, dass sie nur auf einen Bruchteil ihrer bisherigen Fahrzeugkosten käme, einschließlich Versicherung, Anmeldung, monatliche Raten, Reparaturen und Wartung, wenn sie sich einmal wöchentlich, plus ein Wochenende im Monat für ihre Fahrten aufs Land, einen Wagen mietete. Manchmal konnte sie auch eine Freundin überreden, mit ihr zelten zu fahren – in deren Auto –, sodass zu der Freude an der Natur auch noch die menschliche Gesellschaft als Pluspunkt hinzukam. Sie bezahlte dann für das Benzin und es verdoppelte den Spaß für sie beide, weil sich die Kosten halbiert hatten.

Als Handwerker für Renovierungsarbeiten am Haus fand **Ted Y.** seine beiden zusätzlichen Fahrzeuge (ein alter Pick-up und noch eine andere Schrottkarre) ziemlich nützlich, um Material und Werkzeug zu seinen Arbeitsstellen zu schaffen. Auf dem offenen Markt waren die Wagen nicht mehr viel wert, also hatte er angenommen, dass es preiswerter sei, sie zu behalten. Falsch. Seine monatliche Tabellenkalkulation zeigte ihm die hohen Kosten für die Annehmlichkeit – und Wartung – dieser Reservefahrzeuge. Nachdem er die Kosten addierte, stellte Ted fest, dass es günstiger war, bei Bedarf einen Transporter zu mieten. Er verkaufte beide Reservefahrzeuge.

Kümmern Sie sich um Ihren Körper

Medizinische Kosten sind extrem hoch. Gesund zu bleiben ist also für Ihre Brieftasche genauso gut wie für Ihren Körper. Ihre beste Gesundheitsversicherung besteht aus einer vernünftigen Ernährung, Bewegung, genug Schlaf und wenig Stress. Obwohl ständig neue medizinische Studien veröffentlicht werden, die früheren widersprechen, sollten Sie sich über Gesundheitsempfehlungen auf dem Laufenden halten, die glaubwürdig sind. Vorsorge ist der Schlüssel. Nutzen Sie die Angebote Ihrer Versicherung, einschließlich Vorsorgeuntersuchungen, Röntgenuntersuchungen, Gesundheitsberatungen und Kurse, falls die Teilnahme bezahlt wird. Wenn Sie privat versichert sind, kalkulieren Sie genau, ob es vielleicht günstigere Angebote gibt.

Teilen/tauschen

Studien zeigen immer wieder, dass einer der Wege zum Glück (und der Frugalität) darin besteht, einer Gemeinschaft anzugehören. Eine schnelle Möglichkeit, eine Gemeinschaft aufzubauen und Geld zu sparen, ist das Teilen Ihrer Sachen, so wie wir es bereits am Beispiel der Autos aufgezeigt haben. Es gibt verschiedene Ansätze, wie lokale Alternativwährungen, Babysitting-Ringe und Zeitbanken. Nachbarschaftliche Netzwerke für gegenseitige Hilfe. Bei Zeitbanken tauschen Menschen Arbeitsstunde gegen Arbeitsstunde – zum Beispiel Haare schneiden gegen Begleitung zum Arzttermin oder Hilfe beim Computer. Seien Sie kreativ! Überlegen Sie, welche Fertigkeiten Sie haben und welche Dienstleistungen Sie brauchen. Teilen ist eine Win-win-Situation und Sie bekommen noch den Bonus der Gemeinschaft dazu.

Essen

Wie frugal wir auch werden mögen, nahezu alle von uns geben zumindest einen Teil unseres Geldes für Lebensmittel aus. Sobald Sie angefangen haben, Ihre Ausgaben zu überwachen, werden Sie sehen, wie viel das Essen Sie kosten kann. Nehmen Sie sich die Zeit, um zu Hause zu kochen und möglicherweise sogar Freunde zum Essen einzuladen, statt auszugehen. Das ist eine sichere Methode, um Geld zu sparen und Ihre Gesundheit zu verbessern. Einen Gemüsegarten anzulegen kann helfen, die Kosten zu reduzieren, vor allem wenn Sie viel Biokost kaufen.

Es gibt zahlreiche Möglichkeiten, bei Lebensmitteln Geld zu sparen – manche sind offensichtlich und andere nicht. Zu den Naheliegenden zählen das Erstellen einer Einkaufsliste (und sich daran zu halten!), zu wissen, was in welchem Geschäft im Angebot ist, Coupons zu sammeln, Fertigprodukte zu vermeiden und Großeinkäufe zu tätigen. Mit den Jahreszeiten zu essen spart ebenfalls Geld. Indem Sie nicht unbedingt im Februar Pfirsiche und im September Erdbeeren essen, können Sie Ihre Lebensmittelrechnung beachtlich senken und Lebensmittel genießen, die sowohl mehr Geschmack haben als auch nachhaltiger produziert wurden. Die teuersten Produkte auf den wöchentlichen Einkaufslisten der meisten Leute sind Fleisch, Alkohol und Kaffee. Achten Sie sorgfältig auf Ihren Verbrauch dieser Produkte und überlegen Sie, was Sie möglicherweise reduzieren oder wo Sie preiswerter kaufen können. Michael Pollans kerniger Ernährungsrat, der aus nur sieben Wörtern besteht: »Iss Nahrung, nicht zu viel, hauptsächlich Pflanzen«, hat den Menschen geholfen, Fleisch eher wie eine Zutat denn wie einen Hauptgang zu betrachten. Versuchen Sie, zusammen mit Nachbarn oder Freunden große Mengen einzukaufen, um bei vielen Ihrer Grundnahrungsmittel Geld zu sparen.

Wir setzen Lebensmittel so sehr mit dem gleich, was in den Geschäften verkauft wird, dass wir gar nicht erkennen, wie viel um uns herum wild wächst. Sie können die Felder von einem bereitwilligen Bauern nachlesen, oder fragen Sie Ihre Nachbarn, ob es für sie okay ist, wenn Sie deren überzählige Früchte ernten. Viele Beeren wachsen auch wild. Gutes Essen und Gemeinschaft – gratis.

Bleiben Sie verbunden, informiert und unterhalten

Sehen Sie sich einmal an, wie viel Sie jedes Jahr für Handy, Kabel und Internet (und möglicherweise noch das gute alte Festnetz-Telefon), Abos bei Musik- und Videostream-Diensten, Ihre Lieblingsnachrichtenseite und vielleicht noch die Tageszeitung und ein paar Zeitschriften ausgeben. Was einst ziemlich einfach war, ist sehr komplex – und teuer – geworden. Wie können wir dieses Monster zügeln und dennoch bekommen, was wir wollen?

Erstens: Wenn Sie immer noch einen traditionellen, teuren Telefonvertrag haben, verlängern Sie ihn nicht. Es gibt Modelle, da zahlen Sie ein Viertel von dem, was Sie derzeit an Kosten haben, und Sie sparen einiges im Jahr, wenn Sie eine Familie haben, in der alle gern telefonieren. Nutzungsbezogene Abrechnungsmethoden gewährleisten, dass Sie nicht für Minuten oder Megabytes zahlen, die Sie gar nicht genutzt haben. Wenn Sie die meiste Zeit des Tages zu Hause oder im Job verbringen, wo es Wi-Fi gibt, nutzen Sie Internetnachrichten und Call-Apps statt zu telefonieren und zu simsen. Ohne festen Vertrag können Sie auch jederzeit den Anbieter wechseln, wenn Sie ein besseres Angebot finden. Prepaid-Karten bedeuten, dass Sie Ihr eigenes Handy benutzen und sich somit zum Beispiel ein gebrauchtes kaufen können. Die neuen Handys vom Vorjahr bekommen Sie jetzt ein paar Hundert Euro billiger. Muss es unbedingt das neueste Modell sein? Ein älteres Smartphone in gutem Zustand können Sie schon für die Hälfte bekommen! Sobald Sie ein Handy als Bestandteil Ihres täglichen Lebens akzeptiert haben, sollten Sie überlegen, den teuren Festnetzanschluss zu kündigen, falls Sie noch einen haben.

Was ist mit Fernsehen und Filmen? Folgen Sie dem Beispiel von »Cord Cuttern« (jemand, der umgestiegen ist auf kabellose Geräte), die festgestellt haben, dass sie ihre teuren Kabel- oder Satellitenpakete mit einer Kombination aus altmodischen »über den Äther«-Antennen und Streaming-Diensten ersetzen können. Je nachdem, wo Sie leben, kann eine Antenne lokale Sender mit einer Bild- und Tonqualität empfangen, die die von Kabel und Satellit übertrifft, und das auch noch gratis! Es gibt eine Menge kostenloser Streaming-Dienste und Sie können sich jederzeit einen Film ausleihen, um das Angebot zu vergrößern. Wenn Sie sich bei einem kostenpflichtigen Streaming-Dienst anmelden müssen, sollten Sie ein bisschen recherchieren, um einen zu finden, der am besten zu Ihren Bedürfnissen und Ihrem Geschmack passt. Das Gleiche gilt für Musik-Streaming-Dienste.

Es ist zwar wichtig, publizistische Webseiten, Zeitschriften und Tageszeitungen, die Ihnen wichtig sind, mit bezahlten Abos zu unterstützen, achten Sie jedoch darauf, die Kosten im Auge zu behalten, vor allem, wenn ein Großteil der darin enthaltenen Informationen an anderer Stelle kostenlos zu bekommen ist.

Apropos gedruckte Publikationen. Öffentliche Bibliotheken sind heutzutage wesentlich bessere Quellen als noch vor einer Generation. Die Vernetzung untereinander hat die Auswahl der für die Ausleihe zur Verfügung stehenden Bücher enorm vergrößert. Die meisten Bibliotheken verfügen auch über digitale Dienste, sodass Sie herunterladbare E-Books und Audiobooks von zu Hause aus leihen können. Und eine Menge dieser Angebote haben Sie bereits mit Ihren Steuergeldern bezahlt.

Verreisen

Wenn Ihr Umgang mit Geld klarer und Ihr Leben zufriedenstellender wird, werden Sie weniger das Bedürfnis haben, »Urlaub zu brauchen«. Ziehen Sie in Erwägung, näher an Ihrem Zuhause auszuspannen. Möglicherweise urlauben Sie sogar auf »Balkonien«. In Anbetracht der Zeit, die Sie für das Privileg arbeiten, Ihre Bleibe zu mieten oder zu besitzen, steht es Ihnen zu, diese für eine Woche wertzuschätzen. Wenn Sie weg wollen, tut es jede Art von Ortswechsel – drei oder 100 Kilometer ist beides »weg«. Denken Sie über Ihre wahren Bedürfnisse nach, und Sie stellen womöglich fest, dass ein Tagesausflug und eine neue (gebrauchte) Hängematte für den Garten genauso zufriedenstellend sein können wie eine Woche zu verreisen. Zelten ist auch eine kostengünstige Möglichkeit, wegzukommen, zu entspannen und die Schönheit der Natur für wenig Geld zu genießen.

Falls Sie entscheiden, in die Ferne zu reisen, so gibt es zahlreiche Wege, das für kleines Geld zu tun. Wenn Sie fliegen, sollten Sie mithilfe von Suchmaschinen die günstigen Flüge heraussuchen. Seien Sie flexibel bei Datum, Uhrzeit und Ort, melden Sie sich bei Seiten an, die Sie über Angebote informieren. Dabei können Sie schnell eine Menge sparen. Sollten Sie über die nötige Disziplin verfügen, können Sie auch Last Minute fliegen, (Flug-)Meilen sammeln oder Rabatte bekommen, wenn Sie mit Kreditkarte zahlen. Was die Übernachtung betrifft, können Sie vielleicht Couchsurfing, Zimmer- oder Wohungsvermietungen oder Jugendherbergen in Betracht ziehen. All das kann zu einem viel persönlicheren Kontakt mit Einheimischen oder anderen Reisenden führen als das Wohnen in einem Hotel. Es gibt auch WWWOOFing (World Wide Opportunities on Organic Farms), wo Sie gegen Kost und Logis auf einer Farm mitanpacken, die biologisch oder nachhaltig arbeitet. Wo Sie auch hingehen, vermeiden Sie Touristenfallen, essen Sie dort, wo die Einheimischen es tun, und gehen Sie zu Fuß oder nutzen Sie öffentliche Verkehrsmittel, wo immer es möglich ist – Sie werden mehr authentische Erfahrungen machen und weniger ausgeben.

Wenn Sie ein exotisches Reiseziel anstreben, so gibt es vielleicht jemanden, der Ihre Heimatstadt als exotisch ansieht. Über Häusertauschagenturen im Internet können Sie zum Beispiel die Provence in Frankreich gegen Rhode Island tauschen. Denken Sie auch an Freiwilligenarbeit, sei es bei Projekten wie der Rettung bedrohter Tierarten in Afrika oder Sprachunterricht in Kambodscha geben. Es ist besser, in einem Dorf zu wohnen und beim Aufbau einer Schule zu helfen oder ein Heilmittel gegen eine Krankheit zu finden, als durch Einkaufszentren zu spazieren, Fotos zu schießen, Souvenirs zu kaufen und die Menschen dort weiterhin in ihrem Elend zu lassen. Sie können auch als Housesitter Ihren Urlaub verbringen, entsprechende Websites finden Sie im Internet.

Einige clevere FI-ler leben einen Teil des Jahres in preisgünstigen Ländern. Hauptkosten wie Wohnen, Fortbewegung und Lebensmittel sind erheblich billiger und die Freude des Reisens kommt noch hinzu.

Ihren Besitz schützen

Während Sie die Schritte dieses Buches umsetzen, werden Sie unvermeidlich ein sehr viel bewussterer Verbraucher werden. Diese Fähigkeit leistet Ihnen zwar in allen Bereichen Ihres Käuferlebens gute Dienste, wird jedoch besonders wichtig, wenn es um das Abschließen von Versicherungen geht. Bevor Sie in diesem Bereich Geld ausgeben, seien Sie sicher, zu verstehen, was Sie da unterschreiben. Rechtfertigt zum Beispiel der Wiederverkaufswert laut Listenpreis oder der Zustand Ihres Wagens die Versicherung, die Sie derzeit abgeschlossen haben? Versichern Sie Erbstücke, die Sie nie ersetzen würden, wenn sie abhanden kämen? Wenn Sie keine Nachkommen haben, die es zu unterstützen gilt, brauchen Sie wirklich eine Lebensversicherung? Gehen Sie Ihre Versicherungspolicen sorgfältig durch, um zu gewährleisten, dass Sie den maximalen Wert bekommen. Wenn Sie das Kleingedruckte nicht ganz verstehen, sollte ein seriöser Versicherungsmakler mehr als bereit sein, Ihnen die Einzelheiten zu erklären.

Kathy und Langdon L. hielten inne, als sie bei ihrer monatlichen Tabelle zum Punkt Hausratversicherung kamen. Sie zahlten im Monat 6 Dollar für die Versicherung des von Kathys Großmutter geerbten Schmucks. Als sie das FI-Denken anwandten, wurde ihnen sofort klar, dass sie diesen kostbaren Schatz nie würden ersetzen können. Sie würden es gar nicht wollen. Das Besondere daran war der ideelle Wert. Wofür zahlten sie also die 6 Dollar im Monat? Als Trostgeld? Langdon, mit seiner Vorliebe für das Herausfinden von Dingen, rechnete aus, wie viel Kapital nötig wäre, um an Zinsen 6 Dollar pro Monat abzuwerfen, zu dem Zeitpunkt, wenn sie planten, finanziell unabhängig zu sein. Die Zahl (1.000 Dollar) war so überzeugend, dass sie die Versicherung kündigten.

Apropos Kündigen von Versicherungen, **Irene und Quentin** haben das getan, noch bevor sie einen Cent bezahlten. Sie sahen sich die Kosten einer Pflegeversicherung an, um mit der Unsicherheit umzugehen, dass ihnen im Alter das Geld ausgehen könnte. Aber die Kosten ließen sie alles noch einmal überdenken. Sie entschieden sich dann für eine Selbstversicherung und würden das Risiko senken, indem sie gesund und aktiv in Körper und Geist lebten. Da sie keine Kinder hatten, entschieden sie, später in eine Wohnung in einem Multigenerationenhaus in einer Anlage zu ziehen, die sogar barrierefrei war, falls sie im Rollstuhl enden würden.

Michael Phillips und Catherine Campbells Buch *Simple Living Investments for Old Age*[33] räumt mit dem Mythos des Alterns als Abstieg in die Klapprigkeit auf und schlägt vier Strategien vor, um auch im hohen Alter noch gut zu leben. Die erste besteht darin, sich aktiv um die eigene Gesundheit zu kümmern (nicht einfach nur Pillen einwerfen, versicherungsabhängiger Senior). Die zweite besteht aus der Pflege von Freundschaften, vor allem mit jüngeren Menschen, und aus der Teilnahme am Leben der Gesellschaft – was Sie beides täglich daran erinnert, dass Sie noch am Leben und geschätzt sind. Die dritte besteht aus dem Vereinfachen von Besitz, während Sie unvermeidliche Veränderungen in Ihnen und um Sie herum als nächstes Abenteuer ansehen statt als letzten Akt. Und schließlich sollten Sie traditionelle Investitionen pflegen, wie das Besitzen eines Hauses, und genug Einkommen – aber nicht mehr als genug – zum Leben zu haben. Der Rat der beiden erinnert uns daran, dass das Beschützen des Eigentums, sei es Ihr Wagen, Haus oder Körper – keine Angelegenheit von mehr ist besser darstellt. Manche Dinge benötigen zu viel Zeit, Sorge und Geld, um es zu verdienen, beschützt zu werden. Wählen Sie gut, was Sie beschützen müssen – und wie Sie es beschützen.

Es ist nie zu spät, darüber nachzudenken, würdevoll und frugal zu altern – oder zu früh.

Kinder aufziehen

Das US Department of Agriculture schätzt, dass es die durchschnittliche amerikanische Familie über 230.000 Dollar kostet, ein Kind bis zum Alter von 18 Jahren großzuziehen (darin sind noch keine College-Kosten enthalten). Obwohl die Zahlen schwindelerregend sind, gibt es doch eine Menge FI-Eltern, die diese Kosten erfolgreich reduzieren.

Im Allgemeinen ist es für Eltern wichtig, ein frugales Leben zu gestalten. Wenn Sie Ihre Ausgaben drosseln, machen es Ihre Kinder in fast allen Fällen nach. Sollte Ihr Kind sich dem widersetzen, können Sie ihm mehr Taschengeld zubilligen, sollten jedoch erklären, dass damit auch Kleidung und andere lebensnotwendige Güter gekauft werden müssen. Viele FI-ler haben berichtet, dass ihre Kinder sehr schnell anfingen, frugal und unternehmerisch zu denken, wenn sie ihr eigenes Geld für die gewünschten Dinge ausgeben sollten.

Aus der Annahme heraus, draußen sei es viel zu gefährlich – oder nass – lassen Eltern viel zu häufig ihre Kinder zum Zeitvertreib Fernsehen gucken oder Computerspiele machen. Die Kinder mit der Natur zusammenzubringen kann endlose Stunden der Faszination hervorbringen – und ist größtenteils kostenlos. Eine Liebe für den Aufenthalt im Freien zu entwickeln ist ein lebenslanges Geschenk und eines, das immer weniger von uns ihren Kindern anerziehen.

Ein weiterer Tipp ist das Ersetzen von Geld durch Kreativität in so vielen Bereichen Ihres Lebens mit Kindern wie Sie können – einschließlich dem Planen von Geburtstagspartys (selbst gebackene Kuchen und traditionelle Spiele wie Sackhüpfen und Wasserballonschlacht machen Spaß und sind nicht teuer) und Halloweenpartys (selbst gebastelte Kostüme machen Spaß beim Herstellen und bleiben lange in Erinnerung). Sollten Sie alle Formen von Kreativität ausprobiert haben und Ihr Kind möchte immer noch etwas, das Sie wirklich nicht kaufen wollen, dann sollten Sie ihm vorschlagen, in ein paar Tagen noch einmal darüber zu sprechen. Die meisten vorübergehenden Schwärmereien sind genau das – vorübergehend. Wenn Ihr Kind jedoch immer weiter nach einer bestimmten Sache fragt, dann wissen Sie, dass es sich wahrscheinlich um einen legitimen Wunsch handelt. Sie können dann zusammen entscheiden, ob und wie Ihr Kind möglicherweise finanziell etwas dazu beisteuert.

Kleidertausch und Geschenke können die Kosten für die Bekleidung der Kinder stark reduzieren. Das Weitergeben gebrauchter Kleidung läuft heutzutage familienübergreifend. Online-Tauschbörsen und Müttergruppen erleichtern das Weitergeben von Kleidung, aus der die Kinder herausgewachsen sind. Das beinhaltet die komplette Babyausstattung – Wiege, Spielsachen, Babybadewanne und vieles mehr.

Heutzutage kann ein Babysitter für einen Abend (auch wenn der Sitter kaum älter ist als das Kind, auf das aufgepasst wird) schnell mehr kosten als das Abendessen im Restaurant. Suchen Sie sich ein Paar mit Kindern in ähnlichem Alter und versuchen Sie, abwechselnd die Kinder zu betreuen. In der einen Woche sind Sie dran, in der nächsten das andere Paar. So haben Sie jede zweite Woche einen freien Abend ohne Babysitter-Kosten und die Kinder werden es lieben, jede Woche mit ihren Freunden zu spielen. Eine andere Möglichkeit ist, sich einer Babysitting-Kooperative anzuschließen.

Zeug wegwerfen

Wenn Sie die Schritte dieses Programms umsetzen, wird natürlich nicht mehr viel von dem, was Sie in Ihr Haus bringen, als Müll wieder hinausgehen. Am Anfang des Transformierens ihrer Beziehung zum Geld veranstalten viele Menschen lukrative Garagenverkäufe, um als ersten Schritt ihrer Inventur auszumisten. Oder sie listen ihren »Krempel« auf Online-Auktionsseiten auf oder spenden ihn.

Küchenabfälle können Sie auf den Kompost geben, wo er über die Zeit wieder in Mutterboden verwandelt wird. In reicheren Ländern können Autoreifen ebenso wie Papier, Aluminium, Stahl, Glas und Pappe recycelt werden. Einige Städte wie New York City haben sogar ein Kompostierungsprogramm für Nahrungsmittelabfälle eingeführt.

Teilen funktioniert auch hier sehr gut. Wer nicht viel Müll hat, braucht vielleicht keine eigene Tonne, sondern kann sich an der des Nachbarn beteiligen.

Die Kosteneinsparungen sind in diesen Punkt vielleicht nur minimal, aber halten Sie Ausschau, wie Sie Ihren Müll in einen Schatz verwandeln können. Wer weiß? Unter den verstaubenden Besitztümern in Ihrem Keller verbirgt sich vielleicht etwas, das eine Menge Geld wert ist – sollten Sie das vermuten, lassen Sie es schätzen.

Schenken und Feiern

Für viele Menschen ist das Schenken eine Möglichkeit, ihre Liebe zum Ausdruck zu bringen. Sie können jedoch die Kosten für Geschenke reduzieren, ohne die dahinter stehende Zuneigung einschränken zu müssen. An dieser Stelle helfen die Fragen 3 und 4, verborgene Möglichkeiten aufzudecken. Wenn Sie für Ihren Lebensunterhalt nicht arbeiten müssten, würden Sie dann etwas anderes (und weniger Teures) verschenken? Eine der größten Schenkgelegenheiten in unserer Kultur ist Weihnachten. Wenn die Schenkerei auszuarten droht, setzen Sie sich selbst und Ihrer Familie Grenzen. Bill McKibbens Buch *Hundred Dollar Holiday*[34] ist vielleicht hilfreich. Manche FI-ler versprechen ihren Kindern ein oder maximal drei Spielzeuge zu Weihnachten – und lassen sie selbst aussuchen, welche das sein sollen.

Das war **Amy und Jim D.**'s *Strategie, sobald sie gesehen hatten, wie die Erfüllungskurve an Weihnachten aussah. Die ersten ein, zwei oder auch drei Geschenke wurden mit Jubelschreien entgegengenommen, aber ab dann ging es bergab. Statt mit dem zu spielen, was sie schon bekommen hatten, fühlten sich die Kinder gezwungen, alle Geschenke auszupacken. Am Ende waren sie müde, quengelig und nichts gefiel ihnen.*

Eine andere Geschenkidee (im ganzen Jahr nützlich) ist das Verschenken von Dienstleistungen – wie eine Massage, Babysitten oder ein selbst gekochtes Essen – statt materieller Geschenke. Sie können auch bei einem Garagenverkauf Geschenke erwerben und für die richtige Gelegenheit aufbewahren. »Weiterverschenken« – entweder von Geschenken, die Sie selbst bekommen haben und nicht gebrauchen können, oder Dingen, die Sie bei einem Garagenkauf erworben haben, ist heutzutage gesellschaftlich mehr akzeptiert denn je. (Achten Sie darauf, nicht jemandem etwas zurückzuschenken, was er Ihnen kredenzt hat). Und schließlich ist es eine tolle Idee, sowohl neue als auch gebrauchte Geschenke zu recyceln, indem Sie ein »Wichteln« veranstalten, zu dem jeder ein Geschenk mitbringt und es gegen ein anderes tauscht.

Ursula K.'s *Laune sackte in den Keller als sich Weihnachten – »den Menschen ein Wohlgefallen« – näherte. Mit Eltern, Geschwistern und deren Ehepartnern, Nichten und Neffen musste sie über 20 Geschenke besorgen. Nach reichlich Insichgehen war ihr klar, dass sie die Wahl hatte: ihre Zahlungs- und Zurechnungsfähigkeit zu schonen – oder es so zu machen »wie sie es schon immer gemacht hatten«. Sie holte tief Luft und schrieb jedem Familienmitglied einen Brief, in dem sie ihre Liebe für den Betreffenden zum Ausdruck brachte und ihren Wunsch, weder ein Geschenk zu bekommen, noch*

> *verschenken zu wollen. Sie wappnete sich für Widerstand, aber was zurückkam, war Respekt. Ursula hat übrigens auch ihre eigene Hochzeit ausgerichtet, indem sie ihren großen Freundeskreis für das Übernehmen von Catering, Unterhaltung und sogar die Durchführung der Zeremonie einsetzte.*

Nun haben Sie ein paar »Tipps und Tricks«. Der größte Tipp ist sicher das, was Ursula getan hat: die Realität ansehen, sich die Wahrheit über das sagen, was Sie wirklich wollen und brauchen und dann den Mut haben, mit Integrität und Respekt mit Konventionen zu brechen. Das ist nicht knauserig! Es ist vielmehr klug. Der Wunsch, zu tun, was Sie wollen und wann immer Sie es wollen, und auf die Folgen zu pfeifen, scheint ein zugrundeliegender Strom in der »freien Welt« zu sein. Aber wie wir gesehen haben, ist eine solche Freiheit häufig sehr teuer, wohingegen Bewusstheit Ihnen oft sehr viel mehr Geld spart und folglich wesentlich mehr Zeit freisetzt.

Partnerschaft

Menschen, die diese Frugalitätsstrategien praktizieren, wissen, dass das Leben interessanter und erfreulicher wird, wenn sie neue Wege entdecken, zu sparen. In jedem Fall können Sie damit angeben … *falls* Sie das Glück haben, andere Menschen zu finden, die Ihre Werte teilen und Ihre cleveren Strategien bewundern. Solche Mitstreiter können sowohl Ihre Tatkraft wie auch Ihre Fähigkeiten ankurbeln, wohingegen Sie sich im Alleingang möglicherweise wie ein komischer Kauz in einer Gesellschaft fühlen, die zu verschwenderischem Ausgeben animiert. Wenn Sie sich verändern wollen, Ihr Partner aber (noch) nicht, können Sie sich nach gleichgesinnten Menschen oder Gruppen umsehen, die Sie unterstützen und inspirieren. Mit der weltweiten FIRE (Financial Independence, Retire Early) Community von Bloggern und Praktizierenden sowie unzähligen Online- und persönlichen Wegen der Kontaktaufnahme ist es sehr viel leichter, gleichgesinnte Freunde – und Partner – für eine Beziehung zu finden.

> **Ann Haebig und Fred Ecks** *lernten sich bei einem Online-Diskussionsforum über einfaches Leben kennen. Ihre frugalen Werte sowie das, was*

sie sich für ihr Leben wünschten, harmonierten. So hatten sie es nicht immer erlebt. Als er jünger war, hatte Fred, der einen Abschluss in Informatik hat, eine Garage voller »Spielzeuge« und wachsende Schulden – und er war es leid, die ganze Zeit erschöpft zu sein. Zu dem Zeitpunkt las er einen Artikel, in dem Mehr Geld für mehr Leben erwähnt wurde, kaufte sich das Buch, und nachdem er es an einem Wochenende förmlich verschlungen hatte, entschied er sich, der bezahlten Arbeit für immer Lebewohl zu sagen. Zu der Zeit war er 27 Jahre alt, und mit 35 hat er sich »zur Ruhe gesetzt« und lebte »billig, aber mit Stil«. Auf dem Weg dahin hatte er sein Haus verkauft, seine Ehe beendet, begann in Secondhandläden zu kaufen, lebte in gemieteten Zimmern, kochte für sich selbst und begann sein Leben mehr zu genießen – zu reisen, zu segeln, er nahm sogar einen Job bei einer Umweltschutzorganisation in Europa an für ein Drittel des Honorars, aber doppelt so viel Spaß. Ann hatte jahrelang versucht, gemäß ihrer ökologischen Werte zu leben, endete aber immer wieder damit, ein weiterer gelangweilter »Dotcommer« für Geld zu sein. Mehr Geld für mehr Leben – und später Fred – bestätigten ihr Gefühl, dass das Leben anders sein kann, und zeigten ihr einen Weg auf, das umzusetzen. Sie schraubte ihre Ausgaben immer weiter herunter, um möglichst viel zu sparen, und jetzt arbeitet sie Teilzeit. Fred und sie leben auf einem Hausboot in San Francisco, reisen zusammen und helfen anderen dabei, ihre finanzielle Situation zu durchdenken. Sie erzählt: »Viel von dem, was ich heute tue, mache ich unentgeltlich. Ich habe Zeit für mein Triathlon-Training, die Mitarbeit beim Fahrradclub und Gitarrespielen. Fünf Jahre hatten wir kein Auto, jetzt haben wir eines, damit wir zu weiter entfernten Veranstaltungen kommen. Gelegentlich arbeitet Fred gegen Bezahlung bei Rennen. Das macht er nicht, weil er das Geld braucht. Fred und ich haben eine starke Beziehung, die auf gemeinsamen Werten beruht, und wir haben Zeit füreinander. Das Leben ist schön!«

Fred und Ann sind sich äußerst bewusst, dass unser Konsum Auswirkungen auf diesen Planeten hat, und ihre Kaufentscheidungen treffen sie mit diesem Wissen im Hinterkopf. Es nährt ihr Bewusstsein, während es ihre Ausgaben niedrig hält.

Geld sparen, den Planeten retten?

Es ist nicht nur ein seltsamer Zufall, dass Geld sparen und den Planeten retten zusammenhängen. In gewisser Weise ist Ihr Geld der Planet. Und zwar auf folgende Weise:

Geld ist ein Pfandrecht auf die Ressourcen der Erde. Jedes Mal, wenn wir für etwas Geld ausgeben, konsumieren wir nicht nur Metall, Plastik, Holz oder ein anderes Material in dem Gegenstand selbst, sondern auch alle Ressourcen, die gebraucht wurden, um es aus der Erde zu holen, zu verarbeiten, zu einem Produkt zusammenzufügen, zum Händler zu transportieren und vom Geschäft zu uns nach Hause zu bringen. Diese Tätigkeiten und Kosten sind in den Preis für, sagen wir mal, einen neuen Computer eingeflossen. Dann sind da noch die Umweltkosten, die nicht im Preis inbegriffen sind und die die Ökonomen als externe Effekte bezeichnen: die Umweltverschmutzung und Verschwendung, für die wir auf andere Weise zahlen – Lungenkrankheiten, Krebs, Atemwegserkrankungen, Wüstenbildung, Überflutungen und so weiter. Jedes Mal, wenn wir Geld ausgeben, läuft es darauf hinaus, dass wir für die Art Planet stimmen, den wir zukünftigen Generationen hinterlassen wollen.

Geld ist ein Pfandrecht auf die Lebensenergie auf diesem Planeten. Wir nennen das das Pogonomische Prinzip – Ökonomie aus Sicht der Zeichentrickfigur Pogo. Pogos Beitrag zum Tag der Erde 1970 war die Beobachtung, dass »wir den Feind kennengelernt haben und dass wir es selbst sind«. Es ist kein Geheimnis, warum dieser Planet verschmutzt ist. Wir haben das gemacht durch unser Verlangen nach mehr, besserem, anderem Zeug.

Und dagegen können wir etwas tun – und in dessen Verlauf selbst davon profitieren. Kreative Frugalität ist ein doppelter Gewinn – für unsere Brieftasche und für unsere Welt.

Das Entscheidende bei all dem ist, dass es nicht darum geht, Sie in die Wüste zu schicken, wo Sie von Beeren leben und sich mit Feigenblättern kleiden sollen. Es ist besonders wichtig, das Mantra nicht zu vergessen: keine Vorwürfe, keine Schuld. Wir sind alle in eine Welt geboren, in der Konsumieren zum Leben gehört, und unseren Weg zum Glück zu konsumieren scheint sowohl natürlich wie auch harmlos zu sein. Diese Arten von Veränderungen, die wir möglicherweise alle vornehmen müssen, um die Umwelt lebensfähig zu erhalten, erfordern ein paar bewusste und mutige Modifikationen unserer derzeitigen Gewohnheiten. Aber wozu warten? Fangen Sie jetzt an, mit diesen Fragen zu leben. Sie werden viele Orte sehen, an denen Sie sich für ein umweltfreundliches Vergnügen entscheiden können und die doppelte Erfüllung haben – einmal für Sie und einmal für den Planeten. Tatsächlich ist das Genießen der Natur und Spüren Ihrer vitalen Verbindung zu dieser Erde, der Quelle allen Lebens, eine der größten Freuden, die es gibt.

Wenn Sie herausfinden möchten, wie Sie Geld sparen können und gleichzeitig die Erde retten, so können Ihnen viele gute Bücher, Blogs und Webseiten helfen, die Entscheidungen Ihres persönlichen Lebensstils im Licht des aktuellen Verständnisses vom menschlichen Einfluss auf das Ökosystem neu abzuschätzen. Sich Bücher aus Ihrer Bibliothek zu leihen ist eine großartige Vorgehensweise, um einen Baum zu retten.

Der Schlüssel besteht darin, sich zu erinnern, dass alles, was Sie kaufen und nicht nutzen, alles, was Sie wegwerfen, alles, was Sie konsumieren, ohne Spaß daran zu haben, Geld ist, das futsch ist, ein Verschwenden Ihrer Lebensenergie und Verschwenden der endlichen Ressourcen dieses Planeten. Jede Verschwendung Ihrer Lebensenergie bedeutet mehr Stunden, die Sie gegen das Hamsterrad verloren haben, für Ihren Tod gearbeitet haben. Frugalität ist der nutzerfreundliche und erdfreundliche Lebensstil.

Wenn wir über das Erhalten der Umwelt reden, so hängt das mit vielen anderen Dingen zusammen. Letztlich muss die Entscheidung aus dem menschlichen Herzen kommen, deshalb denke ich, das Entscheidende ist ein ehrliches Gefühl universeller Verantwortung.

Dalai Lama[35]

1.001 Wege, um Geld zu sparen

Nachdem Sie ein Jahr lang Ihre monatlichen Tabellen geführt haben, befinden sich dort schätzungsweise 1.001 Einträge innerhalb Ihrer 15 bis 30 Ausgabenkategorien. Die Chancen stehen gut, dass Sie bei jedem Kauf weniger ausgeben könnten – von Äpfeln bin Gartenzinnien – ohne Abstriche bei der Produkt- oder Lebensqualität. Es ist das Honorieren Ihrer Lebensenergie, das Ihnen den Weg weisen wird, nicht das Befolgen des Rezepts für ein frugales Leben von jemand anderem. Sie werden genauso begeistert über die Einsparungen sein, die Sie entdecken, wie wir es gewesen sind, als wir uns mit Möbeln von Garagenverkäufen und ausrangierten Sachen eingerichtet haben. Die Stärkung kommt von Ihrer Cleverness und Kreativität beim Finden Ihrer Strategie für Frugalität. Deshalb nennen wir es kreative Frugalität. Hier haben Sie ein leeres Blatt. Schreiben Sie Ihre eigenen 1.001 Tipps auf, um mit weniger zu leben und es zu lieben.

1.000.001 sichere Wege, um Geld zu sparen

Achten Sie auf Ihre Gedanken. Jeder, der meditiert, weiß, dass die grauen Zellen zwischen unseren Ohren einen steten Strom unzusammenhängender Gedanken in einem Tempo von mindestens einem pro Sekunde ausstoßen. In gerade einmal 11,6 Tagen kommen Sie auf 1.000.001 Gedanken – und die meisten davon haben etwas mit Wünschen zu tun. Ich will dies. Ich will nicht das. Mir gefällt dies. Das gefällt mir nicht. Buddha sagte, dass Wünschen die Quelle allen Leidens sei. Es ist auch die Quelle des Shoppens. Indem Sie bewusst mit Ihren nächsten 1.000.001 Wünschen umgehen, haben Sie 1.000.001 Möglichkeiten, kein Geld für etwas auszugeben, das Ihnen keine Erfüllung bringt. Anzeigen bringen Sie nicht dazu, etwas zu kaufen. Die Erwartungen anderer Menschen bringen Sie nicht dazu, etwas zu kaufen. Das Fernsehen bringt Sie nicht dazu, etwas zu kaufen. Ihre Gedanken bringen Sie dazu, etwas zu kaufen. Halten Sie diese Blutsauger im Auge. Sie sind gefährlich für Ihre Brieftasche – und für noch sehr viel mehr.

Checkliste: Nachdenken, bevor Sie etwas ausgeben

1. Gehen Sie nicht shoppen.
2. Leben Sie im Rahmen Ihrer Möglichkeiten.
3. Passen Sie auf das auf, was Sie haben.

4. Tragen Sie es auf.
5. Tun Sie es selbst.
6. Sehen Sie Ihre Bedürfnisse voraus.
7. Recherchieren Sie Wert, Qualität, Haltbarkeit, Mehrfachnutzen und Preis.
8. Kaufen Sie es für weniger.
9. Erfüllen Sie Ihre Bedürfnisse anders.
10. Folgen Sie den neun Schritten dieses Programms.

Zusammenfassung von Schritt 6

Senken Sie Ihre monatlichen Gesamtausgaben, indem Sie Ihre Lebensenergie würdigen und Ihr Bewusstsein für das Ausgeben steigern. Lernen Sie, Lebensqualität über Lebensstandard zu stellen.

Geldgespräch-Fragen

Harter Individualismus ist eine aussichtslose Strategie, um Wege zu finden, wie Sie Ihre Ausgaben senken können, während Sie Ihre Erfüllung steigern. Nehmen Sie Einstellungen und praktische Tipps aus diesen Konversationen mit, während Sie gleichzeitig anerkennen, dass uns Konsumismus verrückt macht. Auf Basis der Vorschläge im Schlusswort, wie man ein Geldgespräch führt, werfen Sie die folgenden Fragen bei Ihrem täglichen Nachdenken, mit Ihrem Partner oder in sozialen Gruppen auf. Denken Sie daran, »Warum?« am Ende jeder Frage hinzuzufügen, wird sie tiefgehender machen. Das Hinzufügen von »Wie hat die Gesellschaft meine Antwort geformt?« zu jeder Frage wird sie breiter fassen. Es gibt keine richtigen Antworten.

- Wen versuchen Sie zu beeindrucken, oder wem versuchen Sie zu gefallen mit dem, was Sie haben oder wie Sie es ausgeben?
- Wie sparen Sie? An was? Wie fühlen Sie sich dabei?
- Sprechen Sie über eine Sache in Ihrem Besitz, die Sie lieben. Was lieben Sie daran?
- Nehmen Sie uns beim Shoppen mit, beschreiben Sie, wo Sie sind, wie Sie sich fühlen, was Sie kaufen.

- Was sind Ihre Impulsartikel (Ihre »muss ich haben«-Käufe)?
- Was haben Sie als Letztes wirklich aufgetragen?

7

Aus Liebe oder für Geld: Ihre Lebensenergie würdigen – Arbeit und Einkommen

In Kapitel 6 haben wir über die Würdigung Ihrer Lebensenergie gesprochen, indem Sie Ihr Geld bewusster ausgeben. In diesem Kapitel werden wir über die Würdigung Ihrer Lebensenergie sprechen, indem wir darauf schauen werden, wie gut Sie Ihre Zeit einsetzen. Bekommen Sie den vollen Wert, wenn Sie diese wertvollste Ware verkaufen – Ihr Leben? Arbeitet die Arbeit für Sie?

Manchmal müssen Sie das Offensichtliche infrage stellen, um die Wahrheit herauszufinden. In diesem Kapitel werden wir uns mit der Frage beschäftigen: »Was ist Arbeit?« Das Allgemeinwissen sagt, dass wir mit Arbeit unseren Lebensunterhalt zu verdienen. Aber diese Definition stiehlt unser Leben. Einige von uns schätzen ihre Jobs und vernachlässigen den Rest ihres Lebens. Andere erdulden ihren Job und gleichen das an den Abenden und Wochenenden aus. Einige von uns arbeiten von Zuhause aus – und haben nie eine Auszeit. Manche stückeln mehrere Arbeitsplätze in der Gig-Economy zusammen, aber BYOB (Ihr eigener Chef sein) nimmt jede wache Stunde in Anspruch. Einige von uns lieben ihre Arbeit – oder haben es einmal getan und hoffen, es wieder zu tun – finden jedoch, dass ihre persönliche Vorstellung von Vorständen, Vorgesetzten, Geldgebern oder Investoren eingeschränkt wird. Wenn die Formel lautet: »Arbeit = was Sie für Geld tun«, dann ist die logische Schlussfolgerung, dass »Arbeit« in unserer Freizeit von geringerer Bedeutung ist. Wir versäumen, unsere Lebensenergie zu würdigen, und fühlen uns häufig hilflos, eine Veränderung vorzunehmen. Wir werden nun erforschen, ob unsere Definition der Arbeit nicht ein Teil des Problems ist.

Wie gut nutzen Sie Ihre Lebensenergie sowohl am als auch außerhalb des Arbeitsplatzes? Verschlingt (verbraucht, zerstört, verschwendet) Ihr Job Ihr Leben? Lieben Sie Ihr Leben, nutzen Sie jede Stunde – am und außerhalb des Arbeitsplatzes – sorgsam? Wie wir in Kapitel 2 sagten, ist unsere Lebensenergie wertvoll, weil sie beschränkt und unwiederbringlich ist, und weil unsere Entscheidung, wie wir diese Energie einsetzen, die Bedeutung und den Zweck unserer Zeit hier auf der Erde zum Ausdruck bringt. Bis jetzt haben Sie gelernt, Ihre Lebensenergie zu würdigen, indem Sie Ihre Ausgaben in Einklang mit Ihrer Erfüllung und Ihren Werten bringen. Jetzt ist es an der Zeit, zu erfahren, wie Sie Ihre Lebensenergie würdigen, indem Sie den Ausgleich dafür – in Liebe oder Geld – für die Stunden, die Sie in Ihre Arbeit investieren, maximieren.

Was ist Arbeit?

Ebenso wie bei Geld besteht unsere Vorstellung von Arbeit aus einem Stückwerk widersprüchlicher Überzeugungen, Gedanken und Gefühle – Begriffe, die wir von unseren Eltern, unserer Kultur, den Medien und unserer Lebenserfahrung absorbiert haben. Die folgenden Zitate betonen die Inkongruenz unserer verschiedenen Definitionen von Arbeit:

E. F. Schumacher, ein einflussreicher Ökonom des 20. Jahrhunderts, sagt:

> … die drei Zwecke der menschlichen Arbeit [sind] wie folgt:
>
> - Erstens, notwendige und nützliche Waren und Dienstleistungen zur Verfügung zu stellen.
> - Zweitens, jedem von uns zu ermöglichen, unsere Fähigkeiten wie gute Verwalter zu nutzen und dadurch zu vervollkommnen.
> - Drittens, das im Dienst für und in der Zusammenarbeit mit anderen zu tun, um uns von unserer angeborenen Egozentrik zu befreien.[36]

Der verstorbene Ökonom Robert Theobald formuliert es so:

> Arbeit wird als etwas definiert, was Menschen nicht tun wollen, und Geld als die Belohnung, die für die Unannehmlichkeit der Arbeit entschädigt.[37]

Studs Terkel beginnt sein Buch *Working* folgendermaßen:

> Dieses Buch, in dem es um Arbeit geht, handelt von Gewalt – gegenüber dem Geist sowie dem Körper. Es geht um Magengeschwüre und Unfälle, um gegenseitiges Anbrüllen und Prügeleien, um Nervenzusammenbrüche und das Herumstoßen von Untergebenen. Es handelt vor allem (oder ursächlich) von täglichen Erniedrigungen. Den Tag zu überleben, ist Triumph genug für die gehfähigen Verwundeten ... Wenn sie über Arbeit reden, geht es um mehr als nur den Job: Sie sprechen zugleich von der täglichen Suche nach Sinn und Bedeutung und nicht nur vom täglichen Brotverdienen, von Anerkennung statt nur von Geld, von Erstaunen statt Erstarrung; kurz gesagt, von Leben und nicht einer Art Sterben von Montag bis Freitag.[38]

Andererseits erzählt uns der Dichter des 20. Jahrhunderts, Khalil Gibran: »Arbeit ist sichtbar gemachte Liebe.«[39]

Was ist Arbeit? Ist sie Segen oder Fluch? Eine Widrigkeit oder ein Triumph? Unsere Aufgabe wird sein, Arbeit auf dieselbe Weise neu zu definieren, wie wir Geld neu definiert haben – indem wir nach dem suchen, was wir über die Arbeit sagen können und das beständig wahr ist.

Arbeit im Wandel der Zeiten

Lassen Sie uns beginnen, indem wir einen kurzen Blick auf die Geschichte der »Arbeit« werfen, denn durch das Betrachten der Geschichte finden wir neue Möglichkeiten, unsere persönlichen Geschichten zu gestalten. Woher stammen unsere Meinungen über die Arbeit? Warum arbeiten wir? Und was ist der Stellenwert der Arbeit in unseren Leben?

Der minimale Tagesbedarf an Arbeit

Als Menschen müssen wir alle arbeiten, um zu überleben – aber wie viel? Gibt es einen »minimalen Tagesbedarf« an Arbeit? Eine Reihe unterschiedlicher Quellen – die Untersuchungen decken Jäger- und Sammler-Kulturen bis zur modernen Geschichte ab – würde diese Zahl auf etwa drei Stunden pro Tag während eines Erwachsenlebens beziffern.

Marshall Sahlins, Autor von *Stone Age Economics*, entdeckte, dass die in der Kalahari lebenden Kung-Menschen zwei bis zweieinhalb Tage pro Woche, was einer durchschnittlichen Arbeitswoche von fünfzehn Stunden entspricht, gejagt haben, bevor der westliche Einfluss ihren Alltag veränderte. Die Frauen haben etwa dieselbe Zeitspanne jede Woche mit Sammeln verbracht. Ein Tag Arbeit versorgte die Familie einer Frau mit Gemüse für die nächsten drei Tage. Im Laufe des Jahres arbeiteten sowohl Männer als auch Frauen ein paar Tage und hatten dann ein paar Tage frei, um sich auszuruhen, zu spielen, zu reden, Feste zu planen und Besuche zu machen … Sieht so aus, als hätte die Arbeitswoche in den alten Zeiten die Arbeitszeiten von heute um einiges übertrumpft.[40]

Anscheinend sind drei Stunden pro Tag alles, was wir zum Überleben arbeiten müssen. Man kann sich vorstellen, dass dieses Muster in vorindustriellen Zeiten Sinn ergibt. Leben war damals mehr eine Ganzheit, in der »Arbeit« mit Familienzeit, religiösen Feiern und Spielen verschmolz. Dann kam die »arbeitssparende« Industrielle Revolution und die Untergliederung des Lebens in »Arbeit« und »Nichtarbeit« – wobei die Arbeit beim Durchschnittsmenschen einen immer größeren Teil des Tages in Anspruch nimmt.

Im neunzehnten Jahrhundert begann der »Normalbürger«, mit einer berechtigten Abneigung gegen so lange Arbeitszeiten, für eine kürzere Arbeitswoche zu kämpfen. Fürsprecher der Arbeiter machten geltend, dass weniger Stunden am Arbeitsplatz das Ermüden vermindern und die Produktivität steigern würde. Weniger Stunden, so betonten sie, seien der natürliche Ausdruck der weiterentwickelten Industriellen Revolution. Die Menschen würden weiter lernen. Eine gebildete und engagierte Bürgerschaft würde unsere Demokratie unterstützen.

Aber all das kam während der Großen Depression zum Erliegen.[41] Die Arbeitswoche, die von 60 Stunden am Ende des 19. Jahrhunderts drastisch auf

35 Stunden während der Großen Depression gefallen war, ist für viele auf 40 Stunden festgeschrieben und hat sich in den letzten Jahren still und leise auf 50 oder sogar 60 Stunden pro Woche erhöht. Warum?

Das Recht auf Leben, Freiheit und die Jagd nach dem Gehaltsscheck?

Während der Großen Depression wurde Freizeit gleichgesetzt mit Arbeitslosigkeit. Um die Wirtschaft anzukurbeln und die Arbeitslosigkeit zu senken, wurde im Rahmen des New Deal die 40-Stundenwoche eingeführt und die Regierung als letzter Ausweg als Arbeitgeber gesehen. Die Arbeiter wurden dazu angehalten, eine Beschäftigung und nicht Freizeit als ihr Recht als Bürger zu sehen (Das Recht auf Leben, Freiheit und die Jagd nach dem Gehaltsscheck?). Benjamin Kline Hunnicutt beleuchtet in *Work Without End* die Doktrin der »Vollbeschäftigung«:

> Seit der Großen Depression haben wenige Amerikaner die Arbeitsreduzierung als natürliches, dauerhaftes und positives Ergebnis von Wirtschaftswachstum und Produktivitätssteigerung gesehen. Stattdessen wurde zusätzliche Freizeit als Schwächeln der Wirtschaft, eine Gefährdung der Löhne und die Abkehr von wirtschaftlichem Fortschritt gesehen.[42]

Die Mythen von »Wachstums ist gut« und »Vollbeschäftigung« haben sich als Schlüsselwerte etabliert. Diese passten hervorragend zu dem Evangelium des »totalen Konsums«, welches predigte, dass diese Freizeit eine Ware ist, die konsumiert, aber nicht genossen wird. In der zweiten Hälfte des Jahrhunderts stand Vollbeschäftigung für mehr Verbraucher mit mehr »verfügbarem Einkommen«. Das bedeutet Gewinnzuwachs, was wiederum Expansion nach sich zieht, was zu mehr Arbeitsplätzen führt, und die zu mehr Verbrauchern mit mehr verfügbarem Einkommen. Verbrauch hält die Räder des »Fortschritts« in Bewegung, wie wir in Kapitel 1 gesehen haben.

Wir sehen also, dass sich (als Gesellschaft) unser Konzept von Freizeit radikal geändert hat. Aus einem erstrebenswerten und zivilisierenden Bestandteil des täglichen Lebens wurde Gefürchtetes, eine Erinnerung an die Arbeitslosigkeit während der Depression. Mit dem gefallenen Freizeitwert ist der Wert der Arbeit gestiegen. Der Druck zur Vollbeschäftigung hat zusammen mit der Zunahme der Werbung eine Bevölkerung geschaffen, die zunehmend auf Arbeit und mehr Geld verdienen, um mehr Ressourcen zu verbrauchen, ausgerichtet ist.

Um dem entgegenzuwirken, entstand zu Beginn des 21. Jahrhunderts eine Freizeitbewegung. Eine Kampagne mit dem Titel »Hol deine Zeit zurück«, die von dem Filmemacher John de Graaf, einem Verfechter von weniger Arbeitsstunden und längerem Urlaub für überarbeitete Amerikaner, ins Leben gerufen wurde. Trotz der vielen Studien, die aussagen, dass weniger Stunden und ausreichend Freizeit tatsächlich die Arbeitsproduktivität erhöhen, schwimmen die Anwälte der Zeit gegen den Strom gegen eine kulturelle Annahme, dass der Acht-Stunden-Werktag geradezu gottgegeben ist.

Die aufkommende Slowfood-Bewegung fordert ebenfalls unseren Workaholic-Lebensstil heraus. Diese Bewegung weist darauf hin, dass Essen weit mehr ist als allein vor Ihrem Computer Fastfood hinunterschlingen und den Körper mit Brennstoff für die nächste Etappe im Hamsterrad zu versorgen; es ist eher eine Zeit der Geselligkeit, des Vergnügens und des Gespräches. Kurz gesagt, es kultiviert.

Arbeit erhält eine neue Bedeutung

Außerdem haben wir Hunnicutt zufolge während der zweiten Hälfte des 20. Jahrhunderts begonnen, das Gefüge von Familie, Kultur und Gemeinschaft zu verlieren, das dem Leben eine Bedeutung außerhalb des Arbeitsplatzes gibt. Die traditionellen Rituale, das Sozialisieren und das schlichte Vergnügen der Gesellschaft eines anderen Menschen lieferten alle eine Struktur für die Nichtarbeitszeit, ermöglichten den Menschen ein Gefühl für Sinn und Zugehörigkeit. Ohne diese Erfahrung, zu anderen Menschen und an einen Ort zu gehören, führt Freizeit in vielen Fällen zu Einsamkeit und Langeweile. Weil das Leben außerhalb des Arbeitsplatzes an Lebenskraft und Bedeutung verloren hat, ist die Arbeit nicht länger Mittel zum Zweck, sondern zum Selbstzweck geworden. Hunnicutt dazu:

> Bedeutung, Rechtfertigung, Zweck und sogar Erlösung wurden jetzt in der Arbeit gesucht, ohne den notwendigen Bezug zu einer traditionellen philosophischen oder theologischen Struktur. Männer und Frauen beantworten die alten religiösen Fragen auf neue Weise, und die Antworten drehten sich immer mehr um Arbeit, Karriere, Beschäftigung und Berufe.[43]

Arlie Hochschild sagt in ihrem 2001 erschienenen Buch *Keine Zeit* (Original: *The Time Bind*), dass Familien jetzt drei Jobs haben – Arbeit, Zuhause und die Reparatur von Beziehungen, die durch immer mehr Zeit im Büro Schaden nehmen. Selbst Unternehmen mit »familienfreundlicher« Politik belohnen subtil Menschen, die mehr Zeit bei der Arbeit verbringen (ob sie produktiver sind oder nicht). *Einige* Büros werden zunehmend komfortabler, während das Zuhause hektischer wird, was den schuldbewussten Wunsch auslöst, mehr Zeit mit Arbeiten zu verbringen, weil es erholsamer ist![44]

Das letzte Puzzlestück fügt sich ein, wenn wir auf die Verschiebung in der religiösen Einstellung bezüglich Arbeit schauen, zu der es mit dem Aufstieg des protestantischen Ethos kam. Vor dieser Zeit war Arbeit profan und Religion war heilig. Später wurde Arbeit als die Arena gesehen, in der Sie Ihre Erlösung erarbeiteten, und der Beweis eines erfolgreichen religiösen Lebens war ein erfolgreiches Finanzleben.

Und da stehen wir nun im 21. Jahrhundert. Unsere bezahlte Beschäftigung hat unzählige Rollen angenommen. Unsere Jobs erfüllen eine Funktion, die traditionell die Religion innehatte: Sie sind der Ort, an dem wir Antworten auf immerwährende Fragen suchen: »Wer bin ich?« und »Warum bin ich hier?« sowie »Wozu ist das alles gut?« Sie übernehmen auch die Funktion der Familie und geben Antworten auf die Fragen: »Wer sind meine Angehörigen?« und »Wo gehöre ich hin?«

Unsere Jobs müssen uns das freudige Hochgefühl der Romantik und die Tiefen der Liebe liefern. Als würden wir glauben, dass es irgendwo da draußen den Traumjob gibt – wie den Traumprinzen im Märchen –, der unsere Bedürfnisse erfüllen und uns zu wahrer Größe inspirieren wird. Wir sind zu der Überzeugung gelangt, dass wir mit diesem Job alles haben werden: Status, Bedeutung, Abenteuer, Reisen, Luxus, Respekt, Macht, große Herausforderungen und fantastische Belohnungen. Wir müssen nur den perfekten Partner – den perfekten Job – finden. Sieht man sich die Arbeitsstunden an, scheinen tatsächlich mehr von uns mit ihrem Job als ihrem Partner verheiratet zu sein. Das Gelübde in guten und in schlechten Zeiten, in Reichtum und Armut, in Krankheit und in Gesundheit – und oft, bis der Tod uns scheidet – passt fast besser zu unserem Job als zu unserem Partner. Was manche von uns vielleicht in dieser Zuhause-Arbeitsweg-Büro-Schleife hält, ist genau diese Traumjobillusion. Wir sind der Prinzessin ähnlich, die immer weiter Kröten küsst, in der Hoffnung, eines Tages einen hübschen Prinzen zu umarmen. Unsere Arbeitsplätze sind unsere Kröten.

Die jungen Menschen schwimmen heute gegen einen noch stärkeren Strom an. Unsere Telefone und Laptops halten uns rund um die Uhr auf Abruf für unsere Arbeitgeber und Zweit- und Drittjobs, die in die Lücken des Hauptjobs passen. Wenn Ihr primärer Job nicht ausreicht, ist es schwer, genügend Nebenjobs zusammenzubringen, um ein Studentendarlehen abzuzahlen und nicht länger im Souterrain bei den Eltern zu wohnen. Die Tatsache, dass sie ihre vielen Arbeitsplätze als Aktivitäten synchronisiert haben, zeigt, wie viel Energie es braucht, um flügge zu werden und sich zu entwickeln. Sie wissen ganz genau, dass sie in einer schönen neuen Welt mit endloser Hetzerei sind – schön im Sinne von Mut, sich gegen den Sog zu stemmen. Das frühere Transportband von Job als Identität – Karriere – Sicherheit – Pension ist vollkommen zerstückelt. Befreit das Jugendliche vom Traumjobsyndrom? Nein. Wenn sie sich abhetzen, sind sie »bei der Arbeit.« Selbst Verabredungen können netzwerken für den nächsten Job sein.

Haben wir die Industrielle Revolution gewonnen?

Wir haben einen weiten Weg seit der Zeit zurückgelegt, in der unsere Vorfahren drei Stunden pro Tag gearbeitet haben und den Rest der Zeit die Annehmlichkeiten des Sozialisierens, der Rituale, der Feiern und der Spiele genossen haben. Hat es sich gelohnt? Wir haben sicher beträchtlich dazugewonnen, indem wir unsere Kreativität und unseren Einfallsreichtum darauf konzentriert haben, die physische Welt zu beherrschen. Wissenschaft, Technologie, Kultur, Kunst, Sprache und Musik haben sich entwickelt und uns unzählige Vorteile gebracht. Die wenigsten von uns würden die Uhr ganz zurückdrehen wollen und Bach oder Penicillin aufgeben.

Wir müssen allerdings die Uhr anhalten und unsere Richtung bewerten. Sind wir noch auf dem richtigen Kurs? Lassen Sie uns einen Blick auf den modernen Arbeitsplatz und Arbeitsmarkt werfen. Wo stehen wir? Und wo wollen wir sein?

- Einige Arbeiter fühlen sich unausgelastet, ihre Tage sind mit sich wiederholenden, minderwertigen oder anspruchslosen Aufgaben gefüllt, die ihre Kreativität oder Intelligenz wenig fordern. Andere fühlen sich überlastet, insbesondere bei Schrumpfkuren von Unternehmen, wenn immer mehr Verantwortlichkeiten auf den Schultern der wenigen Glücklichen landen, die ihre Arbeitsplätze behalten. Das Start-up-Segment fühlt sich an wie der Wilde Westen, mit neuen, finanziell gut ausgestatteten Unternehmen, die über Nacht entstehen und jungen Mitarbeitern großzügige Nebenleistungen wie kostenloses Essen und Tischtennisplatten anbieten, um die Anspannung in der Arbeitsumgebung auszugleichen.
- Das steigende Bewusstsein von Themen wie soziale Gerechtigkeit, der Klimawandel und giftige Nebenprodukte einer Konsumgesellschaft stellt einige Arbeiter vor eine Zerreißprobe: Wirtschaftlich brauchen sie ihre Arbeitsplätze, aber ethisch unterstützen sie die Produkte oder Dienstleistungen, die ihr Unternehmen anbietet, nicht.
- Die Altersabsicherung ist nicht mehr sicher. Nur 7 Prozent der Unternehmen bieten noch Leistungszusagen für Pensionspläne an; 25 Prozent bieten Mischmodelle mit »festgelegten Beiträgen«, so wie ein 401 (k) plus etwas Bargeld.[45] Der Rest verlagert das Sparen für den Ruhestand wieder zurück auf die Schultern der Mitarbeiter. Manche Menschen stellen sogar die langfristige Stabilität unseres nationalen Sozialversicherungsnetzes in Frage. Das ist natürlich etwas, was viele Menschen zu diesem Buch führt. Sie wollen ihren Ruhestand komplett in die eigenen Hände nehmen und ihrem eigenen Fahrplan folgen – egal, was »da draußen« geschieht.

- Gemäß eines Berichts aus dem Jahr 2014 des Conference Boards, einer gemeinnützigen Forschungsgruppe in New York, ist die Mehrheit der Amerikaner bei der Arbeit unglücklich. In ihrer ersten Studie im Jahr 1987 haben 61,1 Prozent der Arbeiter gesagt, dass sie ihren Job mögen. Aber das war der Höhepunkt. Das Allzeittief war 2010, als nur 42,6 Prozent der Arbeiter sagten, dass sie ihren Job mögen. Da die Aussichten einer langfristigen Beschäftigung bei demselben Arbeitgeber sinken und die Mitarbeiter mit immer höheren Abzügen für Krankenkassen und Lohnabzügen belastet wurden, waren die zwei Kategorien, in denen die Zufriedenheit von Arbeitern am stärksten gesunken ist, die Sicherheit des Arbeitsplatzes und die Gesundheitsvorsorge, die beide seit 1987 um mindestens 11 Punkte gefallen sind.[46]

Wir haben genug davon, so scheint es, uns in so einer verrückten Welt unser Sterben zu verdienen. Selbst wenn wir unseren Beruf gerne ausüben, selbst wenn wir Glück bei der Arbeitsplatzlotterie haben, und selbst wenn wir unter den 50 Prozent der Nicht-Unzufriedenen sind, leiden wir immer noch unter dem Traumjobsyndrom. Wir können weiter versuchen, Bedürfnisse zu stillen, die Jobs nie werden stillen können. Wir riskieren möglicherweise die ultimative Sterbebettreue: Warum habe ich so viel Zeit mit meinem Job verbracht?

Was ist der Zweck der Arbeit?

Lassen Sie uns unsere Erforschung der Arbeit, dieser äußerst persönlichen und tiefgreifenden Beziehung fortsetzen, indem Sie über einige Fragen nachdenken:

- Warum tun Sie das, was Sie tun, um Geld zu verdienen?
- Was motiviert Sie, morgens aufzustehen, um irgendwohin zu gehen und Geld zu verdienen?
- Was ist, Ihrer Erfahrung nach, der Zweck Ihrer bezahlten Beschäftigung? (Wenn Sie von einem berufstätigen Ehepartner oder Verwand-

ten unterstützt werden, können Sie entweder darüber nachdenken, warum dieser »Geldverdiener« arbeitet oder die Frage auf Basis einer Arbeitserfahrung aus Ihrer Vergangenheit beantworten. Wenn Sie pensioniert oder arbeitslos sind, denken Sie an einen früheren Job.)

Sehen Sie sich jetzt die folgende Liste mit verschiedenen Zwecken einer bezahlten Beschäftigung an und prüfen Sie, welche für Sie gelten.

Geld verdienen

- Um für sich und die Familie zu sorgen
- Um für die Zukunft zu sparen
- Um sich philanthropisch zu engagieren
- Um finanziell unabhängig zu werden

Ein Gefühl der Sicherheit

- Um sicherzugehen, dass Ihr Platz im Unternehmen gesichert ist
- Um sicherzustellen, dass Sie die Bezüge bekommen

Tradition

- Um die Familientradition eines bestimmten Berufes fortzusetzen
- Um eine Pflicht gegenüber Ihrer Familie zu erfüllen
- Weil jeder arbeitet

Dienst

- Um Ihren gerechten Anteil zu übernehmen
- Um einen Beitrag für andere, die Gesellschaft und die Welt zu leisten
- Um »die Veränderung zu sein, die Sie in der Welt sehen möchten«, und Ihre Fähigkeiten darauf auszurichten, andere zu unterstützen

Lernen

- Um neue Fähigkeiten zu erwerben, sich als Mensch zu entwickeln, marktfähiger zu werden
- Um angeregt und herausgefordert zu werden
- Um Neues einzuführen und zu erschaffen

Macht

- Um andere Menschen zu beeinflussen
- Um Entscheidungen und Ergebnisse zu beeinflussen
- Um den Respekt und die Bewunderung derer sicherzustellen, die Sie beindrucken wollen
- Um auf Ihrem Gebiet erfolgreich und bekannt zu werden

Geselligkeit

- Um Freude daran zu haben, mit Ihren Kollegen in Verbindung zu stehen
- Um mit anderen Menschen zu interagieren und sich als Teil einer größeren Gemeinschaft zu fühlen
- Um sich bei unternehmensweiten Veranstaltungen und Feiern zu beteiligen

Zeit strukturieren

- Um Ihre Zeit zu strukturieren und Ihrem Leben einen geordneten Ablauf zu geben

Haben Sie bemerkt, dass Arbeit zwei unterschiedliche Funktionen erfüllt: die materielle, finanzielle Funktion (das heißt, bezahlt werden) und die persönliche Funktion (emotional, intellektuell, psychologisch und sogar spirituell)?

Die ursprüngliche Frage lautete: Welchem Zweck dient die bezahlte Beschäftigung? In Wirklichkeit wird durch die bezahlte Beschäftigung nur ein Zweck bedient: bezahlt zu werden. Das ist die einzige echte Verbindung zwischen Arbeit und Geld. Die anderen »Zwecke der bezahlten Beschäftigung sind andere Belohnungsarten, die sicher wünschenswert, aber nicht direkt damit verbunden sind, bezahlt zu werden. Sie sind alle in unbezahlten Tätigkeiten ebenso verfügbar.

Für Arbeitnehmer aus der Mittelschicht und höheren Schichten entstehen Stress, Verwirrung oder Enttäuschung, die wir bezüglich unserer bezahlten Beschäftigung verspüren könnten, selten durch die Bezahlung an sich. Wir haben bereits gesehen, dass ab einem bestimmten Level der Bequemlichkeit mehr Geld nicht mehr Zufriedenheit bringt. Vielleicht bestehen die Probleme mit unserer bezahlten Beschäftigung darin, dass unser Bedarf an Anregung,

Anerkennung, Entwicklung, Beitrag, Interaktion und Bedeutung nicht durch unsere Jobs gedeckt wird. Die bereits zitierte Conference Board Studie über Arbeitszufriedenheit bestätigt das. *Wachstumspotenzial, Kommunikationskanäle, Interesse für die Arbeit und Anerkennung führen zu einer Zufriedenheit am Arbeitsplatz – nicht die Vergütung.* Und wenn wir die meisten dieser Erwartungen von unserer bezahlten Beschäftigung lösen und erkennen würden, dass alle Zwecke der Arbeit außer dem Geldverdienen durch unbezahlte Tätigkeiten erfüllt werden könnten?

Diese Beobachtung bringt uns an einen entscheidenden Punkt der Neubewertung unserer Beziehung zur Arbeit. Arbeit hat zwei Seiten. Auf der einen Seite ist unser Bedürfnis und Wunsch nach Geld. Wir arbeiten, um bezahlt zu werden und unsere grundlegenden menschlichen Bedürfnisse zu decken. Auf der anderen Seite, völlig getrennt von unserer Vergütung, ist die Tatsache, dass wir arbeiten, um viele andere positive Ziele in unserem Leben zu erfüllen.

Es sollte darauf hingewiesen werden, dass das möglicherweise unzutreffend ist für die Millionen, die – selbst mit zwei Arbeitsplätzen – nicht genug verdienen, um sich und ihre Familien durchzubringen. Die Vereinigten Staaten sind das einzige Industrieland der Welt ohne garantierten bezahlten Urlaub und weniger als die Hälfte aller Geringverdiener bekommt keinen bezahlten Urlaub.[47]

Die Verbindung zwischen Arbeit und Bezahlung aufbrechen

Das wahre Problem bei der Arbeit besteht dann nicht darin, dass unsere Erwartungen zu hoch sind. Sondern dass wir Arbeit mit bezahlter Beschäftigung verwechseln. Die Neudefinition von »Arbeit« als »jede produktive oder zweckbestimmte Tätigkeit«, und der bezahlten Beschäftigung als »eine Tätigkeit unter vielen«, befreit uns von der falschen Annahme, dass das, was wir tun, um Essen auf dem Tisch und ein Dach über dem Kopf zu haben, uns auch mit einem Gefühl der Bedeutung, des Zwecks und der Erfüllung versorgen sollte. Das Aufbrechen der Verbindung zwischen der Arbeit und dem Geld erlaubt uns, Ausgewogenheit und Vernunft zurückzufordern.

Unsere Erfüllung als Mensch liegt nicht in unserem Job, sondern im Gesamtbild unserer Leben – in unserem inneren Gefühl dessen, worum es im Leben geht, unserer Verbindung mit anderen und unserer Sehnsucht nach Bedeutung und einem Zweck. Indem wir Arbeit und Bezahlung trennen, öffnen wir wirklich die Tür, um alle Teile in unserem Leben, vom Geldverdienen zum Lieben unserer Familien, zu einem Ganzen, »wer wir wirklich sind« zu integrieren. Wenn wir ganzheitlich sind, müssen wir nicht versuchen, unseren Weg zum Glück durch Konsum zu erreichen. Glück ist unser Geburtsrecht.

Das Aufbrechen der Verbindung zwischen Arbeit und Bezahlung hat genauso viel Auswirkung auf unser Leben wie die Erkenntnis, dass Geld etwas ist, wogegen wir unsere Lebensenergie eintauschen. Geld ist unsere Lebensenergie; es bezieht seinen Wert nicht aus einer externen Definition, sondern daraus, was wir darin investieren. Vergleichbar damit bezieht eine bezahlte Beschäftigung ihren rein intrinsischen Wert aus der Tatsache, dass wir bezahlt werden, etwas zu tun. Alles andere, was wir tun, ist ein Ausdruck dessen, wer wir sind, und nicht, was wir aus wirtschaftlicher Notwendigkeit tun müssen. Indem wir die Verbindung aufbrechen, gewinnen wir im Ergebnis Qualität, Werte und Selbstwertgefühl zurück. Indem wir die Verbindung aufbrechen, können wir Arbeit neu definieren als das, was wir im Einklang mit unserem Lebenszweck tun. Indem wir die Verbindung aufbrechen, bekommen wir unser Leben zurück.

Die überwältigenden Konsequenzen, wenn wir die Verbindung aufbrechen

Aus dieser Perspektive ist klar, warum sich Ihre bezahlte Beschäftigung als Verdienen zum Sterben anfühlt. Außer Geld verdienen dürfen Sie am Arbeitsplatz nichts anderes tun, was im Einklang mit Ihrem Lebenszweck steht. Acht bis zehn Stunden am Tag. Fünf Tage pro Woche. 48 Wochen pro Jahr. 40 oder mehr Jahre Ihres Lebens. Das führt zu einer Vielzahl an Fragen. Wie viel Geld brauchen Sie, um den Gipfel der Erfüllung zu erreichen? Liefert Ihr Job diesen Betrag? Arbeiten Sie für weniger, als Sie wert sind, und bringend Sie weniger Geld nach Hause, als Sie brauchen? Oder verdienen Sie weit mehr, als Sie für Ihre Erfüllung benötigen? Welchen Zweck erfüllt dieses zusätzliche Geld?

Wenn es keinem Zweck dient, würden Sie weniger arbeiten und mehr Zeit für die Dinge haben wollen, die Ihnen wichtig sind? Wenn es tatsächlich einem Zweck dient, ist dieser Zweck so klar und mit Ihren Werten so verbunden, dass mit Ihren Stunden der bezahlten Beschäftigung Freude einhergeht? Wenn nicht, was muss sich ändern?

Lassen Sie uns zusammen einige der Auswirkungen erforschen, Arbeit neu zu definieren, indem Sie die Verbindung zwischen Arbeit und Bezahlung aufbrechen und eine bezahlte Beschäftigung getrennt von der Arbeit sehen – Arbeit im Sinne der Erfüllung des Zwecks (der Zwecke) im Leben.

Menschen an beiden Enden des Altersspektrums tun das bereits, aber nicht notwendigerweise auf eine motivierte Weise. Viele Millennials sind in das Arbeitsleben nach dem Finanzkollaps von 2008 eingestiegen, als der Aktienmarkt die Hälfte seines Wertes verloren hatte. Wenn sie dem Drehbuch ihrer Eltern gefolgt sind, studiert haben und Schulden gemacht haben in Erwartung einer ähnlichen Entwicklung wie ihre Eltern, wurden sie von einer Wirtschaft im freien Fall und mit weniger Chancen am traditionellen Arbeitsmarkt begrüßt. Kein Wunder, dass sie solche Unternehmer, Mehrfachjobber und Gig-Economy-Arbeiter sind. Kein Wunder, dass sie sich regelrecht vermarkten müssen, um in eine sich schnell wandelnde Welt hinauszugehen, wo sich Nischen öffnen, besetzt und nach wenigen Monaten geschlossen werden. Programmierer, Blogger, App-Entwickler und Unternehmer arbeiten lange unbezahlte Stunden und gehen häufig leer aus. Kein Wunder auch, dass Millennials Interesse an diesem Buch und der Möglichkeit der Finanziellen Unabhängigkeit haben. Ihr Leben hat bereits mehrere Facetten – manche bringen Geld ein, manche sind Hobbys, manche Leidenschaften, manche Marotten.

Am anderen Ende der Zeitachse gehen viele Baby-Boomer nur mit der Grundsicherung in ihre Rentenjahre. Auch sie müssen sich überlegen, wie sie mit Gelegenheitsarbeiten und weniger gelegentlichen Arbeiten Geld verdienen. Mit genügend Ruhestandseinkommen können sie mit ihren Enkeln spielen. Ohne spielen sie vielleicht mit den Kindern anderer Menschen … gegen Bezahlung. Wenn Sie den größten Teil Ihrer Karriere nur bei einem Unternehmen gearbeitet haben, brauchen Sie Schwung, um sich der Welt zu stellen, in der Altersdiskriminierung grassiert. Millennials haben diesen im Überfluss. Baby-Boomer weniger.

Vor diesem Hintergrund sollten diejenigen unter Ihnen, die in den sich lang erstreckenden mittleren Arbeitsjahren stehen, diese Vorteile in Betracht ziehen, Arbeit vom Einkommen zu trennen. Es wird Sie inspirieren, während Sie dabei sind, Ihre Einstellung zum Geld zu verändern, und kann durchaus zu einem früheren Ruhestand führen ... oder zumindest einem Ruhestand, der Ihnen Freiheit, statt Anlass zur Sorge gibt.

1. Das Neudefinieren der Arbeit steigert die Auswahlmöglichkeiten

Angenommen, dass Sie der geborene Lehrer sind, aber einen Job als Computerprogrammierer angenommen haben, weil Sie damit mehr Geld verdienen können (das Sie unbedingt zu brauchen meinen). Gemäß Ihrer früheren Denkweise wären Sie jedes Mal, wenn jemand fragt, was Sie tun, gezwungen zu bestätigen: »Ich bin ein Computerprogrammierer.« Wie wird sich diese langfristige Inkongruenz zwischen Ihrem inneren Gefühl von sich und Ihrer Außenpräsentation wohl auf Sie auswirken? Vielleicht sind Sie nur ein bisschen unzufrieden und wissen nicht warum. Oder Sie werden krank, wie es einer Freundin von uns passierte, als sie ihren Traum aufgab, Konzertpianistin zu werden, und stattdessen als Programmiererin arbeitete. Sie entwickelte eine unerklärliche Krankheit, die sie für fast ein Jahr aus dem Verkehr zog. Oder Sie sammeln Kreditkartenschulden an, um sich dafür zu belohnen, dass Sie etwas tun, das nicht zu Ihnen passt.

Was Sie dabei vielleicht nicht berücksichtigen, ist die Frage, ob Sie nur deshalb Computerprogrammierer sind, weil Sie damit Ihren Lebensunterhalt verdienen. Wenn Sie die Verbindung zwischen Bezahlung und Arbeit aufbrechen, eröffnet sich eine andere Möglichkeit. Wenn Sie gefragt werden, was Sie tun, können Sie versichern: »Ich bin Lehrer, schreibe aber derzeit Computerprogramme, um Geld zu verdienen.« Wenn Sie imstande sind, anzuerkennen, wer Sie wirklich sind, erlaubt Ihnen das neu zu bewerten, wie Sie Ihre »Karriere« strukturiert haben. Sie könnten sich dafür entscheiden, Geld zu sparen und sich dann vielleicht Zusatzqualifikationen aneignen. Sie könnten Ihre Programmierstunden reduzieren, um ehrenamtlich als Lehrer tätig zu sein. Sie könnten sich entscheiden, Computerprogrammierung zu unterrichten. Sie könnten eine dritte Vorliebe wie Kajakfahren ins Spiel bringen und das an den Wochenenden unterrichten, während Sie weiter für Geld programmieren. Das Trennen der Arbeit von der Bezahlung erlaubt den verschiedenen Teilen Ihres gestückelten Lebens, sich zu lösen und in einem Muster neu anzuordnen, das besser zu Ihnen passt.

Donna O. hatte sich die Karriereleiter hochgearbeitet, fand jedoch, dass sie für diese Plackerei zu zartbesaitet war. Als Ärztin musste sie in einem ungesunden System die Gesundheit der Menschen vorantreiben, was ihr eine 100-Stunden-Arbeitswoche mit zu wenig Schlaf abverlangte, in der kaum Zeit für alles andere blieb.

Während ihrer Facharztausbildung und den ersten Jahren als Ärztin nahm die Arbeit sie so sehr in Anspruch, dass sie keine Zeit hatte, um über Geld nachzudenken, und keine Zeit darüber nachzudenken, wofür sie es ausgab. Die Heirat mit einem anderen Arzt verdoppelte dieses Muster nur. Donna und ihr Mann häuften Häuser, Autos und exotische Investitionen an. Der Gedanke an ein Nachverfolgen ihrer Ausgaben war außerhalb ihres Verständnisses. Sie verwechselten Bewusstsein mit Sorgen – und sie hatten genug Sorgen, mit denen sie sich als Mediziner beschäftigen mussten.

Aber Donnas Tage als Spitzenärztin waren gezählt. Die Geburt ihrer beiden Kinder erinnerte sie daran, was am meisten zählt. Sie wollte aus dem Medizingeschäft aussteigen und zurück in einen fürsorglichen – und ausgeglichenen – Beruf. Mit einer Mischung aus Beklommenheit und Entschlossenheit kündigte sie den sicheren Job mit all seinen »Vorteilen« und eröffnete eine Klinik für Frauen, in der nur Frauen arbeiteten, die ihre Werte teilen.

Etwa zu dieser Zeit hörte sie den ursprünglichen FI-Audiokurs, der 1984 veröffentlicht wurde. In ihrer Begeisterung ging sie sofort zu ihrem Mann und stellte ihm jene Frage, die sie selbst jetzt auch beschäftigte: »Was würdest du tun, wenn du nicht für Geld arbeiten müsstest?«

»Was meinst du?«, antwortete er. »Ich liebe meine Arbeit.«

»Aber wenn du nie jemandem etwas berechnen müsstest, um deine Fixkosten abzudecken?«

Unfähig diese Frage zu beantworten, ging er schlafen. Schließlich hörte er sich den Kurs an, aber seine Begeisterung, Medizin auf andere Weise zu praktizieren, war nicht mit Donnas zu vergleichen. Sie begann, an den Schritten des Programms zu arbeiten und spürte immer wieder, dass sie und ihr Mann nicht im gleichen Takt waren. Sie kam schließlich zu dem Ergebnis, dass selbst in einer herkömmlichen Ehe – oder vielleicht gerade dann – die Frau bereit sein muss, ein eigenes Leben zu führen. Also zog sie es allein durch.

Sie verstand die Zusammenhänge immer besser und begann, ihre Klinik neu zu bewerten. Niemand von den Mitarbeitern wollte die langen und anstrengenden Arbeitsschichten, die in diesem Metier üblich sind, aber sie hatten auch alle Schwierigkeiten, sich an den geringeren Verdienst anzupassen. Teure Behandlungen sind das, womit die meisten Ärzte ihre Rechnungen bezahlen. Donna bevorzugte die Vorbeugung, doch die Wirtschaftlichkeit der Medizin drängte sie immer wieder zurück in herkömmliche Arbeitsweisen. »Entweder muss ich anders praktizieren oder gar nicht.«

Für Donna ist Finanzielle Unabhängigkeit der gesamte Prozess der Erholung von alten Denkweisen über Geld, Arbeit, Bedeutung und Zweck. »Wenn gesundes Praktizieren weniger Geld bedeutet, dann ist das so!«

Donna ist nicht allein. Eine nationale Studie, die durch das Center for a New American Dream durchgeführt wurde, fand heraus, dass fast die Hälfte aller Amerikaner freiwillige Veränderungen in ihrem Leben vorgenommen hat, die auf weniger Verdienst hinausliefen. Diejenigen, die das getan haben, berichten, dass sie glücklich mit den Veränderungen seien, und dass die Hauptmotivationen für die Veränderung darin bestanden, den Stress zu reduzieren, eine Ausgewogenheit in ihrem Leben herzustellen und mehr Freizeit zu haben.

2. Die Neudefinition der Arbeit erlaubt Ihnen, von innen heraus zu arbeiten

Für viele von uns wird ein Großteil des Lebens von Äußerlichkeiten gesteuert und wir wählen unsere Rollen und unser Image wie die Gerichte in einem chinesischen Restaurant. Jemand wählt vielleicht »Feuerwehrmann« aus der Jobspalte, »blondes Haar und blaue Augen« aus der Spalte Frauen, »zwei« bei der Kinderspalte, »lässig« von der Stilspalte, »Toyota« bei Autos, »Republikaner« bei der Politikspalte sowie »Eigentumswohnung« aus der Wohnungsspalte und glaubt, dass er sein Leben ziemlich gut organisiert hat. Unser wohlgerundetes Ich in das quadratische Loch genannt Job zu pressen, verstärkt diesen Eindruck, dass das Leben daraus besteht, Optionen aus einer vordefinierten Liste auszuwählen. Wenn Sie nicht gerade Künstler oder Unternehmer sind, besteht Ihr Job darin, gemäß der Vorgabe von jemandem anderen zu arbeiten – für diesen Dienst werden Sie bezahlt. Es gibt eine Art subtile und dennoch beherrschende Verantwortungslosigkeit in der Arbeitswelt, ein Gefühl, dass wir immer auf Geheiß eines anderen tätig sind, stets jemandem gefallen wollen, der uns übergeordnet ist. In großen Unternehmen haben die meisten Arbeiter nicht einmal eine Ahnung, wer ursprünglich den Plan entwickelt hat, den sie fleißig abarbeiten. Und solche Unternehmen kaufen nicht nur unsere Arbeit, sondern ebenso unsere Persönlichkeiten, durch ihre unausgesprochenen kulturellen Normen, wer mit wem spricht, wie man sich kleidet, wo Menschen auf verschiedenen Ebenen ihr Mittagessen einnehmen »können«, wie viel Überstunden Sie leisten müssen, um »sichtbar« zu sein und Hunderte anderer täglicher Entscheidungen. Und wenn wir denken, dass wir so sind wie das, was wir tun, um Geld zu verdienen, dann ist natürlich klar, dass wir am Ende das Muster annehmen, mit dem wir am besten an unserem Arbeitsplatz überleben. Aber wenn sich unterscheidet, wer Sie sind und was Sie tun, um Geld zu verdienen, indem Sie Arbeit und Bezahlung trennen, können Sie Ihr verlorenes Selbst zurückfordern. Wenn Sie sich selbst kennenlernen, Ihre Werte, Ihre Überzeugungen, Ihre echten Talente und worüber Sie sich Gedanken machen, werden Sie von innen heraus arbeiten können. Sie werden imstande sein, Ihren Job zu tun, ohne sich selbst aufzugeben.

Margaret P. ist dabei, ihr Leben entsprechend den Werten anderer (von außen zu leben) zum Entdecken und Leben ihrer eigenen Werte (von innen heraus leben) zu verändern. Sie war bereits verheiratet, hat zwei Kinder und ist geschieden. Als alleinerziehender Elternteil mit einem starken Pflichtgefühl wollte sie so viel wie möglich verdienen, um ihre Familie zu versorgen, deshalb hat sie das Unterrichten aufgegeben und wurde zertifizierte Finanzplanerin.

Sie arbeitete auf Provisionsbasis – und manche Produkte waren lukrativer als andere. Der Konflikt zwischen dem Gewinn und den wirklichen Interessen ihrer Kunden bereitete ihr Magenschmerzen, und sie begriff, dass sie aufhören musste, Finanzprodukte um jeden Preis zu verkaufen. Sie hörte auf, die Verkäufe voranzutreiben, und während es ihrem Körper besser ging, passierte mit ihren persönlichen Finanzen das Gegenteil.

Sie war froh, dass sie und **Ivy U.** mit 20 Teilnehmern die Finanzielle-Unabhängigkeit-Unterstützungsgruppe gegründet hatten, um mit dem FI-Programm zu arbeiten. Während die Teilnehmer die Programmschritte umsetzten, spürten sie mehr denn je, dass sie dem Drängen ihres Herzens folgen mussten – und das sah für jede von ihnen ein bisschen anders aus. Zum Beispiel erkannte eine Frau durch das »Würdigen ihrer Lebensenergie«, dass sie ihr Talent in einem Sumpf der Mittelmäßigkeit vergeudete. »Sie zahlen mir nicht genug, um diese Qualen länger zu erdulden.« Sie kündigte und lebte von ihren Ersparnissen, bis sie eine andere Arbeit fand.

Alle diese Veränderungen sind aus dem Umsetzen der Schritte dieses Programms hervorgegangen.

3. Das Neudefinieren der Arbeit macht uns zu Lebensgestaltern, statt zu reinen Lohnempfängern

Vor der Industriellen Revolution waren die meisten Menschen Bauern, was bedeutete, dass sie imstande waren, fast alles zu bauen, instand zu halten und zu reparieren, was sie für das tägliche Leben brauchten. In der Nach-Industriellen Revolution, insbesondere der Post-Information und Tech-Revolution lernen wir, den größten Teil unserer Zeit ein Häppchen unserer Talente zu verkaufen, für alles zu bezahlen, das wir brauchen. Sollten Sie Ihren Arbeitsplatz verlieren, haben Sie aber immer noch eine Hypothek, Autofinanzierungen und Kreditkartenzahlungen – ohne irgendwelche Geldeingänge. Das Trennen der Arbeit von der Bezahlung öffnet die Tür zum Wertschätzen des großen Teils des Kuchens mit dem Titel »Der Rest Ihrer Zeit«.

Wenige kehren dazu zurück, Allroundtalente in allen Gewerken zu sein wie Bauern oder Hausbauer, aber je mehr wir lernen, unbezahlte Arbeit zu achten, desto wahrscheinlicher werden unsere Schulden niedriger sein. Wir könnten die Fähigkeiten des Heimwerkers erlernen oder die Veranda selber bauen oder eine Website hosten oder einen Blog starten … Wenn wir aufhören, für Geld zu arbeiten, können wir arbeitslos sein, aber wir sind nicht ohne Arbeit.

Es bedeutet auch, dass Sie am Ende für das bezahlt werden könnten, was Ihnen Spaß macht. Möglicherweise lernen Sie in einem Job etwas, das Sie in Ihrem weiteren Leben gebrauchen können. Sie lernen vielleicht etwas in Ihrem Leben, für das Sie später bezahlt werden. Die an dem einen Arbeitsplatz erworbenen Fähigkeiten können zu einem anderen führen. In einem Job lernen Sie alle Details eines Berufs, sodass Sie diesen Job aufgeben und den Beruf zum Spaß weiter ausüben können … oder mit Gewinn. Der Arbeitsplatz wird zur Schule. Die Schule wird zum Spaß. Arbeit wird Selbstentfaltung. Sie sind Ihr Chef, ob Sie bezahlt werden oder nicht, und Sie können Ihren eigenen Weg gestalten.

4. Das Neudefinieren von Arbeit fügt Ihrem Ruhestand Leben hinzu

Ruhestand bedeutet nicht, dass Sie aufhören zu arbeiten. Es bedeutet, dass Sie aufhören können, für *Geld* zu arbeiten. Wir alle wollen nützlich sein, von anderen für den Beitrag gewürdigt werden, den wir leisten. Wenn wir denken, dass eine bezahlte Beschäftigung unsere einzige bewundernswerte, achtbare und wichtige Möglichkeit ist, etwas beizutragen, wer würde sich zur Ruhe setzen wollen? Niemand will eine ehemalige Größe sein, erledigt, in den Ruhestand versetzt. Das Trennen der Arbeit von der Bezahlung bedeutet, dass Sie in jeder Rolle, Aufgabe oder Tätigkeit wertvoll sind – und Sie das befreien könnte, um sich viel früher zurückzuziehen, sodass Sie anderen viel mehr von sich geben können.

5. Das Neudefinieren der Arbeit honoriert unbezahlte Tätigkeit

Nancy war es leid, sich selber jeden Abend sagen zu hören: »Ich weiß nicht, wo dieser Tag geblieben ist«, wenn sie auf ihrer To-do-Liste sah, wie wenig sie ausgestrichen hatte. Sie hatte ihr Geld im Auge behalten, um in den Griff zu bekommen, wo alles blieb. Vielleicht könnte sie es mit ihrer Zeit ebenso tun. Eine Woche lang notierte sie in Einheiten zu 15 Minuten, was sie in dieser Zeit getan hatte. Sie erkannte bald, dass sie den größten Teil ihrer Zeit mit Tätigkeiten verbrachte, die sie für nicht sonderlich wichtig hielt: Putzen, Kochen, Einkaufen und Plaudern mit Familienmitgliedern. Ihre »offizielle« Liste enthielt nur arbeitsbezogene Aufgaben – sich mit einem Kollegen treffen, auf E-Mail antworten. Alles andere – was den größten Teil ihrer Zeit ausmachte – stand überhaupt nicht auf ihrer Liste. Ihr wurde klar, dass sie den Hausputz auf der Liste hätte, wenn sie dafür bezahlt würde. Die Reinigung ihres eigenen Hauses – nirgends! Die Übung zeigte ihr, dass sie nur bezahlte Beschäftigungen aufgenommen hatte. Jetzt setzte sie alles auf ihre Liste und ist stolz auf ihre ganze Leistung, bezahlt oder unbezahlt. Ist es nicht so, dass eine unbezahlte Tätigkeit häufig als wertlos angesehen wird – von geringerem Wert als eine bezahlte Tätigkeit? Ist es nicht so, dass in unserer Kultur fast durchgängig die Überzeugung vorherrscht, dass Sie ein Niemand sind, wenn Sie nicht für Geld arbeiten, keine Karriere machen, nicht beschäftigt sind?

Unsere innere Arbeit – die Arbeit der Selbsterforschung, Selbstentfaltung und der emotionalen und geistigen Reifung – ist genauso wichtig wie bezahlte Arbeit oder Hausarbeit oder Gartenarbeit. Es nimmt Zeit in Anspruch, sich selbst kennenzulernen – Zeit zum Nachdenken, für Gebet und Ritual, für das Entwickeln einer kohärenten Lebensphilosophie und eines persönlichen Moralkodex, und um persönliche Ziele zu setzen und den Fortschritt zu bewerten.

Das Trennen von Arbeit und Bezahlung beseitigt dieses schmerzhafte Auslöschen von uns selbst bei der Identifizierung mit unserem Job.

6. Das Neudefinieren der Arbeit vereinigt Arbeit und Spaß wieder

Arbeit ist ernst. Spaß ist albern. Arbeit ist erwachsen. Spaß ist kindisch. Arbeit ist nützlich. Spaß ist nutzlos. Manchmal kann Spaß wie Arbeit aussehen, wie bei einem intensiven Schachspiel. Manchmal kann Arbeit wie Spaß aussehen und sogar Spiel genannt werden, wie im Profisport. Und manchmal fühlt sich Arbeit so sehr nach Spielen an, dass Menschen sagen (etwas schuldbewusst): »Dieser Job macht solchen Spaß, dafür müsste ich nicht bezahlt werden.« Also wie erklären wir den Unterschied zwischen Arbeit und Spaß? Spielen und Arbeit können beide wettbewerbsgeprägt sowie kooperativ sein. Sie können beide Fähigkeiten vermitteln und ein Erfolgsgefühl liefern. Bei beiden kann man einen Zustand der intensiven Fokussierung, der Konzentration, aber auch eines Flow erreichen. Tatsächlich würde man bei der externen Beobachtung einer Person, die völlig mit einer Tätigkeit beschäftigt ist, nicht wissen, ob er oder sie bezahlt wird oder gerade spielt. Das ist die Macht der Trennung von Arbeit und Bezahlung – Sie verbindet Arbeit und Spaß wieder und so kann Ihr ganzes Leben vor Vergnügen strahlen.

7. Das Neudefinieren der Arbeit erlaubt Ihnen, Ihre Freizeit mehr zu genießen

Für die Griechen war Freizeit das höchste Gut, die Essenz der Freiheit – Zeit für Selbstentwicklung und für höhere Ziele. Doch heute sind wir im frühen 21. Jahrhundert unfähig, wirklich zu entspannen und unsere Freizeit zu genießen. Sogar unsere Sprache verrät uns durch den Begriff »Auszeit«, als ob Freizeit nur eine kurze Zeit der Erholung wäre, bevor wir wieder »drinnen«, ein produktiver (das heißt echter) Mensch sind. Wenn wir uns nicht so stark damit identifizieren, was wir für Geld tun, könnten wir unsere Freizeit mehr achten und genießen. Es ist in Ordnung, Spaß zu haben. Es ist in Ordnung, sich im Schatten zu entspannen und den Vögeln zuzuhören. Es ist in Ordnung, ziellos spazieren zu gehen. Es ist in Ordnung, Ihre technische Ausrüstung zu Hause zu lassen und Campingurlaub zu machen. Es ist keine Blamage, sich Zeit zu nehmen, um Tätigkeiten auch mal allein zu unternehmen. Es ist in Ordnung, Vergnügen daran zu haben, sich einfach treiben zu lassen, anstatt immer etwas zu tun. Freizeit ist keine Identitätskrise, wenn Sie wissen, dass Sie nicht Ihr Job sind.

Vielleicht, weil unsere Arbeitsplätze so eingebettet in jede Stunde unserer Tage sind, findet unsere Freizeit auf unbewusste und unbefriedigende Weise statt, wie die Mikrourlaube, in denen wir heimlich unsere Telefone während der Arbeit auf Nachrichten von Freunden, soziale Medien und vielleicht die neueste Satire von einem Late-Night-Fernsehkomiker prüfen. Das Trennen der Arbeit von der Bezahlung erinnert uns daran, mit einem Fokus zu arbeiten, während wir bei der Arbeit sind, und uns völlig auf unsere gewählten Tätigkeiten konzentrieren, wenn unsere Zeit uns gehört.

8. Das Neudefinieren der Arbeit wirft ein neues Licht auf »Right Livelihood«

»Right Livelihood« ist das Ideal, bei dem Ihre wahre Arbeit oder Berufung auch Ihre bezahlte Arbeit ist. So bewundernswert das ist, es gibt Fallstricke bei diesem noblen Vorgehen, die das FI-Programm geschickt umschifft.

Es gibt keine Garantie, dass Sie jemanden finden werden, der Sie dafür bezahlt, das zu tun, wozu Sie sich berufen fühlen. Es kann viele Jahre dauern, um Ihre Kunst oder Ihre Forschung oder Ihre soziale Neuerung oder Ihre neue Technologie bis zu dem Punkt zu entwickeln, wo diejenigen, die über Geld verfügen, Sie finanziell unterstützen werden. Crowdfunding ist eine innovative Alternative zu den langen Wartezeiten auf Regierungs- oder Gründungszuschüsse – aber ein Bericht aus dem Jahr 2015 des Crowdfunding Centers in London fand heraus, dass zwischen 70 und 90 Prozent der Kampagnen gescheitert sind, abhängig von der Plattform.[48] Meistenteils hat das weniger mit dem wahren Wert Ihrer Arbeit zu tun, sondern mit Glück, Zufall, Durchhaltevermögen, Beziehungen, ethnischer Abstammung oder Geschlecht und einem Bündel anderer Faktoren.

Indem Sie die Erwartung aufgeben, dass Sie bezahlt werden, um die Arbeit zu tun, für die Sie eine Leidenschaft hegen, können Sie beides mit mehr Integrität machen. Sie können Geld verdienen, um Ihre Kosten zu decken, und Sie können Ihrem Herzen ohne Kompromisse folgen. Sie können die Vorstellung nähren, die Arbeit zu tun, die Sie lieben, wenn Sie in den Ruhestand gehen – und lassen diesen Traum Ihre Leidenschaft beflügeln, das Neun-Schritte-Programm mit Integrität und Entschlossenheit zu gehen. Sie können die Jahre Ihrer bezahlten Arbeit als Vorbereitung auf Ihre Vollzeitberufung ansehen, in denen jeder Job Ihnen wichtige persönliche und fachliche Kenntnisse sowie

Netzwerke beschert. Bis zu welchem Grad Sie sich auch mit einer Arbeit abgefunden haben, die Sie nicht lieben, wenn es Ihnen nicht gelungen ist, für das bezahlt zu werden, was Sie lieben, wissen Sie, dass Sie sich nicht einfach damit abgefunden haben, Sie bereiten sich gerade auf Ihren nächsten Schritt und schließlich Ihre Finanzielle Unabhängigkeit vor.

Neue Schüler der Kampfsportart Aikido lernen eine Übung, die »der unbeugsame Arm« genannt wird. Der Schüler, der dem Partner zugewandt steht, legt sein Handgelenk auf das Schlüsselbein des Partners. Dann muss er Widerstand leisten, wenn der Partner beide Hände einsetzt, um den Ellbogen herunterzuziehen. Der Schüler kann sich noch so anstrengen, er verliert schnell. Dann wird er beauftragt, sich zu entspannen und die Energie zu fühlen, die von seinem Zentrum in seinem Bauch durch seinen Arm zur Unendlichkeit fließt wie Wasser, das durch einen Feuerwehrschlauch rauscht. Jetzt kann sich der Partner noch so anstrengen, wird es aber nicht schaffen, den Arm zu beugen.

Wenn Ihre Aufmerksamkeit darauf liegt, bezahlt zu werden, lenkt das die Energie davon ab, sich mit dem zu beschäftigen, was Sie gewählt haben. Sie machen zwei Sachen, nicht eine. Wie bei dem unbeugsamen Arm können Sie sich darauf konzentrieren, Ihrem Partner zu widerstehen (bezahlt werden) oder Ihre Energie zur Unendlichkeit (Ihre Bestimmung) ausdehnen.

Oder überlegen Sie, was geschieht, wenn der Kommerz Ihnen in die Quere kommt, während Sie gerade dabei sind, Ihre Bestimmung zu finden, – in diesem Fall Kunst schaffen. In *Biologie der Kunst* (Original *The Biology of Art*) erzählt der Zoologe Desmond Morris von einem Experiment, das »Gewinnmotiv« bei Menschenaffen einzuführen. Im ersten Schritt lernten sie, Künstler zu sein und Zeichnungen und Bilder zu produzieren, die ausgesprochen schön waren. Sobald ihre »Kunst« etabliert war, begann er, sie zu »bezahlen«, indem er sie mit Erdnüssen für ihre Arbeit belohnte. In dem Belohnungssystem verschlechterten sich ihre Kunstwerke rapide und sie begannen, flüchtige Kritzeleien zu produzieren, nur um die Erdnüsse zu bekommen. »Kommerzialisierung« hat die Menschenaffen als Künstler zerstört und sie dazu gebracht, sich stattdessen um Erdnüsse zu balgen.[49]

Darauf zu bestehen, dass Ihre Bestimmung und Ihre bezahlte Beschäftigung ein und dasselbe sind, kann Ihren Fokus aus der Balance bringen und von der Mission zum Geld verschieben. Das Erreichen der Finanziellen Unabhängigkeit bedeutet, dass sowohl Ihr Verstand als auch Ihre Zeit befreit werden und Ihnen einen unbeugsamen Arm geben – unabhängig davon, was Ihre Beschäftigung ist.

Stellen Sie sich vor, Sie haben viel Glück und finden den Traumjob, der eine, der Sie so nimmt, wie Sie sind und wie Sie Geld verdienen, aber etwas passiert – ein neues Management, Ihr Projekt wurde beendet und Ihr Team wieder in die normale Organisation reintegriert – und Sie stehen vor der Herausforderung Geld versus Mission. Wenn Sie Arbeit von Bezahlung trennen, bleiben Sie klar hinsichtlich Ihrer »wahren Arbeit« und bewerten, ob Ihre Situation Sie schließlich befreien wird, um ohne Kompromisse zu arbeiten. Sie kehren zum unbeugsamen Arm zurück und entscheiden.

Konsequenzen für Ihr Einkommen

Nachdem wir jetzt festgehalten haben, dass der einzige intrinsische Zweck einer bezahlten Beschäftigung darin besteht, bezahlt zu werden (egal, ob Sie Ihren Arbeitsplatz lieben oder hassen), ist es sinnvoll zu betrachten, ob Sie Ihre wertvolle Lebensenergie gegen etwas tauschen, das es wert ist. Da Sie wissen, dass Ihr Leben wichtiger ist als Ihr Job, macht es Sinn, einen Job zu haben, der wirklich »seinen Job erledigt« – das heißt, Sie gut bezahlt. Das führt zu Schritt 7 des FI-Programms.

Schritt 7: Ihre Lebensenergie würdigen – das Einkommen maximieren

In Schritt 7 geht es um die Erhöhung Ihres Einkommens durch das Würdigen der Lebensenergie, die Sie in Ihren Job investieren, und diese einzutauschen gegen die höchste Bezahlung, die mit Ihrer Gesundheit und Integrität im Einklang steht.

Wenn Sie Ihre Gehaltsabrechnung nehmen, Ihre Auftrittshonorare zusammenzählen oder Ihr gesamtes Einkommen in einer Tabelle darstellen, bekommen Sie wirklich einen fairen Ausgleich für Ihre Investition an wertvoller Lebensenergie? Der Schlüssel zur Freiheit von der Welt des »sich das Sterben verdienen«, besteht darin, Ihre Lebensenergie zu würdigen. Wir haben gesehen, dass Geld nur etwas ist, wogegen Sie Ihre Lebensenergie eintauschen. Wir haben auch erkannt, dass der Zweck der bezahlten Beschäftigung darin besteht, bezahlt zu werden. Legen dann nicht Vernunft und Selbstrespekt nahe, dass Sie, wenn Sie für Bezahlung arbeiten, das höchstmögliche Geld pro Stunde im Einklang mit Ihrer Integrität und Ihrer Gesundheit verdienen sollten? Während das ähnlich aussehen kann wie die gute altmodische Habgier, gehen Sie einfach diesen Weg und Sie werden sich in einer völlig anderen Richtung wiederfinden.

Beim Durcharbeiten der Schritte 1 bis 6 haben Sie definiert, was genug für Sie ist, einschließlich Ihrer Einschätzung, wie viel genug in der Zukunft sein wird. Anstatt genug zu definieren als »mehr, als ich jetzt habe« und sich damit zum Erleben fortwährender Armut zu verurteilen, entdecken Sie, dass genug weniger – und näher – sein kann, als Sie sich vorgestellt haben. Und denken Sie daran, genug ist nicht der Minimalbetrag zum Überleben; es ist der genaue Betrag, der Ihnen Erfüllung ohne Überfluss gibt. Wie wir in Kapitel 5 herausgestellt haben, liegt dieses genug häufig weit unter Ihrem Einkommen. Indem Sie weniger Geld ausgeben, als Sie verdienen, können Sie weniger Zeit am Arbeitsplatz verbringen und trotzdem genug haben. Das ist einfache Mathematik. Wenn genug 2.500 Euro pro Monat beträgt und Sie 25 Euro pro Stunde verdienen, müssen Sie 100 Stunden im Monat arbeiten, um Ihre Ausgaben abzudecken. Aber wenn Sie 50 Euro pro Stunde verdienen könnten, bräuchten Sie möglicherweise nur 50 Stunden pro Monat bezahlt zu arbeiten. Oder Sie sparen 50 Prozent Ihres Einkommens!

Jetzt kehren wir zu dem Lebensstil zurück, den Menschen vor der Industriellen Revolution führten. Sie konnten zwei oder drei Stunden pro Tag als freier Dienstleister für Geld arbeiten und den Rest der Zeit damit verbringen, das zu tun, was sie zur Entspannung, zum Spaß, Selbstentfaltung, menschlichen Interaktion, Engagement für die Allgemeinheit oder Dienst an der Welt tun wollten. Wenn Sie entscheiden, mehr Stunden bei Ihrer bezahlten Beschäftigung zu arbeiten, sollten Sie das nur aus gutem Grund tun, da Sie Ihrer Lebensenergie einen hohen Wert beimessen. Sie könnten es tun, um jemand anderen oder etwas zu unterstützen. Sie könnten es tun, um schuldenfrei zu werden und diesen besonderen Aspekt der Finanziellen Freiheit zu erfahren. Sie könnten es tun, um Ersparnisse aufzubauen, sodass Sie abgesichert sind, egal wie sich das Wirtschaftsklima entwickelt. Oder Sie könnten es tun, um andere Lebensziele, wie wieder zur Schule gehen oder um die Welt zu reisen oder sogar Finanzielle Unabhängigkeit erreichen zu können. Die Größe und Intensität Ihrer Ziele werden die Zeit und Energie bestimmen, die Sie in den Job investieren. Sie könnten sogar so eifrig sein, ein Finanzziel anzustreben, dass Sie mehrere Zusatzverdienste neben Ihrem Job haben – voller Begeisterung. Im Gegensatz zum Verhalten eines Workaholics sind die Zusatzarbeitsstunden mit Ihrem Zweck verbunden und dienen diesem.

Das Trennen der Arbeit von der Bezahlung bedeutete für **Rosemary I.,** *dass sie sich dem Verfolgen anderer Zielen außerhalb ihres Jobs widmen konnte – Ziele, die sich von Reisen über Schreiben bis zur Mitarbeit an Projekten zur Rettung des Planeten erstreckten. Obwohl sie ihren Job als Leiterin der Beschäftigungstherapie in einem Altersheim genoss, hatte sie nicht vor, ihr ganzes Leben damit zu verbringen. Ihr war klar, dass sie mit ihren anderen Zielen umso schneller vorankäme, je mehr sie jetzt verdiente. Anstatt nach einem höher bezahlten Arbeitsplatz zu suchen – wo sie vermutlich mehr Stress hätte – entschied sie sich für eine andere Strategie. Sie nahm einen Nebenjob auf Abruf bei einem kleinen Audiokopier- und Vertriebsunternehmen an und investierte mehrere Stunden pro Woche an den Abenden und Wochenenden. Der Zeitplan war flexibel, die Menschen angenehm, der Stress gering, und ihr Stundenlohn war genauso gut wie bei ihrer Vollzeitbeschäftigung. Wenn sie auch weit mehr als 40 Stunden pro Woche arbeitet, hält ihr Ziel sie energiegeladen und bei Laune.*

Das Würdigen Ihrer Lebensenergie und die Suche nach der höchstmöglichen Bezahlung haben nichts mit der »mehr ist besser«-Mentalität zu tun. Wenn Geld = Lebensenergie, dann steigern Sie Ihr Einkommen, indem Sie die Menge des für Sie verfügbaren Lebens erhöhen. Abhängig von Ihrem tatsächlichen Stundenlohn könnte Sie ein neues Auto einen Monat, sechs Monate oder ein Jahr Arbeit kosten. Und Sie wollen nicht mehr Geld, damit Sie mehr Status, Prestige, Macht oder Sicherheit haben. Sie wissen, dass Geld diese Dinge nicht kaufen kann. Sie wollen mehr Geld, damit Sie mehr Freiheiten haben, Sie selbst zu sein, ohne sich über Geld Sorgen machen zu müssen. Auch wollen Sie nicht mehr Geld, um Ihr Selbstwertgefühl zu steigern. Sie wollen mehr Geld als Ausdruck Ihrer Selbstachtung, als Würdigung Ihrer Lebensenergie.

Neue Möglichkeiten einer bezahlten Beschäftigung

Sie haben jetzt mehrere kreative Möglichkeiten, einschließlich der Erhöhung Ihrer Bezahlung, damit Sie Teilzeit arbeiten können, der Ausweitung Ihres aktuellen Jobs oder des Jobwechsels.

Höhere Bezahlung: Eine Frage der Einstellung

Viele Menschen sind passiv, geradezu fatalistisch hinsichtlich der Größenordnung ihrer Einkünfte. Sie handeln aus einer Opfermentalität heraus, völlig der Gnade externer Kräfte ausgeliefert – dem Chef, dem Lohntarif, der Arbeitslosenquote, dem Konjunkturrückgang, der schlechten lokalen Wirtschaftssituation, der Wirtschaftspolitik des Präsidenten, der Konkurrenz von Niedriglohnarbeitern in Entwicklungsländern und so weiter. Diese Einstellung ist von der Art »Ich kann keinen guten Arbeitsplatz finden – und das liegt an denen. Sie halten mich in einem schlecht bezahlten Job.«

Während die ökonomischen Realitäten zuweilen hart sein können, gehört es auch zur Natur des menschlichen Verstandes, die Gedanken und Überzeugungen, die wir haben, Realität werden zu lassen (eine Tatsache, die uns zu großer Sorgfalt darüber veranlassen sollte, wie wir uns selbst sehen). Ein wichtiger Faktor, der Ihr Verdienstpotenzial beschränkt, sind innere Einstellungen: Einstellungen zu sich selbst (zum Beispiel »Ich bin nicht gut genug«), zu Ihrem Job oder Arbeitgeber (»Sie haben es auf mich abgesehen«) und zur aktuellen Situation (»Es gibt gerade keine Jobs«). Wenn Sie sich als Opfer sehen, können Sie zu sehr beschäftigt sein, sich zu bedauern, um die vielen Chancen wahrzunehmen, Ihr düsteres Schicksal zu ändern.

Um erfolgreich zu sein, kultivieren Sie positive Einstellungen wie Selbstrespekt, Stolz auf Ihren Beitrag zu Ihrem Job, Hingabe für Ihren Job, Zusammenarbeit mit Ihren Arbeitgebern und Kollegen, Bestreben, den Job richtig zu machen, persönliche Integrität, Verantwortungsbewusstsein – und tun Sie es einfach, weil Sie Ihre Lebensenergie würdigen.

Überlegen Sie, wie die Würdigung Ihrer Lebensenergie Ihre Erfahrung und Leistung im Job verändern könnte, genauso wie Ihre Fähigkeit, einen anderen Arbeitsplatz zu finden, wenn Sie das wollen. Wo auch immer Sie arbeiten, Sie arbeiten für sich. Sie haben sich zur Spitzenleistungen an Ihrem Arbeitsplatz verpflichtet, weil Sie zu 100 Prozent der Integrität verpflichtet sind, egal was Sie tun.

Sie wären überrascht über das Ausmaß, in dem Arbeitszufriedenheit beim Arbeiter liegt und nicht in der Arbeit.

Ted Y., *der Handwerker, den wir in Kapitel 6 kennengelernt haben, stellte fest, dass eines der Geschenke des FI-Programms die Chance war, seine Sehnsucht, Schriftsteller zu werden, wieder aufleben ließ. Sein Vater war bei der Air Force gewesen und Ted zog auch als Erwachsener ständig um. Er beendete die Highschool in Gulfport, Mississippi, und zog dann nach Austin, Texas, wo er acht Menschen in einem Modernisierungsgeschäft beschäftigte, bis ihm der Öl-Crash den Boden unter den Füßen wegzog. Das und eine Scheidung reduzierten seine Besitztümer auf einen Lieferwagen (das machte Schritt 1 sehr leicht). Er zog weiter, bis er schließlich in Oregon landete. Innerhalb eines Jahres, in dem er das FI-Programm in die Praxis umsetzte, hatte Ted genug Geld gespart, um ein Jahr lang ohne finanzielle Engpässe leben zu können. Er entschied sich zu versuchen, einige Geschichten zu schreiben, die er seit Jahren mit sich herumtrug, Geschichten, die auf seinen Erfahrungen in Mississippi am Anfang der 1970er-Jahre beruhten, als er zusammen mit ein paar alten afroamerikanischen Schreinern eine Baptistenkirche gebaut hatte. Um mehr Zeit für das Schreiben zu haben, begann Ted, seine Modernisierungsaufträge teurer anzubieten, obwohl er annahm, dass die meisten dieser Aufträge nicht zustande kommen würden. Was dann geschah, war eine große Überraschung. Viele Menschen waren von seiner Arbeit in der Vergangenheit so beeindruckt, dass sie bereit wa-*

ren, zu bezahlen, was auch immer er verlangte. Er hatte die ganze Arbeit, die er wollte, zu wesentlich höheren Löhnen. In dem Bestreben, die Qualität zu liefern, für die er bezahlt wurde, steckte er noch größere Sorgfalt in seine Arbeit. Sein Ruf für ausgezeichnete fachmännische Leistung sprach sich herum und brachte mehr Aufträge ein. Seine Stunden für die bezahlte Beschäftigung sanken, sein Einkommen stieg, seine Angst wurde geringer, seine Seelenruhe nahm zu, und seine Zeit, um zu schreiben, schien grenzenlos. Er war überrascht, aber er wollte sein Glück nicht infrage stellen – oder war es seine hohe Selbstachtung?

Finanzielle Unabhängigkeit als Teilzeitarbeit

Ted Y. hat sich für etwas entschieden, was wir gewöhnlich als Teilzeitarbeit bezeichnen. Aber die neue Denkart über Geld und Arbeit stellt diesen Begriff in ein anderes Licht. In einer Welt von Job = Identität macht Teilzeitarbeit Sie zu einer Teilzeitperson, die nur Teilzeitwert hat. Diese Denkweise beinhaltet auch, dass Sie als Teilzeitarbeiter viele Vorteile einer Vollzeitbeschäftigung aufgeben würden. Sie würden bei der Krankenversicherung und dem wie auch immer gearteten Pensionsplan Ihres Unternehmens verlieren. Sie würden auf Chancen für eine Beförderung verzichten. In der neuen Denkweise arbeiten Sie jedoch in Teilzeit gemäß der Agenda von jemandem anderen für Geld, deshalb können Sie so viel Zeit wie möglich für Ihre eigene Agenda arbeiten. Sie geben Ihren Arbeitgebern den Gegenwert für deren Geld, aber Sie definieren Ihren Selbstwert nicht dadurch, was Sie im Job tun.

Die Menschen haben verschiedene Varianten von Teilzeitarbeit umgesetzt. Manche haben die Arbeitswoche verkürzt. Andere arbeiten sechs Monate im Jahr für Geld und betreiben ihre Kunst, Reisen, Ehrenämter oder vergnügen sich die anderen sechs Monate. Wieder andere arbeiten vier Stunden am Tag, sodass sie für ihre Kinder vor und nach der Schule verfügbar sind. Manche fragen ihren Chef nach Möglichkeiten. Warum nicht? Wer nicht wagt, der nicht gewinnt. Ziehen Sie in Betracht, Ihren Urlaub neu auszuhandeln, Ihren Chef zu fragen, ob er Sie 24 Stunden pro Woche arbeiten lässt oder schildern Sie ihm genau, warum Heimarbeit Sie zu einem besseren Mitarbeiter machen würde.

Und wenn ich meinen Job gern mache?

Wenn Sie Ihren Job gern machen, wird diese neue Perspektive (das Würdigen Ihrer Lebensenergie) nur Ihre Erfahrung verbessern – und Ihren Verdienst.

> **Maddy C.** (die Partnerin von **Tom C.**, dem Propangas-Lastwagenfahrer) liebt ihre Arbeit als »ganzheitliche Buchhalterin«, die Menschen befähigt, verantwortungsbewusst mit ihrem Geld umzugehen. Beim Absolvieren des FI-Kurses entdeckte sie die blinden Flecken in ihren eigenen Finanzen. Als sie ihren wahren Stundenlohn berechnete, fand sie heraus, dass von ihren 90 Dollar pro Stunde netto nur 7,50 Dollar blieben. Ihr Mann verdiente mit dem Ausliefern von Propangas während des Winters im ländlichen Maine besser. Wo floss dieses ganze Geld hin?
>
> Weil sie ihre Dienstleistung auch Menschen zur Verfügung stellen wollte, die sich das nicht leisten konnten, bot sie Rabatte für Menschen mit niedrigem Einkommen an und war immer diejenige, die unbezahlte Überstunden machte und ein bisschen mehr tat. Das Aufstellen der Monatstabellen zeigte ihr, dass sie wirtschaftlich nicht weiterkam. Sie hatte die Lektion vergessen, ihre eigene Lebensenergie zu würdigen.
>
> Sie entschied sich dafür, ihre Gebührensätze um 23 Prozent anzuheben und ihre Mitarbeiter auf eine Sekretärin zu beschränken. Außerdem entschied sie, sowohl die Zahl der Kunden zu beschränken und sich auf diejenigen zu konzentrieren, die lernen wollten, sich selbst zu helfen, als auch die Zahl von Stunden zu reduzieren, die sie arbeitete. Nach dem Durchführen dieser Änderungen fand sie sich mit genau der Zahl und dem Typ von Kunden wieder, die sie wollte, und arbeitete jetzt weniger Stunden, während sie mehr Geld verdiente.

Und wenn ich keinen »Job« habe – oder will?

Es gibt viele Gründe, warum Menschen keinen »Job« im traditionellen Sinn haben oder wollen. Sie können freischaffend, Unternehmer, Allroundhandwerker auf Abruf und Hundebetreuer, Künstler jeder Sorte, die nebenberuflich auftreten, Partner, die sich um Haus und Familie kümmern, selbstversorgende Siedler und so weiter sein. Einige, die jetzt in der Gig-Economy arbeiten, könnten sich danach sehnen, zu nur einem bezahlten Job für einen Chef zurückzukehren, und andere haben sich an die Flexibilität von freiberuflicher und kurzfristiger Arbeit angepasst. Unter diesen sind Trainer und Berater, die Kunden statt Arbeitsplätze haben – die die Anlage S statt N bei der Steuererklärung abgeben. Und dann gibt es diejenigen, die wirklich über unabhängige Mittel verfügen – Familienreichtum oder anderes Glück haben – und ihre Zeit mit ihrer Kreativität oder Wissbegierde oder freiwilligen Diensten verbringen. Einige gehören natürlich zu den wachsenden Heerscharen von FI-lern! Jeder von ihnen wird aus der Trennung der Arbeit von der Bezahlung profitieren und sehen, wie diese neue Denkweise seine Wahl der bezahlten Beschäftigung beeinflusst.

Eine steigende Zahl von Menschen ist aber entschlossen, ihren Reichtum auf die Weise aufzubauen, wie die Reichen es häufig tun: Sie nutzen ihr Geld, um Geld zu verdienen. Von Day-Tradern über Stockpicker bis zu persönlichen Portfolioverwaltern und Immobilienprofis verwenden diese Menschen ihre Zeit und Aufmerksamkeit, um den Gewinn wie bei jedem anderen Job oder Geschäft zu maximieren. Aus Sicht dieses Buches unterscheidet sich ein Day-Trader nicht von dem Bediener schwerer Baumaschinen oder einem Wissenschaftler in einem Laboratorium oder einem Lehrer im Klassenzimmer oder einem Rockstar. Das alles sind Jobs. Manchmal stellen sich diese Anleger besser an als jeder andere aus ihrer Klasse an der Highschool – fein! Manchmal bekommen sie zumindest das heraus, was sie in ihrem geplanten Beruf verdient hätten. Manchmal stürzen sie ab und scheitern.

Ihr Geld durch Investments zu verdienen, ist nicht stärker auf FI ausgerichtet als das Verdienen Ihres Geldes als Krankenschwester oder Grundstücksmakler. Egal wie Sie Geld verdienen, es gibt einen Tausch von Zeit und Lebensenergie. Sie sollten Ihren Job – Investieren – genauso bewerten, wie Sie jeden anderen Job bewerten würden: Fragen Sie sich: »Was ist mein tatsächlicher Stundenlohn?«

Die Kapitel 8 und 9 decken eine Methode für Investments im Einklang mit FI ab: Intelligenz, Integrität und Unabhängigkeit.

Wie man einen hoch bezahlten Job mit hoher Integrität findet

Wie wir gesehen haben, gibt es keinen Traumjob. Die Menschen, die wir in diesem Buch getroffen haben, mussten viel Gewissenserforschung, Risikobereitschaft, Experimentieren und Infragestellen der alten Überzeugungen einsetzen, um in Jobs mit höherer Bezahlung und hoher Integrität zu gelangen. Sie mussten erkennen, dass ihr Leben wichtiger ist als ihr Job. Den Teilen von ihnen, die durch ihre bezahlte Beschäftigung erdrückt wurden, musste Raum gegeben werden, um wieder zu atmen. Träume aus der Kindheit, wie das Leben sein könnte, mussten unter dieser Maskerade des Erwachsenseins von Status, Ernst und Selbstgefälligkeit ausgegraben werden. Sie mussten sich die Wahrheit darüber eingestehen, ob ihre gegenwärtige bezahlte Beschäftigung wirklich leistete, was eine bezahlte Beschäftigung tun soll: Geld verdienen.

Es gibt mehrere ausgezeichnete Bücher und Blogs über die Jobsuche auf dem Markt. Nur ein Wort der Warnung: Wie P. T. Barnum einmal sagte, wird jede Minute ein Trottel geboren. Seien Sie ein so gewiefter Käufer für einen Job, wie Sie es bei einem Auto oder Kühlschrank wären.

Nina N. hat ihren Mann verlassen und zog als alleinerziehende Mutter zehn Jahre lang vier Kinder auf, bevor sie mit diesem Programm anfing. Sie hörte den Audiokurs, und obwohl sie bei Freunden lebte und Arbeit gegen Zimmer und Essen tauschte, fing sie an, ihre wenigen Ausgaben nachzuhalten. Entschlossen, finanziell unabhängig zu werden, bewarb sie sich um eine Stelle als Zimmermädchen in einem nahe gelegenen Motel – und bekam sie. Sie eilte voller Begeisterung nach Hause, um ihren Mitbewohnern davon zu erzählen, und musste feststellen, dass sie vergessen hatte, zu fragen, wie hoch ihre Bezahlung war.

Mehrere Monate später zog Nina nach Seattle, um nach einem Arbeitsplatz zu suchen, für den mehr gezahlt wurde als der Mindestlohn. Innerhalb weniger Wochen hatte sie über eine Zeitarbeitsagentur verschiedene Jobs. Sie erstellte sofort ihr Wanddiagramm und innerhalb von ein paar Monaten hatte sie Schulden von mehreren Tausend Dollar getilgt. Ihr Fortschritt spornte sie an. Für jede vorübergehende Position berechnete sie ihren tatsächlichen Stundenlohn. Bald hatte sie ihr Einkommen verdoppelt, aber sie machte weiter. Als sie in einem Krankenhaus als Zeitarbeitskraft tätig war, erfuhr sie von einer offenen Position als Vollzeitassistentin bei einem Abteilungsleiter. Sie bewarb sich dafür. Ihre Bezahlung schnellte hoch auf über 17 Dollar pro Stunde und sie bekam auch Nebenleistungen. Sicher, sie hatte nie zuvor so einen Arbeitsplatz gehabt, aber sie hatte vier Kinder großgezogen – wie schwierig könnte ein Arzt schon sein?

Aber sie hörte nicht auf, sich umzuschauen. Ihr Wanddiagramm war eine tägliche Gedächtnisstütze, dass ihre Zeit umso eher wieder ihr gehören würde, je höher sie ihre Lebensenergie dafür verkaufte. An einem Wochenende, als sie während einer Konferenz freiwillig bei einem interessanten Thema aushalf, ging das gesamte Personal aus Protest gegen eine Entscheidung – das war Ninas Chance. Als der Vorstand nach einem Geschäftsführer suchte, war Nina die erste Wahl. Als sie sich zur Ruhe setzte, betrug ihr Jahresgehalt mehr als 48.000 Dollar, eine Zahl, die für das Zimmermädchen Nina so undenkbar gewesen war, dass sie jetzt zusätzliches Millimeterpapier an die Oberkante ihres Wanddiagramms kleben musste, um ihr Monatseinkommen einzutragen. Ihre Verdienste hatten buchstäblich das Diagramm gesprengt! (Siehe Abbildung 7-1)

Abbildung 7-1
Ninas Wanddiagramm – mit Einkommen

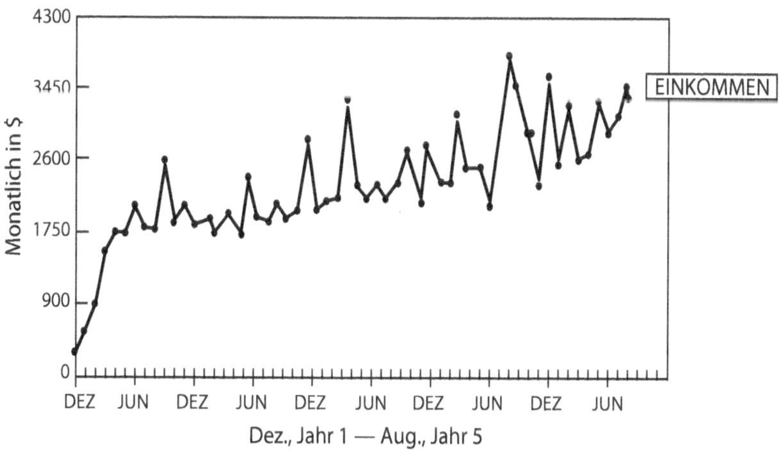

Wegen ihres Fokus auf die Würdigung ihrer Lebensenergie hat Nina ihr Einkommen vervierfacht. Ihr Selbstbild hat sich vom »Mindestlohnarbeiter« zum »Geschäftsführer« entwickelt.

Schritt 7 ist die Würdigung Ihrer Lebensenergie und Steigerung Ihres Einkommens – weil der einzige Zweck einer bezahlten Beschäftigung darin besteht, bezahlt zu werden. Sie tun das nicht aus Habgier oder Konkurrenzdenken, sondern aus Selbstachtung und der Wertschätzung Ihres Lebens. Als »Nebenwirkungen« stellen sich möglicherweise geringere Schulden, höhere Ersparnisse, mehr Freizeit, mehr Energie im und außerhalb des Jobs, zufriedenere Kunden, eine zufriedenere Familie und mehr Seelenfrieden ein.

Zusammenfassung von Schritt 7

Steigern Sie Ihr Einkommen, indem Sie die Lebensenergie würdigen, die Sie in Ihren Job investieren, und tauschen Sie diese gegen die höchste Bezahlung ein, die mit Ihrer Gesundheit und Integrität im Einklang steht.

Geldgespräch-Fragen

Geschichten in einer Runde – sei es am Lagerfeuer oder bei einem Geldgespräch – lehren uns so viel darüber, wie man bessere Entscheidungen trifft, nicht nur für unser Geld, sondern um mehr Bedeutung und Glück zu haben. Bereichern Sie sich, indem Sie andere einladen, auf diese einzigartige Weise zu reden und zuzuhören.

Auf Basis der Vorschläge im Schlusswort, wie man ein Geldgespräch führt, werfen Sie die folgenden Fragen bei Ihrem täglichen Nachdenken, mit Ihrem Partner oder in sozialen Gruppen auf. Denken Sie daran, »Warum?« am Ende jeder Frage hinzuzufügen, wird sie tiefgehender machen. Das Hinzufügen von »Wie hat die Gesellschaft meine Antwort geformt?« zu jeder Frage wird sie breiter fassen. Es gibt keine richtigen Antworten.

- Wie könnten Sie Ihr Einkommen verdoppeln, ohne Ihre Seele zu verkaufen oder Ihre Gesundheit zu gefährden?

- Was war Ihr erster Job? Bester Job? Schlechtester Job?
- Was wäre Ihr Traumjob – unabhängig davon, ob Sie dafür bezahlt würden?
- Was ist Arbeit und warum tun wir es?
- Was ist Ihr Lebenswerk?
- Was mögen – und hassen – Sie an der Arbeit, die Sie für Geld tun?

8

Feuer fangen: Der Übergangspunkt

Bis jetzt war ein Begleiteffekt der gemachten Schritte, dass Ihre Ausgaben minimiert, Ihr Einkommen maximiert und Schulden abbezahlt wurden und Ihr Bankkonto zu wachsen begann. Früher hätten Sie überlegt, wofür Sie jene Ersparnisse ausgeben könnten: ein Urlaub, neue Elektrogeräte, eine Anzahlung für ein neues Haus. Aber nun, nach dem Umsetzen der Schritte, haben sich Ihre alten Gewohnheiten, alles was Sie haben – und mehr – für neue Sachen und Erfahrungen auszugeben, leise verabschiedet. Sie wissen, dass Geld Ihre Lebensenergie ist, und Sie haben beschlossen, es nur für das auszugeben, was Ihnen Freude bringt und Ihrem Zweck dient. Die meisten Ihrer alten Impulskäufe finden nicht mehr Ihre Aufmerksamkeit und die wenigen, die es noch an der Kasse vorbei schaffen, sehen häufig kurz danach wie Narrengold aus. Sie haben angefangen, die Freiheit von »genug« zu spüren.

Was kommt jetzt?

Das ist der Moment, wo sich, wenn Sie Glück haben, Ihr erfolgreicher Onkel Louie oder Tante Rosalita oder Vetter Archie mit Ihnen zu einem »Magie der Zinseszinsen«-Gespräch zusammensetzt – das Konzept, bei dem Ihr Geld anfängt, für Sie zu arbeiten. Sie sagen: »Du bist jung. Wenn du jetzt anfängst zu sparen, wirst du durch die Magie der Zinseszinsen reich sein, wenn du 50 Jahre alt bist.«

Ich? Reich?

Betrachten Sie dieses Kapitel als *dieses* Gespräch – und darüber hinausgehend.

Das Umsetzen der Schritte 1 bis 7 hat Ihre Einstellung zum Geld verändert. Jetzt werden die Schritte 8 und 9 Ihre Einstellung zu Ihrer Zukunft verändern.

Hören Sie Ihrer erfolgreichen Tante Rosalita oder Ihrem Onkel Louie oder Vetter Archie zu, die erklären, dass Sie, wenn Sie Ihre Ersparnisse investieren, anstatt sie auszugeben, Reichtum aufbauen werden. Ihr Geld verdient Geld für Sie. Deponieren Sie es auf der Bank und Sie bekommen Zinsen. Erwerben Sie Obligationen und Sie bekommen noch mehr Zinsen. Investieren Sie konservativ in die Aktienbörse und Sie erhalten Dividenden. Investieren Sie Ihre ganzen Zinsen und Dividenden wieder und bauen Sie mehr Reichtum auf. »Schließlich, mein [Junge/Mädchen], wird dein Geld die ganze Arbeit für dich tun. Du wirst finanziell unabhängig sein.«

Dieser Verwandte ist gerade an Ihrer Seite. Es ist Ihr Wanddiagramm. Stärker als Ihnen vielleicht bewusst ist, wird diese einfache Momentaufnahme Ihres Finanzlebens helfen, Ihr Leben tiefgreifend umzugestalten. Schenken Sie ihr Aufmerksamkeit. Es ist einfach, sobald Sie erkennen, was geschieht. Beachten Sie, sobald Ihre Ausgabenkurve sinkt, steigt Ihre Einkommenskurve, Ihre Schulden verschwinden, und Sie fangen an, Ersparnisse zu haben.

In Kapitel 7 haben wir das Wanddiagramm von Nina N. mit ihrer Einkommenskurve gesehen, die nach oben steigt. Wir betrachten es wieder und fügen dieses Mal die Ausgabenkurve hinzu (siehe Abbildung 8-1). Sie werden feststellen, dass diese in einer Bandbreite bleibt.

Nachdem sie so viele Jahre an der Grenze zur Armut gelebt hatte, besaß **Nina N.** *keine »Geldverschwendungsgewohnheiten«, gegen die sie ankämpfen musste, deshalb pendelte sich ihre Ausgabenkurve bald bei rund 950 Dollar pro Monat ein. Was auf der Karte nicht sichtbar wird, ist die Veränderung bei ihren »Ermessensausgaben« von »Unterhaltung, um die Leere zu füllen« zu »Tätigkeiten zur Unterstützung meines Zwecks« genauso wie die Tatsache, dass ihr Gefühl des inneren Friedens beständig anstieg. Ihre Einkommenskurve ging über das Diagramm hinaus, wie wir in Kapitel 7 beschrieben haben, nicht nur durch ihre berufliche Tätigkeit, sondern auch durch eine Teilzeitarbeit für ein kleines lokales Unternehmen. Ninas Diagramm ist ziemlich typisch für eine eingefleischte bescheidene Person, deren Ertragskraft durch die Decke geht.*

Abbildung 8-1
Ninas Wanddiagramm – mit Einkommen und Ausgaben

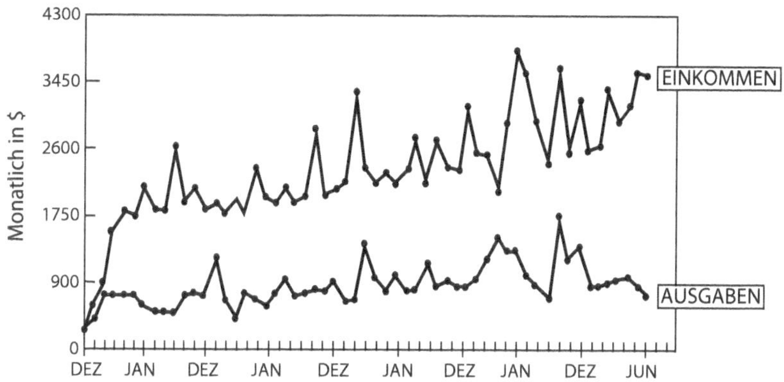

Dez., Jahr 1 — Aug., Jahr 5

Elaine H.s *Diagramm (siehe Abbildung 8-2) ist typisch für eine ziemlich stabile Verdienerin und starke Geldverschwenderin, die die Grundsätze dieses Programms fleißig angewandt und ihre Ausgaben halbiert hat, während sich nach eigener Angabe sowohl die Qualität ihres Lebens als auch ihr Selbstbewusstsein verbessert hat.*

Abbildung 8-2

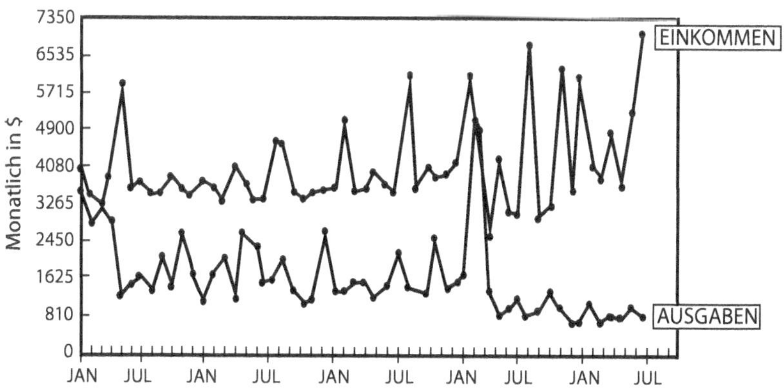

Jan., Jahr 1 — Aug., Jahr 5

Kapital

Was Sie in diesen beiden Diagrammen sehen, ist eine wachsende Lücke zwischen Einkommen und Ausgaben – das bedeutet Ersparnisse. Vor der FI-Denkweise bedeutete diese Lücke mehr Geld für Ausgaben. Mit der FI-Denkweise werden diese Ersparnisse in einem anderen Licht gesehen. Die FI–Denkweise nennt diese Lücke »Kapital«.

Kapital ist Geld, das Geld verdient, im Vergleich dazu, einfach auf der Bank zu liegen. Ob 50 oder 500 Euro – Ihr Kapital kann anfangen, ein Einkommen zu erzeugen. Beim Durchführen der Schritte 8 und 9 werden Sie sehen, dass Finanzielle Unabhängigkeit nicht nur für die Top 1 Prozent oder 10 Prozent gilt. Es ist für jeden und alle möglich, die beschließen, ihre Einstellung zum Geld zu verändern und genügend Reichtum anzusammeln, der – klug investiert – ein Leben lang ein passives Einkommens zur Verfügung stellen kann. Mit Schritt 8 öffnet sich die Möglichkeit der vollständigen Finanziellen Unabhängigkeit.

Lassen Sie das sacken.

Eine neue Linie auf Ihrer Karte: Monatlicher Kapitalertrag

Das Einkommen, das Sie von Ihrem Kapital erhalten, ist von einer anderen Natur als Ihr Jobeinkommen. Es fällt an, ob Sie zur Arbeit gehen oder nicht, einem Kunden ein abgeschlossenes Projekt senden oder Ihr monatliches Verkaufsziel erreichen. Dieses Geld wird weiter aus all Ihren Investitionen in Form von Dividenden, Zinsen, Mietzahlungen oder Unternehmensgewinnen fließen. Anstatt es einfach mit Ihrem Gesamtmonatseinkommen zusammenzuwerfen, werden Sie die folgende Formel nutzen, um eine dritte Kurve auf Ihrer Karte einzuzeichnen: Monatlicher Kapitalertrag.

Schritt 8: Kapital und der Übergangspunkt

Jeden Monat wenden Sie die folgende Formel auf Ihr gesamtes akkumuliertes Kapital an und halten das Ergebnis auf Ihrem Wanddiagramm fest:

$$\frac{\text{Kapital} \times \text{aktueller langfristiger Zinssatz}}{\text{12 Monate}} = \text{monatliches Investmenteinkommen}$$

Einfach ausgedrückt: Wenn Ihre monatliche Kapitalertragskurve auf Ihrem Wanddiagramm Ihre Ausgabenkurve »schneidet«, »wechseln« Sie in die Finanzielle Unabhängigkeit »hinüber«. Und jetzt kommt das Wie.

Ihr ganzes akkumuliertes Kapital ist das Geld, das Sie haben (gewöhnlich auf einem Sparkonto) und nicht planen auszugeben. Verwenden Sie als aktuellen Zinssatz nicht den, der für Ihr Konto gilt; nutzen Sie stattdessen den laufenden Ertrag von langfristigen (30 Jahre) US-Staatsanleihen oder vielleicht Einlagenzertifikaten (CDs). Die Zahl für US-Staatsanleihen ist einer der besten Vertreter für die vorherrschenden Zinssätze auf Schuldtitel (wir sagen nicht, dass Sie diese kaufen sollen; verwenden Sie nur den Zinssatz). Es ist eine konservative Schätzung des Gewinns, den Sie von solch einer langfristigen Investition erwarten können. *Die Verwendung dieses Prozentsatzes für Ihr Kapital bedeutet nicht, dass Sie jetzt dieses Einkommen haben. Es simuliert die Art des Einkommens, das Sie später von Ihrem FI-Wertpapierbestand haben werden (wir werden in Kapitel 9 detaillierter darauf eingehen), und erlaubt Ihnen so, diesen entscheidenden Schritt der Projektion zu gehen, wie Ihr FI-Einkommen sein wird.*

Zur rechnerischen Vereinfachung werden wir 4 Prozent ansetzen, aber das dient nur unserem Beispiel und ist keine Vorhersage oder Garantie dafür, wie die Zinssätze sein werden, wenn Sie in der Lage sind zu investieren. Wenn Sie soweit sind, gibt es eine Vielfalt von Investments, die Sie besitzen können, und die letztendlich Ihre geschätzte Anlagenrendite (ROI) bestimmen werden. Unabhängig davon, welche Investments es sein könnten, was wir sicher über die Finanzwelt wissen, ist, dass selbst die sichersten Investments im Wert steigen und fallen. Machen Sie sich deshalb jetzt nicht zu viele Gedanken über Ihre Zahl – nutzen Sie einfach den aktuellen Kurs.

Interessanterweise ist in der traditionellen Finanzplanung der Wert von 4 Prozent auch ein Schlüsselprozentsatz, um Ruhestandseinkommen zu berechnen. Er ist als der »sichere Entnahmeplan« bekannt. Mit einem gemischten Wertpapierbestand von Aktien und Rentenfonds wird eine Entnahme von 4 Prozent Ihres Kapitals pro Jahr als eine sichere Zuwendung betrachtet, um sich zu bezahlen, sobald Sie nicht mehr für das Einkommen arbeiten. Diese 4-Prozent-Regel erhält Ihr Kapital, schützt gegen die Inflation und gibt Ihnen ein Jahreseinkommen, um Ihre Kosten zu decken. Das Konzept ist ein bisschen so wie »Goldlöckchen« in echt. Wenn Sie jährlich 3-Prozent-Abzüge annehmen sollten, ist das möglicherweise nicht genug Geld, um Ihre Kosten zu decken. Jedoch kann die jährliche Entnahme von 5 Prozent Ihr Kapital zu schnell aufzehren.

Denken Sie daran, dass dies ein allgemeines Beispiel und keine konkrete finanzielle Anleitung ist. Weil sowohl der sichere Entnahmeplan als auch der aktuelle langfristige Anleihezins denselben Prozentsatz verwenden, sind 4 Prozent eine angemessene Basis für die folgenden Beispiele.

Nehmen wir an, dass Sie 100 Euro an Ersparnissen haben. Wenn Sie diese 100 Euro Kapital in eine Anleihe investieren würden, die 4 Prozent Zinsen abwirft, würde die Gleichung wie folgt aussehen:

$$\frac{100\,€ \times 4\,\%}{12} = 0{,}33\,€ \text{ pro Monat}$$

Für jeweils investierte 100 Euro werden Sie jeden Monat 0,33 Euro für die Laufzeit der Anleihe oder CD bekommen. Die ursprünglichen 100 Euro bleiben unangetastet und Sie werden es schließlich zurückbekommen. Aber das ist nur der Anfang!

Wenn Sie jetzt im ersten Monat auf Ihrem Wanddiagramm 1.000 Euro an Ersparnissen haben und der aktuelle Zinssatz 4 Prozent beträgt, wird Ihre Gleichung so aussehen:

$$\frac{1.000\,€ \times 4\,\%}{12} = 3{,}33\,€ \text{ monatlicher Kapitalertrag}$$

Das bedeutet einfach, dass 1.000 Euro, die Sie jetzt an *Ersparnissen* haben, jeden Monat 3,33 Euro einbringen können – wenn Sie das als *Kapital* betrachten und sie in eine Anleihe oder ein anderes gleichwertiges Investment investieren. In diesem Beispiel würden Sie 3,33 Euro auf Ihrem Wanddiagramm eintragen. (Wir werden gleich sehen, wie das auf Ninas Wanddiagramm aussieht.)

Sicher, das ist eine winzige Zahl im Vergleich zu den hohen Einkommensspitzen auf Ihrem Wanddiagramm, aber es sind immerhin 3,33 Euro pro Monat (40 Euro pro Jahr) für die Laufzeit dieser Obligation. Versuchen Sie, dies zum Spaß in etwas Greifbares, eine Ausgabe zu übertragen, die Sie als notwendig für das Überleben betrachten. Es könnte die Menge an Reis sein, die Sie in einem Monat verwenden. Oder der Gegenwert von ein paar Wochen Kaffeebohnen. Oder ein Teil Ihrer Handyrechnung.

Fahren Sie fort, die Gleichung jeden Monat auf Ihre angesammelten Gesamtersparnisse anzuwenden. Wenn Sie zum Beispiel weitere 500 Euro während des zweiten Monats sparen, fügen Sie diese zu Ihrer vorherigen Summe von 1.000 Euro hinzu und Ihre Gleichung für diesen Monat wird wie folgt aussehen:

$$\frac{1.500\,€ \times 4\,\%}{12} = 5{,}00\,€ \text{ monatlicher Kapitalertrag}$$

Tragen Sie diese Zahl ein und verbinden Sie sie mit der vorherigen. Nach mehreren Monaten wird Ihr Diagramm eine dritte Kurve zeigen, die sich vom Boden löst. Diese Kurve steht für den monatlichen Kapitalertrag (siehe Abbildung 8-3).

Sobald Ihr Einkommen und Ihre Ausgaben beständig werden, können Sie Ihre »Ziellinie« berechnen, oder wie viel Sie würden sparen und investieren müssen, um eine Beschäftigung fakultativ zu machen. Um das zu tun, wenden Sie die vorhergehende Gleichung rückwärts an. Nehmen wir an, dass Ihre durchschnittlichen jährlichen Ausgaben 36.000 Euro oder 3.000 Euro pro Monat betragen und Sie eine sichere Entnahmequote von 4 Prozent nach dem Ruhestandseintritt wollen. Gestützt auf diese Zahlen können Sie berechnen, wie groß Ihr Vermögen sein muss, damit Sie Ihre Finanzielle Unabhängigkeit feststellen können.

$$\frac{3.000\,€ \times 12}{4\,\%} = 900.000\,€ \text{ Gesamtvermögen}$$

Abbildung 8-3
Die Formel auf das Kapital anwenden und das monatliche Investmenteinkommen erhalten und im Diagramm eintragen

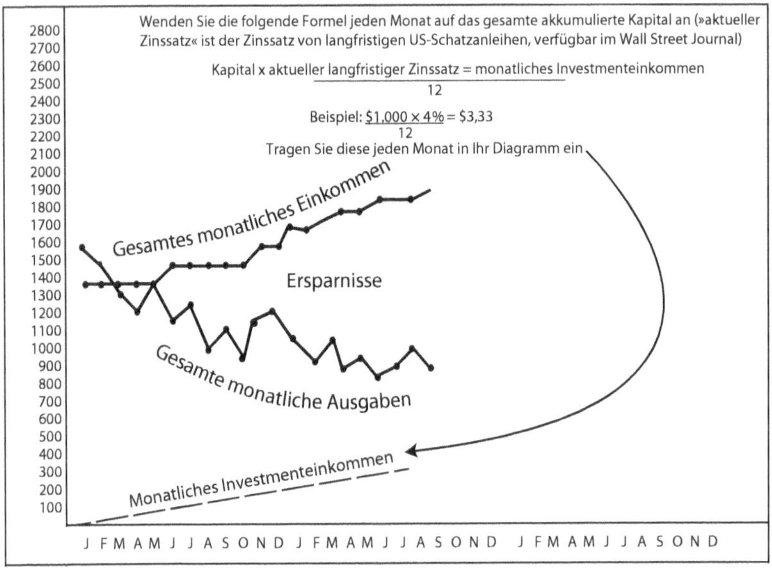

Mr. Money Mustache fasst diese Faustregel wie folgt zusammen: Ihr *Übergangspunkt* kommt, wenn Sie das 25-Fache Ihrer Jahresausgaben haben – was Ihnen praktisch eine unbegrenzte 4-Prozent-Entnahmequote gibt. Zum Beispiel verlangen jährliche Ausgaben von 36.000 Euro ein Gesamtvermögen von 900.000 Euro (36.000 Euro × 25), um finanziell unabhängig zu sein.

In Kapitel 9 werden wir Ihnen helfen, zu entscheiden, wann man den Sprung von Ersparnissen zum Investieren macht. Wenn Sie schließlich soweit sind, könnten Sie zum Beispiel für den Anfang 5.000 Euro in eine langfristige Anleihe investieren. Das Einkommen aus dieser Investition wird ein Teil Ihres monatlichen Kapitalertrags werden. Die nächsten 5.000 Euro, die Sie ansparen, werden auf ähnliche Weise investiert, und die folgenden und die folgenden und die folgenden.

Abbildung 8-4
Ninas Wanddiagramm – mit monatlichem Investmenteinkommen

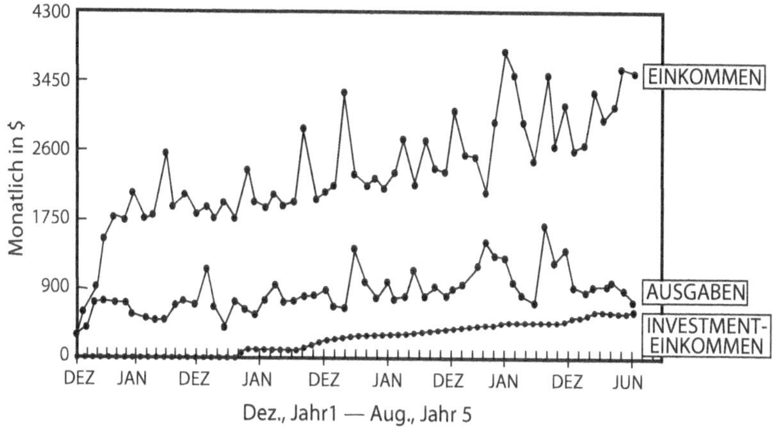

Da sie mit Schulden gestartet ist, zeigte sich **Ninas** *monatliche Kapitalertragskurve etwa ein Jahr, nachdem sie den Zimmermädchenjob angenommen hatte, noch nicht. Nachdem sie jedoch anfing, Ersparnisse anzusammeln und diese in Kapital umzuwandeln, begann ihr monatlicher Kapitalertrag konsequent zu steigen. Im Januar von Jahr 4 hat Nina zum Beispiel einen monatlichen Kapitalertrag von 215 Dollar, während ihre Ausgaben 845 Dollar betragen. Im nächsten Januar liegt ihr monatlicher Kapitalertrag bei 350 Dollar und ihre Ausgaben sind weiterhin unter 1.000 Dollar. Schauen Sie jetzt im Februar von Jahr 5. Ihr monatlicher Kapitalertrag beträgt 545 Dollar und ihre Ausgaben liegen nach wie vor in der Größenordnung von 950 Dollar. Was Sie hier sehen, ist nicht nur Ninas steigender Kapitalertrag, sondern auch das, was als die Magie der Zinseszinsen bekannt ist.*

Selbst wenn der Betrag, der jeden Monat zu Ihrem Kapital hinzugefügt wird, eine unveränderliche Zunahme ist (beispielsweise betragen Ihre Monatsersparnisse immer 500 Euro), stellen Zinseszinsen sicher, dass sich die monatliche Kapitalertragskurve auf Ihrem Diagramm nach oben krümmt, statt gerade zu verlaufen. Das ist die Magie der Zinseszinsen, über die Ihre Verwandten mit Ihnen gesprochen hätten. Zinseszinsen bedeuten, dass Sie Ihren Zinsertrag zu

Ihrem Kapital hinzufügen und den Prozent-Gewinn auf die gesamte Summe und nicht nur auf das Ursprungskapital anwenden. Ein Beispiel:

> In Jahr 1 verdienen Sie 4 Prozent auf 100 Euro, was 4 Euro zu Ihrem Kapital hinzufügt.
>
> In Jahr 2 berechnen Sie 4 Prozent auf Ihr Kapital, jetzt 104 Euro, und verdienen 4,16 Euro. Fügen Sie die zu Ihrem Kapital hinzu.
>
> In Jahr 3 berechnen Sie 4 Prozent auf 108,16 Euro an und Sie verdienen 4,33 Euro. Fügen Sie die zu Ihrem Kapital hinzu.
>
> In Jahr vier berechnen Sie 4 Prozent auf 112,49 Euro an und Sie verdienen 4,50 Euro. Fügen Sie die zu Ihrem Kapital hinzu.
>
> In Jahr 5 berechnen Sie 4 Prozent auf 116,99 Euro an und Sie verdienen 4,68 Euro. Wenden Sie die auf Ihr Kapital an.

Und so geht es weiter.

Dieses exponentielle Wachstum gilt für jedes System, in dem es eine jährliche Steigerung gibt. Die Faustregel besteht darin, dass sich alles in 10 Jahren verdoppeln wird, wenn es mit einem 7-Prozent-Tempo wächst. Geld, das Sie investiert haben. Die Bevölkerung. Ihre Schulden! (Diagramme erstrecken sich heute von 12 Prozent bis 24 Prozent Zinsen, wenn Sie einen Saldo eintragen. Stellen Sie nur die Zinseszinsrechnung an.) In Anbetracht unserer konservativeren 4-Prozent-Rate werden Ihre 100 Euro in 18 Jahren zu 200 Euro werden.

Sie können diesen Aufwärtstrend sehen, wie er sich in Ninas Wanddiagramm entwickelt. Diese bescheidene, jedoch konstant wachsende monatliche Kapitalertragskurve kommt beständig näher an die ziemlich stabile Monatsausgabenkurve heran. Wir werden die Bedeutung davon gleich sehen. Aber für den Moment reicht es, wenn wir feststellen, dass nur das Befolgen der Schritte, Monat für Monat, verursacht hat, dass Ninas Kapitalertrag steigt. Das wird auch bei Ihnen geschehen.

Wohin packen Sie Ihre Ersparnisse *wirklich*?

Während der Jahre, in denen Sie Reichtum akkumulieren, werden Sie zuerst Liquidität (sogleich verfügbar) auf einem Bankkonto aufbauen wollen. Die gängige Meinung sagt, dass Sie drei (idealerweise sechs) Monatsausgaben an Liquidität bei Ihrer Bank gebunkert haben sollten. Das ist risikolos, weil der Einlagensicherungsfonds bedeutet, dass Sie bis zu 100.000 Euro pro Kunde und Bank abgesichert sind, wenn eine Bank pleitegeht. Aber selbst »die Bank« ist nicht mehr so simpel, wie es vor ein paar Jahrzehnten noch war. Sie haben Wahlmöglichkeiten. Berücksichtigen Sie die Erfolgsbilanz Ihrer Bank beim Finanzieren von Unternehmen, die die Umwelt verschmutzen oder diskriminieren? Wählen Sie die nächste zu Ihrem Haus? Wählen Sie eine Genossenschaft, die lokale Sparkasse? Wählen Sie eine Online-Bank irgendwo auf der Welt, um einen Bruchteil mehr Zinsen herauszuholen?

Wir nennen diese Liquidität Ihr »Polster«. Viele nennen es einen »Notfallgroschen«, weil er vorhanden ist, wenn Sie nach Hause fliegen müssen, um nach einem kranken Elternteil zu sehen oder ein (für Sie) neues Auto zu kaufen, wenn Ihr alter Volvo einen Motorschaden hat. Es liegt da, wo Sie Ihr tägliches Haushaltsgeld verwahren, das Einkommen ablegen und Rechnungen bezahlen. Wenn Sie derzeit von Gehalt zu Gehalt leben, mag der Gedanke, ein halbes Jahr an Ausgaben anzusparen, unmöglich erscheinen, aber fürchten Sie sich nicht! Das Befolgen dieses Programmes wird Sie vorbereiten, um das und einiges mehr zu tun.

Über Ihr Polster hinaus

In Kapitel 9 werden Sie Investitionsvehikel kennenlernen, die höchstwahrscheinlich Kapital bewahren, während sie Einkommen erzeugen. Joe Dominguez hat US-Schatzbriefe für diesen Zweck empfohlen, aber wie wir sehen werden, ist die goldene Zeit der Schatzbriefe lange vorbei … und wir wissen nicht, wann oder ob sie jemals wiederkehrt. Deswegen wird Kapitel 9 auch andere Strategien erörtern, die FI-ler in den Jahren verwendet haben, seit die Erstausgabe von *Mehr Geld für mehr Leben* 1992 veröffentlicht wurde.

Konzentrieren Sie sich für den Moment darauf, Ihr liquides Bargeld zu erhöhen und dann gestufte Einlagenzertifikate (Zertifikate mit gestuften Fälligkeitsterminen) zu kaufen, oder, wenn Sie aktuell der FIRE-Theorie folgen (Finanzielle Unabhängigkeit, Früher Ruhestand), Indexfonds (werden in Kapitel 9 vorgestellt).

Manche von Ihnen haben vielleicht das Glück, Sparmöglichkeiten direkt vor Ihrer Nase zu haben. Wenn Ihr Unternehmen eine Altersvorsorge anbietet, nutzen Sie diese, weil viele Arbeitgeber Ihre Beiträge in irgendeiner Form unterstützen und dieser Zuschuss für Sie einen Zusatzgewinn darstellt. Es gibt viele andere Möglichkeiten; das sind nur Beispiele der üblichsten, wie Menschen ihre Ersparnisse in einkommenserzeugende Investitionen umwandeln.

Das mag seltsam erscheinen, aber für den Moment ist Ihre monatliche Kapitalertragskurve nicht davon beeinflusst, wo oder wie Sie derzeit Ihr Geld sparen, so lange Sie weiterhin sparen. Später, wenn Sie FI sind und für ein passives Einkommen investieren, wird das nicht mehr erforderlich sein. Wie wir vorher erwähnt haben, ist das eine Möglichkeit, wie Sie das Einkommen *planen* können, das Sie aus Ihrem FI-Wertpapierbestand beziehen werden. Ob es auf einem Girokonto liegt, in Zertifikaten angelegt ist oder eine Altersvorsorge, wenden Sie die 4-Prozent-Formel auf Ihr Kapital an, um die Prognose von Gewinnen zu erzeugen.

Der Übergangspunkt

Eines Tages werden Sie erkennen, während Sie auf Ihr Wanddiagramm schauen, dass Sie Ihr monatliches Investmenteinkommen in die Zukunft projizieren können.

Weil Sie einen ziemlich beständigen Trend bei Ihren monatlichen Gesamtausgaben etabliert haben, können Sie diese Kurve ebenso vernünftig in die Zukunft planen. Wenn sich Ihre Ausgaben bei einer bestimmten Größenordnung – wie 2.800 Euro bis 3.200 Euro pro Monat – stabilisieren, wählen Sie einfach die höhere Zahl, dann haben Sie ein besseres Gefühl, wie sich Ihre Ausgaben nach dem Zeitpunkt der FI gestalten werden. Das wird die Ängste mildern, die manche vor unvorhergesehenen Ausgaben haben.

Sie werden feststellen, dass sich die beiden Kurven (monatliche Gesamtausgaben und monatlicher Kapitalertrag) in nicht allzu ferner Zukunft treffen werden. Wir nennen das den *Übergangspunkt* (Abbildung 8-5). Jenseits des Übergangspunktes wird das Einkommen aus Ihrem Investitionskapital höher sein als Ihre monatlichen Ausgaben – und Ihre Beschäftigung offiziell fakultativ werden!

Der Übergangspunkt liefert uns die endgültige Definition der Finanziellen Unabhängigkeit. Am Übergangspunkt, an dem der monatliche Kapitalertrag Ihre monatlichen Ausgaben übersteigt, werden Sie im traditionellen Sinn dieses Begriffes finanziell unabhängig sein. Sie werden passives Einkommen von einer anderen Quelle als einem Arbeitsplatz haben.

Abbildung 8-5
Der Übergangspunkt

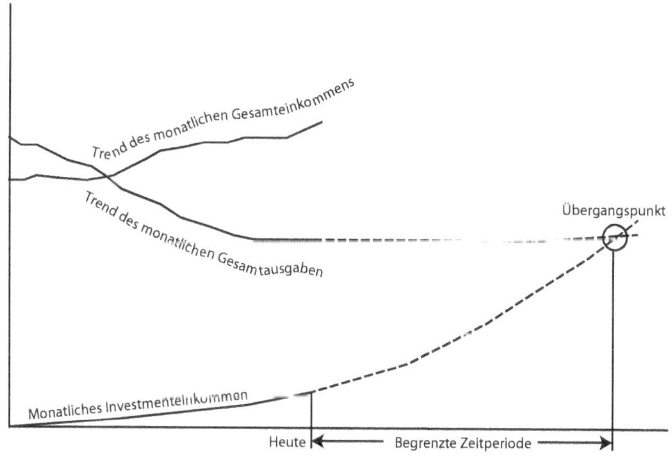

Die Macht eines sichtbaren Zeithorizontes

Diese Erkenntnis hat einen starken Einfluss auf viele Menschen gehabt. Überlegen Sie es sich. Wenn Sie Ihr Leben als wichtiger ansehen als Ihren Job und die Notwendigkeit erfassen können, nur für eine begrenzte und absehbare Zeitspanne für Geld zu arbeiten, dann werden Sie wahrscheinlich noch höher motiviert sein, noch stärker mit Integrität arbeiten. Die Eigenschaften, Selbstbestätigung, hohe Motivation, Hingabe, Integrität, freudiger Stolz auf die fachmännischen Arbeit und Verantwortung, die Sie annehmen, wenn Sie lernen, Ihre Lebensenergie zu würdigen, entwickeln sich hoch zwei, wenn Sie begreifen, dass Sie eine begrenzte Zeitspanne für Geld arbeiten müssen.

Als **Larry D.**, ein Mitarbeiter der Personalabteilung in einem großen Unternehmen, nach Jahren des Notierens, Auswertens und grafischen Darstellens imstande war, zu berechnen, dass er den Übergangspunkt innerhalb einer begrenzten Zeitspanne erreichen würde (siehe Abbildung 8-6), durchlief er eine Metamorphose bei der Arbeit, die sogar ihn in Erstaunen versetzte.

> »Schließlich habe ich gesehen, dass Finanzielle Unabhängigkeit eintreten würde. Wir waren genau im Zeitplan. Ich habe aufgehört, mir darüber Sorgen zu machen, ob irgendjemand vorhatte, mir zu kündigen, oder ob ich abgebaut würde, oder ob ich auf Zehenspitzen gehen musste, und es war äußerst stärkend.« (Seine Frau sagte, dass er von der Arbeit mit dem Spruch nach Hause kam: »Ich bin kugelsicher! Ich bin kugelsicher!«)
>
> »Ich kam gerade richtig in Fahrt bei der Arbeit. Es war auch für jeden anderen fast erschreckend, weil ich phänomenale Energie und unglaubliches Vertrauen hatte … Ich habe während jener sechs oder acht Monate einige der schwierigsten Vereinbarungen verhandelt, die ich wahrscheinlich jemals verhandelt habe, und ich habe nicht verloren. Im Gegenteil, ich war sogar richtig erfolgreich bei allem … Wenn ein Betriebsleiter etwas richtig in den Sand gesetzt hatte, habe ich gesagt: ›Okay, schick die Leute zu mir und ich regele das.‹ Es lief wirklich gut für das Unternehmen und für mich.«

Nehmen Sie sich eine Minute Zeit, um zu überlegen, was geschehen würde, wenn Sie wüssten, dass Sie für Geld nur eine beschränkte, absehbare Zeit statt dieser vagen Vorhölle bis zum traditionellen Ruhestand arbeiten müssen. Es würde immer noch so *aussehen*, dass Sie für Ihren Chef arbeiten, aber Sie würden wissen, dass Sie für Ihre eigene Freiheit arbeiten. Wenn Sie kurz vor dem Rentenalter stehen, wie fühlt es sich an, zu denken, ein paar Jahre vom Job abzuzwacken und sie Ihren Ruhestandsjahren hinzuzufügen? Wenn Sie in Ihren 40er-Jahren sind – oder sogar in den 30er-Jahren – und sich vorstellen, die Hälfte Ihres Lebens vor sich zu haben, die Sie füllen können, wie Sie *wollen,* und nicht wie Sie *müssen.*

Abbildung 8-6
Dorothy und Larrys Finanzen

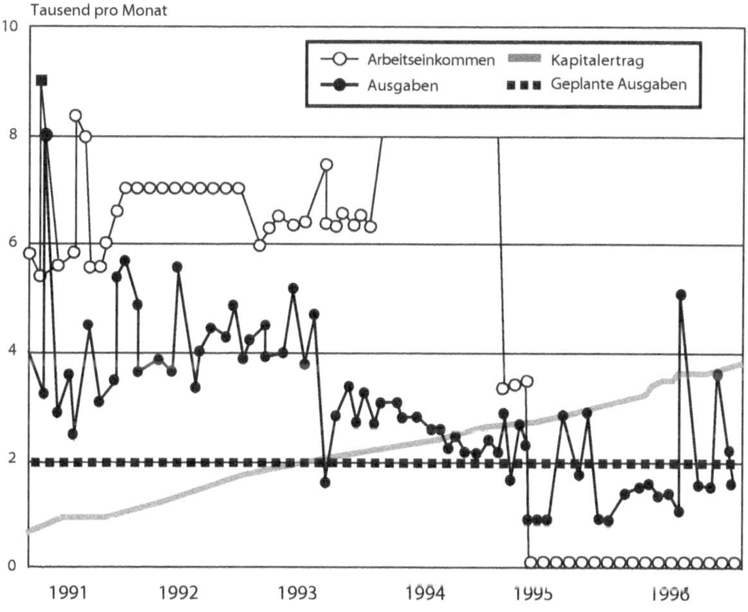

Hinweis: Dorothy und Larry haben beschlossen, dass 2.000 Dollar pro Monat ihre Einkommensvoraussetzung (auch bekannt als ihr Punkt von »genug«) nach der Finanziellen Unabhängigkeit waren. Wie Sie sehen können, hat ihre beständig wachsende »Kapitalertragskurve« ihre »geplanten Ausgaben bei der FI-Kurve« im Jahr 1993 geschnitten und dann ihre »Ausgabenkurve« gegen Ende 1994 überstiegen. Der große Rückgang im Arbeitseinkommen kam im Januar 1995, als Dorothy ihre bezahlte Beschäftigung aufgab, und wieder im April, als Larry aufhörte, zu arbeiten. Beachten Sie außerdem, dass ihre tatsächlichen Post-FI-Ausgaben beträchtlich niedriger waren als ihr geschätztes Ziel von 2.000 Dollar/Monat - das Ergebnis des gelernten sparsamen Denkens und der fortgesetzten Nutzung der Prinzipien von Mehr Geld für mehr Leben. Quelle: Jacqueline Blix und David Heitmiller, Getting a Life (New York: Wikinger, 2007), S. 172.

Einer der Eckpfeiler dieses Programms, für diejenigen, die den ganzen Weg zur Finanzunabhängigkeit gehen möchten, ist, sich jetzt auf das Geldverdienen zu konzentrieren, sodass Sie später kein Geld verdienen müssen. Sie verpflichten sich deshalb, für eine beschränkte Zeitspanne intensiv und bewusst Geld zu verdienen (ohne Ihre Integrität aufzugeben oder Ihre Gesundheit zu gefährden).

Es gibt jetzt eine weltweite Gemeinschaft von FIRE-Praktikern, die die Freiheit wollen, ihr eigenes Leben zu gestalten. Sich über ihre Finanzen klar zu werden und darüber, wie sie ihre Lebensenergie ausgeben, ermächtigt sie, Meister ihres eigenen Schicksals zu werden. Sie haben nicht *alle* durch Investitionen »ausgesorgt«. Ja, einige Menschen schaffen es wirklich, für den Rest ihrer Leben von dem Kapital zu leben, das sie in ihrer Anhäufungsphase aufbauen. Sie tun es einmal und sind für immer frei. Aber nicht jeder. Für manche entspricht FIRE mehr turnusmäßigen Sabbatjahren: Sie arbeiten, sparen, investieren, verlassen die bezahlte Beschäftigung für Reisen oder Studien oder das Aufziehen von Kindern oder die Auffrischung von Kenntnissen und gehen einige Monate oder Jahre später wieder in eine bezahlte Beschäftigung. Für einige ist es FIRE für neun Monate, eine Saisonbeschäftigung für den Sommer, ausspannen und wieder von vorne. Für andere ist FIRE eine Grundlinie plus Nebenbeschäftigungen. Für manche bedeutet es, die Arbeit fortzusetzen – vielleicht etwas Neues zu versuchen oder ihr eigenes Geschäft zu gründen – mit dem Wissen, dass es fakultativ ist, weil sie eine FI-Grundlinie durch Investitionen, Pensionspläne oder Sozialversicherung haben.

Selbst wenn Ihre Freiheit Sie zu einer anderen Karriere, einer anderen unwiderstehlichen Geschäftsidee führt oder zu einem anderen Lebensstil, der mehr Geld kostet, und Sie kehren zur bezahlten Beschäftigung zurück, Ihre erste begrenzte Zeitspanne verändert Sie für immer. Sie wissen, dass Sie es wieder tun können. Sie sind clever und ermächtigt, belastbar und sachkundig.

Sam ist ein Siedlertyp, der will, dass wir das Kernland dieses Landes neu besiedeln. Als er und seine Frau **Donna** sich dafür entschieden haben, ihr persönliches Wirtschaften auf die Ökologie des Planeten auszurichten, sind sie in ihre Heimatstadt in Kansas zurückgekehrt. Sie haben Land von einem Freund gekauft, eine alte Scheune für Gerümpel niedergerissen und mit der Hilfe von sechzig Freunden und Sams Vater (ein Schreiner und Steinmetz) ein Passiv-Solarhaus gebaut. Zur gleichen Zeit arbeitete Sam für seinen Vater und entsorgte Müll, während Donna in eine Krankenpflegeschule ging, um eine durchweg marktfähige Fähigkeit zu erlernen. Bei allem, was sie taten, haben sie versucht, ihre Werte zu integrieren – Selbstgenügsamkeit, Haushaltswirtschaft, Energieeffizienz und das zu essen, was in ihrem eigenen Garten gewachsen ist oder lokal angebaut wurde. Sie gingen die Dinge langsam an, bezahlten nur mit vorhandenem Geld und lebten nicht über ihre Verhältnisse. Im Idealfall hofften sie, mehr als Hälfte ihrer Standardausgaben (wie Miete, der größte Teil des Essens und Nebenkosten) einzusparen und unter dem steuerpflichtigen Minimum zu leben. Das Entsorgen des Mülls nahm nur fünf Stunden pro Tag in Anspruch. Inzwischen arbeitete Donna zwei Tage pro Woche als Krankenschwester.

Das Leben war schön und sie hatten schon das Ziel vor Augen – fast zumindest. Aber dann geschahen mehrere Dinge auf ihrem Weg nach Eden: zwei Kinder, Krankenversicherung, das Müllentsorgungsgeschäft von Sams Vater kaufen, das Auto ging kaputt, und ein Haus, das immerzu nach kleinen Verbesserungen rief. Unter der schmückenden Oberfläche des einfachen Lebens wurden sie in dem klassischen »zu viel Monat am Ende des Geldes«- und »wohin ist das all verschwunden?«-Syndrom gefangen. Eden, so schien es, könnte genauso sehr eine Falle sein wie die Vorstädte.

Zu diesem Zeitpunkt entdeckten sie das *Mehr Geld für mehr Leben*-Programm. Als Sam die Konsequenzen der begrenzten Zeitspanne sah, wendete sich sein Leben zum Positiven. Das Müllentsorgen war schön und gut, aber der Gedanke, das für den Rest seines Lebens zu tun, weniger attraktiv. Was wirklich seine Vorstellungskraft beflügelte, war die Möglichkeit, finanziell ein Selbstversorger zu sein, und er widmete sich dem Entwickeln eines nachhaltig ertragreichen Bauernhofs auf ihren vier Morgen Land. Außerdem unterstützte er seine Nachbarn dabei, die richtige Mischung und Abfolge zu finden, um Vieh, Weizen, Futterkörner und andere Nutzpflanzen auf den halbtrockenen Weiden des westlichen Kansas nachhaltig anzupflanzen bzw. zu halten.

Er wollte das nicht nur für sich tun, sondern für die größere Gemeinschaft. Er konnte sehen, wie die kleinen Bauern verschwanden. Jedes Jahr schrumpfte die Bevölkerung in seinem Teil des Landes weiter, während das Durchschnittsalter stieg. Er wollte das durch sein eigenes Beispiel ändern. Er dachte darüber nach, ob Jugendliche nicht zehn Jahre in die Stadt gehen könnten, um finanziell unabhängig zu werden und ohne Geldsorgen zum Herzen Amerikas zurückzukehren, um dann eine landwirtschaftliche Existenz und das Leben in der Kleinstadt neu zu beleben. Vielleicht könnten seine bescheidenen Anstrengungen ein gutes Leben nicht nur für seine Familie, sondern auch für andere Familien und das ländliche Amerika schaffen.

Die begrenzte Zeitspanne hat Sams Optionen von Jahren des Müllentsorgens für eine mit anderen Projekten gefüllte Zukunft geöffnet. Vier Jahre nach dem Absolvieren des FI-Kurses hat er seinen persönlichen Übergangspunkt erreicht. Sein Kapitaleinkommen hat sein Einkommen mit der Müllentsorgung erreicht. Er konnte aufhören, für Geld zu arbeiten – und anfangen, für seine Träume zu arbeiten.

Notgroschen

Wenn Sie auf diesen Übergangspunkt schauen, könnten Sie sich fragen, ob Sie mit dem passiven Einkommen wirklich für den Rest Ihres Lebens finanziell abgesichert sind. Es ist eine sehr lange Zeit. Die »was wäre wenn«- und »was ist mit«-Fragen beginnen, an der Hintertür Ihres Verstands zu kratzen und versuchen, hineinzugelangen.

Hier kommt ein drittes Element Ihrer finanziellen Sicherheit ins Spiel: Ihr Notgroschen.

Notgroschen sind Ersparnisse zusätzlich zum Kapital oder Polster. In Pioniertagen gab es ein geheimes Loch im Boden, wo Reisende Vorräte für den späteren Gebrauch vergraben haben, die zu schwer waren, um sie zu tragen. In Ihrem FI-Programm ist Ihr Notgroschen ein Lager für Extrageld (außer Ihrem Kapital oder Ihrem Polster), das für einen zukünftigen Gebrauch zurückgelegt wird.

Rosemary I. *fühlte sich zunehmend unbehaglicher, als ihr geplanter Übergangspunkt näher rückte. Sie war an ihren Arbeitsplatz gewöhnt und der Gedanke, diese treue Quelle zu verlassen und allein abhängig von einem Pfandbriefeinkommen zu sein, war beängstigend. Rational wusste sie, dass ihr Pfandbriefeinkommen mehr als ausreichend war, aber sie hatte noch irrationale Ängste, nicht wieder in den Arbeitsmarkt einsteigen zu können, falls FI nicht funktionierte. »Vielleicht fühlen sich Trapezkünstler so, wenn sie abwägen, wann sie den einen Balken loslassen, um sich zum anderen schwingen«, dachte sie. Ihr Sicherheitsnetz (Polster) war vorhanden, aber es fühlte sich sehr weit weg an. Sie entschied sich, das Netz näher zu bringen und es aufzumotzen, indem sie ihren Notgroschen aufbaute. Mit diesen Extratausenden auf der Bank fand sie es leichter, den inneren Bedenken entgegenzutreten, die andauernd fragten: »Aber was ist, wenn du das Auto zu Schrott fährst und eine schwere Krankheit hast und das Haus abbrennt, alles in einem Jahr?«*

Aber wenn Sie nicht mehr für ein Einkommen arbeiten, wo kommt der Notgroschen her?

Die meisten Menschen stellen fest, dass ihre Ausgaben deutlich zurückgehen, wenn sie die bezahlte Beschäftigung verlassen. Keine Pendelkosten, keine Kosten für Erfolgskleidung, keine Mittagessen in Restaurants – und noch viele solcher Reduzierungen. Und da der Übergangspunkt auf Ihren Gesamtausgaben während der bezahlten Beschäftigung basiert, könnten Sie feststellen, dass sich die Kapitaleinkommen in der Post-FI-Phase anhäufen. Das ist, was wir bei der Definition von FI als genug und mehr haben bezeichnet haben.

Außerdem hören Ihre FI-Gewohnheiten nicht auf. Was Sie während Ihrer geldbezogenen Veränderung gelernt haben, wird Ihnen für das Leben bleiben. Ihre Kosten sinken durch sorgfältige, bewusste und kreative Ausgaben. Schließlich brauchen viele Dinge, die Sie während Ihrer Akkumulationsphase gekauft haben (wie Ihr starkes Auto oder die ultimative Campingausrüstung oder das Niedrigenergiehaus) nie mehr ersetzt zu werden – sie waren Teil Ihrer Vor-FI-Ausgaben. Zusätzliche Ersparnisse. Weiterer Notgroschen. Die Steuern auf das Post-FI-Einkommen sind – und sollten es bleiben – viel niedriger als während Ihrer Verdienstjahre. Noch ein Notgroschen. Schließlich können Sie Ihren Notgroschen für unvorhergesehene Ausgaben oder größeres Kapital durch Nebenjobs, Teilzeitarbeit, Geschenke, Erbschaften oder sogar eine neue Karriere, die mit einem Gehalt einhergeht, ausbauen. (Niemand hat gesagt, dass Sie nicht beschließen können, wieder arbeiten zu gehen, stimmt's?)

Die anfängliche Funktion des Notgroschens kann psychologisch sein. Es beweist Ihnen, dass Sie mit der Zeit mehr als genug haben, und hilft, irgendwelche lauernden »was wäre wenn's« zu unterdrücken.

Von dem Notgroschen können Sie größere Anschaffungen, die für Ihren gewählten Lebensstil notwendig sind, ersetzen, wenn sie schließlich abgenutzt sind – Dinge wie ein Auto, ein Fahrrad oder Kronen für Ihre Backenzähne. Ihr Notgroschen ist eine lebende Ressource, nicht ein ehemaliges Bündel, das Sie aufbrauchen.

Kapital. Polster. Notgroschen. Die drei Säulen der Finanziellen Unabhängigkeit.

Es gibt jedoch drei andere Säulen des Reichtums, auf die Sie sich verlassen können – vielleicht mehr als auf Geld.

Natürlicher Reichtum und finanzielle Wechselbeziehung

Stellen Sie sich vor, dass Ihr kluger Onkel Louie oder Ihre gewitzte Tante Rosalita die Art von Partner haben, die für den Zusammenhalt in jeder Familie sorgen. Tantchen Rachel und Onkel Manolo strahlen Liebe aus. Sie machen Essen, Musik, Witze und lassen sich jeden gut fühlen. Sie umarmen Sie und sagen: »Geld ist nicht alles. Wenn du Selbstachtung und Liebe und Familie hast und anderen hilfst, das ist dein wahrer Reichtum.«

Das ist kein Entweder-oder. *Alle* Ihre Verwandten haben nicht ganz Unrecht. Dieses Programm funktioniert, weil es auf zwei Beinen steht: Ihr Euro-und-Cent-Leben und Ihr (im weitesten Sinn) Liebesleben.

Das eine ist die nationale Währung, das Geld, das wir alle nutzen, um zu handeln und zu investieren.

Das andere ist natürliche Währung, das Wechselspiel von Geben und Nehmen zwischen Menschen (und allen Wesen), die einander als Verwandtschaft anerkennen.

Die nationale Währung ist eine relativ neue menschliche Erfindung, die von Finanzinstituten wie Banken kontrolliert ist, und die von Menschen und Institutionen, die wir nicht kontrollieren, ausgegeben wird.

Die natürliche Währung ist mit dem ersten lebenden Organismus entstanden, der einen gegenseitig vorteilhaften Austausch mit anderen Organismen geschaffen hat. Jede Lebensform, die weiterbestehen will, muss einen Vorteil für die Lebensformen um sie herum zur Verfügung stellen.

Je mehr wir unsere Leben vorteilhaft mit anderen verweben, desto weniger Geld brauchen wir, um Zugang zu allem zu haben, was wir vielleicht wollen. Sie wissen das, weil Sie die Schritte 1 bis 7 durchlaufen und entdeckt haben, dass geringere Ausgaben sowohl möglich als auch angenehm sind, sobald Sie in die Share Economy – ob Sie öffentliche Dienste wie eine Bibliothek in Anspruch nehmen oder den Sekundärmarkt zum direkten Austausch wie Craigslist – oder die Heimwerker-Wirtschaft eintreten, in der das Sparen ein Nebenprodukt der Bestärkung ist. Sie geben nicht nur deshalb weniger aus, weil Sie ein Geizkragen sind. Sie geben weniger aus, weil Sie ein geschickter, liebender, teilender, sorgender, gebender, empfangender Mensch werden – und brauchen einfach weniger von Ihren eigenen Sachen, um über die Runden zu kommen. Das Beschneiden Ihrer Ausgaben und Geldanhäufen ist kein Ziel an sich; es ist ein Nebenprodukt der Schritte.

Das ist die natürliche Währung. Das ist die *verwandtschaftliche,* aber nicht die *Transaktions*wirtschaft. Das sind *Finanzielle Wechselbeziehungen,* die tatsächlich der Reichtum sind, von dem die meisten von uns abhängen. Es ist der Reichtum, den wir alle teilen, wenn wir zusammen nebeneinander bestehen. Sie müssen nicht daran glauben, damit es wahr ist. Sauberer Sauerstoff wird weiterhin in Ihre Lungen fließen. Die endlosen Straßen und Brücken und Institutionen der Zivilisation werden weiterhin für Sie da sein. Diejenigen, die lernen, wie man bei dieser voneinander abhängigen Liebesökonomie gedeiht, werden auch stärker finanziell unabhängig sein – das bedeutet, weniger von Finanzen abhängig zu sein, um ihren Bedarf zu decken.

Tantchen Rachel und Onkel Manolo würden sagen, dass echter Reichtum ist, was Sie wissen, wer Sie im Leben und der Gesellschaft begleitet, wo Sie Ihr Bestes geben und Ihren Anteil erhalten. So einfach wie das ABC …

Das ABC des natürlichen Reichtums

- **Anlagen** schließen Ihre Fähigkeiten und Kenntnisse ein – das, was Sie wissen, wie man es tut.
- **Begleitung** besteht darin, wer zusammen mit Ihnen durch das Leben geht.
- **Community** ist die Gemeinschaft, in der Sie leben (im echten Leben und sogar Online) – Ihre Nachbarn, Ihre Stadt, Ihre Umgebung –, und die Natur.

Anlagen, Begleitung und Community sind die drei Formen des natürlichen Reichtums, den Sie intuitiv in den Prozess integrieren, mit dem Sie in Einklang bringen, wie Sie Geld verdienen, ausgeben und sparen, mit Ihrem Zweck und Ihrer Erfüllung. Da Sie Ihre Augen vom falschen Preis lösen (mehr, besser und verschiedene Sachen), richten Sie diese auf die echten Preise: Freunde, Familie, Teilen, Sorgen, Lernen, Herausforderungen annehmen, Intimität, Ruhe und präsent, respektiert und vernetzt zu sein. Mit anderen Worten, jene besten Dinge im Leben, die gratis sind. Wie bei allen natürlichen Dingen nimmt es Zeit, Aufmerksamkeit, Geduld und Gegenseitigkeit (das Geben und Empfangen, was Beziehungen schafft) in Anspruch, diesen Reichtum aufzubauen.

Bauen Sie natürlichen Reichtum während Ihrer Finanzakkumulationsphase auf und Ihr FI kann früher kommen, länger bestehen und bei Weitem glücklicher sein.

Anlagen

Anlagen sind die Heimwerkerkenntnisse, die Ihnen viel Geld einsparen – und mit denen Sie Geld verdienen können, wenn Sie es brauchen. Wie wir in früheren Kapiteln herausgestellt haben, kommt Ihr Entschluss, selbstständiger zu sein, wenn Sie sehen, wie viel Ihrer Lebensenergie für die Bezahlung eines Klempners für einen Hausbesuch verloren geht, wenn Sie für weniger als einen Euro und die Zeit, die Sie brauchen, um ein kostenloses 15-minütiges Online-Video anzuschauen, Ihren Waschmaschinenanschluss selbst reparieren können. Ein paar Heimwerkererfolge, und Sie sehen sich um, was Sie noch lernen können. Sie reparieren den Staubsauger (nur ein Knoten Katzenhaare im Schlauch). Dann Ihr Autoradio (nur die Sicherung kaputt). Dann tauschen Sie den kaputten Abfallzerkleinerer selbst aus, indem Sie die Anweisungen befolgen, die dabei waren. Sie könnten zum Heimwerkerverandabauer oder -renovierer graduieren und endlos und lukrativ (wenn Sie wollen) nützlich für andere Menschen sein. Die ganze Zeit sparen Sie Geld, stärken sich und bauen einen Schatz an Kenntnissen auf, die Sie tatsächlich monetarisieren könnten, wenn Sie in der Zukunft zusätzliche nationale Währung brauchen.

Vielleicht ist es nicht Ihr Ding, Frau Handwerker zu werden, aber Sie kochen gerne. Vielleicht regt das Entdecken, wie viel Lebensenergie in Restaurantmahlzeiten fließt, Sie an, Kochen von Grund auf zu lernen. Vielleicht belegen Sie und Ihr Partner zusammen Kochkurse und das Zubereiten von Mahlzeiten wird zu einer Ihrer Lieblingsbeschäftigungen. Das bedeutet nicht nur nahrhafte Mahlzeiten für weniger Geld, diese Fähigkeit könnte als Caterer, als Küchenchef in einem Restaurant oder als Privatkoch mit einer Fülle von Kunden zu Geld gemacht werden.

Fotografie kann ein Hobby, eine Kunstform oder ein Job sein – und wenn Sie es lieben, werden diese alle zu einem Vergnügen verschmelzen. Radreparatur, Hausstreichen, Webseitenprogrammierung, Social-Media-Marketing, Buchhaltung und so weiter sparen Ihnen Geld und machen Sie wertvoll für andere. Manchmal macht es mehr Sinn, in sich selbst durch die Teilnahme an einer Schulung zu investieren oder in solchen Fähigkeiten zertifiziert zu werden, anstatt in ein Finanzinstrument zu investieren. Werden Sie als Rettungssanitäter zertifiziert und Sie werden ein gesuchter Freiwilliger oder ein bezahlter Fachmann und ein besseres Vorbild für Ihre Kinder sein.

Auch nach der Finanziellen Unabhängigkeit werden Sie weiterhin ein Teil der Wirtschaft sein. Fahren Sie fort, Fähigkeiten zu erwerben, und Sie werden FI bleiben und auch imstande sein, Geld zu verdienen, sollte die Notwendigkeit wieder entstehen. Verschiedene Fähigkeiten und Anlagen zu haben, ist ein Schlüssel zur Widerstandsfähigkeit – die Kapazität zu gedeihen, egal was an den Finanzmärkten geschieht. Das Verfeinern Ihrer Fähigkeiten gibt Ihnen einen Hebel, Freiheit und Wahlmöglichkeiten. Diese Vielfalt von Anlagen ist eine Form des Reichtums, den Sie über eine Lebenszeit aufbauen können, um sich herauszufordern, etwas für andere zu tun, in Ihrer Gemeinschaft von Nutzen zu sein, wenn nötig Geld zu verdienen und dem Leben mit Mut zu begegnen.

> **Damon S.** *folgte dem traditionellen Weg einer Hochschulausbildung und einer lebenslangen Karriere mit einem einzelnen Unternehmen, von dem er sich im »Alter« zur Ruhe setzen würde. Obwohl er das Einkommen schätzte, erschien ihm ein Leben in der Lohnsklaverei wenig attraktiv und unsicher, und es war schwer, daraus auszubrechen. In einer blitzartigen Erkenntnis sah er, dass er keine Fähigkeiten hatte, um seine Primärbedürfnisse – Essen, Wasser, Schutz – ohne Geld zu bedienen. Daraufhin reduzierte er Ausgaben, sparte und gründete seine eigene Firma. Mit dem Mehr an Zeit und Geld schrieb er sich an einem Outdoor-College ein, um zu lernen, wie man selbstversorgend lebt, ohne alles in freier Wildbahn überlebt, sich Nahrung sucht und sein eigenes Essen anbaut. Er hat nationalen Wohlstand für den Aufbau von natürlichem Reichtum investiert und sieht vor sich ein reiches Leben in Gemeinschaft, Liebe und Glück, mit genug Geld dafür, wofür Geld gut ist.*

Was könnten Sie lernen, aus Liebe – und für Geld – zu tun? Was wollten Sie schon immer wissen oder hätten nie gedacht, dass Sie es beherrschen könnten? Könnten Sie sich ein Ziel setzen, um es zu tun? Was haben Sie als Kind gerne gemacht, das Sie heute zu einem Nebenerwerb oder einer Überlebensfähigkeit ausbilden könnten? Das lebenslange Lernen ist ein Schlüssel zum Glück. Investieren Sie in Ihre Fähigkeit, zu überleben und zu gedeihen und anderen zu helfen, und Sie werden sich nie langweilen. Es wird sich durch einen wachsamen Verstand und einen sicheren Platz in der Gesellschaft bezahlt machen, lange nachdem Ihre Jahre einer bezahlten Beschäftigung vorbei sind.

Beistand

An wen können Sie sich wenden, wenn Sie Hilfe brauchen? Wer wird Ihnen mitfühlend zuhören? Wer würde Ihnen Essen bringen, wenn Sie krank sind? Wer wird Ihre Freude feiern? Unsere menschlichen Bande der Liebe und Loyalität haben uns immer durch die Nacht gebracht – und das Leben. Mobilität, Urbanisierung und Karrierismus haben aus unserem Leben die Zeit gesaugt für das, was die preisgekrönte Autorin Riane Eisler als Caring Economy bezeichnet – aber FI-ler kehren diesen Trend um. Die Caring Economy macht das Leben nicht nur weniger teuer, sie macht es reicher an genau dem, was das Leben eigentlich ist: Geben und Bekommen. Vielleicht ist Onkel Harry rübergekommen, um den Wasserhahn zu reparieren. Später gehen Sie zum Haus Ihrer Freundin Lily, um den Gefallen weiterzugeben, wie Onkel Harry es Ihnen beigebracht hat. Dann werden Sie krank und Lily bringt eine stärkende Suppe vorbei. Und so geht es weiter mit dieser Währung des Beistands.

Früher haben Kirche und Familie unsere Leben auf diese gegenseitig unterstützende Weise verbunden, aber immer mehr Menschen befinden sich jetzt außerhalb solcher traditionellen Fürsorgenetze. Von den 40 Prozent der Amerikaner, die sagen, dass sie einer Kirche angehören, besuchen weniger als 20 Prozent tatsächlich den Gottesdienst.[50] In ihrer aktuellsten Studie über Religion in Amerika berichtet Gallup, dass diese in unserem Leben immer weniger wichtig wird.[51] Dem Fertility and Family Statistics Branch des US Census Bureau zufolge hat sich in den 40 Jahren zwischen den Volkszählungen 1970 und 2010 der Anteil von Haushalten mit einem verheirateten Elternpaar und Kindern von 40 Prozent auf 20 Prozent halbiert, während die Zahl der Singlehaushalte von 17 Prozent (1970) auf fast 28 Prozent in 2012 gestiegen ist.[52]

Alternden Baby-Boomern ist überaus bewusst, wie dünn bevölkert ihre Kreise der gegenseitigen Hilfe geworden sind, wie schwach sie in stabilen Beziehungen sind, in einer Zeit, in der das soziale Sicherheitsnetz schwächer wird. Es ist ernüchternd, furchterregend und – für viele – motivierend. Tod und Sterbegruppen, Im-Alter-zu-Hause-wohnen-Gruppen und Buchgruppen konzentrieren sich auf diese Lücke und weben lokale Fürsorgenetze. Zerstrittene Familien führen »das Gespräch« darüber, wie sie mit alternden Eltern umgehen. Es ist ein Gerangel. Das ist der Grund, warum für jedes FI-Programm wichtig ist, lebenslang aktiv einen Beistandsreichtum aufzubauen.

Welche Beziehungen aus Ihrer jüngeren Vergangenheit bedürfen einer Reparatur – und können Sie diese so reparieren, dass Güte fließen kann? Es ist kein Zufall, dass die meisten spirituellen Pfade – einschließlich der Anonymen Alkoholiker und anderer Genesungsprogramme – einen ehrlichen Blick auf Ihre Beziehungen nahelegen: wen Sie verletzt haben, wem Sie noch grollen, mit wem Sie Frieden schließen müssen. Einsamkeit ist ansteckend – und kostspielig. Die Währung des Beistands hat sowohl natürliche als auch finanzielle Vorteile: Imstande zu sein, häusliche Pflichten zu verteilen und auszutauschen, Botengänge und Hilfe bei Bedürfnissen sparen für jeden Zeit und Geld. Diejenigen mit festen Beziehungen werden immer jemanden haben, mit dem sie ihr Essen kochen, sie zum Flughafen fahren, beim Umzug in der Stadt helfen, oder ihnen zukünftige Arbeitschancen vorschlagen können. Das wird manchmal »als soziales Kapital« bezeichnet – mit anderen Worten der Reichtum, den Sie durch Ihre Netze von gegenseitig vorteilhaften Beziehungen schaffen.

Während die Partnersuche und Paarbildung ein Weg ist, »Beistandsreichtum« aufzubauen, ist das Kultivieren dauerhafter Freundschaften und Beziehungen in Ihrer lokalen Gemeinschaft auch entscheidend. So wie Tanzen eine Fähigkeit ist, ist Beistand eine Fähigkeit, die Sie durch Hören, gütige Handlungen und einfache Rituale wie einen wöchentlichen Anruf, einen monatlichen Kreis von Frauen oder Männern oder Buch- beziehungsweise Bastelgruppen aufbauen können.

Community (Gemeinschaft)

Weiten Sie den Kreis der Verwandtschaft aus und Sie befinden sich in der dritten Säule des natürlichen Reichtums: Gemeinschaft. Gemeinschaft ist eine natürliche menschliche Währung. Es ist Währung, weil es Handel innerhalb von Gemeinschaften erleichtert, die außerhalb der Geldwirtschaft teilen und sich sorgen. Meine Gemeinschaft hat kürzlich ein Modell der gegenseitigen Hilfe eingeführt, um Menschen zu helfen, zu Hause zu altern – eine große Ersparnis, wenn Sie die Kosten der langfristigen Pflege betrachten! Je mehr sich die Gemeinschaft vertraut, desto mehr Ressourcen werden frei geteilt. Die Nachbarschaft mit einer klaren Kommunikation kann eine Menge viel zu wenig genutzter Dinge freisetzen, sodass viele Menschen aus demselben Artikel einen Nutzen ziehen können. Isolation ist teuer; Teilen ist Reichtum – manchmal wirklich durch Dienstleistungen, die Ihr Auto, Ihr Haus oder Ihre Freizeitvehikel an andere vermieten, aber auch tiefgehender, wie in der Vielzahl von täglichen Tauschaktionen, die nichts mit Geldgeschäften zu tun haben.

Gemeinschaft bedeutet auch die kluge Auswahl der »Lage, Lage, Lage«, wo Sie Ihre Wurzeln schlagen – die Geschäfte in Ihrem Block, die Sozialeinrichtungen, auf die Sie sich stützen können, die Kultur, die Ihnen offensteht, wenn Sie einfach in die Innenstadt gehen, die Produktivität der Farmen und die Stille der Wälder. Wenn Sie wählen, wo Sie sich niederlassen, beachten Sie das Umfeld genauso wie das infrage kommende Haus mit den spezifischen Eigenschaften. Woher stammen Essen, Wasser und Elektrizität? Können Sie alles bekommen, was Sie brauchen, ohne mit dem Auto fahren zu müssen? Wie steht's mit dem kulturellen Leben? Nachtleben? Schauen Sie auf die Klimakarte (welcher auch immer Sie glauben). Wie wird es in 20 Jahren aussehen? In 50?

Wenn Sie bereits Ihren Platz auf dieser Erde gefunden haben, wo auch immer das sein mag, können Sie diesen Reichtum aufbauen, indem Sie Freunde in lokalen Cafés treffen, gemeinnützige Organisationen unterstützen, sich für Stadt- oder Kreisämter bewerben, Leserbriefe an die Zeitung schreiben, in einem Chor singen, sich einer Kirche anschließen und so weiter. Es ist die Gesamtheit der sozialen und natürlichen Systeme, die Ihnen Sicherheit geben, Ihre Seele nähren, Ihre Dienste für die Allgemeinheit inspirieren und Ihnen das zur Verfügung stellen werden, was Sie auf dem langen Weg brauchen.

Das ABC der Inflation

Joe Dominguez liebte den Ausspruch: »Bewusstsein wächst schneller als Inflation.« Mit anderen Worten können Sie Ihre Fähigkeiten, Kompetenzen, Kenntnisse, engen Gefährten und Gemeinschaftsverbindungen schneller »aufblasen« als Geld. Paartanz zu lernen kann eine Absicherung sein. Das Singen in einem Chor. Das Programmieren von Websites. Sobald Sie FI sind, werden Sie mehr Zeit haben, um zu lernen. Mehr Zeit zum Heimwerken. Mehr Zeit, mit anderen Bindungen einzugehen. Mehr Zeit, um für einen Bruchteil der Kosten genau das zu finden, was Sie brauchen. Mehr Zeit, um in Ihrer Gemeinschaft als Freiwilliger zu dienen oder sich einer Kirche anzuschließen. Ihre Reisen können preiswert und geruhsam statt teuer und gehetzt sein. Im Unterschied zu Ihren Arbeitsjahren hat Komfort jetzt viel weniger Einfluss auf Ihre Entscheidungen.

Was ist mit den anderen Buchstaben in jenem ABC des Reichtums? Das ist Ihr »Zeug«, Ihr finanzieller und materieller Reichtum. Beachten Sie, dass nicht alle genannt werden – denn manches liefert nur einen kleinen Beitrag in der Caring Economy. Ihre Finanzielle Unabhängigkeit ist einfach eine Ecke Ihrer Grundlage für Sicherheit und Freiheit. Finanzielle Wechselbeziehung schließt alle vier Ecken ein: Anlagen, Beistand und Community, zusammen mit Ihrem hart erkämpften Zeug – diese bilden Ihr gesamtes finanzielles Polster. Zusammen werden Ihr Vermögen in nationaler Währung und Ihr natürlicher Reichtum Sie über alle Maßen reich machen.

Das Verstehen des ABCs des Reichtums fügt dem Übergangspunkt eine tiefergehende Dimension hinzu. Es ist nicht nur das Ende der Notwendigkeit einer bezahlten Beschäftigung; es ist der Schritt über eine Schwelle in ein stärker liebendes, erfüllendes und interessantes Leben, ob Sie Familienessen mit Rachel und Louie haben, mit Rosalita und Manolo als Freiwilliger dienen, mit Archie angeln lernen, sich um ein öffentliches Amt bewerben, oder in einer Höhle 40 Tage lang meditieren.

Das Erreichen Ihres Übergangspunktes ist eine gewaltige Leistung. Sie sind nicht von jemand anderem auf die Weide geführt worden. Sie haben Ihr Leben um das herum strukturiert, was Sie am meisten erfüllt und am wertvollsten für Sie ist. Sie haben sich selbst dem Ersetzen der Finanziellen Fiktion mit Finanziellen Tatsachen gewidmet, viele alte Überzeugungen über sich selbst, Ihr Geld und Ihr Leben infrage gestellt. Sie sind aus dem Traum erwacht, dass mehr besser ist, und haben definiert, was genug für Sie bedeutet. Sie sind verantwortlich für Ihre Lebensenergie geworden, überwachen die Geldbewegungen in und aus Ihrem Leben und bewerten sie. Sie haben einen inneren Maßstab für die Erfüllung entwickelt, sich selbst von der Herrschaft der Werbung und dem Gruppenzwang befreit. Sie haben Ihre Werte und Ihren persönlichen Zweck erforscht und haben Ihr Leben zunehmend auf das ausgerichtet, was für Sie wirklich zählt. Sie gestalten Ihr Leben selbst.

Übergangspunktängste

Solche Veränderungen können nervenaufreibend sein.

Ich erhielt eines Tages einen Anruf von einem begeisterten, kreativen Mann, der uns über seine Reise zu FI seit Jahren auf dem Laufenden gehalten hatte.

»Ich habe es geschafft. Ich bin FI.«

»Herzlichen Glückwünsch!«, sagte ich und freute mich sehr über seine Leistung.

»Sie verstehen es nicht! Ich bin entsetzt. Was soll ich mit dieser ganzen Freiheit anstellen?«

Wenn dieser kreative Mann entsetzt war, wie steht es dann mit anderen? Tatsächlich haben wir entdeckt, dass viele auf eine befremdliche Wand der Angst trafen, kurz bevor sie den Übergangspunkt »überschritten«. Nein, keine Todesangst, aber für manche konnte sich das Hinübergehen in die Freiheit ähnlich anfühlen.

Joe Dominguez hat diese möglichen Post-FI-Ängste bezwungen, indem er seine Wochenenden damit verbrachte, was er sich vorgestellt hatte, ganztags zu tun, sobald er frei war. Er wusste, dass er das Land in einem Wohnmobil bereisen wollte, nachdem er sich zur Ruhe gesetzt hatte, also hat er seine Reichtumsakkumulationsjahre genutzt, um sein Wohnmobil zu entwerfen und an den Wochenenden Ausflüge in einen Nationalpark in New Jersey zu machen. Zum Zeitpunkt seines Übergangs war Joe vorbereitet, seine Freizeit gut zu nutzen.

Jetzt, wo die FIRE-Bewegung blüht, wissen wir mehr darüber, wie man sich an »diese ganze Freiheit« anpasst – egal, wie alt Sie sind. Hier sind ausgewählte Empfehlungen aus den Blogs und Foren sowie unserer eigenen Korrespondenz.

Am Anfang können Sie nervös sein. Oder gelangweilt. Oder Sie ähneln einem überaktiven Kind in einem Süßwarengeschäft, das Erfahrungen herunterschlingen will. Sie werden darüber hinwegkommen. Sie werden sich in einer Routine einrichten, die nicht durch eine Uhr bestimmt wird, sondern dadurch, was Sie innen ticken lässt.

Was für Karotten Sie sich selbst vorgehalten haben, um weiterzumachen – Sie werden anfangen, sie zu essen. Reisen. Schlaf. Eine Woche am Strand. Politischer Aktivismus.

Viele stellen fest, dass persönliche oder physische Probleme, die sie hintangestellt hatten, auflodern. Diese Probleme haben lange Zeit in der Schlange auf Ihre Aufmerksamkeit warten müssen. Sie bedeuten nicht, dass Sie einen Fehler gemacht haben; sie bedeuten, dass Sie in Form kommen – an Leib und Seele. Ob Sie 30, 40, 50 Jahre alt oder älter sind, Ihr Körper wird wahrscheinlich Aufmerksamkeit brauchen, und das kann ein Abenteuer für sich sein.

Sie können lernen, ein Musikinstrument zu spielen, zu malen, in einem Chor zu singen, stepptanzen oder angeln; schließen Sie sich dem ultimativen Frisbeeteam an; lassen Sie sich vom Laientheater anlocken; machen Sie Konferenz-Hopping; verlieren Sie sich in Online-Fantasyspielen mit vielen Teilnehmern; kommen Sie in bessere Form, als Sie es jemals gewesen sind; meditieren Sie; oder servieren Sie Essen auf Rädern.

Sie könnten auch in Ihrer Werkstatt oder an Ihrem Computer herumbasteln und eine erstaunliche Lösung für ein krasses Problem präsentieren – und es verbreiten, Ihnen damit mehr Einfluss zuweisen, als Sie jemals für möglich gehalten haben.

Gemeinnützige Organisationen werden Ihnen Plätze in ihren Vorständen anbieten. Sie werden die Chance haben, zu fragen, »Wie viele Vorstände oder Komitees sind genug?«

FI-ler haben das alles und noch mehr getan.

Und wenn Sie solchen FI-lern ähnlich sind, werden Sie sich fragen, wie Sie überhaupt die Zeit für einen Job hatten. Das Aufbrechen der Verbindung zwischen der Arbeit und dem Geld wird faktisch die Möglichkeit exponentiell ausweiten, Ihre wahre Arbeit zu entdecken, die verschiedenen Teile Ihres Lebens wieder zu vereinigen und wirklich ganz zu sein. Ihre Tage werden randvoll sein, selbst jene Tage, an denen Sie nur werkeln, aufräumen, kochen oder wandern. Eine Tätigkeit reiht sich an die andere, ohne Druck (es sei denn, Sie mögen Druck!). Nichts ist trivial, weil Sie allem die volle Aufmerksamkeit widmen, vom Meditieren oder Wäsche falten zum Halten einer wichtigen Rede vor einem brechend vollen Auditorium. Es ist, was die Ökonomin Juliet Schor »Fülle« nennt. Sie werden frei sein, aus Spaß zu arbeiten, um etwas zurückzugeben, für die Inspiration oder den Anspruch oder die Selbsttransformation, oder ... was auch immer Sie wählen.

Wahlmöglichkeit ist der wahre Kern der Finanziellen Unabhängigkeit. Es geht nicht um das Geld. Es geht um die Wahl, wohin Sie Ihre wertvollsten Ressourcen lenken: Ihre Zeit, Ihre Aufmerksamkeit und Ihr Leben.

Es gibt keine Formel dafür, wie Sie nach dem Übergangspunkt leben sollen. Und das ist der Punkt. Sie sind frei, Ihr Leben zu erfinden. Sie sind frei zu erforschen, was Buckminster Fuller meinte, als er sagte: »Wir sind berufen, Architekten der Zukunft zu sein, nicht ihre Opfer.«

Zusammenfassung von Schritt 8

Wenden Sie jeden Monat die folgende Gleichung auf Ihr gesamtes akkumuliertes Kapital an, und tragen Sie das monatliche Kapitaleinkommen als eigene Kurve auf Ihrem Wanddiagramm ein:

$$\frac{\text{Kapital} \times \text{aktueller langfristiger Zinssatz}}{\text{12 Monate}} = \text{Monatliches Kapitaleinkommen}$$

Wenn Sie beginnen, Ihr Geld gemäß den im folgenden Kapitel vorgestellten Empfehlungen zu investieren, fangen Sie an, Ihr wirkliches Zinseinkommen als Ihr monatliches Kapitaleinkommen auf Ihrem Wanddiagramm einzutragen (während Sie die Formel weiter auf Ihre zusätzlichen Ersparnisse anwenden). Wenn der Trend klar wird, projizieren Sie diese Linie zum Übergangspunkt; Sie werden dann eine Schätzung dafür haben, wie viel Zeit Sie bis zum Erreichen der Finanziellen Unabhängigkeit noch arbeiten müssen.

Geldgespräch-Fragen

Lassen Sie sich inspirieren, indem Sie die Gedanken und Geschichten von anderen hören. Uns selbst zu befreien ist nicht gleichbedeutend damit, es im Alleingang zu tun. Andere können unseren Weg zu allen vier FIs beschleunigen: Intelligenz, Integrität, Unabhängigkeit und Wechselbeziehung.

Auf Basis der Vorschläge im Schlusswort, wie man ein Geldgespräch führt, werten Sie die folgenden Fragen bei Ihrem täglichen Nachdenken, mit Ihrem Partner oder in sozialen Gruppen auf. Denken Sie daran, »Warum?« am Ende jeder Frage hinzuzufügen, wird sie tiefgehender machen. Das Hinzufügen von »Wie hat die Gesellschaft meine Antwort geformt?« zu jeder Frage wird sie breiter fassen. Es gibt keine richtigen Antworten.

- Welche Ideen – von praktisch bis wild – haben Sie, um Ihre gesamten Schulden abzuzahlen?
- Was soll Ihr Vermächtnis sein?

- Wenn Sie nicht für Ihren Lebensunterhalt arbeiten müssten, was würden Sie mit Ihrer Zeit anstellen?
- Wenn Sie ein Jahr bei der Arbeit aussetzen könnten, wie würden Sie dieses verbringen?
- Welche Kenntnisse oder sozialen Netze könnten Sie jetzt aufbauen, um weniger abhängig von Geld zu sein, um Ihren Bedarf zu decken?

9

Wo Sie Ihr Geld für die langfristige Finanzielle Freiheit unterbringen

Schritt 9: Investieren für FI

Dieser Schritt wird Ihnen helfen, wissend und erfahren im Hinblick auf einkommensgenerierende Investitionen zu werden, die ein beständiges Einkommen zur Verfügung stellen können, das für Ihre Bedürfnisse langfristig ausreichend ist.

In diesem Kapitel geht es darum, wo Sie Ihr Geld unterbringen, wenn Sie sich dem Übergangspunkt nähern – und ihn überschreiten – für Ihre Jahre mit FI3 (Finanzielle Unabhängigkeit). Wenn Sie hierhin gelangt sind, ohne den Rest des Buches gelesen zu haben, und ein absolut heißes neues Investmentprogramm erwarten, gehen Sie bitte zur Seite 1 zurück. Dieses Kapitel ist für diejenigen unter Ihnen, die genügend Geld angesammelt haben – durch Jobs, Ihr eigenes Unternehmen, Erbe oder sogar erfolgreiches Investieren –, und fähig und willens sind, Ihre Zeit für die Dinge frei zu machen, die mehr zählen als Geld.

Befähigen Sie sich

Eine unserer primären Missionen in diesem Buch ist Befähigung – Ihnen zu erlauben, dass Sie die Macht zurückholen, die Sie unabsichtlich dem Geld überlassen haben. Im vorherigen Kapitel haben wir deutlich gemacht, dass Ihr Kapital ein monatliches Kapitaleinkommen erzeugt und Sie dadurch effektiv davon befreit, für den Tod zu arbeiten. In dem Wissen, dass Geld für Sie arbeiten kann, konzentriert sich dieses Kapitel auf allgemeine Investmentmöglichkeiten, die FI-ler rund um die Welt nutzen, um Reichtum zu erhalten, »etwas zusätzliches« Geld zu erzeugen und die Gemeinschaften zu bereichern, in denen sie leben.

Eine Investition besteht einfach darin, dass Sie irgendwo Ihr Geld anlegen, in der Hoffnung, mehr Geld zu verdienen. FI-ler wenden normalerweise eine oder mehrere folgender Optionen an:

Sie können konservativ in Anleihen (im Wesentlichen Darlehen an Institutionen mit einer Garantie der Rückzahlung mit Zinsen) oder revolvierende Kreditfonds investieren, die Ihr Geld anlegen, um in Ihrer Region oder in Entwicklungsländern zu arbeiten.

Sie können innerhalb Ihrer Altersvorsorgeanlage oder Ihrem Depot in eine breite Reihe von Investmentfonds oder börsengehandelte Fonds (ETFs) investieren, die Pakete von Aktien oder Anleihen sind, die von einem Fondsmanager oder durch einen Algorithmus ausgewählt wurden.

Sie können in Immobilien investieren – sowohl um darin zu leben als auch um diese zu vermieten.

Sie können in Unternehmen investieren – als Gesellschafter oder durch Kreditgewährung.

Es gibt unzählige Wege außer diesen, um zu investieren, aber sie sind entweder riskanter, verlangen mehr tägliche Aufmerksamkeit, oder sind ethisch zweifelhaft. Day-Trader können viel Geld verdienen (und verlieren), aber wie der Name schon sagt, verbringen sie ihre Tage damit. Finanzprodukte wie Derivate – Bündel von zweitklassigen Hypotheken zum Beispiel – haben hohe Gewinne versprochen ... bis sie die US-Wirtschaft an den Rand des Zusammenbruches brachten. Es steht Ihnen frei, Ihr Kapital auf jede Weise anzulegen, die Sie wollen. Dieses Kapitel bietet lediglich Anleitung zu Investitionschancen an, die zum *Mehr Geld für mehr Leben*-FI-Modell passen.

»Investieren« bedeutet nicht, die »mehr ist besser«-Mentalität wiederanzunehmen und zu lernen, wie man »einen Riesengewinn« mit seinem Kapital macht. Nach dem Umsetzen der Schritte dieses Programms wissen Sie, wie viel genug für Sie ist, und der Zweck Ihres Investitionsprogramms wird sein, für Sie sicherzustellen, dass Sie diesen Betrag – und etwas mehr – für den Rest Ihres Lebens haben werden.

Ziel ist, sich Kenntnisse und Erfahrungen über Investmentinstrumente anzueignen, die für längere Zeit genügend Einkommen zur Verfügung stellen können, um Ihre Grundlagen abzudecken. Sich Kenntnisse und Erfahrungen anzueignen, bedeutet, genug zu lernen, um sich von der Angst und Verwirrung zu befreien, die sich durch die Gefilde der persönlichen Investments ziehen – von den heißen Tipps Ihres Onkels Mervin bis zum Sperrfeuer an schlechten Ratschlägen, das über alle Kanäle kommt.

Nichts in diesem Kapitel soll als konkrete Anlageberatung ausgelegt werden, sondern einfach Allgemeinwissen hervorheben, Reichtum auf lange Sicht unterzubringen. Die Informationen hier basieren, wie der Rest dieses Buches, auf persönlicher Erfahrung und populären Strategien der FI-Community, und sind als Richtlinien, Grundsätze und Bildungsinformationen gedacht.

Ein kurzes Glossar

Sie werden nichts über Börsenspekulationen in diesem Kapitel lernen, nur einige Richtlinien für FI-ler, die Ihnen helfen, informierte, konservative Entscheidungen zu treffen. Hier folgt ein Glossar von einigen verbreiteten Begriffen, die Sie verstehen sollten:

Risikobereitschaft
Wie viel *Risiko* (Geld zu verlieren) können Sie vertragen, bevor Ihre Investments Sie Schlaf kosten, Sie nachts wach liegen lassen, weil Sie sich darüber Sorgen machen, ob die Verluste Sie zwingen werden, wieder zu arbeiten, um Ihren Reichtum wiederaufzubauen? Das Spektrum reicht von konservativen Anlegern, die ihr Kapital überhaupt nicht riskieren wollen, zu aggressiven Investoren, die bereit sind, ihr gesamtes Kapital für die Aussicht eines bedeutenden Gewinnes zu riskieren. FI-ler werden den zweiten Ansatz von Natur aus vermeiden. Vor dem Übergangspunkt können einige von Ihnen mehr für höhere Gewinne riskieren, andere nicht. Nach dem Übergangspunkt wollen Sie das passive Einkommen maximieren, während Sie das Risiko minimieren wollen, so brauchen Sie Ihrem Geld nur die geringstmögliche Aufmerksamkeit zu schenken. Ihre Risikobereitschaft kann mit Ihrem Alter, Ihrer Persönlichkeit, der Marktfähigkeit Ihrer Kenntnisse, Lebenserfahrung – Ihrer und die

der Menschen, von denen Sie großgezogen wurden – und Ihren Einstellungen zu Geld und Krediten im Allgemeinen zusammenhängen. Es gibt tolle Online-Werkzeuge, die Ihnen helfen, Ihre Risikobereitschaft zu bestimmen.

Anlageklassen und Streuung (Diversifikation)

Die Standardtypen für Anlagen sind: Aktien, festes Einkommen (Anleihen), Immobilien, Waren (Mineralien, fossile Brennstoffe, Getreide) und Währungen. Häufig ist es so, dass wenn eine Anlageklasse steigt, eine andere fällt, deshalb ist die Diversifikation über Anlageklassen ein Weg, wie Menschen das Risiko steuern. FI-ler diversifizieren häufig über Anlageklassen durch das Investieren in eine Reihe von Geldanlagen: Anleihen, Aktien, Gold und so weiter. In den letzten Jahren sind neue Anlageklassen entstanden, einschließlich Peer-to-Peer-Krediten, Kreditfonds, Eigenkapital-Crowdfunding von Unternehmen und ökoenergiebezogene Möglichkeiten.

Einkommen

Es gibt fünf Wege, wie Sie Kapitaleinkommen erzielen können:

1. *Zinsen* beziehen sich auf periodische Zahlungen aus festverzinslichen Investments wie Anleihen, Wechsel, Einlagenzertifikate oder Sparkonten.
2. *Dividenden* sind ein Gewinnanteil, der an Eigentümer von Aktien, Investmentfonds, ETFs oder Gesellschafter ausgezahlt wird.
3. *Kapitalgewinne* sind die Erlöse aus dem Verkauf von Investments oder Immobilien, die über den ursprünglich investierten Betrag hinausgehen. (Kapitalverluste entstehen, wenn die Verkaufserlöse niedriger ausfallen als der ursprünglich investierte Betrag, und reduzieren Ihr passives Einkommen.)
4. *Mieten* resultieren aus Immobilienbesitz (abzüglich Kosten wie Steuern, Versicherung, Hypothek, Reparaturen usw.).
5. *Lizenzgebühren* sind Zahlungen an Eigentümer von geistigem Eigentum, natürlichen Ressourcen, Lizenzen und so weiter durch deren Nutzer.

Zeit

Wie ist Ihr Zeithorizont – haben Sie über 20 Jahre, um Fehler zu machen und sich davon zu erholen, oder sind Sie bereits pensioniert und darauf angewiesen, dass Ihr Geld länger hält als Ihr Leben?

Die gängige Meinung empfiehlt, dass Sie, wenn Sie jung sind, mehr riskieren sollten, um mehr Reichtum zu akkumulieren; wenn Sie altern, verlagern Sie sich zu einem Fokus auf die Bewahrung des Kapitals für ein stabiles Einkommen. Gemäß der gängigen Meinung sollte ein junger Mensch mit Jahrzehnten bis zum Ruhestand 90 Prozent in Aktien und 10 Prozent in Anleihen investieren, weil er oder sie Booms und Pleiten widerstehen und weiter im Spiel bleiben kann. Konservativere Anleger oder diejenigen, die einfach versuchen, ihren Reichtum zu stabilisieren, so wie bald im Ruhestand Befindliche, können sich für 20 Prozent Aktien und 80 Prozent Anleihen entscheiden. Wie immer neigen FI-ler dazu, konservativer zu sein, als die gängige Meinung nahelegen würde, weil sie das Ziel haben, sich viel früher zurückzuziehen und eine höhere Zuversicht haben, dass sie selbst bei Marktrückgängen oberhalb des Übergangspunktes bleiben werden.

Gebühren

Je mehr Vermittler an Ihrem Kauf und Verkauf von Investments beteiligt sind – und je mehr Sie kaufen und verkaufen – desto höhere Transaktions- und Verwaltungskosten können sich aufsummieren und den von Ihnen angenommenen Gewinn minimieren. Aktiv gemanagte Investmentfonds müssen ihre Manager bezahlen, die vermutlich (aber es im Durchschnitt nicht tun) einen besseren Job bei der Auswahl von Aktien machen als das Werfen mit Dartpfeilen. Honorarberater können einen Prozentsatz Ihres gesamten Wertpapierbestands abschöpfen, um ihre Dienste zu vergüten, oder einfach pro Stunde für die Beratung berechnen. Indexfonds sind zu einem Liebling der FI-ler geworden, wegen der niedrigen Gebühren und der – aktuell, aber nicht immer – guten Performance.

Finanzberater

Investieren muss kein Do-it-yourself-Berg sein – wenn Sie das nicht wollen. Sie können einen Berater als Unterstützung engagieren oder sogar einen der Online-Dienste oder eine Maklerfirma nutzen, die Ihre Ziele, Risikobereitschaft, Werte und so weiter analysieren, und ein Portfolio für Sie zusammenstellen. Stellen Sie unbedingt sicher, dass Sie nicht von skrupellosen Maklern zum Kauf von Produkten getrieben werden, die denen ansehnliche Provisionen einbringen. Honorarberater arbeiten nur in Ihrem Interesse – und fügen für viele von uns Wert hinzu, indem sie grundlegende Arbeiten übernehmen, für die wir uns nicht qualifiziert oder veranlagt fühlen, einschließlich der Überwachung der Performance, Vermögen neu auszurichten, wenn sich Marktbedingungen und Kontext der Finanzplanung ändern. Schauen Sie sich unbedingt um und vergleichen Sie!

Socially Responsible Investment (SRI)

Sind manche Ihrer Werte für Sie so wichtig, dass ein Investment in Fonds, die Unternehmen beinhalten, deren Politik oder Produkte Sie so sehr verabscheuen, dass es Sie Schlaf kosten würde? Sie sind nicht allein, aber zum Glück gibt es einen wachsenden Sektor von Investmentmöglichkeiten, die Unternehmen mit (für manche) nicht einwandfreien Methoden wie Umweltverschmutzung, Waffenproduktion oder Gender-Bias, um einige zu nennen, aussortieren. Mit der Zeit haben Socially Responsible Investments gemeinhin die Performance von ungefilterten Investitionen eingeholt oder übertroffen.[53] Allerdings kostet es normalerweise ein bisschen mehr an Gebühren, wenn diese Recherche zu sozialen und Umweltaspekten hinzukommt. Eine gute FI-Reaktion darauf könnte sein, sich den Gebührenunterschied anzusehen und sich zu fragen, ob es sich im Laufe der Jahre lohnt, die Differenz zu zahlen, um Investments zu unterstützen und durch sie unterstützt zu werden, die alle Sozial-, Umwelt- und Governancechecks bestanden haben.

Meine eigenen Berater bei Natural Investments haben freundlicherweise eine kurze Erklärung von Socially Responsible Investments (SRI) zur Verfügung gestellt:

Weil das Abstimmen von Geldern mit Werten ein Kern des FI-Programms ist, verdient (SRI) eine ernsthafte Berücksichtigung durch FI-ler. Niemand von uns kann den ethischen Konsequenzen unserer Finanzentscheidungen entgehen – beim Verdienen, den Ausgaben, dem Sparen und dem Investieren. In der Welt der Finanzen ist nichts blitzsauber und vollkommen gereinigt, aber wir können unser Bestes tun, um mit unseren Investments den geringsten Schaden anzurichten und am meisten Gutes zu bewirken.

In den fast 50 Jahren seit den bescheidenen Anfängen während des Vietnamkrieges, als Anleger davor zurückschreckten, mit ihrem Geld die Kriegsmaschinerie zu unterstützten, ist SRI eine Industrie von 23 Billionen Dollar weltweit geworden. In den Vereinigten Staaten sind 22 Prozent der professionell gemanagten Gelder in SRI investiert.

Um es einfach auszudrücken, versucht SRI:

- Negative Auswirkungen zu vermeiden.
- Positive Auswirkungen zu suchen.
- Die Politik der Unternehmen zu beeinflussen, in die Sie investiert haben.

Wie? SRI nutzt die Recherche über Sozial- und Umweltauswirkungen, um Investments mit anstößigen oder unverantwortlichen Politiken und Methoden zu vermeiden und diejenigen zu suchen, die eine positive Veränderung für Gemeinschaften, Gesellschaft und die Umwelt erzeugen. SRI praktiziert auch Aktionärsaktivismus, der zum Ziel hat, die Unternehmen verantwortlich zu halten, das Verhalten der Unternehmen zu verbessern, und Investitionen in die Gemeinschaft zu integrieren, um die örtliche Wirtschaft und die Ausweitung von Wirtschaftschancen in Entwicklungsländern zu fördern.

Heutzutage wird ein breites Spektrum von Umwelt-, Sozial- und Governance-Faktoren (USG) durch SRI und konventionelle Geldverwalter bewertet. Die Finanzwelt erkennt zunehmend, dass umwelt- und ressourcenbezogene Sorgen Risiken für den Profit der Unternehmen sein können. Pragmatismus, nicht Tugend, treibt einige Anleger zu stärker ökologischen Branchen für den höheren langfristigen Gewinn. Zum Beispiel dürften einige Unternehmensinvestitionen in Kohle und Öl niemals durch zukünftige Gewinne wieder eingefahren werden, und Anleger haben ernsthafte Zweifel an der Lebensfähigkeit von Unternehmen, die im Laufe der kommenden Jahrzehnte von fossilen Brennstoffen abhängig sind. Während sich die Gesellschaft mit der Klimadebatte noch schwer tut, haben Versicherungsunternehmen und das Militär den Klimawandel bereits in ihre Prognosen integriert.

SRI bedeutet nicht den Verzicht auf Gewinne, obwohl sich dieses Image von früher noch hält. Seit Anfang der 1990er-Jahre haben die Gewinne von SRI- und USG-Investments diejenigen der traditionellen, nicht geprüften

Investments eingeholt oder übertroffen. Zusätzlich fahren SRI-Anleger Sozial-, Umwelt- und sogenannte Gewissensgewinne ein. In einer Zeit von großer Unsicherheit bezüglich Klima und politischer Stabilität fühlen sich viele Menschen machtlos. SRI ist ein Weg, Ihre Hand an das Steuer der Zukunft zu legen.

Dieses Glossar soll informativ, aber nicht endgültig oder vollständig sein. In der ursprünglichen Version dieses Buches war es nicht erforderlich, da Joe eine Reihe von Kriterien für FI-ler und eine Art von Investments entwickelt hatte, die den Anforderungen entsprach.

Staatsanleihen: Der Plan von Joe

Als sich Joe Dominguez 1969 an seinem 31. Geburtstag zur Ruhe setzte, gab es ziemlich stabile »Leg es an, und vergiss es«-Passiveinkommensmöglichkeiten sowohl durch Pensionen als auch durch Investments in US-Staatsanleihen und andere US-Behördenanleihen, um eine maximale Sicherheit des Kapitals und Stabilität des monatlichen Kapitaleinkommens zu gewährleisten. Die Zinssätze für diese Anleihen lagen bei über 6,5 Prozent und die Inflation betrug unter 3 Prozent – was einen gesunden Jahresgewinn für jeden Anleger bedeutete. Die nächsten 30 Jahre waren die friedlichen Tage hoher Zinssätze, die in der Spitze auf fast 15 Prozent während des Konjunkturrückgangs von 1981 kletterten und 1997 zurück auf 6,5 Prozent fielen, dem Jahr, in dem Joe starb. Die Strategie, die er für sich selbst in den 1960er-Jahren entwickelt hatte und hinter der er bis zu seinem Tod stand, hat diese seltene Gelegenheit genutzt.

Das Diagramm in Abbildung 9-1,[54] das von J. G. Livingston, Gründer der Website *The Money Habit*, entwickelt wurde, ist beredsam in der Veranschaulichung, warum Joe Staatsanleihen ausgewählt und empfohlen hat.

Als Joe 1980 zu unterrichten begann, hat er natürlich US-Staatsanleihen empfohlen, um Ihr Bargeld unterzubringen. Zehntausende von uns haben genau das getan und sind seitdem FI geblieben. Mike Lenich, den wir bereits in Kapitel 5 getroffen haben, ist einer von ihnen; er hat das Programm seit 1992 buchstabengetreu befolgt und beibehalten.

Abbildung 9-1
10-Jahres-Schatzanleihen-Ertrag

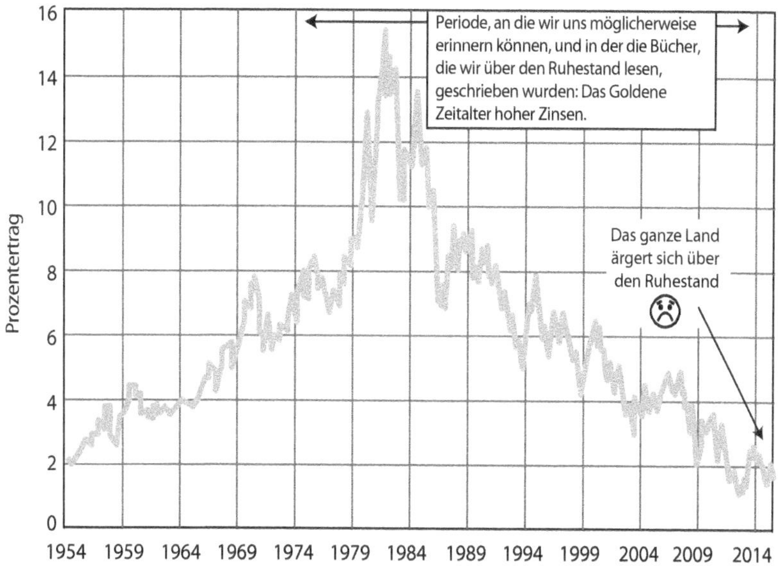

Seit der Jahrtausendwende haben Leser manchmal mit einer Mischung aus Neid und Geringschätzung auf Joes Investmentstrategie geschaut. Neid wegen der Ertragsraten; Geringschätzung für die Langweiler, die in Anleihen investieren, wenn die Aktienbörse solche reizvollen Alternativen für die Vermögensbildung bietet. »Oh, das ist das Buch über Investments in Staatsanleihen«, würden sie herablassend sagen. In Wirklichkeit war es das nie. Es handelt davon, Optionen in Anbetracht Ihrer aktuellen Verhältnisse in Betracht zu ziehen, für ein sicheres, beständiges Einkommen während Ihres Lebens, unabhängig davon, was Sie mit Ihrer Zeit anfangen. Für Joe waren Staatsanleihen die perfekte Lösung.

Joe hatte für sich selbst Kriterien aufgestellt, als es 1996 an der Zeit war, sein Bargeld unterzubringen. Er hatte 75.000 Dollar zusammen, was heute 225.000 Dollar entsprechen würde. Bei durchschnittlich 8 Prozent würde das heute etwa 20.000 Dollar pro Jahr entsprechen. In Anbetracht seines Lebensstils war das reichlich. Bei den heutigen Zinssätzen hätte er das Vierfache an

Kapital gebraucht (nahe der magischen Zahl von 1 Million Dollar), um sein sparsames FI-Einkommen zu bekommen.

Auch wenn Joes Strategie nicht länger anwendbar zu sein scheint, lohnt sich es dennoch, mehr darüber zu erfahren, was sie über gute Grundsätze eines FI-Investments aussagt. Seine Kriterien waren folgende:

- Größte Kapitalsicherheit
- Größte Zinssicherheit (die rechtliche Grundlage durch die US-Regierung garantiert Schutz von Kapital und Zinsen)
- Befreiung von Staats- und Kommunalsteuern
- Unkündbarkeit (die meisten Staatsanleihen können nicht früher vom Aussteller abgelöst werden)
- Größte Übertragbarkeit, absolute Liquidität, globale Marktfähigkeit – sie können fast sofort gekauft und verkauft werden, mit minimalen Bearbeitungsgebühren und in günstigen Nennwerten (wie 1.000 $, 5.000 $ und 10.000 $)
- Leichteste Verfügbarkeit – direkt von der Bundesregierung (TreasuryDirect) und durch die meisten Broker und viele Banken überall auf der Welt
- Preiswerteste Verfügbarkeit – keine Zwischenhändler, keine Provisionen, keine Belastungen
- Laufzeit – die Bandbreite von Fälligkeiten ist umfassend; Sie können einen Wechsel oder eine Anleihe kaufen, die in ein paar Monaten fällig wird, oder eine, die erst in 30 Jahren fällig wird
- Absolute Einkommensstabilität auf lange Sicht – ideal für FI; vermeidet die Einkommensschwankungen, die bei Geldmarktfonds, Immobilienvermietung usw. vorkommen würden

Kurzeinführung in Staatsanleihen

Eine Anleihe ist einfach ein Schuldschein. Der Anleihenaussteller verspricht, dem Halter der Anleihe den Betrag, der auf der Anleihe (Nennwert) aufgedruckt ist, zu einem bestimmten Datum (Fälligkeitstag) zurückzuzahlen. Die meisten Anleihen zahlen auch Zinsen mit einer spezifischen Prozentrate

(Couponrate). Dieser Betrag, obwohl angegeben als Prozentsatz auf Jahresbasis, wird für gewöhnlich in zwei halbjährlichen Raten bezahlt.

Staatsanleihen sind für die Regierung ein Weg, sich Geld zu leihen. Eine neue Anleihe wird alle paar Monate zum Kauf ausgegeben, mit Fälligkeitsterminen in zehn, 20 und 30 Jahren. Mit jeder Neuemission werden zuerst die Halter von alten und fällig werdenden Anleihen ausgezahlt. Die restlichen Gelder werden verwendet, um das Defizit im Bundeshaushalt zu decken. Die Staatsverschuldung ist die ranghöchste Verpflichtung, die die Regierung hat; Kapital und Zins von Staatsanleihen müssen bezahlt werden, wenn sie fällig werden, bevor irgendetwas anderes damit bezahlt werden kann. Das nicht zu tun, würde die »Kreditwürdigkeit« der US-Regierung am Weltmarkt ruinieren.

Damals, als Joe und ich investiert haben, war die Welt kritisch genug gegenüber der Rückzahlungsfähigkeit der Vereinigten Staaten, was bedeutete, dass unsere Regierung einen hohen Zinssatz bezahlen musste, um die Leihgeber anzulocken und liquide zu bleiben. Das zog diese erstaunlichen Möglichkeiten für FI-ler nach sich. 30-jährige Staatsanleihen waren eine einmalige Chance für eine »Leg es an, und denk nicht mehr drüber nach«-FI Strategie.

Anleihenkurse schwanken mit vorherrschenden Zinssätzen. Wenn Sie eine Anleihe vor der Fälligkeit verkaufen, können Sie deshalb mehr oder weniger erzielen, als Sie dafür gezahlt haben (Marktrisiko). Wenn Sie sie bis zur Fälligkeit halten, werden Sie genau den Nennwert erhalten, unabhängig von den zu dieser Zeit vorherrschenden Zinssätzen.

Wenn Staatsanleihen neu ausgegeben werden, können sie ohne jegliche Provisionen direkt von der US-Notenbank über ein Programm namens TreasuryDirect gekauft werden. Das schließt Zwischenhändler aus: kein Makler, keine zusätzlichen Maklergebühren. Sie können auch bestehende Staatsanleihen über einen Makler kaufen (für eine minimale Gebühr).

Der andere Weg, Staatsanleihen zu kaufen (jede Emission, nicht nur die neueste), ist über den »Sekundärmarkt« von einem dazu bereiten Verkäufer. Sie können mehr – oder weniger – zahlen als den Nennwert der zu dem Zeitpunkt vorherrschenden Zinssätze. Möglicherweise fällt beim Kauf auch eine minimale Gebühr oder Provision an. Einige Menschen ziehen es vor, Anleihen auf dem Sekundärmarkt statt direkt von der US-Regierung zu erwerben, weil sie lieber mit einer »echten Person« verhandeln, die die Anleihe besitzt, anstatt die US-Schulden zu finanzieren.

2012 fielen die Zinssätze auf US-Staatsanleihen, Obligationen und Wechsel auf unter 2 Prozent, sind immer noch sehr niedrig, und es gibt keine Hinweise, ob oder wann die Gezeiten wechseln werden. Wenn Sie das geringe Risiko von Anleihen mögen, aber nicht nur auf eine setzen wollen, können Sie Rentenfonds kaufen, auf die wir noch eingehen werden.

Joe hat Unternehmensanleihen nicht empfohlen, aber für FI-ler, die ein paar mehr Zinsen herausholen wollen, können sie durchaus attraktiv sein. Wie die Anleihen vom US-Finanzministerium und anderen US-Behörden sind sie Schuldtitel. Zinsen werden vierteljährlich oder halbjährlich gezahlt und bei Fälligkeit bekommen Sie Ihr Kapital zurück. Wie Bundesanleihen haben sie eine Kreditwürdigkeit von Standard & Poor's oder Moody's oder einer der anderen Ratingagenturen. Achten Sie auf BBB oder besser.

SRI-Anleger, die dennoch die Sicherheit der Rechtsgrundlage von Regierungsanleihen in Anspruch nehmen wollen, können Ausschau halten nach Anleihen von US-Behörden statt vom Finanzministerium. Behördenanleihen unterstützen einen spezifischen Sektor, der Ihnen vielleicht am Herzen liegt (Bauern, Studenten, Hausbesitzer, Kleinunternehmen), während Staatsanleihen die gesamten Prioritäten des Bundeshaushaltes finanzieren, in dem Militärausgaben und Schuldentilgungen einen Großteil ausmachen.

Eine Warnung

Joe hat immer versucht, Anfängern das Mindestmaß an Informationen zu geben, damit sie zuversichtlich investieren konnten. Aber mit seinem Rat ging auch immer eine Warnung einher: Nichts ist sicher. Nichts. So ist das Leben. Wenn Ihnen das nicht gefällt, haben Sie Pech gehabt. Wenn Ihnen jemand sagt, dass er oder sie eine kinderleichte Methode hat, um mühelos Geld zu verdienen, und Sie ihm folgen, hätte Joe gesagt, dass Sie der Dummkopf sind. Hier ist ein abschreckendes Beispiel:

Früher einmal, als Joe nur interessierten Freunden seinen FI-Ansatz beigebracht hat, schenkte er ihnen etwas, wenn sie FI3 erreicht haben. Er gab ihnen eine Anleihe. Eine vergilbte russische Anleihe aus der Zarenzeit. Bevor es Online-Depots oder Namensschuldverschreibungen gab, hatten Anleihen Coupons, die Sie wirklich abgeschnitten und zur Bank gebracht haben, um Ihren halbjährlichen Zins zu bekommen. Die Coupons bei Joes Geschenkanleihen waren alle bis 1917 abgeschnitten – als die russische Revolution sie wertlos machte. 50 Jahre später hat Joe eine Kiste mit diesen Anleihen für etwa einen Penny pro Stück gekauft – damals mit der Idee, eine lustige Tapete daraus zu machen. Sie an frischgebackene FI-ler zu verschenken, war seine Mahnung, dass keine Investition garantieren kann, dass geopolitische oder wirtschaftliche Bedingungen sich nicht verändern, oder dass Sie irgendwann feststellen, dass der Puffer, der Ihnen ein angenehmes Einkommen verschaffen würde … nicht da ist. Käufer – von Anlagen – müssen auf der Hut sein.

Kostengünstige Indexfonds: Der FIRE-Plan

Wenn nicht Staatsanleihen, was dann? Die Mehrzahl der FIRE-Blogger verlässt sich auf das Investieren in eine Variante von Indexfonds und empfiehlt diese auch. John Bogle, der 1975 den Finanzdienstleister Vanguard gründete, setzte auf einen revolutionären Grundsatz, der Investments erschwinglich und einfach machte: das Zurückgeben von Reingewinnen an die Aktionäre in Form niedrigerer Kosten. Durch die Abschaffung von Verkaufsprovisionen und die Senkung der operativen Kosten hat Vanguard die Tür für den »kleinen Mann« und andere Unternehmen wie Fidelity und Schwab geöffnet. Für FI-Anleger, die gelernt haben, wann genug genug ist, insbesondere in Bezug auf ihr Geld, kommen Indexfonds sehr nah an »leg es an, und denk nicht mehr dran«, wenn sie Alternativen zu Anleihen suchen.

Der legendäre Investor Warren Buffett hat einmal gesagt: »Ein kostengünstiger Fonds ist die vernünftigste Eigenkapitalinvestition für die große Mehrheit von Anlegern.« Er erklärt: »Durch regelmäßiges Investieren in einen Indexfonds, zum Beispiel, kann ein unwissender Anleger tatsächlich die meisten Investmentprofis schlagen.«[55]

Indexfonds sind Investmentfonds, oder börsengehandelte Fonds (ETFs) die konzipiert sind, der Performance von Aktienbörsenindizes (wie dem

Dow Jones Industrial, der NASDAQ-Zusammensetzung und dem S&P 500) oder Rentenmarktindizes zu folgen. Versuchen Sie nicht, bei der Nutzung von Indexfonds, um Ihr Kapital anzulegen, den Markt zu schlagen. Es gibt keinen Ansatz, traditionelles »aktives« Geldmanagement zu betreiben oder »Wetten« auf einzelne Aktien abzuschließen. Das Indexieren ist ein passiver Investmentansatz, der breite Diversifikation und geringe Portfoliohandelsaktivitäten betont. Stattdessen suchen Sie nach einem ausreichenden Gewinn, der Ihren kurzfristigen genauso wie Ihren langfristigen Zielen entspricht, während Sie so wenig Risiko wie möglich eingehen. Das ist der Grund, warum Indexfonds, mit ihren niedrigen Gebühren und Potenzial für die Diversifikation, gut für das FI-Investmentprogramm geeignet sind.

Allerdings sind Aktienindexfonds, im Gegensatz zu Anleihen, in einen Pool von Aktien investiert, die mit dem Markt schwanken. Millennials unter den FIRE-Fans verwenden Aktienindexfonds wie Baby-Boomer die Banken genutzt haben, halten einen kleinen liquiden Bargeldbestand und investieren den Rest in diese Fonds. Menschen, die Boom-und-Pleite-Zyklen miterlebt haben, zucken möglicherweise bei der Vorstellung zusammen, ein Aktienbörsenprodukt (von Natur aus riskant) wie eine Bank (von Natur aus sicher) zu behandeln, aber für Jugendliche, die nur erlebt haben, wie der Dow immer weiter gestiegen ist, erscheint es dumm, nicht in Indexfonds zu investieren, angesichts der möglichen Gewinne und Steuervorteile, wenn es im Rahmen eines Altersvorsorgeproduktes getan wird.

Denken Sie jedoch an Joes »Käufer, seid auf der Hut«-Warnung: Im Laufe der letzten 90 Jahre hat der Aktienmarkt fünf große Einbrüche (Verluste von 32 bis 86 Prozent) mit anschließenden Erholungszeiten von vier bis 72 Jahren erlebt. Auch wenn das jetzt wirkt wie der erhobene Zeigefinger, hier sind einige Fakten:

- Weltwirtschaftskrise: 86 Prozent Verlust, 27 Jahre, um sich zu erholen
- Mitte der 1970er-Jahre: 46 Prozent Verlust, fast ein Jahrzehnt, um sich zu erholen
- Ende 1987: 32 Prozent Verlust in nur 3 Monaten, 4 Jahre, um sich zu erholen

- Große Rezession, 2007 – 2009: 50 Prozent Verlust, 6 Jahre, um sich zu erholen (oder 14 Jahre, wenn Sie die Dotcom-Blase 1999 mitzählen, die erst 2007 wieder ausgeglichen wurde)

Die zwei Ereignisse innerhalb der Lebenszeit von jungen Anlegern, die Dotcom-Blase und die Krise 2007 – 2009, waren insofern Ausnahmen, dass der Markt weniger als ein Jahrzehnt gebraucht hat, um sich zu erholen – aber das bedeutet nicht, dass die zyklische Natur des Marktes aufgehoben wurde. Im Vergleich dazu sind Rentenfonds viel weniger volatil und verlieren nur einige Prozentpunkte, wenn sie schwanken.

Die Indexfondsphilosophie

Bogleheads – wie sich die Anhänger von John Bogle selber nennen – glauben, dass sie Risiken erfolgreich steuern und größere Gewinne erreichen können als der durchschnittliche Anleger, von denen viele versuchen, den richtigen Zeitpunkt am Markt abzupassen oder mit der nächsten heißen Technologieaktie Reibach zu machen. Ihr Rat läuft auf die folgende Philosophie hinaus: Investieren Sie in Indexfonds mit niedrigen Gebühren, die über wenige Anlagenklassen diversifiziert sind, und halten Sie diese für viele Jahre.

Wie stellen Menschen sicher, dass die Fonds niedrige Gebühren haben? Indexfonds werden naturgemäß passiv gemanagt, im Gegensatz zu teureren aktiv gemanagten Investments. Bei Indexfonds gibt es keine Selektion und Auswahl. Bei gemanagten Fonds, wie Investmentfonds, selektiert ein Manager die Investments und versucht, den Marktindex zu übertreffen. Weil es bei Indexfonds weniger Verwaltungsaufwand gibt, sind die Gebühren niedriger und für Anleger attraktiver. Diese Gebühren oder Kostensätze werden als Prozentsatz Ihres Vermögens berechnet. (Beachten Sie, dass es ebenso SRI-Optionen im Indexfondsbereich gibt; die Gebühren [0,22 bis 0,50 Prozent] sind viel niedriger als die von Investmentfonds, aber höher als Nicht-SRI-Indexfonds.)

Das letzte Element, das Sie berücksichtigen sollten, ist, Ihre Indexfonds über Anlageklassen zu diversifizieren. Während viele Indexfonds kostengünstig und einfach sind, haben Anleger immer noch ein paar Entscheidungen zu treffen. Zum Beispiel gibt es Aktien und Anleihen, nationale und internationale, große und mittlere sowie kleine Kapitalfonds und jede Kombination aus all diesen. Es können US-Anleihen-Indexfonds oder internationale Aktienindexfonds sein. Diese Kombinationen erlauben Ihnen, auf verschiedenen Teilen des Weltmarkts tätig zu werden und Ihr Gesamtrisiko zu verringern.

Nutzen Sie die Angebote des Unternehmens

Für diejenigen, die noch in den Erwerbsjahren stehen, bieten viele Pensionspläne oder individuelle Altersvorsorgeprodukte des Arbeitgebers kostengünstige Indexfonds an. Wenn Ihr Arbeitgeber einen Pensionsplan anbietet, prüfen Sie Ihre Optionen für passiv gemanagte, kostengünstige Indexfonds. Versuchen Sie wenn möglich immer, die vollen Arbeitgeberzuschüsse zu nutzen – es lohnt sich. Indem Sie während Ihrer Arbeitsjahre zu Ruhestandskonten beitragen, denken Sie daran, dass Sie Ihre Steuern reduzieren, während Sie für Ihre Zukunft sparen. Wenn Sie keinen Arbeitgeberpensionsplan haben, können Sie über eine Maklerfirma in ein Altersvorsorgeprodukt investieren. Das ist so einfach wie das Eröffnen eines Giro- oder Sparkontos, aber mit dem Potenzial für langfristiges Wachstum. Wie Sie bald herausfinden werden, wird das Befolgen des obengenannten Rates Ihre Fondsauswahl auf einige wenige Optionen beschränken. Wenn das anfängt, langweilig zu klingen, dann sind Sie auf dem richtigen Weg. Langfristiges Investieren ist kein Schnell-reich-werden-Konzept oder etwas, bei dem Sie Mikromanagement betreiben.

Unternehmen wie Vanguard haben den Weg für einfache Investments ohne weitere Verpflichtungen gebahnt. Was einmal teuer und kompliziert war, ist jetzt für jeden zugänglich. Dennoch stehen mittlerweile viele andere Unternehmen zur Auswahl. Der wichtigste Punkt ist, dass niemand – und wir meinen niemand – den Marktzeitpunkt festlegen oder die Zukunft voraussagen kann. Seien Sie sich über Ihre Risikobereitschaft im Klaren und diversifizieren Sie in Aktien, Anleihen und nationale wie internationale Indexfonds, um Ihr Gesamtrisiko zu verringern. Da es unmöglich ist, die perfekte Mischung von Anlageklassen zusammenzustellen, ist der wichtigste Punkt, die Abhängigkeit von einer einzelnen Regierung oder einem einzelnen Unternehmen zu vermeiden. Überprüfen Sie die Kostensätze oder Gebühren jedes Fonds. Halten Sie, wie bei den meisten langfristigen Investments, den Kurs bei und schalten Sie topaktuelle Finanzmedien aus. Die einzigen Tage, an denen Sie sich Gedanken über den Wert einer Anlage machen, sind der Tag des Kaufes und der Tag, an dem Sie sie abstoßen.

Tun Menschen das wirklich?

Viele populäre FI-Koryphäen haben sich mit fetzigen Überschriften an die Spitze der Massenmedien geschossen: Wollen Sie sich früh zur Ruhe setzen? Wie wäre es mit Anfang 30? und Sparen Sie 50 Prozent Ihres Einkommens und gehen Sie früh in den Ruhestand. Es ist keine Überraschung, dass diese Links so viele Klicks bekommen. Aber wenn Sie tiefer graben, werden Sie feststellen, dass viele Menschen, die die FI-Bewegung popularisieren, in irgendeiner Form der von uns skizzierten Strategie folgen.

J. L. Collins, der Autor von The Simple Path to Wealth, schreibt über diesen Finanzansatz in einer Reihe von Briefen an seine Tochter. Durch jene Gespräche stößt er auf die Realität, dass Menschen Geld mögen, es aber auch gern unkompliziert haben. Er filtert seinen väterlichen Rat auf kurze Stichpunkte herunter, einschließlich vernünftiger Strategien wie: »Meide in Finanzdingen unverantwortliche Menschen« und »Spare einen Teil von jedem Dollar, den du bekommst«. Noch eindringlicher empfiehlt er ihr, viel weniger auszugeben, als sie verdient, und den Rest in den Gesamtmarkt-Aktienindexfonds von Vanguard (VTSAX) zu investieren – ein Konto, ein Fonds. Sollte es wirklich so einfach sein?

Der vielleicht größte Stern am FI-Blogger-Himmel – und Autor des Vorwortes zu diesem Buch – ist Mr. Money Mustache. Er preist seit Jahren seinen Umgang mit Indexfonds an, bezeichnet Einzelaktien sogar als »Mogelpackung«. In seinem Blog empfiehlt er seinen Lesern, zehn bis 15 Jahre lang zu arbeiten, mit weniger als 50 Prozent des Einkommens gut zu leben und gleichzeitig Geld in Indexfonds und langfristige, kostengünstige Anlagen zu schaufeln. Im Gegensatz zu den meisten betrachtet er Börsencrashs als einen Aktienausverkauf. Obwohl er Immobilien und andere Einkommensquellen durchaus würdigt, ermuntert er seine Leser, das Geld weiterhin durch Indexfonds für sie arbeiten zu lassen.

Die Minimalisten Joshua Fields Millburn und Ryan Nicodemus sind Blogger und Autoren des populären Buches *Minimalism: Live a Meaningful Life* (Deutsch: *Minimalismus – Der neue Leicht-Sinn*). Sie lassen Taten folgen, wenn es um einfaches Investieren geht. Sie dokumentieren ihr Finanzwerkzeug der Wahl als, Sie raten richtig, Indexfonds – flexibel, kostengünstig und zuverlässig. Sie heben enorme Ersparnisse durch den Wechsel zu kostengünstigeren Geldanlageverwaltern wie Vanguard und Betterment hervor, einem anderen Unternehmen für die Verwaltung von Kapitalanlagen, das in Form von automatisierten Investieren eine starke Konkurrenz zur Welt des einfachen Investierens beisteuert.

Und schließlich bezeichnen Mr. und Mrs. Frugalwoods ihr »kostengünstiges, unkompliziertes Geldmanagementsystem« als Investieren des Geldüberschusses in Indexfonds. Hmm, sehr vertraute Töne! In einem Post, der ihre Strategie beschreibt, treffen sie den Nagel auf den Kopf: »Unsere Kultur umgibt das Investieren mit einem Schleier des Geheimnisvollen, der völlig unangebracht ist. Es besteht keine Notwendigkeit, jemanden dafür zu bezahlen, dass er Ihre Investitionen managt, weil – halten Sie sich fest – Indexfonds mit niedrigen Gebühren häufig gemanagte Fonds übertreffen.«[56]

Wenn es ein paar einfache Regeln von Bogleheads gibt, an die man sich erinnern sollte, sind es folgende:

- Zahlen Sie Schulden ab und vermeiden Sie diese in Zukunft.
- Leben Sie unterhalb Ihrer Möglichkeiten, indem Sie weniger ausgeben, als Sie verdienen.
- Investieren Sie den Rest in kostengünstige Indexfonds.
- Halten Sie an Fonds für viele Jahre fest.

Verwirrt durch diese Optionen, durch die Risiken und Belohnungen der verschiedenen Wege, entschied sich **Tammy I.**, *ihr Investmentportfolio unter der Nutzung der »genug und etwas mehr«-Beschreibung des Finanzpolsters, das Sie am Übergangspunkt haben, aufzuteilen. Sie investiert den Hauptteil ihres Geldes in Staatsanleihen, so weiß sie, dass sie genug Einkommen hat, um ihre Grundbedürfnisse abzudecken, was auch immer die Welt ihr in den Weg stellt. Aber das »und etwas mehr« ist ihr Puffer, den sie* *in Investmentfonds und Indexfonds investiert. Höheres Risiko, aber potenziell höhere Erlöse … und mehr Puffer. Wenn sie das verliert, ist sie immer noch FI und kann sich langsam mit der Zeit ihren Puffer wieder aufbauen.*

Immobilien

Die nächste Strategie, die wir erforschen werden, ist das Investieren in Immobilien. Nachdem Sie in Ihrer Lieblingsgemeinde Wurzeln geschlagen haben, kann der Kauf eines Vermögenswertes, der Einkommen abwirft – so wie ein Zweifamilienhaus oder ein Mehrfamilienhaus – ein ausgezeichneter FI-Plan sein. Sie managen nicht nur Eigentum für Menschen in Ihrer Gemeinschaft, sondern die Mieter bezahlen Ihre Hypothek und liefern einen beständigen Einkommensstrom über Jahre.

Scott Trench, Autor von *Set for Life*, ist Immobilienberater, Makler und Blogger. Er sagt, »Menschen im ganzen Land erkennen: Wenn sie sich ein Haus leisten können, können sie auch eine Anlageimmobilie kaufen. Häufig sind kleine Zwei-, Drei- oder Vierfamilienhäuser für ungefähr denselben Kaufpreis wie ein Einfamilienhaus zu haben. Für viele, einschließlich mir selbst, ist das eine tolle Erfahrung, da sich diejenigen, die ihre Hausaufgaben machen und die Grundlagen des Mietermanagements lernen, ruhige, freundliche Nachbarn mit entsprechendem Einkommen und Kreditwürdigkeit suchen können. Alle leben dann zusammen unter einem Dach und ja, Sie übernehmen die kleinen Wartungsaufgaben, für die Hausbesitzer zuständig sind. Der Unterschied ist, dass Sie von den Mietern Tausende von Dollar dafür bekommen, Ihr Haus in Schuss zu halten.«[57]

Hier ist seine Checkliste, um ein Mehrfamilienhaus zu bewerten:

- Ist die Lage der Immobilie so, dass Sie sich in den nächsten Jahren oder für immer dort wohlfühlen könnten?
- Ist die Lage der Immobilie zukünftig als wertstabil oder sogar wertsteigernd anzunehmen? Wird die Gegend angenehm und sicher bleiben?
- Was wird die Immobilie an Bruttomiete einbringen können?

- Mit welchen Ausgaben ist zu rechnen? Üblich sind Reparaturen, Nebenkosten wie Müllabfuhr, Hausbesitzervereinigungsgebühren, Steuern, CAPEX (Kapitalaufwendungen), die Monate ohne Einnahmen bei Mieterwechsel sowie alle Verwaltergebühren, wenn Sie beschließen, sich nicht selbst darum zu kümmern. Das summiert sich zu einem Bedarf von Zehntausenden Euro, die beim Kauf zu berücksichtigen sind.

Im Gegensatz zu anderen Investitionen binden Immobilien viel von Ihrem Vermögen in einer Investition, die nicht sehr flüssig ist; wenn Sie schnell verkaufen müssen, um an Bargeld zu kommen, der Wohnungsmarkt aber gerade schwächelt, könnten Sie Verluste erleiden. Es gibt ein Risiko, aber wenn Sie bereit sind, die Arbeit auf sich zu nehmen und gut gewählt haben, können Ihre Mietobjekte ein sicheres, beständiges Einkommen darstellen.

Eine Warnung: Es gibt Immobilienanleger, die Geld verdienen, indem sie mit Immobilien »spekulieren«: Sie kaufen renovierungsbedürftige Häuser, bringen sie in Schuss und verkaufen sie für einen kräftigen Gewinn. Das kann eine Strategie für einen FI-ler in der Vermögensakkumulationsphase sein, aber sie besteht nicht die Anforderungen für ein FI-Portfolio. Damit ist zu viel Arbeit, ein zu hohes Risiko und, offen gesagt, die Möglichkeit verbunden, Mieter mit festem, aber geringem Einkommen zu vergraulen, die es sich nicht leisten können, in ihrer vertrauten Umgebung mit den gut ausgebildeten sozialen Netzen zu bleiben.

Eine andere Art von Immobilieninvestments ist das Investieren in Ihr eigenes Haus und Land auf Arten, die in Ihre FI-Vision passen. Investitionen in erneuerbare Energien für Ihr Haus und in Bauernhofinfrastruktur (Gärten, Scheunen, Ställe und Gehege) werden eine Dividende für Jahrzehnte bringen. Während ihr Geld in Indexfonds liegen kann, bauen Mr. und Mrs. Frugalwoods zum Beispiel ein ländliches Gehöft:

Kent und Beth *waren beide hoch bezahlte Fachkräfte, als sie sich kennenlernten. Sie fühlten sich u. a. deshalb zueinander hingezogen, weil sie beide nicht für ein Leben auf großem Fuß waren. Kent, der seinen Doktor gemacht hatte und die Anzeichen des drohenden Klimawandels sehr* *ernst nahm, arbeitete als Ökoenergieberater für eine Stadt im Süden. Er hatte darauf gesetzt, seine Stadt zu einem Vorbild an Nachhaltigkeit zu machen, war jedoch zunehmend frustriert, weil nur wenige seiner Ideen die Hürde der Bürokratie nahmen. Beth wusste, dass ihr Job bei einem Konzern ein Teil des Problems war, und das beunruhigte sie. Sie hatten genug gespart, um ihre Jobs aufzugeben und eine kleine Farm außerhalb der Stadt zu betreiben. Dann wurde das Land von einer Dürre heimgesucht. Die Grundwasserquellen versiegten. Die Ernte vertrocknete. Die Klimamodelle, die Kent im Studium untersuchte hatte, waren plötzlich sehr real. Er und Beth entschieden sich dafür, in einem Wohnmobil nach Westen aufzubrechen, um sich an einem klimasichereren Ort niederzulassen. Nach vielen Monaten fanden sie »es« schließlich: ein unterbewertetes, heruntergewirtschaftetes Haus, das mit Brombeersträuchern überwuchert war, auf acht Morgen üppigen Forstlandes im Pazifischen Nordwesten. Ein Teil der Grundstücksgrenze grenzte an eine Hauptverkehrsstraße, sodass das ganze Eigentum als Gewerbegebiet galt. Sie entschieden, die Instandsetzung und das Aufziehen einer Familie zu ihrer Ganztagsbeschäftigung zu machen – mit einem kleinen Extra. In ihrem Wohnmobil lebend, befreiten sie das Haus von den Brombeeren. Dann renovierten sie einen Teil des Erdgeschosses als Einliegerwohnung und bezahlten mit den Mieteinnahmen ihre Hypothek. Sobald der Haupttrakt bewohnbar war, vermieteten sie ihr Wohnmobil. Dann brachten sie ein Nebengebäude in Schuss, um es ebenfalls zu vermieten. Das Einkommen daraus wird in ein Gebäude für eine kommerzielle Nutzung investiert, das näher an der Hauptstraße liegt. Sie werden ihre Hypothek in sechs Jahren statt in 20 oder 30 getilgt haben und betrachten ihren fruchtbaren Boden, reichlich Wasser und die Mieterträge als ihr natürliches und beständiges Vermögen. Sie hatten ein Kind, als sie die Immobilie kauften, und ein weiteres, als sie sich darin niederließen. Sie glauben mit ganzem Herzen, dass eine naturbewusste Erziehung der Kinder, das Anbieten erschwinglicher Unterkunft, das Freimachen ihrer gesamten Zeit für die Elternschaft und die lokale Vernetzung, um ihre Gemeinschaft zu einem Rettungsboot zu machen, das Beste ist, was sie für ihre Zukunft und den Planeten tun können.*

Immobilien können aber auch etwas ganz anderes darstellen als den Ort zum Leben. Sie können, wie George Carlin es einmal ausdrückte, »ein Platz für Ihr Zeug« sein.

> **Todd T.** *setzte seine eigene Version von Immobilieninvestitionen um, indem er eine Self-Storage-Anlage kaufte und Manager einstellte, die die einzelnen Lagerflächen tageweise vermieteten. Natürlich ist das zum Teil ein Profitieren von übermäßigem Konsum – mehr Zeug zu haben als Platz, um es aufzubewahren. Abgesehen von dieser Ironie nahmen Todd und seine Familie pro Monat genug ein, um davon leben und genug für den Erwerb einer zweiten Liegenschaft sparen zu können. Er hat sein Leben der Gemeindeunterstützung gewidmet und Aufgaben mit besonderer Verantwortung (zum Beispiel im Schulausschuss) übernommen. Er ist in der Lage, sich intensiv zu engagieren, weil er dieses passive Einkommen hat, das sein Leben aktiv unterstützt.*

Immobilien können auch Teil einer umfassenderen Investmentstrategie sein.

> **Dorothy E**. *und ihr Mann,* **Larry D.**, *deren Geschichte die volle Bandbreite der Werte dieses Programms umfasst, haben 1995 mit einem Vermögen von 400.000 Dollar den Übergangspunkt »überschritten«. Sie hatten, mit Unterbrechungen, bis zu drei Mietobjekte, die den Wert ihres Hauses stärkten. Sie haben auch einen Teil ihrer Hauptwohnung als Einliegerwohnung vermietet. Über ihr stabiles Einkommen hinaus machten sie es sich zum Hobby, ihr »und etwas mehr«-Geld in einzelnen Unternehmen sowie Investmentfonds anzulegen.*

Um wissend und erfahren hinsichtlich Eigenkapitalinvestitionen zu werden, haben sie sich mithilfe der NAIC (National Association of Investors Corporation) weitergebildet und geholfen, im Laufe der Jahre verschiedene Investmentclubs zu gründen. Das sind die Grundsätze, denen sie folgen: Investieren Sie 1) einen bestimmten Betrag regelmäßig; reinvestieren Sie 2) Erträge, Dividenden und Gewinne; investieren Sie 3) in Qualitätswachstumsaktien und Eigenkapitalinvestmentfonds; und diversifizieren Sie 4) Ihre Investitionen.

Larry sagte: »Das Beitreten in einen Investmentclub war ein sicherer und vergnüglicher Weg, sich über Investitionen in einzelne Aktien zu bilden. Im Wesentlichen geht es bei Investmentclubs darum, über das Investieren zu lernen, und nicht darum, reich zu werden. Wir haben die Erfahrungen und das Wissen genommen, das wir in Clubsitzungen gewonnen haben, und auf unsere eigenen Investitionen angewendet.«

Der nächste Gewinnbereich war das Stopfen des steuerbedingten Kapitalabflusses in ihrem Puffer. Nachdem sie sich mit den Besonderheiten der Steuergesetze vertraut gemacht hatten, sagte Larry: »Mehr als die Hälfte unserer Investitionen stecken in steueraufschiebenden Vehikeln, um mehr von dem zu behalten, was wir verdienen – und verdient haben. Zu diesem Zweck pflegen wir eine Tabelle, die unseren Cashflow im Laufe der nächsten zehn Jahren oder mehr prognostiziert. Dann können wir auf die steueraufschiebenden Konten ohne Folgen zugreifen. Und wenn früher harte Zeiten kommen, haben wir auch Zugang zu unserem Geld – müssen jedoch die Konsequenzen in Kauf nehmen.«

Ihr endgültiger Pufferverlauf entspricht *Mehr Geld für mehr Leben* in Reinform – sie leben immer unterhalb ihrer finanziellen Möglichkeiten. Das Ergebnis: Sie haben ihren Puffer verdreifacht. Larry hat an freiwilligen Projekten gearbeitet, die manchmal Einkommen generierten, und Dorothy hat beschlossen, in Teilzeit in einem Job zu arbeiten, den sie genießt – sie tut es aus Liebe statt für das Geld.

Meine Wahl: Einkünfte aus verschiedenen Socially Responsible Investments

Glücklicherweise habe ich die Mehrzahl meiner Anleihen zwischen 1981 und 1997 gekauft. Ich hatte eine Anleihe mit einem Zins von 15 Prozent. Mein niedrigster Zins war 8 Prozent. Alle bis auf einen sind fällig geworden (ich habe sie ungern gehen lassen); die 30 Jahre waren um und die US-Regierung hat mir mein Geld zurückgegeben, sodass ich wieder investieren konnte – zu 5 Prozent und weniger. Bis zur Jahrtausendwende waren Anleihen meine einzigen Investitionen. Seitdem habe ich diversifiziert – ohne gegen meine Werte zu verstoßen. Selbst wenn Ihre Werte andere als meine sind, hoffe ich, dass mein Beispiel Ihnen hilft, damit Ihre Investitionen Ihre Überzeugungen widerspiegeln.

Für mich muss Investieren auf meine Werte ausgerichtet sein, damit ich glücklich und frei bin. Ich habe 30 Jahre dafür gearbeitet, den Überkonsum in Nordamerika in Anbetracht dessen zu beenden, was ich über die Giftigkeit, Umweltverschmutzung und Klimakosten unserer industriellen Wachstumswirtschaft weiß. Ich bin kein solcher Purist, dass ich mich scheue, Geld mit meinem Geld zu verdienen, aber ich versuche, im Einklang mit meinen Werten zu investieren. Ich fahre ein Elektroauto und investiere in die Solarindustrie. Ich kaufe bei Bauern in der Region und investiere in lokale Farmen. Ich arbeite dafür, eine vielfältigere regionale Wirtschaft aufzubauen, und ich investiere in ortansässige Unternehmen. Ich sehe zunehmend ältere Menschen um mich herum und will diese Tendenz umkehren, also biete ich oft jüngeren Menschen an, eines meiner Apartments für einen Teil der eigentlichen Miete zu beziehen. Wo ich mein Geld angelegt habe, spiegelt wider, wer ich bin – wie ich es mir auch für Sie wünsche, egal wie Ihre Entscheidungen sind. Anders geht es nicht.

Immobilien

1986 haben Joe und ich mit einigen Freunden ein großes Haus in Seattle für 137.000 Dollar gekauft. Seit 20 Jahren beherbergt es unsere gemeinnützige Organisation, die New Road Map Foundation, und mehr als ein halbes Dutzend Menschen. Ich habe einen Teil des Hauses besessen, 20 Jahre mietfrei gelebt und mein Geld verdreifacht, als wir es verkauften. Diese Investition ergab sich zwar zufällig (wir brauchten einen festen Wohnort in Seattle), hat mich aber beeindruckt. Hätten wir das Haus gemietet, hätte mein Anteil in mehr als 20 Jahren locker 75.000 Dollar betragen. Zusätzlich habe ich Miete von Mitbewohnern während der Zeit bekommen. Und ich hatte etwas Reales und Handelbares – ein Haus mit sieben Schlafzimmern. Darüber hinaus habe ich Dutzenden von Menschen im Laufe der Jahre ein Zuhause zur Verfügung gestellt. Und ich habe in einem wunderbaren Teil dieser Welt gelebt. Dazu hatte ich eine Gemeinschaft, eine der Säulen des Reichtums, in der viel Kuhhandel betrieben wurde – Haarschnitt für Gesundheitsberatung für Steuerhilfe. Für mich stellt genau das Socially Responsible Investing dar!

Nach dem Verkauf war ich imstande, ein Haus in der Gemeinde zu kaufen, in der ich auf der Insel Whidbey lebe, eine Geschichte, die ich erzählen muss.

Ich überlegte, ob ich mit dem Geld aus dem Hausverkauf in Seattle – das für 1 Prozent Zinsen (bestenfalls) auf der Bank lag –, in Anbetracht der 3-Prozent-Zinsrate weitere Staatsanleihen kaufen sollte. Ich dachte an mein Haus in Seattle wollte etwas Vergleichbares, vielleicht ein Doppelhaus, in dem ich auf einer Seite leben und die andere vermieten könnte. An einem verschneiten Wintertag, als bei mir im Ort die Zeit stillzustehen schien, sah ich, dass ein preiswertes Haus, nur eine halbe Meile den Berg hinauf von meinem gemieteten Apartment, online angeboten wurde. Ich stapfte in meinen Sorel-Stiefeln dorthin und fand ein typische Wohnhaus vor: ein Split-Level-Haus, in hellgrün mit drei Schlafzimmern, ziemlich groß – und hässlich. Beim Herumgehen entdeckte ich auf der Rückseite eine Veranda, stieg die Stufen hoch und sah durch eine Glasschiebetür die Aussicht auf den Mount Baker, den North Cascades Park und das Wasser des Puget Sounds. Ein Haus mit Aussicht in einem Dorf, das häufig unter den Top-Küstenstädten genannt wurde – mein Verstand begann zu rotieren! Aber ich müsste Schulden machen, um es zu kaufen. Ich hatte mein ganzes Leben bar bezahlt und war nicht begierig, meine Schuldenfrei-Erfolgsbilanz zu beenden.

Dieser Ort müsste eine Stätte der Produktion, aber nicht eine des Konsums sein. Es musste eine Geldquelle, und kein Geldgrab sein; um meine Schatzkammer zu füllen und nicht, um sie zu leeren. Ich spielte die Möglichkeiten im Kopf durch. Ich könnte die Garage an einen Holzarbeiter oder einen Boots- oder Wohnmobileigentümer vermieten. Ich könnte das große Familienzimmer mit einem Badezimmer im Erdgeschoss an jemandem vermieten, ohne die Privatsphäre im Obergeschoss zu verlieren. Mein Verstand arbeitete wie eine Registrierkasse, klimperte, stellte sich vor, wie ich es schaukeln würde, während ich zurück nach Hause stapfte. Ich feilschte bereits in Gedanken, zog 5.000 Dollar vom Preis des Hauses ab und überlegte, wie ich mein Angebot dem Grundstücksmakler präsentieren würde.

Kurz hintereinander passierten zwei Dinge. Erstens rief ich eine Bekannte an, die gerade einen Arbeitsplatz in Whidbey angenommen hatte, um zu fragen, ob sie gern das Familienzimmer mieten würde. »Warum kaufen wir das Haus nicht stattdessen zusammen?«, antwortete sie. Es stellte sich heraus, dass wir beide genug Bargeld aus dem Verkauf unserer vorherigen Häuser hatten, um jeweils die Hälfte zu zahlen. Zweitens entschied die Bank, dass das Haus schon zum Verkauf stand und reduzierte den Preis um 40.000 Dollar, was es zu einem Schnäppchen machte. Die Begehung deckte einige Instandhaltungsprobleme auf, aber sie waren zu bewältigen, und so schnappten wir es uns.

Neun Jahre später hat meine Miteigentümerin zuerst das Familienzimmer in ein separates Apartment umgewandelt … und dann, weil sie zurück nach Hause ziehen musste, um sich um ihre Mutter zu kümmern, habe ich ihren Teil übernommen. Ich habe die Garage in eine weitere Einzimmerwohnung umgebaut. Jede bringt eine Miete ein, die mehr als fair ist für Mieter und die Vermieterin. Ich habe einen großen Garten hinter dem Haus, der volle südliche Sonne bekommt, und ich vermiete mein Gästezimmer im Sommer über Airbnb (in einer Touristenstadt zu leben, hilft). Meinen Berechnungen zufolge erziele ich 8 Prozent jährlich auf meine Investition, ein ausgezeichneter Gewinn in diesem Zeitalter der Niedrigzinsen. Wenn ich einmal älter und in der Klemme bin, könnte ich das Haus in eine Bank verwandeln, als zusätzliche Sicherheit für ein Darlehen, um den einen oder anderen Körperteil zu ersetzen. Ich denke auch, dass eine Pflegerin in einem jener Apartments mietfrei leben könnte, als Teilausgleich für ein paar Stunden am Tag, um mich zu waschen, anzukleiden und mit Essen zu versorgen.

Rente

Die Rente ist meine dritte Einkommensquelle. Ich habe sie mir vor zwei Jahren auszahlen lassen, nachdem ich ausgerechnet hatte, dass es sich nur lohnen würde, eine monatliche Rente zu bekommen, wenn ich sie mindestens 20 Jahre in Anspruch nehme. Werde ich überhaupt so alt? Oder die Institution, von der ich meine Rente beziehe? Das ereignete sich kurz nach dem Kauf meines derzeitigen Hauses. Ich war knapp bei Kasse und entschied mich zu diesem Schritt. Im Gegensatz zu vielen Baby-Boomern habe ich zum Glück verschiedene Investitionen getätigt und bin nicht auf die magere Rentenzahlung angewiesen, die einmal im Monat kommt.

Lokale Kreditvergabe

Mein viertes Standbein nach Anleihen, Immobilien und Rente stammt aus lokalen Kreditvergaben. »Ich vertraue auf die Gemeinschaft« ist nicht nur ein philosophisches Accessoire, das ich mir anhefte, es ist eine Ethik, nach der ich lebe. Und ich habe eine Möglichkeit gefunden, das auf relativ sichere Weise zu tun.

In der Nachbargemeinde hat eine Gruppe pragmatischer Visionäre ein einzigartiges Netzwerk namens LION (Local Investing Opportunities Network) geschaffen, das Investoren hilft, mit örtlichen kleinen Geschäften und Non Profits zusammenzukommen, die Geschäftsmöglichkeiten haben, denen jedoch das Kapital fehlt. In diesem Modell lädt das Netzwerk Menschen mit neuen oder existierenden Geschäften ein, Interessenbekundungen zusammen mit einem Businessplan bei einer Sekretärin einzureichen, die diese Unterlagen weiterleitet an die Mitglieder. Jedes interessierte Mitglied kann sich mit dem Geschäftsinhaber treffen, mehr über das Projekt erfahren und eine Investition eingehen, deren Bedingungen und Höhe frei ausgehandelt werden. Da Gemeinschaft und Beziehungen ein Kern meines Wohlstands sind, habe ich meinen eigenen umlaufenden, kleinen, lokalen Kreditfonds, über den ich bis heute fast 80.000 Dollar in lokale Geschäfte investiert habe. Ich nehme stets 5 Prozent Zinsen, die ich mir zum Teil in Waren auszahlen lasse – Katzenstreu, Gemüse, ein Hühnerstall, Eier … all die Dinge, aus denen das Landleben besteht. In fast allen Fällen sind meine Kreditnehmer dankbar und werden meine Freunde. Wenn ihre Geschäfte gedeihen, gedeiht auch meine Gemeinde. Das ist wichtig, denn ländliche Gemeinden brauchen eine florierende Wirtschaft, um vital und wohlhabend zu sein.

Ökostrom

Als eine lokale Gruppe Klimmzüge unternahm, um auf unserer Insel eine große Reihe Solarpaneele zu installieren, ergriff ich die Gelegenheit, mich in die GmbH einzukaufen, die sie dafür gegründet hatten. Mit Anreizprogrammen der Regierung plus dem Verkauf des Stroms profitiere ich auf dreierlei Weise: Ich unterstütze das Anbringen von Solarpaneelen auf unserer Insel – eine Investition in eine energieautarke Zukunft. Ich erziele nahezu risikolos 3 Prozent auf mein Geld. Und unsere GmbH hat eine lokale Firma engagiert, um die »Made in Washington«-Paneele zu montieren – was wiederum die Entwicklung der lokalen Wirtschaft unterstützt.

Meine Begabung für das Finden und Investieren in weitere Ökostrom- und Socially Responsible Businesses hält sich in Grenzen. Deshalb habe ich einen Honorarberater engagiert, der sich auf diesen Bereich spezialisiert hat, da ich nur wenig Interesse daran habe, meine Finanzen selbst zu managen. Der kleine Prozentsatz, den er jährlich dafür berechnet, ist das allemal wert. Wenn ich mich selbst für die Stunden bezahlen würde, die ich investieren müsste, um Socially Responsible (oder zumindest nicht sozial schädliche) Investitionsmöglichkeiten zu finden, plus den Kosten für meine Gesundheit wegen des Stresses (ich bin ziemlich risikoscheu), würde das sein Honorar beträchtlich übersteigen.

Mein Berater ist klar auf meine Investitionsphilosophie eingestellt. Er war behilflich beim Entwickeln der lokalen Investitionsstrategie in einem Nachbarort, die meine Gemeinde übernommen hat. Außerdem hat seine Firma, Natural Investments, eine Vorgehensweise beim Investieren, die zu meinem Ansatz passt. Mit einem Teil meines Geldes – das aus diesen wunderbaren Coupon-Anleihen zu mir zurückgeflossen ist – wollte ich ein größeres Risiko eingehen als sonst und in von ihm vorgeschlagene Unternehmen investieren, die Aktien an Kleinanleger verkaufen; mir gehören Anteile an zwei Solarfirmen und einer Kaffeegenossenschaft. Der Rest steckt in sozial verantwortlichen Investitionen und Anleihenfonds. Falls Sie sich entschließen, einen Finanzberater zu engagieren, achten Sie unbedingt darauf, dass er oder sie nicht nur absolut integer ist, sondern auch Werte hat, die zu Ihren passen.

Nebenjobs

Wie viele FI-ler heutzutage verdiene ich auch ein bisschen Geld durch sogenannte »Nebenjobs«. Der Kreativität sind hierbei keine Grenzen gesetzt, angefangen von einem Online-Handel bis zum Verkaufen von Dingen auf eBay, von einigen Kunden, die ich berate und coache – auch nach FI –, bis zum Ausführen von Hunden über Home Staging und Schreiben von Blogs und Nachhilfe für Schulkinder bis zum Reiseführer im Sommer und dem gelegentlichen Leiten von Konferenzen. Das Schreiben eines Buches ist zwar ein gigantischer Nebenjob, aber er passt hierher, denn es ist episodisch, fügt sich in meine verschiedenen Aktivitäten ein und kann wegfallen, ohne meine Finanzielle Unabhängigkeit zu zerstören.

Checkliste der Dinge, die Sie beim Investieren berücksichtigen müssen:

1. Steht diese Investition in Einklang mit meinen Werten?
2. Steht diese Investition in Einklang mit meiner Risikotoleranz?
3. Liefert sie hinreichend Diversifikation für meine Investitionen?
4. Liefert sie die aktuellen und zukünftigen Einnahmen, die ich benötige?
5. Wie schnell kann ich an mein Geld kommen, mir alles oder einen Teil aus der Investition auszahlen lassen?
6. Welche Gebühren oder (eventuelle) Strafzahlungen handele ich mir ein, wenn ich in diese Investition ein- oder wieder aussteigen will?
7. Welche steuerlichen Auswirkungen hat diese Investition für mich? (Ist es steuerlich wirksam für meine Steuerklasse oder Situation?)

Sie werden ein FI-Portfolio zusammenstellen, das zu Ihrer Art des Denkens und Lebens passt, Ihrer Risikotoleranz und Ihrer Kreativität beim Einsetzen von Bewusstheit statt Geld, um Ihre Bedürfnisse zu erfüllen. Es liegt wirklich ganz an Ihnen.

Zum Abschluss

Sie sind auf dem richtigen Weg, die Macht zurückzuerlangen, die Sie dem Geld übergeben haben – und den Geld-»Experten«. Sie sind bereit, ein bewusster, liebevoller und wissender Verwalter Ihrer Lebensenergie zu werden. Unsere größte Hoffnung ist, dass Sie diese Schritte auf Ihre eigenen Finanzen und Ihre Lebensenergie für die Herausforderungen anwenden werden, mit denen unsere Spezies und unser Planet konfrontiert sind. Wir wünschen Ihnen viel Erfolg.

Zusammenfassung von Schritt 9

Eignen Sie sich Wissen und Erfahrung über langfristige einkommenproduzierende Investitionen an und managen Sie Ihre Finanzen für ein beständiges Einkommen, das langfristig Ihre Bedürfnisse hinreichend deckt.

Geldgespräch-Fragen

Hüten Sie sich davor, Ihre Macht abzugeben, indem Sie die Ratschläge von anderen befolgen. Filtern Sie alles durch Ihre eigenen Werte und Recherchen. Gleichzeitig lernen wir so viel, indem wir hören, wie andere mehrfache Einkommensströme aus einer Reihe von Investitionen entwickeln.

Bringen Sie die Vorschläge im Schlusswort für die Durchführung eines Geldgespräches in Ihre tägliche Reflexion ein, vertiefen Sie diese mit Ihrem Partner oder in sozialen Gruppen. Denken Sie daran, das »Warum?« am Ende jeder Frage anzufügen, um sie zu vertiefen. Das Hinzufügen von »Wie hat die Gesellschaft meine Antwort beeinflusst?« zu jeder Frage wird diese in einen größeren Zusammenhang stellen. Es gibt keine richtigen Antworten.

- Was tun Sie jetzt dafür, um schuldenfrei zu bleiben, wenn Sie älter werden?
- Was können Sie tun, um etwas dazuzuverdienen, wenn Sie in der Klemme sind?
- Wem oder was würden Sie vertrauen, Ihnen beim Investieren Ihres Geldes zu helfen?
- Was sind Ihre bisherigen Erfahrungen mit dem Investieren? Was erhoffen Sie sich?
- Welche Werte und Überzeugungen bringen Sie beim Investieren mit?
- Wie sieht es mit Ihrer Risikotoleranz aus – beim Geld *und* beim Leben?
- Was bedeutet Finanzielle Unabhängigkeit für Sie?

Kurzanleitung für das Neun-Schritte-Programm

Noch kürzere Abkürzungen gibt es nicht. Dieses ganze Buch, mit all seinen neun Schritten, ist eine Abkürzung. Die Schritte sind hier noch einmal zusammengefasst zum Wiederholen und zur Erinnerung. Dies ist ein ganzheitlicher Ansatz, bewusst alle Schritte umzusetzen fügt Ihre persönlichen Finanzen automatisch zu einem Ganzen zusammen. Dies sind auch grundlegende Methoden bei einem Geschäft – und Sie sind ein Geschäft. Sie sind in dem Geschäft des Maximierens von Glück, das Sie als Ertrag für jede investierte Stunde Lebensenergie bekommen.

Schritt 1: Söhnen Sie sich mit der Vergangenheit aus

1. Wie viel haben Sie in Ihrem Leben verdient? Ermitteln Sie den Gesamtbetrag Ihrer bisherigen Einkünfte – die Gesamtsumme Ihres Bruttoeinkommens, vom ersten Penny, den Sie je verdient haben, bis zum letzten Gehaltsscheck.
2. Was können Sie dafür vorweisen? Ermitteln Sie Ihren Reinwert, indem Sie eine Bilanz mit allen Vermögenswerten und Verbindlichkeiten erstellen – alles, was Sie besitzen und schulden.

Schritt 2: In der Gegenwart sein – Halten Sie Ihre Lebensenergie nach

1. Für wie viel tauschen Sie Ihre Lebensenergie ein? Ermitteln Sie die tatsächlichen Kosten in Bezug auf Zeit und Geld, die nötig sind, um Ihren Job zu behalten, und berechnen Sie Ihren tatsächlichen Stundenlohn.
2. Registrieren Sie jeden Cent, der in Ihr Leben fließt oder es verlässt.

Schritt 3: Wohin verschwindet das nur alles? (Tabelle monatlicher Ein- und Ausgaben)

- Jeden Monat rechnen Sie alle Ausgaben innerhalb der Kategorien zusammen, die Sie nach Ihrem individuellen Ausgabenmuster erstellt haben. Dann rechnen Sie das Einkommen zusammen.
- Übertragen Sie die in jeder Kategorie ausgegebenen Euros auf »Stunden Lebensenergie«, indem Sie Ihren in Schritt 2 berechneten tatsächlichen Stundenlohn zugrunde legen.

Schritt 4: Drei Fragen, die Ihr Leben verändern werden

Stellen Sie basierend auf Ihrer monatlichen Tabelle folgende drei Fragen:

1. Erreiche ich Erfüllung, Zufriedenheit und Wert in Relation zur aufgewandten Lebensenergie?
2. Stimmt dieser Aufwand an Lebensenergie überein mit meinen Werten und meinem Lebenszweck?
3. Inwiefern würde sich dieser Aufwand ändern, wenn ich nicht für Geld arbeiten müsste? Bewerten Sie für jede Frage in jeder Kategorie, ob die Ausgaben steigen, sinken oder so bleiben sollen für eine optimale Erfüllung. Dies ist das Herz des Programms.

Schritt 5: Die Lebensenergie sichtbar machen

Erstellen Sie ein Wand-(oder Online-)Diagramm, in das Sie sämtliche monatlichen Ein- und Ausgaben eintragen. Hängen Sie es irgendwo auf, wo Sie es täglich sehen.

Schritt 6: Ihre Lebensenergie würdigen – Ausgaben minimieren

Lernen und üben Sie den intelligenten Einsatz von Lebensenergie (Geld), was dazu führen wird, Ihre Kosten zu senken und Ihre Ersparnisse zu vergrößern. Das wird zu mehr Erfüllung, Integrität und Harmonisierung in Ihrem Leben führen.

Schritt 7: Ihre Lebensenergie würdigen – Einkommen maximieren

Respektieren Sie die Lebensenergie, die Sie in Ihren Job investieren. Geld ist schlichtweg etwas, das Sie gegen Ihre Lebensenergie eintauschen. Tauschen Sie es zielgerichtet und widerspruchsfrei gegen gesteigertes Einkommen.

Schritt 8: Kapital und der Übergangspunkt

Wenden Sie jeden Monat die folgende Formel auf Ihr gesamtes akkumuliertes Kapital an und halten Sie das Ergebnis als separate Linie auf Ihrem Wanddiagramm fest:

$$\frac{\text{Kapital} \times \text{aktueller langfristiger Zinssatz}}{\text{12 Monate}} = \text{monatliches Investmenteinkommen}$$

Schritt 9: Für FI investieren

Dieser Schritt wird Ihnen helfen, sich das Wissen und die Erfahrung über einkommenproduzierende Investitionen zuzulegen, die ein beständiges Einkommen zum langfristigen Abdecken Ihrer Bedürfnisse hervorbringen können.

Stellen Sie unter Verwendung der drei Säulen einen Finanzplan auf.

- Kapital: Das einkommenproduzierende Zentrum der Finanziellen Unabhängigkeit.
- Polster: Genug verfügbares Bargeld, um die Ausgaben von sechs Monaten abdecken zu können.
- Puffer: Der Überschuss an Geldmitteln, resultierend aus Ihrer fortgesetzten Anwendung der neun Schritte.

Besuchen Sie für weitere Quellen die englische Website

yourmoneyoryourlife.com.

Oft.

Epilog: Geld regiert die Welt

»Geld regiert die Welt!« Dieser auf Euripides zurückgehende Spruch bringt auf eloquente Weise die Macht des Geldes zum Ausdruck, Dinge erledigt zu bekommen – in der Wirtschaft, Politik, bei gesellschaftlichem Umgang und sogar in der Liebe. Aber bedauerlicherweise endet die Konversation für gewöhnlich, sobald das Geld »die Welt regiert«. Geld »bringt die Sache unter Dach und Fach«, salopp ausgedrückt, und wir halten den Mund. Wir leben in einer gelddurchtränkten Kultur, dennoch ist das Reden über unsere persönlichen Finanzen oftmals tabu. Höchste Zeit, etwas dagegen zu tun.

Der Zweck dieser Geldgespräche besteht darin, das Schweigen über unsere Einstellung zum Geld zu durchbrechen und ein neues Gespräch zu eröffnen. Wann haben Sie das letzte Mal offen über Ihre Schulden gesprochen? Oder über Ihr Einkommen? Wenn Sie so sind wie die meisten von uns und das Spiel alleine spielen, dann durchkämmen Sie Bücher, Zeitungen und Ratgeberkolumnen und wechseln zwischen verschiedenen Methoden ständig hin und her – versuchen, abwechselnd mit Sparen, Ausgeben oder Spekulieren den Weg ins Glück zu finden.

In Geldgesprächen holen wir Ihre Annahmen, Ängste, verrückten Strategien, Dinge, die Sie bedauern, sowie Lügen ans Licht. Das tun wir durch Gespräche im Geist des »keine Vorwürfe, keine Schuldzuweisungen«. Möchten Sie nicht auch wissen, was in den Köpfen der anderen bezüglich Geld vor sich geht? Möchten Sie nicht von deren dümmsten Fehlern und cleversten Strategien erfahren, damit Sie aus Ihren festgefahrenen Spuren ausbrechen und vernünftig mit Geld umgehen können? Würde Ihnen nicht ein sicherer Weg gefallen, um Geschichten darüber auszutauschen und über die Mysterien von Geld, Jobs, Einkommen, Sparen, Investieren, Spenden und Horten zu sinnieren?

»So wie viele [junge] Menschen sagt auch **Donita S.**: *»Ich steckte in einem typischen Neun-bis-fünf-Uhr-Job fest, der für mich nicht das Richtige war. Ich wollte das Gefühl haben, etwas zu bewirken. Aber acht Stunden an einem Computer zu sitzen, brachte es nicht – ich sehnte mich nach mehr. Etwa zu dieser Zeit stellte eine Freundin mir eine Gemeindegruppe der Neuen Einfachheit vor. Ich erlebte diese Gruppe als einen sicheren Ort, an dem Menschen einander ihre Wünsche, Ängste, Werte und Lebensziele mitteilen. Wir diskutierten über aktuelle Themen wie Finanzen, Technologie, Nachhaltigkeit und Achtsamkeit, um nur ein paar zu nennen. Ich wurde zunehmend dazu angeregt, ein Leben voller Bedeutung, Sinn und Abenteuer zu leben. Und eines Tages wurde es mir plötzlich klar: Mein Leben würde sich nicht ändern, wenn ich nicht handelte. Ich hatte immer davon geträumt, zu reisen, aber ständig neue Ausreden gefunden. Ich kündigte [schon kurz darauf] meinen Job und buchte einen Flug auf die andere Seite der Erdkugel, allein und mit nur einem Rucksack.«*

Geldgespräche sind täuschend einfach und können dennoch Ihr Leben verändern. Ein paar Grundsätze, ein starkes Thema oder eine wirkungsvolle Frage, ein Prozess, bei dem jeder an die Reihe kommt. Es mag furchterregend scheinen, zusammen mit anderen in das Wespennest unserer Einstellung zum Geld zu stechen. Jahrelange Erfahrung in der Anwendung einer derart simplen Methode lassen mich Ihnen mit Zuversicht garantieren, wie Sie sich fühlen werden:

- Erleichtert
- Gestärkt
- Entspannter in Bezug auf Ihre Entscheidungen
- Motiviert, die Veränderung Ihrer Einstellung zum Geld fortzusetzen

In den Geldgesprächen gibt es keine Experten, weil es nicht darum geht, etwas in Ordnung zu bringen, es geht darum, uns als Menschen zu verstehen, die gefangen sind in einer Konsumgeldkultur, die zwar unsere Gier befriedigen mag, nicht jedoch unsere wahren Bedürfnisse, zusammengehörig, respektiert und beschützt zu sein. Ihre Einstellung zum Geld auf diese Weise zu besprechen, unterscheidet sich von einem Gespräch mit einem Finanzberater über Investitionen oder Schuldentilgungspläne. Unsere Einstellung zum Geld hat mit den Gedanken, Gefühlen, Einstellungen, Überzeugungen und Lebenserfahrungen zu tun, die wir zu einem einzigartigen persönlichen Wandteppich verwoben haben. Einige unserer Finanzprobleme zu lösen, kann ein Nebeneffekt sein, aber es ist nicht das vorrangige Ziel. Geldgespräche sind gedacht, um jene überraschenden Entdeckungen hervorzubringen, die in offenen, neugierigen Gesprächen ungebeten auftauchen.

Regeln für Geldgespräche

Führen Sie ein Experiment durch: Bitten Sie jemanden, mit Ihnen Geschichten über eine Sache auszutauschen, die Sie beide in den vergangenen sechs Monaten gekauft haben und nicht wirklich brauchen. Jeder hat so etwas, garantiert. Es ist eine geldbezogene Frage, aber nicht zu persönlich, und von daher eine gute Methode, sich vorsichtig heranzuarbeiten.

Als ich das zum ersten Mal in einem Workshop machte, war ich erstaunt. Niemand wollte mit seinem Zweiergespräch aufhören, um mir wieder zuzuhören. Ich hätte währenddessen den Raum verlassen können und alle hätten den Workshop überschwänglich gelobt.

Sie können das Thema gegenüber Ihrem Partner oder Mitbewohner aufwerfen. Sie können die Frage in Ihrem Social Media Feed posten und sehen, was Ihre Freunde antworten. Sie können es beim Mittagessen mit einem Arbeitskollegen ansprechen. Sie können sogar einen Freund dazu holen, um mit Ihnen ein Geldgespräch bei Ihnen zu Hause oder in einem Café auszurichten. Mit einem Freund zusammen ist es leichter und macht mehr Spaß – und Sie haben zumindest eine Person, mit der Sie über das Thema der Woche reden können. Bestenfalls ist es eine Methode, neue Leute kennenzulernen und Ihr soziales Umfeld zu erweitern.

Da Geld ein sehr belastetes Thema ist, schlagen wir Ihnen die Verwendung der folgenden Grundsätze vor und geben Ihnen ein paar Tipps, damit Sie tiefergehende und möglicherweise kontinuierliche Geldgespräche führen werden. Diese Vorschläge sind angepasst aus dem Conversation-Café-Prozess, einer Gesprächseinstiegsmethode mit niedriger Hemmschwelle, die mittlerweile von Menschen rund um Welt verwendet wird, die sich versammeln, um Ereignisse des Tages zu verstehen oder über die großen Fragen unserer Zeit diskutieren möchten. Im Kontext von *Mehr Geld für mehr Leben* ist das Thema unsere allzeit faszinierende und verwirrende Beziehung zu Geld. Wenn Sie die Schritte befolgen, ist es nicht notwendig, an Geldgesprächen teilzunehmen, es wird aber Ihre Transformationsreise und den praktischen Prozess der Schuldenreduzierung und des Geldsparens beschleunigen sowie Ihr Finanzleben so umgestalten, dass Sie Ihre Werte und Träume reflektieren. Es aus Ihrem Kopf und in ein »Keine Vorwürfe, keine Schuld«-Gespräch zu schaffen ist wirklich der heißeste Tipp zum Ändern Ihrer Einstellung zum Geld.

Wer und Wo

Jeder, der bereit ist, sich im Geiste eines aufrichtigen, neugierigen »keine Vorwürfe, keine Schuld« mit Ihnen auf ein Geldgespräch einzulassen, ist perfekt geeignet. Es kann mit Ihrem Tagebuch sein, mit Ihrem Partner im Bett kuschelnd, mit Ihrer Familie am Abendbrottisch, mit Ihren Freunden im Café oder Wohnzimmer, mit den Teilnehmern eines Workshops oder den anderen Studenten in einem Klassenraum. Tun Sie es mit jedem, dem Sie vertrauen, und überall dort, wo Sie frei sprechen können, ohne unterbrochen zu werden, bevor alle das Gefühl haben, fertig zu sein. Wenn Sie mit Menschen zusammen sind, die Sie nicht kennen, sollten die folgenden Richtlinien genügend Sicherheit gewährleisten, um sich zu öffnen.

Sobald Sie den Bogen raus haben, können Sie sich an unterschiedliche Umstände anpassen, aber für den Anfang sind hier drei mögliche Szenarien:

Ablauf beim Tagebuchschreiben (1 Person)

Wenn Sie Tagebuch führen, dann wissen Sie, dass Schreiben ein Entdeckungsprozess ist. Sie können diese Eigenschaft verstärken, indem Sie die Finanzfrage, über die Sie nachdenken möchten, oben auf die Seite schreiben, durchatmen und Ihr klügeres Ich einladen, eine Antwort zu schreiben. Gewähren Sie diesem klügeren Ich genügend Freiraum, damit es mindestens fünf Minuten ungestört etwas notieren kann. Ihre Antwort wird Sie überraschen. Sie können das Ganze mit einer anderen Frage wiederholen – oder mit derselben – so oft und so lange Sie wollen.

Ablauf für einen Dialog (2 Personen)

Das könnte eine ziemlich persönliche Situation sein, vielleicht mit Ihrem Partner, besten Freund oder einem Teenager. Es ist gut, zu bekräftigen, dass Sie sozusagen das Thema wechseln, von einer belanglosen Konversation übergehen zu einem zielgerichteten Gespräch. Ein halbe Minute Schweigen wirkt Wunder. Halten Sie sich dann an die folgenden Richtlinien.

Ablauf für kleine Gruppen (3–8 Personen)

Nicht mehr als acht Teilnehmer gewährleisten, dass jeder genug Zeit bekommt, sich zu äußern. Sollten mehr Personen kommen, können Sie die Gruppe teilen. Möglicherweise wollen die Teilnehmer lieber zusammenbleiben, aber Sie haben garantiert bessere Gespräche mit weniger Personen im Kreis.

Tun Sie, was immer allen hilft, mitzureden und sie dabei unterstützt, das Gespräch persönlich, lebhaft, informativ und sicher zu halten.

Es funktioniert gut, wenn zu Beginn alle aus der Runde eine oder zwei Minuten bekommen, um ohne unterbrochen zu werden etwas zu dem Thema zu sagen. Auch zum Abschluss der Gesprächsrunde sollte jeder Teilnehmer eine oder zwei Minuten bekommen, um zu sagen, was er aus dem Gespräch mitnimmt.

Es hilft, wenn jemand als »Gastgeber« fungiert, um die Gruppe vom Plaudern über alles Mögliche zum anstehenden Thema übergehen zu lassen. Der Gastgeber kann die Sache ingang bringen, indem er die erste Runde eröffnet. Er sollte auch die abschließende Runde zehn bis 15 Minuten vor dem vereinbarten Ende ankündigen. Gastgeber sind Teil der Gesprächsrunde. Sie werfen weder vom Rand aus Kracherfragen in den Raum, um zu sehen, was passiert, noch geben sie Ratschläge. Sie bleiben neugierig, wissbegierig und jedem gegenüber offen.

Versuchen Sie so etwas nicht auf die Schnelle. Kalkulieren Sie für zwei Personen mindestens eine halbe Stunde – mehr Zeit bei mehr Personen.

Vereinbarungen

Keine Vorwürfe, keine Schuld: Bleiben Sie so gut Sie können unvoreingenommen und wertfrei, sich selbst und den anderen gegenüber. Das bedeutet nicht, dass alle höflich sein oder zustimmen müssen – seien Sie einfach nur offen für andere Ansichten.

Verschwiegenheitspflicht: Was in der Gruppe gesagt wird, bleibt in der Gruppe.

Anwesenheit: Kommen Sie pünktlich, bleiben Sie bis zum Ende und schenken Sie jedem, der etwas sagt, volle Aufmerksamkeit.

Werbefreie Zone: Bringen Sie Ihr Marketing, Ihre Empfehlungen und ausführlichen Vorträge an einem anderen Ort und zu einer anderen Zeit unter. Wir kommen nicht her, um korrigiert zu werden. Wir kommen her, um etwas über uns, die anderen und unsere Welt zu lernen.

Themen

Eine Frage, bei der das Ergebnis offen bleibt, oder ein Vorschlag, zu dem jeder aufgrund seiner Erfahrungen etwas sagen kann, funktionieren am besten. Nutzen Sie die Fragen am Ende jedes Kapitels und versuchen Sie dann, sich eigene zu überlegen. Denken Sie daran, impliziert in viele Fragen und Themen ist »… und warum?« Haben Sie keine Angst vor diesem Schritt. Eine großartige Möglichkeit, eine Frage zu vertiefen, besteht darin, zu sagen: »Erzählen Sie mir mehr darüber«, oder »Was hat Sie zu dieser Ansicht gebracht?« Seien Sie vorsichtig, denn Ihr Ton macht die Musik. »Wie kommen Sie darauf?«, kann ehrlich interessiert klingen oder ziemlich abfällig.

Da die Gesellschaft unser Denken, unsere Gefühle und Verhalten rund ums Geld formt, können Sie jedes Geldgespräch mit der Frage erweitern: »Inwiefern hat die Gesellschaft Ihre Antworten beeinflusst?«

Die Fragen am Ende jedes Kapitels in *Mehr Geld für mehr Leben* sind nur Beispiele dessen, was in einem Geldgespräch thematisiert werden kann. Ihr Thema kann sogar aus nur einem Wort bestehen – wie Geld, Arbeit, Bedeutung, Zweck, Prioritäten, Einfachheit, Materielles, Borgen, Verleihen, Verzinsen, Steuern, Versicherung und so weiter – gefolgt von drei Fragen:

Was denken Sie darüber?

Was empfinden Sie diesbezüglich?

Was tun Sie diesbezüglich?

Eine Frage auf diese Weise zu stellen, bietet jedem einen Einstieg. Manche Menschen sind Denker, andere Fühler und wieder andere Macher, und sie alle brauchen eine Tür, um ohne Feedback oder Wortgefechte in die Eröffnungsrunde eintreten zu können. Danach können Sie sich bis zur Schlussrunde in einer frei fließenden Konversation austoben.

Lassen Sie uns reden!

In dem Wort *Kultur* steckt das Wort *Kult*. Wenn wir einen Kult des Schweigens um unsere Einstellung zum Geld weben, bleiben wir alle in der Umklammerung von Scham und Schande, mehr ist besser, und es ist nie genug, Gier ist gut, wer beim Tod die meisten Spielsachen hat, hat gewonnen – wie es uns beigebracht wurde.

Wir können sowohl unsere eigene Reise beschleunigen als auch radikale Kulturveränderer sein, indem wir das Thema unserer Gespräche von Small Talk (Belanglosigkeiten, Klatsch, Gejammer) zu GROSSEN Gesprächen über Geld und Leben wechseln. Nicht nur das, wir geben unseren Gesprächspartnern ein profundes Geschenk: Wir befreien sie aus ihren eigenen Gefängnissen der Angst und Verwirrtheit und ihrer Blindheit.

Nutzen Sie die Fragen und Themen aus den vorhergehenden Kapiteln, oder entwickeln Sie Ihre eigenen. Lasst die Gespräche beginnen.

Danksagung

Dieses Buch ist nun mehr als 25 Jahre alt. Während dieser Jahre haben Hunderte Menschen zu seinem Wirkungsbereich und seiner Langlebigkeit beigetragen. Ich möchte hier nur ein paar herausgreifen. Monica Wood bearbeitete jede Version dieses Buches bis zu seinem Erscheinen im Jahr 1992. Rhoda Walter war in derselben Zeit eine unfehlbare Rechercheurin und Unterstützerin. Die New Road Map Foundation, vollständig mit freiwilligen Mitarbeitern besetzt, ist die Bildungs- und Wohltätigkeitsorganisation, die wir 1984 gründeten, um diese – und andere – Transformationswerkzeuge zu verbreiten: Das NRM-Team widmete sich dem Überbringen des 9-Schritte-Programms auf unzähligen Wegen an Hunderttausende Menschen.

Für diese Überarbeitung von *Mehr Geld für mehr Leben* gibt es etliche Helden, denen ich namentlich danken möchte.

Chris Ryba arbeitete 2017 als mein zuverlässiger und unentbehrlicher Redaktionsassistent. Als wir uns kennenlernten, entdeckten wir verschiedene gemeinsame Leidenschaften. Zunächst mal *Mehr Geld für mehr Leben,* clevere Finanzstrategien im Allgemeinen, und die Macht des Gesprächs, um Leben zu verändern. Seine Millenial-Sichtweise auf die Welt war unersetzlich. Gemeinsam haben wir diese Aktualisierung in Form gerungen und er hat jede Version jeder Überarbeitung jedes Kapitels mit Klarheit, Intelligenz und guten Mutes redigiert.

Cole Hoover, ein anderer super cleverer, netter und weiser Millenial, half mir zu verstehen, wie und warum diese Generation das braucht, was dieses Buch bieten kann. Anne Tillery, Cecile Thomas und David McNamara boten ebenfalls anhaltende Ermutigung, glaubten fest an mich und diese Arbeit.

Beth Vesel, meine langjährige Agentin und Anfeurerin, arbeitete mit mir, wie sie es vom ersten Tag an getan hat, um den Keim einer Idee zu etwas Klarem, Überzeugenden und hinreichend Relevanten zu machen, um die Gunst meines Verlags, Penguin, und insbesondere Kathryn Court, zu gewinnen, eine Getreue über viele Jahre.

Rod Arakaki, früher beim *Yes! Magazine,* bot seine Dienste an, als er von der Überarbeitung erfuhr, und fertigte geschickt die erste Umarbeitung von Kapitel 6.

Das Team bei Natural Investments – James Frazier, Christopher Peck, Michael Kramer, Hal Brill und Jim Cummings – halfen mir, genau den richtigen neuen Wein in die alten Schläuche von Kapitel 9 zu füllen, und die Bandbreite der Investitionsmöglichkeiten von passivem Einkommen zu erweitern. Der 30-jährige Grant Sabatier sprang im Februar 2017 aus heiterem Himmel mit dem Fallschirm ab und hatte einen gut ausgearbeiteten Online-Artikel dabei, inwiefern *Mehr Geld für mehr Leben* das hilfreichste Buch auf seinem Weg vom Bankrott zum Millionär innerhalb von fünf Jahren war. Das schickte die frühere Version auf Platz 1 bei Amazon und eröffnete eine kreative Partnerschaft zwischen uns, die diese Überarbeitung kraftvoll zu einer neuen Generation tragen wird.

Zur selben Zeit entdeckte ich die FIRE (Financial Independence; Retire Early) Bewegung, die von dem ursprünglichen *Mehr Geld für mehr Leben* stark beeinflusst worden zu sein schien. Pete Adeney, alias Mr. Money Moustache, und andere Berühmtheiten in einer sehr großen Community von FIRE-Anführern und -Bloggern, hießen mich herzlich willkommen zurück in der Herde, und ich freue mich auf die Jahre voller Unruhestiften, Mythenzerschlagung und gemeinsamem die Welt verändern.

Schließlich haben mich mein lokaler Redakteur, A. T. Birmingham Young, und mein Penguin-Redakteur, Sam Raim, vor Fehlern und Ausschweifungen in Hülle und Fülle bewahrt. Sie haben den beiden zu danken, wie gut es geworden ist.

Das Schreiben ist ein einsamer Prozess, aber ich möchte auch meiner Lebensumgebung Anerkennung zollen – meiner Whidbey-Gemeinde, mit Freunden, die inspirieren, zuhören, lachen und auf konkrete Weise helfen, und Landschaften, die meine Seele nähren. Hierher zu gehören, mit euch und zu euch, ist, in tiefstem Sinne, mein wahrer Reichtum.

Über die Autoren

Vicki Robin, Autorin von *Blessing the Hands That Feed Us* und Co-Autorin des Bestsellers *Mehr Geld für mehr Leben,* ist eine produktive und bekannte Sozialinnovatorin, Schriftstellerin und Rednerin. Darüber hinaus steht sie an der Spitze der Bewegung für nachhaltiges Leben und hat Projekte angestoßen wie Sustainable Seattle, die 10-Day Local Food Challenge, Transition Whidbey und das Center for a New American Dream. Sie war bereits Gast in unzähligen Fernseh- und Radioshows und ihr Buch *Mehr Geld für mehr Leben* wurde in weit über 100 Zeitungen und Magazinen rezensiert, einschließlich der *New York Times,* NPR, *The Oprah Winfrey Show, People* und vielen anderen. Sie lebt auf Whidbey Island in Washington.

Joe Dominguez (1938–1997) war ein erfolgreicher Finanzanalyst an der Wall Street, bevor er sich im Alter von 31 zur Ruhe setzen konnte, indem er das Schritt-für-Schritt-Konzept entwickelte und befolgte, das in *Mehr Geld für mehr Leben* vorgestellt wird. Sein Konzept ist auch als Audio-CD Transfor ming Your Relationship with Money and Achieving Financial Independence (Sounds True) erschienen. Danach widmete er sich der Verbreitung seines Programms. Ab 1969 spendete er alle Erlöse daraus für Projekte, die den bewussten Umgang mit Geld vorantreiben.

Peter Adeney, besser bekannt als Mr. Money Mustache, ist ein einflussreicher Finanzblogger und Frugalist, der mit Anfang 30 finanziell unabhängig in den Ruhestand ging und nun darüber schreibt, wie man ein sparsames Mußeleben führt.

Anhang

1 17 Prozent der »Einheiten« im Alter von 65 oder darüber im Jahr 2014, obwohl die Sozialhilfe für mindestens 52 Prozent des Gesamteinkommens der Einheiten im Alter von 65 und älter aufkommt (siehe Tabelle 8.A1). Quelle: Social Security Administration (US), *Income of the Population 55 or Older, 2014* (Washington, DC: Office of Retirement and Disability Policy, 2016), https://www.ssa.gov/policy/docs/statcomps/income_pop55/.

2 Bureau of Labor Statistics (US), »Number of Jobs Held, Labor Market Activity, and Earnings Growth Among the Youngest Baby Boomers: Results from a Longitudinal Survey« (31. März 2015), https://www.bls.gov/news.release/archives/nlsoy_03312015.pdf.

3 »integrity.» Merriam-Webster.com. 2017. https://www.merriam-webster.com (9. September 2017).

4 Douglas LaBier, *Modern Madness* (Reading, MA: Addison-Wesley, 1986), wie besprochen in Cindy Skrzycki, »Healing the Wounds of Success«, *Washington Post*, 23. Juli 1989.

5 Organisation for Economic Cooperation and Development, *How's Life? 2015: Measuring Well-being* (Paris: OECD Publishing, 2015), http://dx.doi.org/ 10.1787/ how_life-2015en.

6 B. Cheng, M. Kan, G. Levanon, und R. L. Ray, *Job Satisfaction: 2015 Edition: A Lot More Jobs — Little More Satisfaction* (The Conference Board, 2015), https://https://www.conference-board.org/publications/publicationdetail.cfm?publicationid=3022; https://www.conference-board.org/press/pressdetail.cfm?pressid=6800.

7 David Walker, *A Look at Our Future: Retirement Income Security and the PBGC*, National Academy of Social Insurance Policy Research Conference, 20. Januar 2006, http://www.gao.gov/cghome/2006/nasrevised12006/nasrevised12006.txt.

8 Mehr als $11.000 pro Person, basierend auf $3,7 Billionen Schulden geteilt durch die US-Bevölkerung von etwa 325 Millionen. Board of Governors of the Federal Reserve System, »Consumer Credit—G19«, 11. Dezember 2017, http://www.federalreserve.gov/releases/G19/Current/.

9 Robert Ornstein und Paul Ehrlich, *New World New Mind* (New York: Doubleday, 1989).

10 Benjamin Kline Hunnicutt, *Work Without End: Abandoning Shorter Hours for the Right to Work* (Philadelphia: Temple University Press, 1988), 44.

11 Ebenda, 45–6.

12 Victor Lebow, in *Journal of Retailing*, zitiert in Vance Packard, *The Waste Makers* (New York: David McKay, 1960), auszugsweise in Alan Durning, »Asking How Much Is Enough«, in Lester Brown, *State of the World 1991* (New York: W. W. Norton & Company, 1991), 153.

13 D. J. Holt, P. M. Ippolito, D. M. Desrochers, und C. R. Kelley, *Children's Exposure to TV Advertising in 1977 and 2004* (Washington, DC: Federal Trade Commission Bureau of Economics, 2007), 9.

14 Michael Sebastien, »Marketers to Boost Global Ad Spending This Year to $540 Billion«, *Advertising Age*, 24. März 2015, http://adage.com/article/media/marketers-boost-global-ad-spending-40-billion/297737/.

15 Elizabeth Arias, Melonie Heron und Jiaquan Xu, »United States Life Tables, 2013«, *National Vital Statistics Reports* 66, Nr. 3 (2017): 1–64.

16 Kira M. Newman, »Six Ways Happiness Is Good for Your Health«, *Greater Good Magazine*, 28. Juli 2015, https://greatergood.berkeley.edu/article/item/six_ways_happiness_is_good_for_your_health.

17 Bob Schwartz, *Diets Don't Work!* (Galveston, TX: Breakthru Publishing, 1982), 173.

18 »Footwear Industry Scorecard«, NPD Group, https://www.npd.com/wps/portal/npd/us/news/data-watch/footwear-industry-scorecard/.

19 Belinda Goldsmith, »Most Women Own 19 Pairs of Shoes— Some Secretly«, Reuters, 10. September 2017, https://www.reuters.com/article/us-shoes/most-women-own-19-pairs-of-shoes-some-secretly-idUSN0632859720070910.

20 George Bernard Shaw, »Epistle Dedicatory«, *Man and Superman* (New York: Penguin Classics, 2004). Deutsch: *Mensch und Übermensch* (Berlin, Suhrkamp, 1992)

21 Joanna Macy, Vortrag an der Seva Foundations »Spirit of Service« Konferenz Vancouver, BC, Mai 1985.

22 Viktor E. Frankl, »The Feeling of Meaninglessness: A Challenge to Psychotherapy«, *American Journal of Psychoanalysis,* Jahrgang 32, Nr. 1 (1972): S. 85–9.

23 PurposeinLife Test. Das Copyright gehört der Psychometric Affiliates, Box 807, Murfreesboro, TN 37133. Die Genehmigung für die Verwendung dieses Tests muss eingeholt werden.

24 Medard Gabel, »Buckminster Fuller and the Game of the World«. In Thomas T. K. Zung (Hrsg.), *Buckminster Fuller: Anthology for the New Millennium* (S. 122–128). New York: St. Martin's Griffin, 2002.

25 Laut dem National Association of Insurance Commissioners beliefen sich die durchschnittlichen Kosten der Autoversicherung 2013 in den Vereinigten Staaten auf $841,23. *Auto Insurance Database Report 2012/2013* (2015), http://www.naic.org/documents/prod_serv_statistical_aut_pb.pdf.

26 Drazen Prelec and Duncan Simester, »Always Leave Home Without It: A Further Investigation of the Credit-Card Effect on Willingness to Pay«, *Marketing Letters* 12, Nr. 1 (2001): 5–12. Eine der bahnbrechendsten Studien zu diesem Thema.

27 Neil Gabler, »The Secret Shame of Middle-Class Americans«, *Atlantic,* May 2016.

28 *The American Heritage Dictionary of the English Language,* 5. Ausgabe (New York: Houghton Mifflin, 2016).

29 Thorstein Veblen, *The Theory of the Leisure Class* (New York: Modern Library, 1934), xiv.

30 Martin Merzer, »Survey: 3 in 4 Americans Make Impulse Purchases«, Creditcards.com, 23. November 2014, http://www.creditcards.com/credit-card-news/impulse-purchase-survey.php.

31 Donella H. Meadows, Dennis L. Meadows, and Jorgan Randers, *Beyond the Limits: Confronting Global Collapse, Envisioning a Sustainable Future* (White River Junction, VT: Chelsea Green Publishing Company, 1993), 216.

32 Statistisches Bundesamt, https://www.umweltbundesamt.de/daten/private-haushalte-konsum/wohnen/wohnflaeche#textpart-1

33 Michael Phillips and Catherine Campbell, *Simple Living Investments for Old Age* (San Francisco: Clear Glass Publishing, 1984, 1988).

34 Bill McKibben, *Hundred Dollar Holiday: The Case for a More Joyful Christmas,* reprint ed. (New York: Simon & Schuster, 2013).

35 The Dalai Lama and Galen Rowell, *My Tibet* (Berkeley and Los Angeles: University of California Press, 1990), 55.

36 E. F. Schumacher, *Good Work* (New York: Harper & Row, 1979), S. 3–4.

37 Robert Theobald, *The Rapids of Change* (Indianapolis: Knowledge Systems, 1987), S. 66.

38 Studs Terkel, *Working* (New York: Ballantine Books, 1985), S. xiii.

39 Khalil Gibran, *The Prophet* (New York: Alfred A. Knopf, 1969), S. 28. Deutsch: *Der Prophet* (München: Hyperion, 1925)

40 Marshall Sahlins, *Stone Age Economics* (Chicago: Aldine-Atherton, 1972), S. 23.

41 Benjamin Kline Hunnicutt, *Work Without End: Abandoning Shorter Hours for the Right to Work* (Philadelphia: Temple University Press, 1988), S. 311.

42 Ebenda, S. 309.

43 Ebenda, S. 313–314

44 Arlie Russell Hochschild, *The Time Bind: When Work Becomes Home and Home Becomes Work,* 2nd ed. (New York: Holt, 2001), Deutsch: *Keine Zeit* (Opladen: Leske und Budrich, 2002)

45 Jonnelle Marte, »Nearly a Quarter of Fortune 500 Companies Still Offer Pensions to New Hires«, *Washington Post,* 5. September 2014.

46 B. Cheng, M. Kan, G. Levanon und R. L. Ray, *Job Satisfaction: 2014 Edition,* Conference Board, June 2014 [September 2015], https://www.conference-board.org/publications/publicationdetail.cfm?publicationid=3022&centerId=4; https://www.conference-board.org/press/pressdetail.cfm?pressid=6800.

47 R. Ray, M. Sanes, and J. Schmitt, »No Vacation Nation Revisited«, Center for Economic and Policy Research, http://cepr.net/publications/reports/no-vacation-nation-2013.

48 Catherine Clifford, »Less Than a Third of Crowdfunding Campaigns Reach Their Goals«, *Entrepreneur,* 18. Januar 2016, https://www.entrepreneur.com/article/269663.

49 Desmond Morris, *The Biology of Art* (New York: Alfred A. Knopf, 1962), S. 158–159, Deutsch: *Biologie der Kunst* (Düsseldorf: Rauch, 1963).

50 David Olson, *The American Church in Crisis: Groundbreaking Research Based on a National Database of over 200.000 Churches* (Grand Rapids, Michigan: Zondervan, 2008).

51 »Religion«, Gallup, http://www.gallup.com/poll/1690/Religion.aspx.

52 Susan Heavey, »U.S. Families Shift As Fewer Households Include Children: Census«, Reuters, 27. August 2013, http://www.reuters.com/article/ususa-families-idUSBRE97Q0TJ20130827.

53 A. Desclé, L. Dynkin, J. Hyman, and S. Polbennikov, »The Positive Impact of ESG Investing on Bond Performance«, Barclays, https://www.investmentbank.barclays.com/our-insights/esg-sustainable-investing-and-bond-returns.html#tab3.

54 »10Year Treasury Yield«, The Money Habit, https://i1.wp.com/themoneyhabit.org/wpcontent/ uploads/2016/ 09/ 10 YrTreasury-Yield-augmented.jpg?resize=1024% 2C717. Source: Board of Governors

of the Federal Reserve System (US), »10Year Treasury Constant Maturity Rate«, Federal Reserve Bank of St. Louis, https://fred.stlouisfed.org/series/GS10.

55 John C. Bogle, *The Little Book of Common Sense Investing: The Only Way to Guarantee Your Fair Share of Stock Market Returns*, 2. Auflage (Hoboken, NJ: Wiley, 2017).

56 MrS. Frugalwoods, »Our Low Cost, No Fuss, DIY Money Management System«, *Frugalwoods: Financial Independence and Simple Living*, 24. Januar 2017. http://www.frugalwoods.com/2017/01/24/our-low-cost-no-fuss-diy-money-management-system/.

57 Scott Trench in einer E-Mail an die Autorin, 10. April 2017.